Die Lüge

Die Lüge

Die Lüge

Texte von der Antike bis in die Gegenwart

Herausgegeben von Maria-Sibylla Lotter

Reclam

RECLAMS UNIVERSAL-BIBLIOTHEK Nr. 19474
2017 Philipp Reclam jun. GmbH & Co. KG,
Siemensstraße 32, 71254 Ditzingen
Gestaltung: Cornelia Feyll, Friedrich Forssman
Druck und Bindung: Canon Deutschland Business Services GmbH,
Siemensstraße 32, 71254 Ditzingen
Printed in Germany 2017
RECLAM, UNIVERSAL-BIBLIOTHEK und
RECLAMS UNIVERSAL-BIBLIOTHEK sind eingetragene Marken
der Philipp Reclam jun. GmbH & Co. KG, Stuttgart
ISBN 978-3-15-019474-4
www.reclam.de

Inhalt

Einleitung

Zur Genealogie der Lüge

Von Maria-Sibylla Lotter

1. Gibt es einen Wertewandel mit Blick auf die Lüge?
Orientiert man sich an Buchtiteln und Vortragsankündigungen der letzten Jahrzehnte, dann erscheint die Lüge in einem – neuerdings? – positiven Licht. Psychologische und soziologische Studien beschwören ihre Unverzichtbarkeit für das Sozialleben. Biologen loben sie als evolutionäre Triebfeder: Wäre die biologische Evolution der menschlichen Intelligenz etwa ohne die Entwicklung von Täuschungsverhalten im Tierreich, von den Tarnfarben bis hin zu Ablenkungsmanövern unter Affen, denkbar, ganz abgesehen von der kulturellen Weiterentwicklung der menschlichen Intelligenz?[1] Ein Sinologe kritisiert die Listenblindheit der westlichen Welt aufgrund eines antiquierten Lügentabus, das im Vergleich zur chinesischen Tradition der Kultivierung von Strategemen die kulturelle Selbstverdummung begünstige.[2] Auch von Seiten der Philosophie ertönt nach Jahrhunderten der Lügenkritik ein »Lob der Lüge«.[3] Ist es also zeitgemäß, die Lüge als einen unverzichtbaren Bestandteil der menschlichen Kultur zu akzeptieren und intelligent zu praktizieren? Gilt heute nicht mehr, dass man nicht lügen darf? Haben wir es hier mit einer grundlegenden Umwertung der Werte zu tun?

Der Eindruck täuscht. Tatsächlich ist die positive Wahrneh-

---

1 Vgl. Volker Sommer, *Lob der Lüge. Wie in der Evolution der Zweck die Mittel heiligt*, Stuttgart 2015.
2 Vgl. Harro von Senger, *Die Klaviatur der 36 Strategeme. In Gegensätzen denken lernen*, München 2013.
3 Vgl. »Die Balken biegen sich – ein Lob der Lüge«, SWR2 AULA, 4. März 2007.

mung von Lüge und List alles andere als neu; sie hat die westliche Kultur, wenn auch eher als Unterströmung, seit der griechischen Antike geprägt und gehört ebenso zu ihr wie die christliche Verteufelung der Lüge. Eine positive Wahrnehmung der ästhetischen und strategischen Vorzüge der Lüge findet sich schon in Homers *Ilias* und *Odyssee*, wo der verschlagene Odysseus von Menschen und Göttern bewundert wird. Aber auch Platon wusste das Lügen zu schätzen, wenn es kompetent gehandhabt wird: Wenn Sokrates in seinem Frühdialog *Hippias II Minor* mit dem Kenner Hippias die homerischen Epen diskutiert, führt er sogar den »Beweis«, dass der Lügenkünstler Odysseus letztlich wahrhaftiger und überhaupt tugendhafter sei als eine ehrliche Haut wie Achilles, dem zum Lügen nicht nur das Temperament, sondern auch die nötige Selbstkenntnis und Schlauheit fehle.[4] Die Figur des bewunderten Lügenkünstlers ist seitdem aus der Literatur nicht wegzudenken: Neben Odysseus haben der Baron Münchhausen, Huckleberry Finn, Käpt'n Blaubär und viele andere Figuren Kinder und Eltern über die Zeiten hinweg vor der seelischen Verkümmerung in einem phantasielosen Moralismus und der Langeweile bewahrt. Sogar die christliche Theologie konnte der Lüge positive Seiten abgewinnen.[5] Es sind vor allem zwei Fähigkeiten, die am Lügenkünstler schon immer bewundert wurden: die überbordende kreative Freude, mit der sich die Erfinder möglicher Realitäten über die schlichten Fakten hinwegsetzen, und der Einsatz ihrer Fiktionen in Situationen der Selbstverteidigung gegen physisch und sozial übermächtige

---

4 Vgl. Platon, *Hippias Minor*, in diesem Band S. 44.
5 Vgl. Alfons Fürst, »Patristische Diskussionen über die Lüge«, in: *Dürfen wir lügen? Beiträge zu einem aktuellen Thema*, hrsg. von Rochus Leonhardt und Martin Rösel, Neukirchen-Vluyn 2002, S. 68–90. Vgl. auch Eberhardt Schockenhoff, »Lüge und List in der theologischen Tradition«, in diesem Band S. 113–130.

Feinde und Machthaber. Götter, so argumentiert schon der platonische Sokrates, hätten ja keinen Grund zur Lüge;[6] es ist die menschliche *Schwäche*, die sich der Lügenkunst bedient.

Ungeachtet dieser kulturell verankerten Hochschätzung der Nützlichkeit der Lügenkunst für den Lügner sprechen wir von Lügen sowohl im Privatleben als auch in der Politik in der Regel mit einem Ton der Empörung, des Erschreckens oder der Geringschätzung. Das Lügen in persönlichen Beziehungen erleben wir meist als einen schweren, wenn nicht irreparablen Vertrauensbruch, und kommt es in den Narrativen westlicher Romane und Filme vor, wissen wir, dass der dramatische Wendepunkt hin zum Verfall erreicht ist. Wenn Michael Corleone seiner Frau »direkt ins Gesicht lügt«, als er ihre Frage verneint, ob er seinen Schwager ermordet habe, begreift der Zuschauer in Francis Ford Coppolas Filmepos *Der Pate*, dass diese Ehe keine Zukunft hat. Auch in der Politik, wo Täuschungsmanöver zum Geschäft gehören, gelten Lügen als Gift für die Vertrauenswürdigkeit. Die Antwort der Bundeskanzlerin Angela Merkel auf die Frage, was für sie politische Glaubwürdigkeit bedeutet, wird vermutlich bei den meisten auf Zustimmung stoßen: »Ein Politiker darf nicht lügen. Er muß nicht jedem zu jeder Zeit alles sagen, aber wenn er etwas sagt, darf er nicht lügen.«[7]

Das wirft die Frage auf, wie sich die bewunderte und die verachtete Lüge zueinander verhalten. Handelt es sich um denselben Typ von Lüge oder um verschiedene? Geht es um zwei Aspekte derselben Sache? Oder wird unter der Lüge gar Verschiedenes verstanden?

Wer eine größere Anzahl von Menschen befragt, was eigentlich eine Lüge ist, wird höchstwahrscheinlich mit unter-

---

6 Platon, *Politeia*; in diesem Band S. 63.
7 Vgl. *Der Spiegel*, Nr. 44, 30. Oktober 2000.

schiedlichen Konzepten konfrontiert werden, die sich nicht ohne weiteres auf einen gemeinsamen Nenner bringen lassen: die Lüge als (objektive) Unwahrheit, als Manipulation, als falsche Behauptung in Täuschungsabsicht und vieles mehr. Wenn Psychologen, Soziologen, Evolutionsbiologen, Philosophen, Politiker und andere in ihren jeweiligen beruflichen Kontexten oder Alltagskontexten von »Lüge« sprechen, ist daher weder anzunehmen, dass sie den Begriff auf dasselbe Phänomen oder Problem beziehen, noch dass sie dasselbe *meinen*. Nicht selten wird der Begriff im Sinne eines *Gegensatzes von Sein und Schein* verstanden, mit einem sehr weiten Anwendungsfeld. So schließt das evolutionsbiologische »Lob der Lüge« auch biologische Urmechanismen ein, mit denen sich Lebewesen auf allen Stufen der Evolution vor ihren Fressfeinden schützen und im Konkurrenzkampf durchsetzen.[8] Hier steht der Begriff Lüge nicht für zurechenbares menschliches Handeln, geschweige denn für etwas moralisch Vorwerfbares. Er bezieht sich auf *beliebige Eigenschaften, Zustände und Verhaltensweisen, die geeignet sind, andere Lebewesen zu täuschen*. In einem ebenfalls *außermoralischen* Sinne hat Nietzsche den Begriff der Lüge in einem berühmten Aufsatz verwendet, indem er ihn auf die Differenz zwischen der metaphorischen menschlichen Sprache und den Dingen als solchen bezog, auf die sie angewendet wird.[9] Von diesem ganz weiten Gebrauch des Begriffs ist ein engerer abzugrenzen, der sich allein auf zurechenbares menschliches Tun bezieht.

Aber auch eingegrenzt auf freiwilliges menschliches Tun ist von der Lüge mal in einem weiteren, mal in einem engeren

---

8 Vgl. Volker Sommer, *Lob der Lüge. Täuschung und Selbstbetrug bei Tier und Mensch*, München 1992.

9 Vgl. Nietzsche, »Über Wahrheit und Lüge im außermoralischen Sinn«, in diesem Band S. 228–232.

Sinne die Rede. Es ist daher nicht verwunderlich, dass Psychologen, die quantitative Studien zur Lügenhäufigkeit anstellen, zum Ergebnis kommen können, dass jeder Mensch täglich mindestens zweihundertmal lügt,[10] es können aber auch weniger als zweimal sein.[11] Die Annahme, dass wir mindestens zweihundertmal lügen, scheint bei einer Person in sozial anspruchsvollen beruflichen Kontexten vielleicht gar nicht zu hoch gegriffen, wenn damit der Gegensatz von Sein und Schein gemeint ist, der auch Verschönerungs- und Verbergungstechniken des kultivierten Soziallebens wie die Verwendung von Make-up, Haarfärbemitteln usw. einschließt, sowie ritualisierte Kommunikationen wie die Antwort »gut« auf die Frage »wie geht's?«, Höflichkeitsformeln und Scherze. Wenn wir im Alltagsleben mit einem gewissen Vorwurf in der Stimme von Lügen sprechen, ist jedoch meistens nicht der schöne oder höfliche Schein gemeint, sondern eine spezielle Form der sprachlichen Kommunikation. Der Vorwurf der Lüge bezieht sich dann auf eine unwahre Behauptung, die jemand mit einer gewissen Täuschungsabsicht und in der Regel weiteren Absichten gegenüber einer anderen Person oder mehreren äußert. Es geht also um eine vorsätzlich falsche *Rede*; ihr Merkmal, das sie von anderen Lügentypen unterscheidet, ist der mitgedachte *Widerspruch zwischen Denken und Sagen*. Die Meinungen gehen auseinander, ob die Rede nur dann eine Lüge ist, wenn die Behauptung wirklich falsch ist, oder schon dann, wenn der Lügner sie selbst für falsch hält.

10 Diese Zahl taucht neben anderen immer wieder in der Literatur auf und wird ursprünglich einem amerikanischen Psychologen namens John Frazier zugeschrieben.
11 Diese Zahl wird dem Regensburger Psychologen Helmut Lukesch zugeschrieben.

2. Die Lüge interkulturell betrachtet

Bevor wir uns der Frage zuwenden, was an der vorsätzlichen Falschrede eigentlich verwerflich ist, möchte ich eine andere aufwerfen: Wer ist überhaupt gemeint, wenn mit Blick auf das Verständnis und die moralische Bewertung der Lüge von »wir« gesprochen wird – ein kulturelles oder ein allgemeines »wir«? Beziehen wir uns dabei im Geiste nur auf Mitteleuropäer und andere Angehörige der Kulturen, die allgemein als »westlich« bezeichnet werden, weil sie durch den Wertekanon der Westkirche geprägt sind, oder auch auf nichtchristliche Afrikanerinnen, Asiatinnen und Aborigines? Handelt es sich bei der Lüge um einen sogenannten »dichten Begriff«, um eine komplexe Verbindung von normativen und deskriptiven Aspekten, deren Sinn nur aus ihrer speziellen kulturellen Geschichte verständlich werden kann?[12] Oder gibt es ein universales Lügenverbot?

Verstehen wir die Frage nach der Universalität des Lügenverbots empirisch im Sinne einer in allen kulturellen Kontexten in der Praxis anzutreffenden Verachtung der Lüge, so ist zunächst festzustellen, dass die Befunde ethnologischer Forschung nicht auf eine faktisch gleichförmige Bewertung ähnlichen Verhaltens schließen lassen. An der Rede von einem universellen Lügenverbot mag durchaus etwas Wahres sein, wenn man darunter nicht mehr versteht als eine gewisse Schätzung von Wahrheitstugenden und kommunikativen Tugenden bzw. Verachtung gewisser Untugenden – ich komme im nächsten Abschnitt darauf zurück. Das bedeutet jedoch weder, dass unter diesen (Un-)Tugenden überall dasselbe verstanden wird, noch findet sich in allen kulturellen Kontexten so etwas wie ein all-

---

12 Zum Unterschied von »dünnen« und »dichten« Begriffen vgl. Michael Walzer, *Thick and Thin. Moral Arguments Home and Abroad*, London 1994.

gemeines Verbot der vorsätzlichen Falschrede. Zwar wird oft das achte Gebot »Du sollst kein falsches Zeugnis ablegen« als Chiffre für ein allgemeines, interkulturell gültiges Lügenverbot im Sinne der vorsätzlichen Falschrede angeführt. Das ist jedoch ein Irrtum, da das achte Gebot nicht die vorsätzliche Falschrede schlechthin verbietet, sondern die Falschaussage vor Gericht, was sich zudem aus einem prozessrechtlichen Kontext erklärt, wo eine Falschaussage vor Gericht für den Angeklagten viel folgenreicher sein konnte als im modernen Recht.[13] Gegen eine allzu einfache Übertragung des speziell westlichen Verständnisses von der Verwerflichkeit der Falschrede auf andere Kulturen spricht allein schon der Umstand, dass es nicht in allen Sprachen einen speziellen Begriff für die Lüge im Sinne des Widerspruchs zwischen Denken und Sagen gibt. So fällt die Lüge in der griechischen Antike unter die Begriffsfamilie mit dem Wortstamm *pseudo*, die auch Irrtümer und unbewusste Selbsttäuschungen einschließt, wobei vorsätzliche Formen der Täuschung nicht als schlechter bewertet werden als unvorsätzliche; eher ist es umgekehrt. Um die vorsätzliche Falschrede zu beschreiben, muss noch *hekon* oder *hekousion* (absichtlich, freiwillig) hinzugefügt werden; doch auch dann ist die Beschreibung nicht notwendig mit einer negativen Bewertung verbunden. Aber auch mit Blick auf die verschiedenen kulturellen Praktiken im Umgang mit vorsätzlichem Falschreden ist die Frage nach einem universellen Lügenverbot nicht ohne weitere Differenzierungen zu beantworten: Eine realistische Antwort würde eine Unterscheidung der Situationen und sozialen Beziehungen erfordern, die der Einzelne mit seiner Sozialisation

13 Zum achten Gebot vgl. Martin Rösel, »Zwischen dem 8. Gebot und Abrahams Lüge. Das Alte Testament und die Frage nach der Lüge«, in: *Dürfen wir lügen? Beiträge zu einem aktuellen Thema*, hrsg. von Rochus Leonhardt und Martin Rösel, Neukirchen 2002.

im kulturellen Umfeld erlernt und aus denen sich ergibt, wo vorsätzliche Falschreden erlaubt, verboten oder gar gefordert sind und welches moralische Gewicht ihnen im Verhältnis zu anderen Formen der Wahrheitsverbergung und kommunikativen Manipulation eingeräumt wird. Denn auch wenn es zutreffen sollte, dass einige Lügentypen in allen Kulturen als verwerflich gelten, so gilt doch zweifellos, dass andere Lügenarten erlaubt sind bzw. gar nicht als solche verstanden werden. Die Grenze zwischen einer weißen (erlaubten) und einer schwarzen (verbotenen) Lüge scheint überall anders gezogen zu werden. So werden schon die Kinder in einer Dorfgemeinschaft auf der griechischen Insel Euböa dazu erzogen, auf Fragen von Nachbarn grundsätzlich mit Lügen (vorsätzlichen Falschreden) zu antworten, wie die Ethnologin Du Boulay berichtet.[14] Ehrlichkeit ist also nur innerhalb eines Schutzraums der Familie erlaubt, die nach außen durch ein Lügengespinst vor anderen kommunikativen Untugenden – der üblen Nachrede und anderen Formen des Tratsches – zu schützen ist. Auch westliche Gesellschaften unterscheiden also zwischen Bereichen und Rollen, wo eine gewisse (wenn auch nicht grenzenlose) Bereitschaft zum Einsatz von Täuschungsmanövern und Lügen erwartet wird, wie beim Rechtsanwalt im Dienste des Klienten, und solchen, wo Lügen als moralische Verfehlung und inakzeptable Rechtsverletzung wahrgenommen werden. Es hängt daher vom Kontext und weiteren Faktoren ab, ob mit einer vorsätzlichen Falschrede überhaupt eine Täuschungsabsicht verbunden ist und sie daher als Lüge betrachtet werden kann. Wenn Wittgenstein in seinen Bemerkungen über die Philosophie der Psychologie davon spricht, dass eine Lüge »eine besondere Umgebung« habe, nämlich ein Motiv, dann

14 Vgl. John A. Barnes, *A Pack of Lies. Towards a Sociology of Lying*, Cambridge 1994, S. 71.

meint er keinesfalls einen rein innerseelischen Vorgang.[15] Zu der psychologischen Umgebung gehört nämlich auch ein Sprachspiel, in dessen Rahmen manche Behauptungen eindeutig als Lüge aufgefasst werden können, unabhängig davon, ob der Lügner seine Täuschungsabsicht gesteht.[16] Motive, die sich als Lügenmotive eignen, gehören aber nicht in alle Sprachspiele. Die herzlich ausgesprochene Einladung zum Besuch ist in manchen kulturellen Umgebungen wörtlich zu verstehen, in anderen stellt sie eine bloße Höflichkeit dar, die kein Insider mit einer echten Einladung verwechseln würde; dann ist eine nicht ernst gemeinte Einladung auch keine Lüge. Während im Kontext einer kompetitiven Neckkultur, wie in Teilen Libanons, eine Äußerung, die nicht von zusätzlichen sprachlichen Signalen begleitet ist (»ernsthaft«, »ohne Spaß«, »beim Leben deines Vaters«, usw.), nur von Außenseitern ohne weiteres für bare Münze genommen werden wird,[17] ist ein solches Necken in anderen Kontexten nur mit ausdrücklichen Begleitsignalen (Augenzwinkern) zulässig, die dem Angesprochenen signalisieren, dass es sich um einen Scherz handelt. Da diese Codes nicht übertragbar sind und die Grenze zwischen dem Verbot und der Duldung oder gar Empfehlung der Lüge überall anders verläuft, ist es nicht verwunderlich, dass es transkulturell zwar kein uniformes Lügenverbot gibt, aber die universale Vorstellung, es seien stets die »anderen«, die lügen.[18]

15 Ludwig Wittgenstein, *Bemerkungen über die Philosophie der Psychologie* (1947), Frankfurt a. M. 1984, Nr. 780 f.
16 Vgl. Simone Dietz, *Der Wert der Lüge*, Habilitationsschrift, Rostock 2000, S. 37.
17 Vgl. Barnes, *A Pack of Lies* (s. Anm. 14), S. 74.
18 Ein Beispiel: Es wird berichtet, dass Weiße bei den Bewohnern der Manam-Inseln (Neuguinea) als chronische Lügner und Heuchler bekannt sind; diese hegen ganz ähnliche Vorstellungen von den Insulanern. Der Ethnologe Kenelm Burridge führt dies darauf zurück,

Die anscheinend in allen Weltgegenden anzutreffende Neigung, andere Völker für unehrlich und verlogen zu halten, belegt sowohl die ethische Bedeutung der Wahrheitstugenden als auch ihre kulturelle Variabilität. Sie kann jedoch nicht als Bestätigung für die empirische Behauptung herhalten, die Lüge als Sprachverhalten, unabhängig von den damit verfolgten Zwecken, werde in allen Kulturen verdammt und gelte als unmoralischer als andere Formen der Täuschung. In vielen kulturellen Kontexten muss zur Beschreibung der vorsätzlichen Falschrede noch etwas hinzukommen, um sie als moralisch verwerflich erscheinen zu lassen, wie »treulos«, »schädlich für die Gemeinschaft«, »hinterhältig«, »in Betrugsabsicht« usw. Fragt man sich, inwieweit das Verbot »der« Lüge auch in anderen Kulturen gilt, wäre daher zunächst zu untersuchen, welche Vorstellungen von einem angemessenen und einem unangemessenen sprachlichen und nichtsprachlichen Bezug auf die Wahrheit in den verschiedenen kulturellen Traditionen anzutreffen sind und ob es hier gemeinsame oder verwandte Konzepte von Wahrheitsuntugenden und Untugenden der Kommunikation gibt. So berichtete der Missionar Bruno Gutmann von seinen frühen Feldforschungen bei den afrikanischen Dschagga, sogar die Lüge vor Gericht gelte dort als eine erlaubte Verteidigungstaktik, auf die das Rechtssystem mit seinen ausgefeilten prozessrechtlichen Beweisverfahren eingestellt ist; und sie werde als *heroische Lüge* im Dienste der Gruppe geschätzt, etwa wenn ein Angeklagter oder Zeuge trotz übermächtiger Beweise leugnet, um seinem Clan kostspielige Reparationszahlungen zu ersparen. Sehr viel kritischer beurteilten die Dschagga Gutmann zufolge die Verbreitung gehässigen

dass in beiden kulturellen Kontexten »weiße Lügen« aus sozialen Gründen akzeptiert werden, aber nicht in denselben Situationen (nach Barnes, *A Pack of Lies* [s. Anm. 14], S. 69).

Tratsches, der sich auf unbeweisbare Vermutungen stützt, sowie die Schnüffelei im Privatleben anderer. Die im Vergleich zum Umgang mit Lügen ungleich schärfere moralische Ächtung sozialschädlichen Tratsches zeigt sich in ihrem reichen Wortschatz, der für Menschen, die über andere Irreführendes und Herabsetzendes sagen, Bezeichnungen wie »Klatschschnüffler«, »Einflüsterer«, »Fallensteller«, »Aufschneider«, »Träger der Versprechungen«, »Umbieger«, »Schleicher«, »Heuchler«, »Verleumder« und vieles mehr anbietet.[19]

Diese Hinweise zeigen, welche Schwierigkeiten sich dem stellen, der auf rein empirischem Wege die Frage nach einem universellen Lügenverbot zu beantworten versucht. Nun folgt aus den tatsächlichen Lügenpraktiken und den kulturell verankerten Normen und Regeln im Umgang mit Lügen noch nicht, dass diese Praktiken und Normen auch gut und richtig seien. Die Frage, ob Lügen zulässig oder unzulässig sind, ist eine normative, die letztlich in zweierlei Hinsicht auf den Wert der Werte und Praktiken zielt. Man kann sich erstens fragen, welchen instrumentellen Wert die Wahrhaftigkeit mit Blick auf die menschliche Kooperation oder für qualitativ höherwertige Formen des menschlichen Zusammenlebens hat. Man kann sich aber auch fragen, ob Wahrhaftigkeit ein Wert an sich ist, unabhängig von ihrer Nützlichkeit für die Qualität des Zusammenlebens.

3. Der Wert der Wahrhaftigkeit für die menschliche Kooperation

Das wirft die Frage auf, ob die Tugenden und Verpflichtungen der Wahrhaftigkeit überhaupt nur kontextrelativ zu bestimmen sind oder ob es gewisse allgemeine Wahrheitstugen-

19 Nach Bruno Gutmann, *Das Recht der Dschagga*, München 1926, S. 705–716.

den gibt, die in allem menschlichen Zusammenleben gefordert sind, weil ohne sie keine Kooperation möglich ist. Und gibt es – mit Blick auf die in der westlichen Kultur tief verankerte Verachtung der vorsätzlichen Falschrede – allgemeine Gründe, Lügen im Sinne der vorsätzlichen Falschrede hier als schädlicher zu betrachten als andere Formen der Unwahrhaftigkeit?

Die Frage nach den Gründen für die Entwicklung moralischer Normen und Werte ist eine andere, wenn sie ahistorisch gestellt wird, als wenn sie sich auf eine spezielle kulturelle Tradition richtet. Man kann erstens fragen, welche Gründe Menschen mit Blick auf die grundlegenden Bedingungen menschlicher Kooperation haben, gewisse Verhaltensweisen zu schätzen und andere zu missachten, die einen als Verpflichtungen zu betrachten und die anderen zu verbieten. Zweitens stellt sich die Frage, welche Gründe sich im Kontext ihrer Wertesysteme ergeben, die sich historisch in einer bestimmten Kultur entwickelt haben. Beide Fragen sind normativ, aber sie haben unterschiedliche Erklärungsfunktionen. Entsprechend unterscheidet Bernard Williams in seinem Buch *Truth and Truthfulness* eine fiktive Genealogie der Wahrheitstugenden, die sich aus dem Bedürfnis menschlicher Kooperation schlechthin ergibt, von den historischen Genealogien der Wahrheitstugenden im Kontext spezieller historischer Traditionen.

Fragt man nach der Wahrhaftigkeit, auf die Menschen als nicht autarke, soziale Wesen angewiesen sind, damit die Kooperation gelingen kann und ohne die sie nicht überlebensfähig wären, dann stößt man nach Williams nicht nur auf einen, sondern auf zwei Typen von Wahrheitstugenden: In allen kulturellen Kontexten, in denen Menschen kooperieren müssen, benötigen sie ein hinreichendes Maß an Genauigkeit und Ehrlichkeit in der Kommunikation von Informationen, damit die

Kooperation beispielsweise bei der Jagd und anderen gemeinsamen Aktivitäten funktionieren kann.[20] Daraus folgt jedoch noch nichts bezüglich der konkreten Gestalt von Ehrlichkeit und Genauigkeit: Bedeutet Ehrlichkeit, dass man bereit ist, über alles wahrheitsgetreu zu sprechen oder nur, dass man die anderen nicht durch falsche Behauptungen absichtlich in die Irre führt? Welche sprachlichen und kognitiven Anstrengungen kann ein berechtigter Anspruch an Genauigkeit einfordern? Wie ist hier die Verantwortung zwischen Sprecher und Hörer verteilt – ist es die Pflicht des Sprechers, etwa eine so detaillierte und genaue Angabe des Ortes zu liefern, wo Wild gesichtet wurde, dass der Hörer gar nicht fehlgehen kann, oder reicht eine Richtungsangabe?

Ausgehend von diesem Gedankenexperiment gelangt man zu gewissen funktionalen Sorgfaltspflichten mit Blick auf die Kommunikation, aber noch nicht zu der moralischen Sonderstellung der Lüge im Sinne des Widerspruchs zwischen Denken und Sagen, die im westlichen Kontext als schlimmer gilt als andere Formen der Täuschung. Denn mit Blick auf die Vermittlung von Informationen zum Zwecke menschlicher Kooperation können andere Formen der Unwahrhaftigkeit, wie Irrtümer, Selbsttäuschungen und sprachliche Ungenauigkeit, ebenso schädlich sein. Es ist auch nicht zu sehen, dass die vorsätzliche Falschrede die menschliche Kooperation generell mehr behindert als andere Formen der vorsätzlichen Verbergung und Täuschung. Wer das Wild, das er im nördlichen Teil des Waldes aufgespürt hat und später jagen will, nicht mit seinen Kollegen teilen will, kann darüber schweigen, falsche Behauptungen aufstellen (»die Hirsche sind im Süden«) oder sich indirekt so äußern, dass sie selbst falsche Schlüsse ziehen müs-

20 Bernard Williams, *Truth and Truthfulness. An Essay in Genealogy*, Princeton 2002, S. 42 ff.

sen (»ich war dummerweise Richtung Norden gegangen und komme mit leeren Händen zurück – so eine Zeitverschwendung!«). Die Lüge ist hier nicht unbedingt effektiver als die indirekte Täuschung durch falsche Implikation oder das Verschweigen.

Gleichwohl scheint die vorsätzliche Falschrede im westlichen Kontext ungleich schärfer verurteilt zu werden, und zwar sowohl in privaten als auch in politischen Zusammenhängen. Dies lässt vermuten, dass die Lüge als vorsätzliche Falschrede in unseren Augen nicht nur der menschlichen Kooperation abträglich ist, sondern Werte verletzt, die nicht auf deren elementare Anforderungen rückführbar sind.

4. Die Vielfalt und Inkohärenz heutiger Lügenkonzepte

Sucht man nach den Werten und Regeln, auf die sich die heute gängigen Reaktionen auf vorsätzliche Falschreden beziehen, dann macht man eine erstaunliche Entdeckung. Es sieht weder so aus, als folgten westlich sozialisierte Personen alle denselben Regeln, noch räumt jeder den Wertgesichtspunkten, aus denen wir moralisch auf Lügen reagieren, dasselbe relative Gewicht ein.[21] Mit anderen Worten: Unsere intrakulturellen Differenzen sind vielleicht gar nicht geringer als die interkulturellen, was uns gewöhnlich nur nicht auffällt, weil wir mit ihnen vertraut sind und damit ganz alltäglich umzugehen gelernt haben. Das betrifft sowohl die Frage, was eine Behauptung zur Lüge macht, als auch die Frage, was die Merkmale der Lüge sind, aufgrund derer wir sie moralisch verurteilen.

Während die einen unter einer Lüge »etwas objektiv Falsches« verstehen, meinen andere, Lügen bestünde darin, etwas

---

21 Das gilt sogar für Angehörige derselben sozialen Schicht, wie jeder feststellen kann, der ein Seminar zum Thema Lüge gibt und die Studierenden fragt, was sie unter einer Lüge verstehen.

zu sagen, an was der Sprecher selbst nicht glaubt (eine subjektive Unwahrheit, was nicht ausschließt, dass die Behauptung ohne Wissen des Sprechers objektiv wahr sein könnte). Wieder andere wollen das Lügenmerkmal der subjektiven Unwahrheit einschränken auf Situationen, in denen man erwartet, wahrhaftig informiert zu werden. Andere wiederum lehnen es ab, die Aufmerksamkeit in moralischer Hinsicht lediglich auf Lügen im Sinne vorsätzlicher Falschreden zu lenken und wollen auch sozial und kulturell organisierte Formen der Manipulation von Meinungen durch selektive Darstellung, Ausblendung und effekthascherische Aufbereitung in den Medien als Lügen verstanden wissen; sie schließen also auch Täuschungsmanöver ein, die von den Akteuren nicht unbedingt als solche geplant sind.[22] Und während die einen darauf bestehen, dass es keine Ausnahme vom Lügenverbot geben dürfe, da es um den Wert der Wahrheit ginge,[23] ist es für die anderen das zwischenmenschliche Vertrauen, das durch die Lüge bedroht ist.[24] Nach Simone Dietz hingegen entscheidet weder das Vertrauen noch die Wahrheit, sondern die Freiheit über den moralischen Wert der Lüge.[25]

Diese Divergenzen sind nicht rein theoretischer Art, sondern wirken sich auch auf den Umgang mit Lügen aus. Ich

22 Hier versammelt sind Aussagen von Schülern bei einer Einführungsveranstaltung der Lehreinheit Philosophie am »Tag der offenen Tür« der Ruhr-Universität Bochum im März 2016, auf die Frage, was denn überhaupt eine Lüge sei. Auf ein ähnliches Meinungsspektrum trifft man bei den Studierenden.

23 Vgl. Theda Rehbock, »Aus Liebe Lügen?«, in: *Zeitschrift für Kulturphilosophie* 2016/1: *Lügen*, hrsg. von Ralf Konermann, Maria-Sibylla Lotter und Dirk Westerkamp, S. 61–82.

24 Vgl. Thomas L. Carson, *Lying and Deception. Theory and Practice*, Oxford 2010, S. 3.

25 Vgl. Simone Dietz, *Die Kunst des Lügens*, Stuttgart 2017, S. 11.

möchte dies an einem konstruierten Disput zwischen zwei Personen zeigen, die beide »typisch westlich« argumentieren, dabei aber von unterschiedlichen Lügenkonzepten ausgehen:

LORENZ: Warum hast du meiner Tante gesagt, wir wären am Sonntag unterwegs? Ich dachte, wir wollten hierbleiben?

MAJA: Eben. Diesmal möchte ich den Sonntag ohne Ilse verbringen.

LORENZ: Aber du kannst sie doch nicht einfach anlügen!

MAJA: Nun übertreib nicht. Für mich ist das keine Lüge, sondern eine schonende Form, ihr beizubringen, dass sie am Sonntag nicht mit uns rechnen kann.

LORENZ: Kurzfristig ist das vielleicht schonend, aber es bleibt eine Lüge.

MAJA: Also nenne es meinetwegen eine Lüge. Findest du es denn wirklich schlimm? Für mich ist eine Lüge mehr als eine Ausrede oder Flunkerei. Lügen ist unfair. Aber was ist denn Unrecht daran, eine Ausrede zu verwenden? Nachdem wir uns lange um sie gekümmert haben, als sie krank war, hat sie leider die Erwartung entwickelt, dass wir ihr am Wochenende ständig zur Verfügung stehen. Findest du, sie hat ein Recht darauf, über unsere Zeit zu verfügen?

LORENZ: Nein, da sind wir uns ganz einig. Aber ich finde, wir müssen trotzdem ehrlich zu ihr sein. Es geht schließlich um Respekt und Vertrauen.

MAJA: Respekt und Vertrauen, soso. Du hast bisher jedenfalls nichts unternommen, um ihr respektvoll beizubringen, dass wir nicht jedes Wochenende für sie da sind. Vermutlich weil du genauso wenig wie ich glaubst, dass sie direkt mit unangenehmen Wahrheiten konfrontiert werden will. Was meinen Respekt angeht, so respektiere ich das. Und was das Vertrauen angeht, so glaube ich eher, dass sie mir vertraut, dass ich ihr keine unerfreulichen Wahrheiten auftische.

LORENZ: Da könntest du sogar Recht haben, aber es geht ja nicht nur ums Wohlbehagen. Und es geht auch nicht nur um Ilse. Mich beunruhigt vor allem die Vorstellung, dass du mir auch so nett und freundlich ins Gesicht lügen könntest, ohne mit der Wimper zu zucken. Wenn du keine Hemmungen hast, gegenüber Ilse zu lügen, werden sie gegenüber mir auch nicht so groß sein … Wenn man sich einmal angewöhnt zu lügen, sinkt ja generell die Hemmschwelle …

MAJA: Du sprichst, als ginge es hier um dasselbe, aber es ist für mich etwas vollkommen anderes. Warum sollte ich dich denn anlügen? Erstens hättest du schon ein Recht zu wissen, warum ich am Sonntag keine Zeit für dich habe. Und zweitens kenne ich dich als jemanden, der auch mit unerfreulichen Wahrheiten vernünftig umgehen kann und wirklich wissen will, was los ist. Und das respektiere ich genauso wie Ilses Haltung. Was mich angeht, so möchte ich auch lieber die Wahrheit hören. Wenn du mich bei so einer Frage anlügen würdest, fände ich das auch respektlos und vertrauensschädigend.

Brechen wir das Gespräch, das die Lügenkonzepte und Einstellungen gegenüber der Lüge, die wir aus unserem Alltagsleben kennen, bei weitem noch nicht erschöpft hat, an dieser Stelle ab. Das Erstaunliche ist, dass wir beide Positionen nachvollziehen und gute Gründe für sie anführen können, obgleich sie einander widersprechen und sich auf unterschiedliche Lügenkonzepte und Werte stützen. Das liegt daran, dass sie verschiedenen Traditionen der europäischen Philosophie entspringen, mit deren Konzepten wir, auch wenn wir die entsprechenden Quellentexte nicht studiert haben, zumindest indirekt vertraut sind. Für Lorenz liegt die Verwerflichkeit der Lüge schon darin, dass mit Vorsatz etwas Falsches ausgesagt wird, unabhängig davon, ob die Adressatin die Wahrheit vorziehen würde oder ein Anrecht darauf hat, sie zu hören. Für Maja hingegen ist sie nur in dem Maße verwerflich, in dem wir dabei Pflichten und Rechte verletzen und andere schädigen, etwa wenn wir sie betrügen und manipulieren, Vertrauen zerstören oder weitere unmoralische Zwecke verfolgen. Gründe wie diese sind nicht durch bloße Gedankenexperimente wie die Frage nach dem instrumentellen Wert der Wahrhaftigkeit für die menschliche Kooperation zu ermitteln. Ihre Genealogie verbindet europäische Denktraditionen wie die griechische Philosophie, die römische Fides-Lehre, die Theologie in den dominanten augustinischen und thomistischen Strömungen, die neuzeitlichen Naturrechtstheorien und die kantische Moralphilosophie.

Unsere heutigen Lügenkonzepte lassen sich weitgehend auf *drei* dominante Muster im Denken der Lüge zurückführen, die von unterschiedlichen Definitionen und Bewertungsgrundlagen der Lüge ausgehen: *Erstens* eine Tradition von Augustinus bis Kant, welche die Lüge als Widerspruch zwischen Denken und Sagen versteht und das Verwerfliche der Lüge nicht in ihren Folgen für die betroffenen Menschen, sondern in ihrer Form (der Perversion der den Menschen gegebenen Möglichkeit rationaler Verständigung durch Sprache) sieht. Dieser Tradition entspricht Lorenz' Intuition, dass man auch dann nicht lügen sollte, wenn niemandem dadurch ein Schaden, aber durchaus ein Nutzen entsteht. In der Argumentation Majas deuten sich hingegen Positionen einer *zweiten* Tradition an, die mit den modernen Naturrechtstheorien des 17. Jahrhunderts beginnt; nach Grotius und Pufendorf ist die vorsätzliche Falschrede nur dann eine verwerfliche Lüge, wenn durch sie

Rechte verletzt und Schäden verursacht werden.[26] Maja könnte sich zudem auf naturrechtliche Überlegungen Schopenhauers berufen, der auf der Grundlage seiner Willensmetaphysik ein Notwehrrecht auf Lüge in Fällen zugesteht, in denen ein unbefugtes Eindringen in die Privatsphäre nicht auf andere Weise abgewehrt werden kann.[27]

Im Unterschied zu diesen beiden Traditionen, die an einem willentlichen und zurechenbaren Lügenphänomen ansetzen, nämlich der vorsätzlichen Falschrede, geht die *dritte* Tradition von dem Gegensatz zwischen Sein und Schein aus, von einer Täuschung, die dem bewussten und vorsätzlichen Handeln vorausliegt und das Bewusstsein dominiert. Diese Tradition erstreckt sich über ein weites Spektrum politischer Konzepte von der platonischen Philosophie über die marxistische Ideologiekritik bis zu Nietzsche und Adorno.

Wenn wir davon ausgehen, dass all diese verschiedenen Lügenkonzepte den intellektuellen Hintergrund bilden, vor dem sich unsere heutigen moralischen Intuitionen entwickelt haben, dann lassen sich die Konflikte in unseren jetzigen/aktuellen Einschätzungen von Lügen damit erklären, dass sie verschiedene und teilweise unvereinbare Antworten auf die folgenden Fragen geben:

1. Worauf bezieht sich die Rede von der Lüge? (Falsche Vorstellungen von der Wirklichkeit? Ein falsches Leben? Die vorsätzliche Falschrede?)

26 Vgl. Hugo Grotius, *Drei Bücher über das Recht des Krieges und Friedens, in welchem das Natur- und Völkerrecht und das Wichtigste aus dem öffentlichen Recht erklärt werden*, III. Buch, Kap. 1, Abschn. 10, in diesem Band S. 171–177; vgl. Samuel Pufendorf, »Einleitung zur Sitten- und Staatslehre«, in diesem Band S. 178–182.

27 Vgl. Arthur Schopenhauer, *Die Welt als Wille und Vorstellung*, Bd. 1, in diesem Band S. 209–214.

2. Was sind überhaupt die unterscheidenden Merkmale einer Lüge? (Geht es um die objektive Unwahrheit? Den Widerspruch zwischen Denken und Sagen? Eine Täuschungsabsicht? Die Verletzung des Rechts des Hörers auf wahrhaftige Information? Eine weitergehende Absicht, die moralisch nicht zu billigen ist?)

3. Sind Lügen generell verboten, gibt es Ausnahmen? Können bestimmte Typen von Lügen gut sein?

4. Worin liegt genau das Unrecht einer Lüge? (In der Verletzung des Vertrauens, das die Grundlage der Gemeinschaft bildet? Im Missbrauch der Sprache? In der Verletzung vernünftiger Beziehungen? In der Verletzung von Rechten? In der Schädigung von Personen?)

5. Welche Werte werden von der Lüge überhaupt verletzt? (Die göttliche Ordnung? Die Wahrheit? Der Gesellschaftsvertrag? Das Vertrauen? Die allgemeine Wohlfahrt? Die Autonomie von Personen?)

6. Wem wird mit der Lüge ein Unrecht getan? (Der eigenen Seele? Der Menschheit als solcher? Den Adressaten der Lüge, sofern sie ein Recht auf die Wahrheit haben?)

5. Die augustinische Tradition

Die oben Lorenz zugeschriebene Deutung und Bewertung der Lüge – Lügen sind vorsätzliche Falschreden und als solche falsch – geht auf Augustinus zurück. Mit seinen Schriften *De mendacio – Über die Lüge* (395 n. Chr.) und *Contra mendacium – Gegen die Lüge* (420 n. Chr.) hat er die begrifflichen Weichen für den bis heute unser Verständnis prägenden Begriff der Lüge als einer Sprachhandlung gestellt, die allein aufgrund ihrer Form, unabhängig von den mit ihr verbundenen Absichten und Auswirkungen, schlecht ist. Augustinus systematisierte dabei die spätantiken und christlichen Einzeldiskussionen der Frage, ob und zu welchen Situationen man lügen darf, indem er sie auf ethische und theologische Prinzipien bezog; im Zentrum stand die religiöse Frage nach der Bestimmung des Menschen im Verhältnis zu Gott.[28]

Das unbedingt Verwerfliche der Lüge liegt für Augustinus nicht in ihren schädlichen Auswirkungen auf die Betroffenen, sondern in der Perversion des menschlichen Willens, seiner Abkehr von der göttlich verstandenen Wahrheit. Dieser Überlegung liegt der Gedanke zugrunde, dass die Sprache nicht ein Medium für beliebige Zwecke ist, sondern einen natürlichen, gottgewollten Zweck hat: Wir haben »fürwahr die Sprache nicht zu dem Zwecke, damit sich die Menschen gegenseitig irreführen, sondern damit einer dem andern seine Gedanken mitteilen kann. Diese Sprache also zur Täuschung zu gebrauchen, ist Sünde; denn das ist ihr Zweck nicht«.[29] Neben der theologisch-metaphysischen Annahme der natürlichen Zweckhaftigkeit der Sprache führt Augustinus die goldene Regel an: Auch wenn viele Menschen sich den anderen verbergen und sie täuschen wollen, wolle doch niemand selbst getäuscht werden.[30] Die Lüge ist somit Ausdruck einer grundlegenden Verkehrung des Willens,[31] nicht primär ein Vergehen an anderen Menschen.

Augustinus verwendet hierfür den lateinischen Begriff *mendacium*, der nur die vorsätzliche Falschrede bezeichnet und im Unterschied zu dem von Platon gebrauchten griechischen Begriff *pseudos* Irrtum (lat. *error*) ausschließt. Das Unrecht der Lüge liegt nicht in ihrer (möglicherweise auch unwissentlichen und unwillentlichen) Abweichung von der Wahrheit, noch in

28 Zu den Nebenströmungen der theologischen Tradition vgl. Schockenhoff, in diesem Band S. 113–130.

29 Augustinus, *Enchiridion*, Kap. 7, § 22, in diesem Band S. 142 f.

30 Augustinus, *Confessiones*, eingel., übers. und erl. von Joseph Bernhart, München 1955, Buch 10, S. 543.

31 Vgl. Ebd., S. 541.

den je speziellen Absichten, sondern in der Abkehr von Gott. Da kein Mensch weiß, was im Innern des anderen vorgeht, ist es allein die Liebe zu Gott, die für die Wahrheit – die Stimme Gottes – offen macht.[32] Augustinus bringt den christlichen Liebesbegriff mit der römischen Fides-Lehre in Verbindung, der zufolge das gemeinschaftsstiftende Vertrauen zwischen den Menschen der Wahrhaftigkeit bedarf.[33] Nur weil »die Liebe alles glaubt«, kann zwischen Menschen Vertrauen entstehen. Augustinus begreift die Sprache als von Gott geschenktes Medium zur Hervorbringung einer menschlichen Gemeinschaft. Wer lügt, verwendet die Sprache für die Zwecke der verengten, verweltlichten egoistischen Seele, statt seine Seele Gott zu öffnen, »der die Wahrheit ist«[34]; er benutzt sie für eigene Zwecke statt für die Zwecke Gottes. Wenn Worte lügenhaft gesprochen werden, werden sie der Besitz und das Instrument ihres Sprechers: »Denn jeder, [...] der zu eigen haben will, was allen gehört, wird vom Gemeinsamen weg in das Seinige abgetrieben, von der Wahrheit weg in die Lüge.«[35] Man kann die Lüge somit als paradigmatisches Beispiel für den Versuch verstehen, sich von Gott zu lösen und autonom zu leben, d. h. die eigenen Interessen und Einschätzungen als Orientierungen für das Leben und die Rede zu nehmen.[36]

Da es um die Ausrichtung des eigenen Willens geht, ist die objektive Unwahrheit für Augustinus unwesentlich für die Lüge. Das unterscheidet sein Konzept von dem platonischen. Das entscheidende Merkmal ist hingegen das »doppelte Herz«, d. h.

32 Ebd., S. 489.
33 Vgl. hierzu in diesem Band die Einleitung zur römischen Fides-Lehre und die Ausschnitte zu Cicero S. 97–100.
34 Vgl. Augustinus, *Confessiones* (s. Anm. 30), Buch 1, S. 19.
35 Ebd., Buch 12, S. 729.
36 Hier folge ich der Interpretation von Paul J. Griffiths, *Lying. An Augustinian Theology of Duplicity*, Michigan 2004, hier S. 25, 85.

der Gegensatz zwischen dem, was einer für wahr hält, und dem, was er zum Ausdruck bringt.[37]

Die Lüge stellt vor allem ein Vergehen an der eigenen unsterblichen Seele dar und nur sekundär ein Unrecht am Mitmenschen. Es ist daher auf der Grundlage der augustinischen Bestimmungen nicht möglich, Notlügen oder altruistische Nutzlügen mit ihren Zwecken zu entschuldigen oder gar zu rechtfertigen. Da das Unrecht der Lüge nicht in ihren Wirkungen liegt, sondern in der Aneignung und Zweckentfremdung der Sprache, können auch wohltuende Wirkungen nicht dagegen aufgewogen werden. Das folgt aus der Unterordnung der weltlichen unter die ewigen Zwecke. Die Vorstellung, eine Lüge, die jemandem helfe, könnte entschuldigt werden, beruht nach Augustinus auf einer Verkehrung der Wertordnung, da in diesem Fall leibliche Güter, wie Gesundheit und Leben, den Gütern der Seele, wie Wahrheit und ewiges Heil, vorgezogen würden.

Das hat Konsequenzen, die im Kontext der Lügendiskussionen unter den Kirchenvätern nicht weniger extrem erschienen als in heutigen. Da die Bedingungen des doppelten Herzens und der Absicht zu täuschen im Falle von Notlügen oder Lügen zu guten Zwecken nicht weniger erfüllt sind als bei Schadenslügen, muss eine Lüge nach augustinischen Maßstäben auch in dem Fall als eine unentschuldbare Sünde betrachtet werden, wenn dadurch ein Menschenleben gerettet werden kann:

»Fragen, ob man um der Rettung eines anderen willen lügen darf, heißt fragen, ob man um der Rettung eines anderen willen sündigen darf. Das aber ist unvereinbar mit dem Heil der Seele, das nur durch Freiheit von der Sünde sichergestellt wer-

---

37 Augustinus, *De mendacio, Contra mendacium. Die Lügenschriften*, eingel., übers. und komm. von Alfons Städele [...], Paderborn [u. a.] 2013, Ausschnitt in diesem Band S. 132.

den kann und verlangt, daß man es seinem eigenen zeitlichen Leben, erst recht dem eines Nebenmenschen voranstellt.«[38]

Es ist zu berücksichtigen, dass Augustinus' Verdammung der Lüge nicht als Aufruf zu verstehen ist, selbst im Falle, dass nur so ein Menschenleben gerettet werden kann, das Lügen zu unterlassen. Ein solcher Aufruf würde dem menschlichen Willen eine Macht unterstellen, über die er nach dem Sündenfall nicht mehr verfügt.[39] Augustinus geht es bei seiner Kritik der Lüge nicht um lebenspraktische Empfehlungen, sondern darum zu zeigen, was eine nicht sündhafte Existenz wäre, die sich an Gott ausrichtet.

6. Die naturrechtliche Tradition

Während die Lüge in der augustinischen Tradition eine Sünde darstellt, die durch keine Nützlichkeit gerechtfertigt werden kann, hat sich im 17. Jahrhundert eine Neubestimmung und Neubewertung der Lüge aus den Erfordernissen eines friedlichen und vertraglich geregelten menschlichen Zusammenlebens entwickelt, die ebenfalls unser heutiges Verständnis der Lüge geprägt hat (und in unserem Dialog durch Maja repräsentiert wird). Sie ist mit Blick auf die Deutung, die Bezüge und die Bewertungsgrundlage der Lüge mit der augustinischen Denkweise unvereinbar, während sie durchaus an frühere Überlegungen zur Nützlichkeit von Lügen bei Platon und den Überlegungen einiger Kirchenväter vor Augustinus anknüpft.

Die modernen Naturrechtstheorien greifen auf Unterscheidungen zurück, die, anders als die speziellen theologischen Voraussetzungen von Augustinus, vermutlich auch in vielen anderen kulturellen Kontexten nachvollziehbar sind, nämlich

38 Ebd., S. 16.
39 Vgl. Paul J. Griffiths, *Lying. An Augustinian Theology of Duplicity*, Michigan 2004, S. 255.

die Unterscheidung zwischen Freund und Feind bzw. zwischen den friedlichen Beziehungen unter Personen, die eine Gemeinschaft bilden und einander zur friedlichen Kooperation verpflichtet sind, und den Beziehungen im Kriegszustand. Wohl überall auf der Welt unterscheidet man in der Praxis zwischen der Wahrhaftigkeit, die den Mitgliedern der Gemeinschaft gebührt, und der erlaubten oder geforderten List gegenüber Feinden und Angreifern; ein striktes Lügenverbot schließt eine ausgefeilte Kultivierung von List und Lüge zur Abwehr von Bedrohungen nicht aus. In der Neuzeit kommt mit dem naturrechtlichen Vertragsgedanken jedoch ein Gesichtspunkt hinzu, der die unterschiedliche Bewertung der Lüge zwischen Personen im Friedens- und im Kriegszustand auf eine systematische Grundlage stellt. Hugo Grotius führt mit seinem dreibändigen Werk von 1625 *De iure belli ad pacis* einen engeren Begriff der Lüge im Unterschied zur wertfreien Falschrede (*falsiloquium*) ein,[40] an den ein halbes Jahrhundert später auch Samuel Pufendorf mit seinem Standardlehrbuch des Völkerrechts *De iure naturae et gentium* anknüpft. Dieser engere Begriff der Lüge ergibt sich aus den Rechten und Pflichten zwischen Personen, die einen Vertrag eingehen. Das Unrecht der Lüge besteht darin, dass sie einen stillschweigenden Vertrag zwischen den Sprachverwendern verletzt, die eine Gemeinschaft bilden. Der Sprecher ist verpflichtet, die Sprache nicht so zu verwenden, dass die Worte in einem anderen Sinn verstanden werden müssen als dem, den er selbst im Sinne hat – der Hörer verfügt über ein entsprechendes Recht, das seine Freiheit des Urteils schützt. Mit anderen Worten: Wir sind

---

40 Vgl. Hugo Grotius, *Drei Bücher über das Recht des Krieges und Friedens, in welchem das Natur- und Völkerrecht und das Wichtigste aus dem öffentlichen Recht erklärt werden,* hrsg. und übers. von J. H. von Kirchmann, 2 Bde., Berlin 1869.

vertraglich gebunden, stets auch zu meinen, was wir sagen. Wird der Vertrag jedoch verletzt oder ausgesetzt, etwa zu Zeiten eines Krieges oder bei einem räuberischen Überfall, dann ist eine vorsätzliche Falschaussage auch kein Unrecht.

Kurz, nicht jede vorsätzliche Falschaussage in täuschender Absicht stellt eine (verwerfliche) Lüge dar. Nach Grotius und Pufendorf wird sie erst dadurch zur (verwerflichen) Lüge, dass sie ein Recht verletzt; liegt kein Recht vor, liegt auch keine Lüge vor. Als Maßstab, ob ein Recht verletzt ist, dient vor allem das Schadenskriterium, das als solches älter ist als der Gedanke der Rechtsverletzung durch die Lüge. So gilt es als erlaubt, die Unwahrheit zu sagen, wenn sie niemandem schadet oder gar jemandem hilft, beispielsweise einem Verfolgten, um ihn zu schützen.[41]

Mit der Unterscheidung zwischen wertneutraler Falschaussage und Lüge wird im 17. und 18. Jahrhundert eine Privatsphäre etabliert, zu der andere ein spezielles Zutrittsrecht benötigen.[42] Entsprechend wird der Notwehrgedanke auch auf die Abschirmung dieses Bereichs angewendet. So bezieht Schopenhauer im 19. Jahrhundert das Recht auf Lüge in Notwehrsituationen auf alle Art von Nachfragen nach privaten Angelegenheiten:

»Ich darf also, ohne Unrecht, selbst der bloß präsumirten Beeinträchtigung durch List, zum voraus List entgegenstellen, und brauche daher nicht Dem, der unbefugt in meine Privatverhältnisse späht, Rede zu stehen, noch durch die Antwort: ›Dies will ich geheim halten‹, die Stelle anzuzeigen, wo

41 Gegen die Vorstellung dieser Tradition, das Unrecht der Lüge liege darin, dass sie ein Recht auf Wahrheit verletzt und/oder den Hörer schädigt, hat Immanuel Kant schon im späten 18. Jahrhundert grundlegende Einwände erhoben, auf die Jens Timmermann in seiner Einführung zu Kant eingeht (»Immanuel Kants Verbot der Lüge«, in diesem Band S. 194–198).
42 Vgl. *Dürfen wir lügen?* (s. Anm. 5).

ein mir gefährliches, ihm vielleicht vorteilhaftes, jedenfalls ihm Macht über mich verleihendes Geheimniß liegt. [...] *Ask me no questions, and I'll tell you no lies* [...], ist hier die richtige Maxime. [...] Und so kommen gar viele Fälle vor«, meint Schopenhauer, »in denen jeder Vernünftige, ohne allen Gewissensskrupel, lügt.«[43]

7. Die ideologiekritische Tradition des Lügendiskurses: unvereinbare ethische Perspektiven?

Auf den Gegensatz von Sein und Schein stützen sich seit dem 19. Jahrhundert so weit auseinanderliegende politische Positionen wie die marxistische Ideologiekritik und Nietzsches antiegalitäre Kulturkritik. Wer sich in diesen Denkschienen bewegt, neigt dazu, die individualmoralische Diskussion der Lüge für naiv zu halten, weil sie von einem Moralkonzept ausgeht, das ein freies und verantwortliches menschliches Subjekt voraussetzt. Dementgegen richtet sich die Kritik am falschen Schein gegen eine Lebensweise, die von einem falschen Selbstverständnis und einer falschen Sicht der sozialen Wirklichkeit bestimmt ist. Es ist ein Merkmal der Ideologie, dass sie den Verhältnissen selbst entspringt und nicht wie die vorsätzliche Falschrede der Kontrolle des Einzelnen unterliegt. Die Ideologiekritik arbeitet daher mit einer »Hermeneutik des Verdachts« gegenüber den Selbstauslegungen von sozialen Institutionen, aber auch dem Selbstverständnis der Individuen.[44]

Sowohl Marx als auch Nietzsche kritisieren die Verlogenheit der modernen Werte insbesondere mit Blick auf das Ideal der Gleichheit und seine rechtliche Verankerung. So diagnostiziert

---

43 Arthur Schopenhauer, *Preisschrift über die Grundlage der Moral*, in diesem Band S. 215 f.

44 Rahel Jaeggi, »Was ist Ideologiekritik?«, in: *Was ist Kritik?*, hrsg. von R. J. und Tilo Wesche, Frankfurt a. M. 2009, S. 270.

Nietzsche einen kollektiven moralischen Selbstbetrug, der darin liegt, sich einzureden, man lebe unter moralisch fortschrittlicheren Verhältnissen als zur Zeit der antiken Sklaverei, indem »wir Neueren« in einer das Wort »Sklave« ängstlich scheuenden Welt Euphemismen wie »die Würde der Arbeit« verwenden.[45] Während Nietzsche nicht für die Änderung der Verhältnisse gemäß dem Ideal der Gleichheit, sondern für den Verzicht auf Schönrederei plädiert, zielt die marxistische Ideologiekritik und ihre ›adornitische‹ Variante letztlich auf eine Veränderung der Praxis. Und während Nietzsche zu einer Umwertung der Werte auffordert, richtet sich die Ideologiekritik nicht gegen den Inhalt der bürgerlichen Gleichheitsideale, sondern gegen ihre mangelnde Verwirklichung und ihren ideologischen Charakter. Es handelt sich, wie Adorno es formuliert, um ein »objektiv notwendiges und zugleich falsches Bewußtsein, […] Verschränkung des Wahren und Unwahren, die sich von der vollen Wahrheit ebenso scheidet wie von der bloßen Lüge«.[46] Das Bewusstsein ist zugleich wahr und falsch, insofern die Normen und Ideale, an denen es sich orientiert, nicht nur nicht verwirklicht sind, sondern darüber hinaus dazu dienen, eine Struktur der Wirklichkeit zu verbergen und dadurch auch zu schützen, die ihre Verwirklichung nicht zulässt.

8. Schluss

Obgleich die drei Traditionen historisch aufeinander gefolgt sind und sich diachron beeinflusst haben, sind sie doch synchron in unseren heutigen moralischen Reaktionen und Deu-

45 Friedrich Nietzsche, *Der griechische Staat*, in: F. N., *Sämtliche Werke. Kritische Studienausgabe*, hrsg. von Giorgio Colli und Mazzino Montinari, Bd. 1, München [u. a.] 1980, S. 764.
46 Theodor Adorno, *Beitrag zur Ideologienlehre*, in: Th. W. A., *Gesammelte Schriften*, Bd. 8: *Soziologische Schriften*, Frankfurt a. M. 1980, S. 465.

tungsmustern präsent. Auch wer mit anderen übereinstimmt, dass man nicht lügen darf, teilt mit ihnen daher nicht unbedingt dasselbe Lügenkonzept und dieselben Gründe für die Ablehnung der Lüge. Wer davon überzeugt ist, dass eine Ethik aus allgemeinverbindlichen Normen besteht, die für alle gleichermaßen evident sind, wird hierin eine spezifisch moderne Gefahr für das moralische Bewusstsein sehen. Die Auseinandersetzung mit den verschiedenen Lügenkonzepten macht jedoch deutlich, wie unrealistisch die verbreitete, aber viel zu vereinfachte Vorstellung von Moral als einem System von kohärenten und konsistenten Normen und Regeln ist, die intersubjektiv gültig sind und denen man entweder aus bloßer Konventionalität oder – in der anspruchsvolleren Version – aus vernünftiger Einsicht folgt. Zwar entwickelt eine einzelne Person im Laufe ihres Lebens moralische Gewohnheiten – bestimmte Weisen, mit den Dingen umzugehen, die sie aufgrund ihrer Erziehung oder weiteren Sozialisation als legitim betrachtet. Wenn andere betroffen sind, die hier ihre Stimme geltend machen, zeigt sich jedoch, dass auch der Wert der Regeln und Normen stets begründungsbedürftig ist und dass das moralische Selbstverständnis auch in einer politischen oder sozialen Gemeinschaft stark abweichen kann. Die in diesem Band versammelten Aufsätze von philosophischen und theologischen Klassikern zur Lüge sollen dabei helfen, die Gründe für die verschiedenen Einstellungen gegenüber der Lüge zu verstehen und sie auf die Kontexte unserer modernen Welt zu beziehen.

I. Wahrhaftigkeit und Lügenkunst in der griechischen Antike

Einleitung

Von Maria-Sibylla Lotter

Probleme der Unwahrhaftigkeit erscheinen im Kontext der griechischen Antike nicht primär als Ausdruck einer Unehrlichkeit, die unserem Willen unterliegt. Sie beziehen sich vor allem auf menschliche Unfähigkeiten und Schwächen wie Vergesslichkeit, mangelnde Selbstkontrolle, Dummheit, Neigung zu eitler Selbsttäuschung, Anfälligkeit für Täuschungen und Wahnzustände usw. Diesen Unfähigkeiten entspricht die objektive Schwierigkeit, die jeweilige Wirklichkeit oder das, worauf es gerade ankommt, zu verstehen und angemessen zu reagieren; hier geht es um Schwierigkeiten, die die Menschen konstitutionell von den Göttern unterscheiden, auch wenn sogar diese Opfer vorsätzlicher Täuschungsmanöver werden können. Diese ethische Perspektive unterscheidet sich grundlegend von der Tradition der jüdisch-christlichen Gesetzesreligion, die unser heutiges Verständnis von Moral geprägt hat: als ein Pflichtbewusstsein mit Blick auf Dinge, die man aus Gesetzestreue, aus Gehorsam gegenüber Gott und Rücksicht auf die anderen tun oder (vor allem) lassen sollte. Die Auseinandersetzung mit der Lüge findet von Homer bis Aristoteles hingegen im Kontext einer Tugendethik – man könnte auch sagen: einer Ethik der menschlichen Stärken und Schwächen –, nicht einer Pflichtenethik statt. Es geht um die Frage, wer man sein will bzw. was für ein Leben man führen will.[1] Ob diese Frage nun im Sinne der den Tod überdauernden Ehre verstanden

1 Zum Unterschied zwischen antiker und moderner Ethik vgl. Ernst

wird, wie in Homers *Ilias*, oder, wie später bei Aristoteles, mit Blick auf das gelingende Leben – in jedem Fall braucht man hierzu gewisse Fähigkeiten. Entsprechend liegt auch in der künstlerischen oder philosophischen Reflexion der Wahrhaftigkeit der Schwerpunkt auf den Wahrheitstugenden, d. h. auf den wichtigen Fähigkeiten mit Blick auf die Wahrheit, und nicht auf Pflichten oder Verboten wie dem Lügenverbot.

Der Begriff ἀλήθεια (*alétheia*), der später mit Wahrheit übersetzt wurde, bezieht sich ursprünglich auf einen Kommunikationsprozess und wird zu Beginn vor allem aktiv benutzt, nicht für das Hören, sondern das Sprechen im Sinne von ›wahre Dinge sagen‹; erst später erstreckt er sich auch auf das Hören, und noch später auf die Realität, auf die sich die Aussagen beziehen. ›Wahrreden‹ bedeutet nicht, Beliebiges auszusprechen, was der Fall ist; es schließt aus, Falsches oder Erfundenes zu sagen, aber auch, Wichtiges auszulassen, Bullshit zu reden, Ablenkendes oder irrelevante Details, Mehrdeutiges oder Unverständliches.[2] Man hat *alétheia* etymologisch auch als *a-létheia* gelesen, als Un- bzw. Nicht-Vergesslichkeit, also als ein ›Wahrreden‹, das Lethe/Vergessen ausschließt.[3] In diesem Sinne werden die Musen bei Homer angerufen als diejenigen, die alles wissen und daher alles bezeugen können, weil sie die Töchter der Erinnerung sind und so im Unterschied zu den vergesslichen Menschen die Wahrheit über vergangene Ereignisse bewahren[4]:

Tugendhat, »Antike und moderne Ethik«, in: E. T., *Probleme der Ethik*, Stuttgart 1984, S. 45.

2 Thomas Cole, »Archaic Truth«, in: *Quaderni Urbinati di Cultura Classica. New Series* 13 (1983) H. 1, S. 12.

3 Vgl. ebd., S. 8.

4 Zu den Musen vgl. Louise Pratt, *Lying and Poetry from Homer to Pindar. Falsehood and Deception in Archaic Greek Poetics*, Michigan 1993, S. 13.

»Kündet, Musen, mir nun, die ihr Häuser bewohnt im Olympos – / Göttinnen seid ihr ja, wisst alles, allgegenwärtig, / Unser Wissen ist nichts, wir hören alleine die Kunde –, / Welches die Führer der Danaer waren und ihre Gebieter. / Freilich, die Menge könnt ich nicht künden und nicht benennen, / […], / Wenn ihr olympischen Musen, des Zeus, des Halters der Ägis, / Töchter, mich nicht daran mahntet, wie viele nach Ilion kamen.«[5]

Während die Menschen stets auf Gerüchte angewiesen sind, sich nicht mehr genau erinnern können, wie viele Helden damals zusammenkamen und welche Namen sie trugen, ist den Musen jedes relevante Detail bekannt; sie vergessen niemanden, der seinen Beitrag geleistet hat. *Aletheia* besteht jedoch nicht nur im Erinnern; der Begriff bezieht sich auch negativ auf λῆθος/*lêthos* (von λανθάνω/*lantháno* ›verbergen‹) und zeigt also das Gegenteil eines Mangels an Bewusstsein oder an Wahrnehmung an, der verschiedene Gründe haben kann, wie Geheimhaltung, Unwissen, Täuschung, Unaufmerksamkeit auf der Seite des nicht Wahrnehmenden oder Unsichtbarkeit auf der Seite des nicht Wahrgenommenen.[6] Heidegger nennt es »Unverborgenheit«.[7] Kurz, *alétheia* bedeutet aktivisch ein Präsentmachen des vormals Versteckten, was für Menschen durchaus eine gewisse Leistung ist, die Wertschätzung verdient.

Fragt man nach dem Verständnis und der Bewertung der Lüge im Kontext Homers, dann fällt zunächst auf, dass das Thema des Täuschens und Getäuschtwerdens in vielen Variatio-

5 Homer, *Ilias*, neue Übers., Nachw. und Register von Roland Hampe, Stuttgart 1979 [u. ö.], S. 37 (2. Gesang, V. 484–492).

6 Vgl. Pratt, *Lying and Poetry from Homer to Pindar* (s. Anm. 54), S. 13.

7 Martin Heidegger, *Der Ursprung des Kunstwerks*, Stuttgart 1960, S. 30.

nen vorkommt (gewöhnliche Sprachlügen, Lügenträume, Erscheinungen der Götter in anderer Gestalt usw.) und aus der Handlung gar nicht wegzudenken ist. Lügen im Sinne vorsätzlicher Falschreden spielen dabei jedoch keine herausragende Rolle. Häufiger sind Täuschungen, die darin begründet sind, dass jemand (evtl. durch Außeneinfluss) die Aufmerksamkeit von etwas oder jemandem abwendet oder jemand anderem zuwendet oder dass jemand etwas Wichtiges vergisst: Täuschungen, die nicht mit dem Gegensatz von Wahrheit und Falschheit beschrieben werden können. Daraus ergibt sich eine grundlegend andere Art der ethischen Auseinandersetzung mit dem Phänomen der Lüge als in der römisch-christlichen Tradition.[8] Eine Künstlerin mit Blick auf die Täuschung durch Verbergen bzw. Vergessen ist Aphrodite, von der es im homerischen Hymnos auf Aphrodite (in der Übersetzung von Konrad Schwenck) heißt:

»[...] Doch von den Übrigen ist nicht eins Aphroditen entronnen, / Keiner der seligen Götter, und keiner der sterblichen Menschen; / Selber verführte das Herz sie dem donnererfreuten Kronion, / Welcher der Herrlichste ist, und die herrliche Würde bekommen. / Den auch, wann es beliebte, das sinnige Herz ihm betörend, / Einte sie häufig in Liebe mit sterblichgeborenen Frauen, / Heres [Hera] vergessen ihn machend, der leiblichen Schwester und Gattin, / Die an erhabner Gestalt vor den seligen Göttinnen pranget; [...].«[9]

8 Vgl. hierzu Elfriede Fuchs, *Pseudologia. Formen und Funktionen fiktionaler Trugrede in der griechischen Literatur der Antike*, Heidelberg 1993, S. 242.

9 Konrad Schwenck, *Die homerischen Hymnen*, Frankfurt 1825. Hier wiedergegeben nach: www.deutsche-liebeslyrik.de/europaische_liebeslyrik/homerische_hymnen.htm [zuletzt abgerufen am 21. Juni 2017].

Nur weil Aphrodite Zeus die unübertrefflich schöne Hera vergessen lässt, neben der die Sterblichen im Vergleich unattraktiv wirken würden, können sie seine Aufmerksamkeit erregen.

Zweitens zeigt sich mit Blick auf die Wahrheitstugenden, dass im homerischen Kontext sowohl Verhaltensweisen, die wir aus heutiger Sicht als »ehrlich« bezeichnen würden, als auch solche, auf die die Bezeichnung »unehrlich« passt, zur Ehre der Person beitragen können. Nicht nur geradlinige Personen wie Achilles, der von sich sagt, dass er Lügen verabscheut, sondern auch ausgefuchste Lügenkünstler wie Odysseus sind unbestreitbar Heldenfiguren, die im Mittelpunkt eines Epos stehen und sich der Hochschätzung von Göttern und Menschen erfreuen. Und drittens fällt im Verhältnis zwischen Menschen und Göttern auf, dass nicht alle Menschen von den Göttern mit Respekt, fast wie ihresgleichen, behandelt werden und von ihnen guten Rat bekommen wie der geradlinige Achilles und der listige Odysseus (Athene berät beide); es gibt andere wie den griechischen Heerführer Agamemnon, »der sich der beste Archäer zu sein rühmt« (*Ilias* 2,82), die Dinge aber oft falsch einschätzt.

So überredet Thetis, die Mutter des Achilleus, den Göttervater Zeus, vorerst die Trojaner zu begünstigen, um so die Unentbehrlichkeit ihres von Agamemnon gekränkten Sohnes zu verdeutlichen. Zeus geht dabei jedoch nicht mit göttlicher Gewalt, sondern mit List vor. Er schickt Agamemnon einen Lügentraum, der ihm suggeriert, der Sieg über Troja stünde kurz bevor. Und Agamemnon reagiert quasi überschlau, indem er so tut, als habe er das Gegenteil geträumt, um seine Leute auf die Probe zu stellen, erreicht damit jedoch nur das Gegenteil von dem, was er will: Sie stürzen zu den Schiffen und können nur von Odysseus davon abgebracht werden, das Weite zu suchen. So vergleicht man Agamemnon unwillkürlich mit Odysseus, der in jeder Situation abschätzen kann, worauf es ankommt, aber auch mit dem geradlinigen Achilleus, dem dergleichen nie in den Sinn gekommen wäre.

Aus dem Unterhaltungswert solcher Täuschungsmanöver und der Wertschätzung, die der Figur des Odysseus von Göttern und Menschen entgegengebracht wird, ist weder zu schließen, dass die homerischen Epen keine Wertschätzung der Wahrhaftigkeit vermitteln, noch dass die Ehrlichkeit – die im homerischen Kontext die Gestalt von Geradlinigkeit annimmt – als Tugend nicht geschätzt würde. Zu dem Komplex von Wahrheitsfähigkeiten, die geachtet und bewundert werden, gehört ja auch die Geradlinigkeit des Achilleus, der von sich sagt:

»Nötig ist es, ganz offen herauszusagen die Meinung, / Wie ich es selber denke und wie es auch sicher geschehen wird, / [...] / Denn der Mann ist mir so verhasst wie die Pforten des Hades, / Der ein anderes birgt im Sinn und ein anderes ausspricht.«[10]

Der Wahrhaftige steht jedoch nicht auf der Gegenseite des Lügners, oder genauer, auf der Gegenseite des kundigen Lügners: Wahrredner und (gezielte und vorsätzliche) Lügner sind beides Wahrheitskundige. Der Wahrsprechende und der Lügner sind im homerischen Kontext einander nicht entgegengesetzt wie Gott und Teufel, sondern nur unterschieden wie die Musen (als Wahrheitskünstlerinnen) und Aphrodite (als Täuschungskünstlerin) auf der göttlichen Seite, der geradlinige und offene Achilleus und der verschlagene Odysseus auf der menschlichen. Sowohl die Wahrhaftigkeit als auch die Täuschung erscheinen als göttliche und menschliche Kunstfertigkeiten, die beide im Kontrast zur Wahrheitsinkompetenz stehen.

10 Homer, *Ilias* (s. Anm. 52), S. 179 (9. Gesang, V. 309–313).

PLATON

Hippias Minor

Der *Hippias Minor* (oder *Hippias II*) gehört wie der *Hippias Maior* (oder *Hippias I*), die *Apologie* des Sokrates und die Dialoge *Kriton, Ion, Euthydemos, Laches, Charmides, Euthypron, Protagoras, Gorgias, Lysis, Menon*, zu Platons Frühdialogen, die gewisse inhaltliche und formale Merkmale gemeinsam haben.[1] Platon weist hier die Hauptrolle einer historischen Person, seinem Lehrer Sokrates, zu, was jedoch nicht darauf schließen lässt, dass die Dialoge genau in der von Platon dargestellten Form stattgefunden haben. Rahmenhandlung und Zweck der Dialoge werden von (dem von Platon rekonstruierten) Sokrates in der *Apologie* erläutert: Sokrates versucht in Gesprächen mit den Bürgern Athens zu klären, warum das Apollo-Orakel zu Delphi ihn zum Weisesten aller Männer erkoren hat, obgleich er, wie er meint, recht wenig weiß. Er befragt Mitbürger, die (in verschiedenen Lebensbereichen) für kompetent gehalten werden, über Wissen über die Dinge, auf die es ankommt. Dabei stellt sich immer wieder heraus, dass sie im Unterschied zu ihm, der sich seiner Ahnungslosigkeit bewusst ist, glauben, über ein Wissen zu verfügen, das sie gar nicht besitzen; das stellt sich jedenfalls heraus, sobald ihr Vorverständnis einer Prüfung (Elenchos) unterzogen wird. Nachdem Sokrates seine Gesprächspartner mit viel Ironie durch eine Reihe von Fehlschlüssen, Paradoxien und Konfusionen hindurchgesteuert hat, enden die Frühdialoge in der Regel aporetisch:

---

1 Zu den Frühdialogen vgl. Ursula Wolf, *Die Suche nach dem guten Leben. Platons Frühdialoge*, Hamburg 1996, zu *Hippias Minor* vgl. insbes. S. 59–66. Vgl. auch Christoph Kniest, *Sokrates zur Einführung*, Hamburg 2003, S. 110–122.

man stellt fest, dass sich das vermeintliche Wissen als unhaltbar erwiesen hat, es ist aber auch nicht klar, wie man zu besseren Antworten auf die Ausgangsfrage gelangen könnte.

Der *Hippias Minor* knüpft an der kulturell verankerten Praxis an, moralische Werte anhand einer Auslegung der homerischen Epen zu erläutern. Der Gesprächspartner Hippias, ein berühmter Sophist, Universalgelehrter und Alleskönner (sogar seine Kleidung hat er selbst angefertigt), hat kurz vor dem Gespräch einen Vortrag gehalten, in dem er den Vorrang der *Ilias* vor der *Odyssee* mit dem Vorrang des Achilleus vor Odysseus begründet. Achilleus sei der Bessere, weil er geradlinig sei, Odysseus hingegen vielgewandt (*polytropos*) und *pseudes* – ein Ausdruck, der verschiedene Formen der Wahrheitsabweichung wie irrtümlich, täuschend, lügnerisch beschreibt. Indem Sokrates nun fragt, ob hier eine Tüchtigkeit oder eine Untüchtigkeit gemeint sei, lenkt er Hippias auf die begrifflichen Gleise, auf denen dieser sich nun wohl oder übel bewegen muss: Die ethische Frage nach dem Wert der Ehrlichkeit bzw. Verlogenheit wird als Frage nach einem Können bzw. mangelnden Können gestellt, also in Analogie zu speziellen Techniken und Kompetenzen, wie dem Wissen des Läufers und des Mathematikers. Charakteristisch für diese Kompetenzen ist, dass der, der sie hat, frei ist, sie anzuwenden oder auch nicht. Dabei stellt sich heraus, dass die Fähigkeit zu lügen und die Fähigkeit, die Wahrheit zu sagen, auf derselben Kompetenz beruhen, nämlich der Wahrheitskundigkeit. Nur wer die Wahrheit kennt, kann andere täuschen. Nachdem sich so der Unterschied zwischen dem wahrhaftigen Achilleus und dem unehrlichen Odysseus dem Anschein nach aufgehoben hat, vollzieht das Gespräch eine weitere Wende: Sokrates weist darauf hin, dass auch Achilleus in den homerischen Epen nicht immer die Wahrheit sagt, und als Hippias in die Falle tappt und darauf hinweist, dass es sich hier jedoch nicht um vorsätzliche Täuschungen, sondern mangelnde Vorhersicht handelt, schnappt die Falle zu: Wenn man die gesuchte Tugend analog zu mathematischem Wissen oder technischem Können versteht, dann ist derjenige, der die Wahrheit vorsätzlich verbergen kann – also Odysseus –, besser als der, der das nicht kann. Bei diesem Ergebnis möchte jedoch auch Sokrates nicht stehenbleiben. Es kommt ihm nicht darauf an, den vorsätzlich Unrecht Tuenden als den besseren Menschen zu erweisen, wie es im letzten Teil zwischendrin den Anschein hat, sondern Hippias zu zeigen, dass er letztlich nicht weiß, was das Gute vom Schlechten unterscheidet.

Sokrates: [...] was sagst du uns wegen des Achilleus und des Odysseus? Welchen hältst du und worin für besser? [...]

Hippias: [...] Ich behaupte nämlich, Homeros habe in seinen Gedichten als den besten unter den nach Troja Gekommenen den Achilleus dargestellt, als den weisesten aber den Nestor und als den vielgewandtesten den Odysseus. [...]

Sokrates: [...] Sage mir also, ob ich es vielleicht hieraus besser verstehen werde: Wird Achilleus nicht als vielgewandt vom Homeros dargestellt?

Hippias: Ganz und gar nicht, Sokrates, sondern als höchst einfach. Denn gleich in der Bittgesandtschaft, wo er sie miteinander redend vorstellt, sagt sein Achilleus zum Odysseus [*Ilias* 9, 308–314]:

Edler Laertiad', erfindungsreicher Odysseus,
Sieh, ich muss die Rede nur grad' und frank dir verweigern,
So wie im Herzen ich denk' und wie's zu vollenden
                                                     ich meine.
Denn mir verhasst ist jener so sehr wie des Aïdes Pforten.
Wer ein andres im Herzen verbirgt, ein anderes redet.
Aber ich selbst will sagen, so wie's unfehlbar geschehen wird

In diesen Versen offenbart er die Gemütsart jedes der beiden Männer, dass nämlich Achilleus wahr sei und einfach, Odysseus aber vielgewandt und falsch. Denn den Achilleus lässt er ja diese Verse dem Odysseus sagen.

Sokrates: Jetzt mag ich wohl beinahe verstehen, Hippias, was du meinst. Unter dem Vielgewandten nämlich meinst du einen Falschen, wie sich ja zeigt.

Hippias: Allerdings, Sokrates. Denn als einen solchen stellt Homeros den Odysseus dar an vielen Orten, sowohl der Ilias als in der Odyssee.

Sokrates: Also dünkte, wie es scheint, den Homeros ein anderer Mann wahrhaft zu sein und wieder ein anderer falsch, nicht aber derselbe?

Hippias: Wie sollte es auch nicht, Sokrates?

Sokrates: Dünkt es etwa dich auch selbst so, Hippias?

Hippias: Vor allen Dingen freilich! Es wäre ja auch arg, wenn nicht.

Sokrates: So wollen wir dann den Homeros jetzt lassen, da es ohnedies unmöglich ist, ihn zu befragen, was er sich wohl dachte, als er diese Verse dichtete. Da du aber dich der Sache offenbar annimmst und du selbst das glaubst, was du behauptest, dass Homeros meine, so antworte gemeinschaftlich für den Homeros und für dich selbst.

Hippias: Das soll geschehen, und frage nur in Kurzem, was du willst.

Sokrates: Meinst du unter den Falschen solche, die untüchtig sind, etwas zu tun, wie die Kranken, oder die tüchtig sind, etwas zu tun?

Hippias: Tüchtige meine ich, und zwar gar sehr zu vielem andern sowohl als auch dazu, die Menschen zu hintergehen.

Sokrates: Tüchtig sind sie also nach deiner Rede, wie es scheint, und vielgewandt. Nicht wahr?

Hippias: Ja.

Sokrates: Vielgewandt nun und betrügerisch, sind sie das etwa aus Albernheit und Unklugheit oder aus einer gewissen List und Klugheit?

Hippias: Aus List allerdings und aus Klugheit.

Sokrates: Klug sind sie also, wie es scheint.

Hippias: Ja, beim Zeus, gar sehr.

Sokrates: Und als Kluge sollten sie nicht dessen kundig sein, was sie tun? Oder sind sie es?

Hippias: Wohl sind sie dessen gar sehr kundig; darum eben tun sie ja übel.

Sokrates: Und als dessen Kundige, sind sie Unverständige oder Weise?

Hippias: Weise allerdings, eben darin: im Betrügen.

Sokrates: Komm denn, lass uns noch einmal wiederholen, was das ist, was du sagst. Die Falschen, behauptest du, sind tüchtig und klug und kundig und weise, worin sie falsch sind?

Hippias: Das behaupte ich freilich.

Sokrates: Und andere sind die Wahren und die Falschen, ganz einander entgegengesetzt.

Hippias: Das meine ich.

Sokrates: Wohlan also, von den Tüchtigen und Weisen sind die Falschen welche, nach deiner Rede?

Hippias: Ganz gewiss.

Sokrates: Wenn du nun sagst, tüchtig und weise wären auch die Falschen eben darin: Meinst du, dass sie tüchtig sind zu lügen, wann sie wollen, darin, worin sie eben lügen, oder untüchtig?

Hippias: Tüchtig, meine ich.

Sokrates: Um es also kurz zusammenzufassen: Die Falschen sind weise und tüchtig zu lügen?

Hippias: Ja.

Sokrates: Ein zum Lügen untüchtiger und unverständiger Mann wäre also nicht falsch?

Hippias: So ist es.

Sokrates: Tüchtig aber ist doch wohl jeder, der das, was er will, alsdann tut, wann er es will; ich meine aber nicht, wenn einer aus Krankheit daran verhindert wird, oder des etwas [so etwas]; sondern so wie du vermögend bist, meinen Namen zu schreiben, wann immer du willst, so meine ich. Nennst du nicht den tüchtig, mit dem es so steht?

Hippias: Ja.

Sokrates: Sage mir also, Hippias, bist du nicht wohl erfahren im Rechnen und der Rechenkunst?

Hippias: Ganz vorzüglich, Sokrates.

Sokrates: Also wenn auch dich jemand fragte nach dreimal siebenhundert, welche Zahl das ist, so würdest du, wenn du nur wolltest, ganz vorzüglich und geschwind das Richtige hierüber sagen?

Hippias: Allerdings.

Sokrates: Etwa weil du der Tüchtigste und Weiseste bist hierin?

Hippias: Ja.

Sokrates: Bist du aber wohl nur der Weiseste und Tüchtigste oder auch der Beste eben darin, worin der Tüchtigste und Weiseste, im Rechnen?

Hippias: Auch der Beste offenbar, Sokrates.

Sokrates: Das Wahre also hierüber zu sagen wärst du der Tüchtigste, nicht wahr?

Hippias: Ich denke wenigstens.

Sokrates: Wie aber das Falsche eben hierin? Und beantworte mir das wie das Vorige, o Hippias, unverhohlen und edelmütig. Wenn dich jemand fragte nach dreimal siebenhundert, wie viel das ist, würdest du wohl auch am besten lügen und jedesmal auf gleiche Weise das Falsche hierüber sagen können, wenn du lügen und niemals richtig antworten wolltest, oder könnte der Unverständige im Rechnen besser lügen als du, wenn du wolltest? Oder würde der Unverständige oft, wenn er auch Falsches sagen wollte, das Richtige vorbringen, unvorsätzlich, wenn es sich eben träfe, weil er es nämlich nicht weiß? Du aber, der Unterrichtete, würdest, wenn du doch lügen wolltest, jedesmal gleich gut lügen?

Hippias: Ja, so verhält es sich, wie du sagst.

Sokrates: Ist nun wohl der Falsche in andern Dingen zwar falsch, aber nicht in Zahlen? Und könnte er im Zählen nicht lügen?

Hippias: Beim Zeus, auch in Zahlen.

Sokrates: Setzen wir also auch dies, Hippias: Es sei ein Mensch falsch in Rechnungen und Zahlen?

Hippias: Ja.

Sokrates: Wer also wäre dieser? Muss ihm nicht, wenn er falsch sein soll, das zukommen, wie du eben eingestandest, dass er tüchtig ist im Lügen? Denn von dem Untüchtigen im Lügen sagtest du, wenn du dich noch erinnerst, dass er nie falsch sein könne.

Hippias: Dessen erinnere ich mich, und so wurde gesagt.

Sokrates: Und zeigtest du dich nicht eben als der Allertüchtigste zum Lügen im Rechnen?

Hippias: Ja, auch das wurde gesagt.

Sokrates: Und bist du nicht auch der Tüchtigste, das Richtige zu sagen in Rechnungen?

Hippias: Allerdings.

Sokrates: Also derselbe ist der Tüchtigste, das Wahre und auch das Falsche zu sagen im Rechnen? Dies aber ist der Gute hierin, der Rechner?

Hippias: Ja.

Sokrates: Wer anders wird uns also falsch im Rechnen, Hippias, als der Gute? Denn der ist auch der Tüchtige, der aber ist auch der Wahre?

Hippias: So zeigt es sich.

Sokrates: Siehst du also, dass derselbe der Falsche ist und auch der Wahre hierin? Und der Wahre um nichts besser als der Falsche? Denn er ist ja derselbe, und keineswegs verhalten sie sich ganz entgegengesetzt, wie du vorhin meintest.

Hippias: Es scheint nicht, hierin wenigstens. [...]

Sokrates: [...] Du weißt doch, dass du sagtest, Achilleus sei wahrhaft, Odysseus aber falsch und vielgewandt?

Hippias: Ja.

Sokrates: Jetzt aber, merkst du doch, hat sich gezeigt, dass der Wahre und der Falsche derselbe ist, so dass, wenn Odysseus falsch war, er auch wahr wird, und Achilleus der Wahre auch falsch, und dass die Männer nicht verschieden sind oder entgegengesetzt, sondern ähnlich. [...]

Daher habe ich auch jetzt während deiner Rede mir bedacht, dass in Absicht der Verse, welche du vorhin anführtest und zeigtest, Achilleus sage sie gegen den Odysseus als gegen einen, der leere Worte mache, wie wunderbar es mich bedünken würde, wenn du recht haben solltest; weil Odysseus, der Vielgewandte, nirgends als ein Lügner erscheint, Achilleus aber erscheint als ein Vielgewandter nach deiner Rede; er lügt wenigstens. Denn nachdem er jene Verse gesprochen, welche auch du vorhin anführtest [*Ilias* 9,312 f.]

Denn mir verhasst ist jener so sehr wie des Aïdes Pforten,
Wer ein andres im Herzen verbirgt, ein anderes redet,

so sagt er bald drauf, er würde sich weder vom Odysseus und Agamemnon herumbringen lassen noch überhaupt vor Troja bleiben, sondern [*Ilias* 9, 357–363]

Morgen –, spricht er, bring ich ein Opfer für Zeus und die
anderen Götter,
Wohl dann belad' ich die Schiffe, und wann ich ins Meer
sie gezogen,

Wirst du schaun, so du willst und solcherlei Dinge dich
                                              kümmern,
Schwimmen im Morgenrot auf dem flutenden
                                              Hellespontos
Meine Schiff' und darin die eifrig rudernden Männer;
Und wenn glückliche Fahrt der Gestadeerschütterer gönnte,
Möcht' ich am dritten Tag in die schollige Phthia gelangen.

Und noch vor diesem hatte er zankend zum Agamemnon gesagt [*Ilias* 1,169–171]:

Doch nun geh' ich gen Phthia! Denn weit zuträglicher ist es,
Heim mit den Schiffen zu geh'n, den gebogenen!
                                    Schwerlich auch wirst du,
Weil du allhier mich entehrst, noch Schätz' und Güter
                                              dir häufen.

Unerachtet er nun dieses gesprochen, das eine Mal vor dem
ganzen Heer, das andere Mal zu seinen Freunden, so zeigt sich
doch nirgend, dass er weder die geringste Zurüstung gemacht
noch irgend versucht, die Schiffe in See zu lassen, um nach
Hause zu segeln; sondern vielmehr, dass er sehr vornehm sich
wenig daraus macht, ob er wahr redet. Deshalb nun, Hippias,
fragte ich dich von Anfang an, zweifelhaft, welchen von diesen
Männern der Dichter als den besseren gedichtet hat, und in der
Meinung, dass beide sehr vortrefflich wären und schwer zu
entscheiden, welcher der bessere sowohl in Absicht auf Wahrheit und Falschheit als in jeder andern Tugend. Denn beide
sind auch hierin einander fast gleich.

Hippias: Du untersuchst eben die Sache gar nicht ordent-
lich, Sokrates. Denn was Achilleus lügt, das lügt er offenbar
gar nicht hinterlistig, sondern unvorsätzlich, weil er durch die
Unglücksfälle des Heeres genötigt ward zu bleiben und Hilfe

zu leisten, Odysseus aber tut es vorsätzlich und hinterlistig. [...]

Sokrates: So ist, wie es scheint, Odysseus besser als Achilleus.

Hippias: Keineswegs doch wohl, Sokrates.

Sokrates: Wie denn? Sind uns nicht eben die vorsätzlich Lügenden besser erschienen als die unvorsätzlich?

Hippias: Und wie sollten doch, o Sokrates, die, welche vorsätzlich beleidigen und andern Unheil bereiten und Übles zufügen, besser sein, als die es unvorsätzlich tun, gegen die man ja viel Nachsicht pflegt zu haben, wenn jemand ohne Wissen beleidigt oder hintergeht oder sonst etwas Übles tut? Wie denn auch die Gesetze weit härter sind gegen die, welche vorsätzlich etwas Böses tun oder lügen, als gegen die andern. [...]

Sokrates: Der also vorsätzlich fehlt und das Schlechte und Unrechte tut, o Hippias, wenn es einen solchen gibt, wäre kein anderer als der Gute.

Hippias: Auf keine Weise kann ich dir dieses doch einräumen, o Sokrates.

Sokrates: Auch ich nicht mir selbst, Hippias. Aber es erscheint uns doch jetzt notwendig so aus unserer Rede. Indes, wie ich schon gesagt habe, ich schwanke hierüber bald so, bald so und bleibe mir niemals gleich in meiner Meinung. Und dass ich schwanke, ist wohl nichts Wunderbares; wenn aber auch ihr schwanken wollt, ihr Weisen, das ist dann ein großes Unglück auch für uns Ungelehrte wenn wir nicht einmal bei euch zur Ruhe kommen können von unserm Schwanken.

Der Staat (Politeia)

In Platons 10 Bücher umfassenden Hauptwerk *Der Staat (Politeia)* berichtet der Protagonist Sokrates in der Ich-Form von einem Gespräch mit den Brüdern Glaukon und Adeimantes sowie weiteren Athener Bürgern, das sich um die Frage dreht, was Gerechtigkeit als eine Tugend der Seele ausmacht. Da der im ersten Buch unternommene Versuch einer begrifflichen Bestimmung unzulänglich erscheint, entwirft Sokrates im zweiten Buch zunächst ein Modell eines gerechten Staates und überträgt die gewonnenen Erkenntnisse anschließend auf den Menschen. Dabei wird vorausgesetzt, dass der Staat und die menschliche Seele in analoger Weise in Teile gegliedert sind, von denen jeder eine eigene Aufgabe zu erfüllen hat (369d). Gerechtigkeit besteht in dem harmonischen Verhältnis der Glieder, die ihre jeweiligen Fähigkeiten ausüben und bekommen, was ihnen zusteht.

Dieses ideale Modell ist nicht mit dem wirklich existierenden Staat zu verwechseln, noch wäre dieser durch politische Reformen realisierbar. Der Grund dafür liegt in der ethisch-quantitativen Isomorphie,[1] von der Platon ausgeht. Da die meisten Menschen dazu neigen, unter schlechtem Einfluss illusionäre Vorstellungen von ihren Fähigkeiten und von dem, was ihnen zusteht, zu entwickeln, können sie sich nicht selbst regieren. Gerechtigkeit könnte daher nicht unter demokratischen, sondern nur unter aristokratischen Voraussetzungen realisiert werden, da es stets nur wenige gibt, die die Weisheit lieben und an ihr teilhaben (die Philosophen). Aber auch eine Aristokratie der Philosophen könnte nur zustande kommen, wenn die Staatsbürger (oder die zufällig gerade Herrschen-

---

1 Zur ethisch-quantitativen Isomorphie Platons vgl. Michel Foucault, *Der Mut zur Wahrheit*, Frankfurt 2010, S. 70 ff.

den) fähig wären, die wahren Philosophen von politischen Verführern zu unterscheiden – wenn sie dies aber könnten, wären sie selbst der Einsicht fähig. Es gibt somit keine Methode, die wahren Philosophen an die Macht zu bringen;[2] der gerechte Staat stellt ein ideales »Muster im Himmel« dar, das »in den Reden liegt«, und nirgendwo auf der Erde zu finden ist (592b).

Die ethische Frage, was von vorsätzlichen Täuschungen/ Lügen (die Wortgruppe mit dem Stamm *pseudo-*) zu halten ist, wird zunächst im zweiten Buch im Zusammenhang der Frage angesprochen, wie die Wächter im idealen Staat erzogen werden sollten, und im dritten Buch weiter verfolgt.[3] In diesem Zusammenhang stellt Sokrates einige Überlegungen an, die nicht zuletzt deswegen berühmt sind, weil sie heutige Wertvorstellungen geradezu umzukehren scheinen: 1. Dichter wie Homer wären trotz ihrer unbestrittenen künstlerischen Qualität aus dem idealen Staat zu verbannen, da sie über Götter und Heroen unschöne Unwahrheiten/Lügen verbreiten (377d, *me kalos pseudetai*), die dazu angetan sind, kleinere Kinder zu traumatisieren und üble Vorbilder für die Heranwachsenden abgeben. 2. Im Gegensatz zu den Göttern, die keinerlei Verwendung für Lügen haben, können Menschen gelegentlich von Lügen profitieren. Lügen dürfen jedoch nicht von beliebigen Personen gegenüber jedem und zu beliebigen Zwecken eingesetzt werden. Gegenüber Feinden oder Geisteskranken können sie zur Gefahrenabwehr nützlich sein, aber auch, wenn Ärzte sie wohldosiert gegenüber Patienten verwenden (389b–c). Auch im idealen Staat können Lügen wie

2 Zu diesem Problem vgl. Robert Spaemann, »Die Philosophenkönige«, in: *Klassiker Auslegen. Platon, Politeia*, hrsg. von Otfried Höffe, Berlin 2011, S. 124.

3 Im zehnten Buch wird die Frage noch einmal mit Blick auf den epistemischen und ontologischen Status der Dichtung aufgegriffen.

der Metallmythos oder die Hochzeitslüge, wie Sokrates mit demonstrativer Beschämtheit einräumt, durchaus von Nutzen sein, wenn sie von den Philosophenherrschern eingesetzt werden, um die Solidarität unter den Bewohnern zu stärken und mögliche Unzufriedenheiten vorzubeugen, die sich aus dem unvorteilhaften Vergleich der eigenen Situation mit der Situation anderer entwickeln könnten (414c–415d). 3. Während vorsätzliche Lügen also unter speziellen Voraussetzungen erlaubt und sogar empfohlen sind, besteht das wahre ethische Übel in falschen Vorstellungen über die wichtigsten Fragen (*alethos pseudos* – »Irrtum im eigentlichen Sinne«, 382a): Diese Ahnungslosigkeit und nicht etwa die bewussten Täuschungsmanöver werden von Göttern und Menschen gleichermaßen gefürchtet.

Der Vorwurf der unschönen Unwahrheit/Lüge, den der platonische Sokrates hier an Dichter wie Homer richtet, bezieht sich nicht nur auf die unerwünschten pädagogischen Auswirkungen der Dichtung. Er beruht auf der platonischen Unterscheidung zwischen dem nur intellektuell erfassbaren Wesen der Dinge und den sinnlich erfassten Erscheinungen. Im Gegensatz zur dialektischen Herangehensweise der Philosophie, die zum Wesen der Dinge vordringt, ist alle Dichtung insofern bloß scheinhaft, als sie die Dinge nachahmt, so wie sie uns sinnlich und emotional erscheinen. Sie kann dies jedoch auf unschöne oder schöne Weise tun – d. h. entweder zur oberflächlichen Unterhaltung oder mit dem Anspruch, durch eine gewisse Anordnung der Erscheinungen die Natur der Sache zu veranschaulichen. Die Götterdarstellungen Homers beispielsweise sind dem platonischen Sokrates zufolge dazu angetan, die Wahrheit zu verbergen, da der Autor nicht versucht, das Wesen des Göttlichen, die Vollkommenheit, zum Ausdruck zu bringen, sondern den Göttern üble Eigenschaften zuschreibt, die menschliche Erfahrungen nachahmen, dem

Wesen des Göttlichen aber gar nicht entsprechen. Im Unterschied hierzu sollen die Mythen, mit denen Platon viele seiner Dialoge abschließt, ein allgemeines Problem durch eine verständliche und anschauliche Anordnung von einzelnen Begebenheiten verdeutlichen.[4] So reflektiert der Mythos vom ER, mit dem die *Politeia* abschließt, an anschaulichen und unterhaltsamen Beispielen, vor welche Herausforderungen die Menschen mit Blick auf die Aufgabe gestellt sind, ein selbstverantwortetes gutes Leben zu führen, an welchen Schwierigkeiten unterschiedlicher Art die meisten dabei scheitern, und unter welchen Voraussetzungen es gelingen kann.

Die Verteidigung der edlen politischen Lüge kann ebenso wenig wie die Dichterkritik aus der kontrafaktischen Konstruktion eines idealen Staates herausgelöst und auf die Verhältnisse in wirklichen Staaten übertragen werden, da sie voraussetzt, was unter gewöhnlichen Bedingungen auszuschließen ist: dass die Herrscher wahre Philosophen sind, die einen exklusiven Zugang zur Wahrheit haben. Sie ist weder mit der Nutzlüge schlechthin noch mit der Staatsräson zu verwechseln, sondern hat spezielle Voraussetzungen. 1. Voraussetzung der edlen Lüge ist die Einsicht, dass das Gegenüber nicht fähig

4 Vgl. Arbogast Schmidt, »Mythos und Vernunft bei Platon«, in: *Platon als Mythologe. Neue Interpretationen zu den Mythen in Platons Dialogen*, hrsg. von Markus Janka und Christian Schäfer, Darmstadt 2002, insbes. S. 307. Zur Dichterkritik vgl. auch Louise Pratt (s. o.) sowie Günther Figal, »Die Wahrheit und die schöne Täuschung. Zum Verhältnis von Dichtung und Philosophie im platonischen Denken«, in: *Philosophisches Jahrbuch* 107 (2002) S. 301–315; Steven Halliwell, »The Republic's Two Critiques of Poetry«, in: *Klassiker Auslegen. Platon, Politeia*, hrsg. von Otfried Höffe, Berlin 2011, S. 243–259. Zu den Schwierigkeiten, eindeutig zwischen Mythos und Logos bei Platon zu unterscheiden, vgl. Glenn W. Most, »Platons exoterische Mythen«, in: *Platon als Mythologe* (s. Anm. 62), S. 7–19.

wäre, die Wahrheit zu verstehen und zu akzeptieren.[5] 2. Die Lüge richtet keinen Schaden an, der nicht durch den Nutzen weit überwogen würde, wobei der Belogene Nutznießer der Lüge ist. 3. Zudem befindet sich der Lügner gegenüber dem Belogenen in einer glaubwürdigen und übergeordneten Position; er verfügt über Expertenwissen, das dem Belogenen nicht zugänglich ist. So verfügt die Minderheit der Philosophenherrscher über die Einsicht, was eine gerechte Gesellschaft ausmacht, unter welchen Bedingungen sie verwirklicht werden kann und welche Maßnahmen hierfür erforderlich sind. Das schließt die Einsicht ein, dass die Umsetzung dieser Maßnahmen bei »den vielen« auf Unverständnis und Widerstände stoßen könnte, weil sie falsche Auffassungen von ihren Fähigkeiten haben oder unvernünftigerweise soziale Gleichheit einer Aristokratie vorziehen würden.[6] Im Unterschied zur Staatsräson, die sich auf Sachzwänge bezieht und mit der Notwendigkeit des Fortbestehens des Staates als rechtlicher Institution begründet wird, bezweckt die edle Lüge eine qualitative Verbesserung des Zusammenlebens im Sinne der Gerechtigkeit.

»[...] Wie aber sollen [die Kinder für den zukünftigen Wächterdienst] erzogen und gebildet werden? [...]«

[...]

»Werden wir nicht mit der musischen Erziehung früher beginnen als mit der gymnastischen?«

»Natürlich!«

5 Vgl. hierzu Georg Martin, *Recht auf Lüge, Lüge als Pflicht. Zu Begriff, Ideengeschichte und Praxis der politischen »edlen« Lüge*, München 2009, S. 63.
6 Vgl. ebd., S. 70 ff.

»Zur musischen Erziehung rechnest du doch auch die Erzählungen?«

»Ja!«

»Davon gibt es zwei Arten, wahre [*alethés*] und erdichtete [*pseûdos*]?«

»Ja!«

»Zur Erziehung dienen beide, vorweg die erdichteten, nicht?«

»Da verstehe ich dich nicht!«

»So verstehst du nicht, dass wir zuerst den Kindern Märchen erzählen? Diese sind aber, im Ganzen gesehen, erdichtet, mit einem wahren Kern. [...]«

[...]

»Nun ist, wie du weißt, der Anfang bei jedem Werk das Wichtigste, zumal für ein junges und zartes Ding. Denn zu dieser Zeit formt und prägt es sich am meisten zu dem Wesen, das man dem Einzelnen aufzudrücken wünscht.«

»Unzweifelhaft!«

»Dann können wir aber nicht unbesorgt zulassen, dass die Kinder die erstbesten Märchen, von den erstbesten Dichtern geformt, hören und in ihren Seelen Ansichten aufnehmen, die weithin jenen widersprechen, die sie als Erwachsene nach unserer Ansicht haben sollten.«

»Das dürfen wir nicht.«

»Fürs Erste müssen wir die Märchendichter bewachen; ihre guten Schöpfungen lassen wir zu, ihre schlechten scheiden wir aus. Die ausgewählten lassen wir dann den Kindern von Ammen und Müttern erzählen und so ihre Seelen durch die Erzählungen mehr formen als die Körper durch ihre Hände. Die gegenwärtig erzählten Märchen sind zumeist auszuscheiden.«

»Welche etwa?«

[...]

»Wie sie uns Hesiod und Homer erzählten«, sagte ich da,

»und die andern Dichter. Denn diese erzählten und erzählen den Menschen Geschichten, die sie erdichteten.«

»Welche meinst du und was tadelst du an ihnen?«

»Was man von Anfang an und aufs schärfste tadeln muss, zumal wenn die Erzählung nicht schön erdichtet ist.«

»Und was ist das?«

»Wenn einer in seiner Erzählung die Götter und Heroen in ihrem Wesen schlecht darstellt, wie ein Maler, dem sein Bild nicht dem Original ähnlich gelingt.«

»Das kann man mit Recht tadeln!«, gab er zu. »Doch was und welcher Art ist das nun?«

»Zunächst, die bedeutendste Dichtung über die bedeutendsten Dinge hat ihr Dichter nicht gut erdichtet: die Taten des Uranos, wie sie Hesiod darstellt, und dann wieder die Rache des Kronos an ihm. Die Taten des Kronos aber und sein Schicksal durch seinen Sohn dürfte man, selbst wenn sie wahr wären, nicht leichthin in dieser Form unvernünftigen und jungen Wesen erzählen, sondern sollte sie lieber verschweigen; [...].«

»Das sind allerdings üble Erzählungen.«

»Die man in unserem Staat nicht erzählen darf, mein Adeimantos! Schon gar nicht dürfen wir vor den Ohren eines jungen Menschen sagen, er mache nichts besonders Auffälliges, wenn er schwerstes Unrecht begehe oder gar seinen Vater, der ihn beleidigt, aufs schwerste züchtige: er tue ja nur, was die ersten und größten der Götter getan!«

»Nein, bei Zeus, auch mir scheinen das keine brauchbaren Erzählungen zu sein!«

»Ebenso wenig wie die Erzählungen von den Kriegen, Anschlägen und Kämpfen der Götter untereinander!«, fuhr ich fort. »Sie sind ja überdies gar nicht wahr! Vorausgesetzt, die zukünftigen Wächter unseres Staates sollen darin die höchste Schande erkennen, wenn sie sich untereinander leicht verfeinden. [...]

Erzählungen wie die Fesselung der Hera durch ihren Sohn, der Sturz des Hephaistos durch den Vater, als er seiner misshandelten Mutter helfen wollte, Götterkämpfe, wie sie Homer gedichtet hat, sind in unserem Staate nicht zuzulassen, ob sie nun nur sinnbildlich gemeint sind oder wörtlich. Denn der junge Mensch kann nicht beurteilen, was Sinnbild ist und was nicht, sondern was er in diesem Alter als Glaube erfasst, das pflegt unauslöschbar und unverändert zu bleiben. Deshalb muss aller Wert darauf gelegt werden, das in den Erzählungen, die sie als Erste hören, Zucht und Anstand aufs beste gewahrt werden.«

»Das hat Hand und Fuß!«, sagte er. [...]

»[...] Doch welches sind nun die Richtlinien für die Götterlehre?«

»Ungefähr die Folgenden: So wie Gott wirklich ist, so ist er immer darzustellen, in Epos, Lied und Tragödie!«

»Ja!«

»Gott ist doch in Wahrheit gut und also auch so darzustellen, nicht?«

»Gewiss!«

»Nichts Gutes ist schädlich! Oder?«

»Nichts!«

»Schadet etwas, was nicht schädlich ist?«

»Keineswegs!«

»Erzeugt, was nicht schadet, ein Übel?«

»Auch das nicht!«

»Was nichts Übles erzeugt, ist doch auch nicht Ursache eines Übels?«

»Wie sollte es?«

[...]

»Da Gott nun gut ist, so ist er nicht an allem schuld, wie die meisten behaupten; vielmehr ist er für die Menschen die Ursache nur von wenigem, an vielem ist er unschuldig. Denn das Gute wird uns viel weniger zuteil als das Schlechte; [...].«

»Wie steht es nun mit dem folgenden [...]? Hältst du Gott für einen Gaukler, der aus böser Absicht in verschiedenen Gestalten erscheint, bald tatsächlich seine Gestalt in andere verwandelt, bald uns nur täuscht und uns dies von ihm glauben lässt, oder ist er von einfach-einheitlichem Wesen, das am wenigsten von allen seine Gestalt verändert?«

»Da kann ich nicht sogleich antworten.«

[...]

»Was also vollkommen ist, ob von Natur aus oder durch Kunst oder durch beides, nimmt die geringste Änderung von außen her an!«

»Ich glaube ja!«

»Gott und alles Göttliche sind doch in jeder Hinsicht am vollkommensten?«

[...]

»[...] Und glaubst du, unter diesen Umständen wird jemand sich freiwillig schlechter machen wollen, ob Gott oder Mensch?«

»Unmöglich!«

[...]

»Aber wecken etwa die Götter, wenn sie schon sich selbst nicht verwandeln, in uns den Glauben, dass sie in verschiedener Gestalt erscheinen, aus Trug oder Zauberei?«

»Vielleicht!«

»Wieso?«, fragte ich. »Will also der Gott täuschen, indem er uns in Wort oder Tat ein Truggebilde vorführt?«

»Das weiß ich nicht!«

»Weißt du also nicht, dass die echte, die wahre Lüge [*alethôs pseúdos*] – wenn man das so sagen kann – von allen Göttern und Menschen gehasst wird?«

»Wie meinst du das?«

»Folgendermaßen: In seinem wesentlichen Ich und über das Wesentliche will niemand absichtlich in Irrtum und Trug sein, sondern gerade hier fürchtet er das Einnisten des Truges am meisten.«

»Auch jetzt verstehe ich es noch nicht.«

»Du glaubst wohl, ich sage etwas Bedeutendes! Ich meine aber nur dies: In seiner Seele sich über das Wahre zu täuschen und in der Täuschung zu verbleiben, sie nicht zu erkennen und daher in sich den Irrtum zu tragen und zu besitzen, das will doch keiner, jeder hasst es gerade in diesem Fall!«

»Gewiss!«

»Und mit vollem Recht nennt man dies, wie ich eben sagte, eine echte, eine wahre Lüge, eine in der Seele wohnende Unwissenheit dessen, der sich im Irrtum befindet. Denn was man in Worten ausdrückt, ahmt ja bloß den Vorgang in der Seele nach, ist also ein später entstandenes Nachbild, somit nicht der ungemischt-reine Irrtum. Nicht?«

»Sicherlich!«

»Wahrer Irrtum und Trug werden nicht nur von den Göttern, sondern auch von den Menschen gehasst.«

»Ich glaube wohl!«

»Wie steht es nun mit der in Worten ausgedrückten Lüge? Wann und wem ist sie nützlich, also nicht hassenswert? Wird sie etwa gegen Feinde und sogenannte Freunde, wenn sie aus Wahnsinn oder Unwissenheit ein Unheil anrichten wollen, zu dessen Abwehr nützlich wie ein Heilmittel? Ferner in den eben erwähnten Erzählungen: Wenn wir da die Wahrheit über die Ereignisse der Vorzeit nicht kennen und unsere erdichteten Schilderungen der Wahrheit möglichst annähern, dann schöpfen wir aus ihr doch Nutzen?«

»Sicher ist es so!«

»Aus welchem dieser Gründe ist nun die Unwahrheit dem Gotte nützlich? Etwa weil er die Vergangenheit nicht kennt und sich daher der Wahrheit nur nähert?«

»Das wäre lächerlich!«

»Ein erfindender Dichter steckt also nicht in Gott?«

»Ich glaube nicht!«

»Aber sollte er aus Furcht vor den Gegnern lügen?«

»Weit gefehlt!«

»Oder wegen der Unvernunft und Raserei seiner Freunde?«

»Keiner der Unvernünftigen und Rasenden ist ein Freund Gottes!«

»Also hat der Gott keinen Grund zur Unwahrheit!«

»Nein!«

»Völlig frei von Irrtum und Trug ist also alles Göttliche!«

»Völlig!«

»Also ist Gott offensichtlich von einfach-einheitlichem und wahrhaftem Wesen in Wort und Werk, wandelt sich weder selbst, noch täuscht er andere, nicht in Erscheinungen, in Worten oder Zeichen, die er entsendet, nicht im Wachen noch im Traum!«

»So erscheint es auch mir nach deiner Rede!«

»Ist dies also nun – mit deinem Einverständnis – die zweite Richtlinie, nach der man über Götter dichten und sprechen soll, dass sie weder Gaukler sind, die sich verwandeln, noch uns durch Lügen täuschen in Wort oder Werk!«

»Das gebe ich zu.«

»Obwohl wir vieles an Homer loben, so werden wir dies nicht mit dem Traum tun, den Zeus dem Agamemnon sendet, ebensowenig wie an Aischylos, wenn Thetis sagt, Apollon habe bei ihrer Hochzeit gesungen und ihr

gewährt der Kinder reiche Zahl,

Von Krankheit frei und selig lebend lange Zeit;

Den Göttern wohlgeliebt nennt er mein eigen Los

Und preist es laut und senkt das Glück tief in mein Herz.

Doch ich erhoffte lügenlos des Phoibos Mund,

Den Mund des Gottes, voll der hehren Seherkunst.

Doch er, der dieses sang, der bei dem Feste war,

Der dieses sprach, ist selbst der Mörder meines Sohns.
Wenn einer so von den Göttern spricht, dann zürnen wir ihm und geben ihm keinen Chor und ebenso lassen wir die Lehrer seine Dichtung nicht bei der Erziehung der Kinder verwenden, wenn je unsere Wächter gottesfürchtig werden sollen, ja göttlich, soweit es einem Menschen möglich ist.«

»Ich bin mit deinen Grundsätzen einverstanden und würde ihnen Gesetzeskraft geben.«

[...]

»Schließlich muss man die Wahrheit über alles stellen. Denn wenn unsere frühere Behauptung richtig ist, die Götter also die Lüge tatsächlich nicht brauchen, Menschen sie aber wie eine Arznei verwenden können, dann muss man sie offensichtlich den Ärzten anvertrauen. Laien aber dürfen sie nicht berühren!«

»Das ist klar!«

»Nur den Herrschern des Staates kommt es – wenn jemandem überhaupt – zu, die Lüge um der Feinde oder der Bürger willen zum Nutzen des Staates zu gebrauchen. Alle andern dürfen nicht daran rühren. Solchen Staatsführern gegenüber zu lügen ist für den einzelnen Bürger derselbe, ja noch ein größerer Fehler, als wenn ein Kranker seinem Arzt, ein Turner seinem Trainer über seinen körperlichen Zustand nicht die Wahrheit sagte oder wenn ein Seemann einem Steuermann nicht über Schiff und Schiffer die tatsächlichen Verhältnisse zeigte, wie es mit ihm und den Schiffern stehe.

»Sehr richtig!«

»Wenn aber der Staatslenker einen andern im Staat bei einer Lüge ertappt,

einen der Meister des Handwerks
Oder den Seher, den Arzt, den Zimmerer mächtiger
Bauten,

wird er ihn strafen, weil er eine Handlungsweise einführt, die dem Staat ebenso wie dem Schiff Untergang und Verderben bringt.«

[...]

»Auch bestechlich oder habgierig dürfen wir die Männer nicht werden lassen!«

»Auf keinen Fall!«

»Also dürfen wir ihnen nicht vorsingen lassen:

Gaben erweichen die Götter und Gaben die ehrsamen
Fürsten. [...]«

[...]

»[...] all das dürfen wir nicht als wahre Erzählung gelten lassen. Wir dulden es nicht, dass unsere Jungen es glauben, Achilleus, einer Göttin und des Peleus Sohn, eines so vernünftigen Mannes und Enkels des Zeus, dabei erzogen von dem klügsten Cheiron, sei solch innerer Verwirrung voll gewesen, daß er in sich zwei entgegengesetzte Krankheiten barg: schmutzige Habgier und andrerseits Hochmut gegenüber Göttern und Menschen!«

»Ganz richtig!«

»[...] Vielmehr wollen wir die Dichter dazu bringen, entweder ihnen nicht solche Taten zuzuschreiben oder sie nicht als Göttersöhne zu bezeichnen, beides aber nicht zu vereinigen und dadurch unserer Jugend einzureden, Götter könnten Böses erzeugen und Heroen seien um nichts besser als die Menschen. Denn – so sagten wir schon vorher – dies verstößt gegen die Ehrfurcht wie die Wahrheit. Wir haben ja bewiesen, dass von den Göttern nichts Schlechtes kommen kann.«

»Wie sollte es auch!«

[...]

»Welchen Weg haben wir nun, um von einer einzigen edlen Täuschung, einer von jenen notwendigen, die wir oben erwähnten, wenn möglich auch die Herrscher, ansonsten zumindest den übrigen Staat zu überzeugen?«

»Welche meinst du da?«

»Nichts Neues, sondern ein phönikisches Geschichtchen, wie es früher schon oft sich zugetragen hat, wie die Dichter erzählen und dabei Glauben gefunden haben; zu unserer Zeit geschah Derartiges nicht, ja ich weiß nicht, ob es überhaupt geschehen könnte; wohl aber, dass es großer Überzeugung bedarf, es glauben zu machen.«

»Du zauderst mit der Sprache, glaube ich!«, sagte er da.

»Mit vollem Recht, wirst du sagen, wenn ich gesprochen habe.«

»Nur heraus und ohne Scheu!«

»Nun gut! Doch weiß ich nicht, woher ich die Kühnheit und die Worte nehmen soll, wenn ich spreche und zunächst die Herrscher selbst und die Soldaten, dann auch die übrigen Bürger von Folgendem zu überzeugen versuche: Unser ganzes Bildungs- und Erziehungswerk an ihnen haben sie nur wie einen Traum erlebt, in dem dies mit ihnen geschah, in Wahrheit aber waren sie damals im Innern der Erde, dort wurden sie geformt und erzogen, sie selbst und ihre Waffen und alle übrigen Werkzeuge; als sie aber völlig ausgebildet waren, entließ sie die Erde als ihre Mutter in die Höhe, jetzt aber müssen sie sich um das Land, in dem sie wohnen, wie um eine Mutter und Ernährerin kümmern und alle abwehren, die gegen sie etwa heranziehen, und für die andern Bürger wie für ihre erdgeborenen Brüder sorgen.«

»Nicht ohne Grund scheutest du dich, diese erfundene Geschichte zu erzählen!«

»Vollauf mit Recht!«, gab ich zu. »Dennoch aber höre auch den Rest der Geschichte! Ihr alle im Staat seid Brüder, so erzählen wir ihnen im Märchen. Gott aber, der Schöpfer, hat euch, die zu Herrschern berufen sind, Gold bei eurer Erschaffung beigemischt, weshalb ihr auch die Geehrtesten seid. Den Helfern gab er Silber bei. Eisen und Kupfer den Bauern und

Handwerkern. Weil ihr alle verwandt seid, erzeugt ihr zumeist Kinder nach eurer Art; manchmal nur wird aus einem goldenen Vater ein silberner Spross entstehen und aus einem silbernen ein goldner und ähnlich bei den andern. Den Herrschern befiehlt Gott vor allem und am meisten, über nichts so treue Wächter zu sein, nichts so scharf zu bewachen wie ihre Kinder, welcher Stoff ihren Seelen beigemischt ist. Wenn ihr Spross Erz oder Eisen mitgemischt erhalten hat, dann dürfen sie sich in keiner Weise erbarmen, sondern müssen ihm die seiner Natur zukommende Stellung geben und ihn zu Handwerkern und Bauern verstoßen. Wenn aber von diesen Ständen ein Kind Gold oder Silber in sich trägt, dann müssen sie es ehren und emporführen zum Stand der Wächter die einen, zum Stand der Gehilfen die andern, da ein Wahrspruch bestehe: dann wird der Staat vergehen, wenn ihn ein eiserner oder eherner Wächter bewacht! Diesen Mythos ihnen glaubhaft zu machen, hältst du das irgendwie für möglich?«

»Keineswegs, wenigstens bei den heutigen Menschen! Wohl aber bei ihren Söhnen und den nachkommenden Geschlechtern.«

»Aber auch das würde schon dazu dienen, dass sie sich mehr um den Staat und um sich selbst kümmerten; denn ich verstehe so ziemlich deine Gedanken.«

[...]

ARISTOTELES

Nikomachische Ethik

Wie Platon hat Aristoteles in seiner *Nikomachischen Ethik* an Untugenden wie der Unwahrhaftigkeit weniger die schädlichen Folgen für andere Individuen auszusetzen, als dass sie der Natur des Individuums und der Gemeinschaft zuwider sind und ein gelingendes Leben verunmöglichen. Er versteht das Problem der Unwahrhaftigkeit jedoch weder – wie Platon – primär als Problem der Selbsttäuschung oder des Irrtums in den wichtigen Fragen, noch als Problem der Täuschung anderer durch falsche Behauptungen über beliebige Dinge. Vielmehr diskutiert er die Tugend der Wahrhaftigkeit unter dem Gesichtspunkt einer (un)angemessenen Selbstdarstellung, was nicht nur die Rede über sich selbst, sondern auch andere Formen der Selbstdarstellung einschließt. Wahrhaftigkeit, so Aristoteles, ist eine namenlose »mittlere Disposition« zwischen Angeberei (*alazoneía*) und gespielter Bescheidenheit (*eironeía*). Die Wahrhaftigkeit wird also nicht aus dem Gegensatz zur Lüge, als Extrem einer dualen Struktur verstanden, sondern als Mitte zwischen zwei Extremen, somit als Moment einer triadischen Struktur. Das ist für uns heute ebenso ungewohnt wie die Überzeugung, es sei eine Untugend, sich klein zu machen. Aristoteles' Sicht der Dinge wird jedoch verständlich, wenn man gewisse Grundannahmen seiner *Nikomachischen Ethik* berücksichtigt.

Aristoteles versteht den Menschen als soziales und politisches Lebewesen, als *zôon politikón*. Damit das öffentliche und private Leben gelingen kann, muss der Einzelne Tugenden (*areté*) entwickeln. Es sind durch Übung erworbene Fähigkeiten zum richtigen Handeln, die es einem in Verbindung mit praktischer Klugheit (*phrónesis*) ermöglichen, im Einzelfall angemessen zu reagieren. Im Unterschied zur Argumentation des platonischen Sokrates in *Hippias Minor* versteht Aristoteles die ethischen Tugenden also nicht im Sinne einer *téchne/* Kunstfertigkeit analog zu der speziellen *téchne* eines Läufers oder Rechenkünstlers. Anders als Platon geht er zudem davon aus, dass das moralisch relevante Können nicht nur in der Herrschaft des intellektuellen Seelenteils über die Leidenschaften und den Stolz besteht, sondern eine Ausbildung der Gewohnheiten des Fühlens erfordert.

Tugenden sind nicht nach dem dualen Schema gut/böse zu verstehen, sondern bewegen sich zwischen einem Übermaß und einem Mangel; daher ist das Mittelmaß (*mesótes*) zwischen Zuviel und Zuwenig die Norm sittlichen Handelns. So liegt die Selbstbeherrschung (Mäßigung) als *mesótes* zwischen Wollust und Stumpfheit, die Großzügigkeit als Mittleres zwischen Verschwendung und Geiz und die Tapferkeit als Mittleres zwischen Tollkühnheit und Furchtsamkeit. Das Mittlere ist jedoch nicht als ein mathematischer Wert zu verstehen, sondern als das Beste, das man im Spektrum einer Charaktereigenschaft jeweils erreichen kann. Es ist individuell bestimmt: Was zu viel und was zu wenig wäre, ist nicht für jeden dasselbe, und entsprechend ist auch das Mittelmaß nicht für jeden dasselbe. (Die Mesotes-Lehre läuft also keineswegs auf Gleichmacherei hinaus, wie man es mit dem deutschen Wort Mittelmaß assoziiert.) Das gilt besonders mit Blick auf die wahrhaftige Selbstdarstellung: Was bei dem einen Angeberei wäre, könnte bei dem anderen durchaus eine angemessene Form der Kleidung oder der Selbstbeschreibung darstellen.

Jetzt wollen wir über diejenigen reden, die wahrhaftig [*aletheúein*] und unwahrhaftig [*pseúdesthai*] sind, sei es in Worten oder Taten, und zwar darin, wie sie sich geben. Der betrügerische Angeber [*alazón*] gilt als ein Mensch, der etwas vorgibt, was Ansehen bringt, während er es entweder gar nicht oder in geringerem Maß hat. Der Mensch von gespielter Bescheidenheit [*eíron*] gilt umgekehrt als einer, der verleugnet, was er hat, oder es geringer macht. Der Mittlere ist eine Art von Mensch, der ganz er selbst [*authékastos*] ist, wahrhaftig [*aletheutikós*] im Leben und Reden, indem er sich zu dem bekennt, was er tatsächlich ist und hat, und es weder größer noch kleiner macht. Dies alles kann man entweder um eines weiteren Zwecks willen oder ohne weiteren Zweck tun. Ein jeder aber spricht, handelt und lebt so, wie er beschaffen ist, wenn er nicht um eines Zwecks willen handelt. Für sich allein ist die Lüge [*pseûdos*] schlecht und tadelnswert, die Wahrheit werthaft [*kalón*] und lobenswert. So ist auch der Wahrhaftige, der die mittlere Disposition hat, lobenswert, während die unwahrhaftigen Charaktertypen beide tadelnswert sind, mehr aber der betrügerische Angeber.

Über beide wollen wir reden, zuerst aber über den Wahrhaftigen. Wir reden hierbei nicht über denjenigen, der in Übereinkünften wahrhaftig ist, auch nicht in dem, was sich auf Gerechtigkeit und Ungerechtigkeit bezieht – dies gehört zu einer anderen Tugend –, sondern über einen, der dort, wo nichts Derartiges eine Rolle spielt, in seinen Worten und seiner Lebensweise wahrhaftig ist, weil er eine solche Disposition hat. Man würde meinen, dass ein solcher Mensch gut [*epieikés*] ist. Denn der Wahrheitsliebende wird, da er auch dort die Wahrheit sagt, wo es keine Rolle spielt, umso mehr die Wahrheit sagen, wo es darauf ankommt. Er wird sich vor der Lüge [*pseûdos*], wo sie schlecht ist, hüten, da er sie ja schon als solche meiden würde. Ein solcher Mensch ist lobenswert. Er wird eher in Richtung des Zuwenig von der Wahrheit abweichen; das scheint angemessener, da Übertreibungen lästig sind.

Wer ohne weiteren Zweck Größeres vorgibt, als er hat,

gleicht einem schlechten Menschen (sonst würde er sich nicht an der Lüge freuen), er scheint aber eher eitel [*mátaios*] als schlecht. Von denen, die dies um eines Zwecks willen tun, ist der, der es um des Ansehens [*dóxa*] oder der Ehre [*timé*] wegen tut, nicht allzu sehr zu tadeln. Derjenige jedoch, der es um des Geldes willen tut oder um der Dinge willen, die einem zu Geld verhelfen, ist von schlechterer Art. Die betrügerische Angeberei liegt nicht in der Fähigkeit [*dýnamis*], sondern im Vorsatz [*prohaíresis*]. Denn ein betrügerischer Angeber ist er entsprechend seiner Disposition und deswegen, weil er ein so beschaffener Mensch ist, gerade so, wie sich auch von den Lügnern der eine an der Falschheit selbst freut, der andere nach Ehre und Gewinn strebt. Diejenigen nun, die wegen des Ansehens angeben, geben vor, solche Dinge zu besitzen, für die man gelobt und glücklich gepriesen wird, die es des Gewinns wegen tun, nehmen Eigenschaften in Anspruch, von denen auch die Mitmenschen einen Vorteil haben und deren Nichtvorhandensein sich verbergen lässt, wie die Fähigkeiten eines Sehers, Weisen oder Arztes. Deswegen geben die Meisten derartige Dinge vor und geben damit an; denn in diesen enden sich die oben erwähnten Eigenschaften.

Die Menschen von gespielter Bescheidenheit [*eíron*] scheinen, da sie untertreiben, von angenehmerem Charakter zu sein. Denn sie reden, so denkt man, nicht des Gewinns wegen, sondern um die Aufgeblasenheit zu vermeiden. Auch hier ist es am meisten das Ansehen Bringende, was sie leugnen, wie auch Sokrates es zu tun pflegte. Die aber Kleines und Offensichtliches bestreiten, nennt man Schwindler und hält sie eher für verachtenswert; manchmal erscheint ihr Tun als betrügerische Angeberei, wie die Kleidung der Spartaner. Denn sowohl das Übermaß wie der zu große Mangel sind angeberisch. Wer aber von der gespielten Bescheidenheit mäßig

Gebrauch macht und sie nur in Bezug auf das nicht allzu Bekannte und Offensichtliche verwendet, erscheint kultiviert [*charíeis*]. Dem Wahrhaftigen ist aber offenkundig der betrügerische Angeber entgegengesetzt; denn er ist der Schlechtere.

MICHEL FOUCAULT

Der Mut zur Wahrheit. Die Regierung des Selbst
und der anderen

[...]

Dieses Jahr möchte ich gerne die Untersuchung des freimü-
tigen Sprechens, der *parrhesia* als Modalität des Wahrsprechens fortsetzen. Für diejenigen unter Ihnen, die letztes Jahr
möglicherweise nicht da waren, rufe ich die allgemeine Idee in
Erinnerung. Es ist wirklich ungemein interessant und wichtig,
die eigentümlichen Strukturen der verschiedenen Diskurse,
die als wahre Diskurse auftreten und auch so aufgenommen
werden, im Hinblick auf ihre spezifischen Eigenschaften zu
analysieren. Die Analyse dieser Strukturen könnte man allgemein als erkenntnistheoretische Analyse bezeichnen. Andererseits hatte ich aber den Eindruck, daß es auch interessant
wäre, die Bedingungen und Formen des Handlungstyps zu untersuchen, durch den das Subjekt, das die Wahrheit sagt, sich
manifestiert, was bedeuten soll: sich selbst als jemanden vorstellt und von den anderen als jemand erkannt wird, der die
Wahrheit sagt. Es würde sich also keinesfalls um eine Untersuchung der Frage handeln, welche Diskursformen dafür verantwortlich sind, daß der Diskurs als wahr anerkannt wird. Die
Frage lautet vielmehr: Auf welche Weise konstituiert sich das
Individuum selbst in seinem Akt des Wahrsprechens, und wie
wird es von den anderen als Subjekt konstituiert, das einen
wahren Diskurs hält, auf welche Weise stellt sich derjenige, der
die Wahrheit sagt, in seinen eigenen Augen und in den Augen
der anderen die Form des Subjekts vor, das die Wahrheit sagt.
Die Untersuchung dieses Bereichs könnte man im Unterschied
zur Untersuchung erkenntnistheoretischer Strukturen als Untersuchung der »alethurgischen« Formen bezeichnen. Ich ver-

wende hier ein Wort, das ich letztes Jahr oder vor zwei Jahren kommentiert habe. Etymologisch betrachtet, ist die Alethurgie die Schöpfung der Wahrheit, der Akt, durch den sich die Wahrheit offenbart. [...] Lassen wir also die Untersuchungen vom Typ »erkenntnistheoretische Struktur« beiseite und untersuchen wir stattdessen die »alethurgischen Formen«. Das ist der Rahmen, in dem ich den Begriff und die Praxis der *parrhesia* erforsche. Aber denjenigen unter Ihnen, die nicht da waren, möchte ich erklären, wie ich zu dieser Problemstellung gelangt bin. Ich bin zu ihr im Ausgang von der alten Frage gelangt, die eine traditionelle Frage im Zentrum der abendländischen Philosophie ist, nämlich nach den Beziehungen zwischen Subjekt und Wahrheit. Diese Frage stellte ich zunächst in den klassischen, gewöhnlichen, traditionellen Begriffen, d. h., aufgrund welcher Praktiken und anhand welcher Diskurstypen versuchte man, die Wahrheit über das Subjekt zu sagen? Zum Beispiel: Aufgrund welcher Praktiken, anhand welcher Diskurstypen versuchte man, die Wahrheit über das wahnsinnige Subjekt oder das straffällige Subjekt zu sagen? [...] Aufgrund welcher Diskurspraktiken wurde das sprechende Subjekt, das arbeitende Subjekt, das lebende Subjekt als möglicher Gegenstand des Wissens konstituiert? [...] Das ist das Forschungsfeld, das ich eine gewisse Zeitlang zu bearbeiten versuchte.

Und dann habe ich dieselbe Frage nach den Beziehungen zwischen Subjekt und Wahrheit auch in einer anderen Form zu betrachten versucht: nicht in der Form des Diskurses, in dem man die Wahrheit über das Subjekt sagen könnte, sondern des wahren Diskurses, den das Subjekt über sich selbst zu halten vermag, und zwar [in] einer Reihe von kulturell anerkannten und typisierten Formen, z. B. im Geständnis, im Bekenntnis, in der Gewissenserforschung. Das war also die Untersuchung der wahren Diskurse, die das Subjekt über sich selbst hält [...]. Während dieser Untersuchung fiel mir etwas auf, worauf ich eigentlich nicht gefaßt war. Um genauer zu sein, möchte ich sagen, daß es ein leichtes ist festzustellen, wie groß die Bedeutung des folgenden Prinzips in der gesamten antiken Moral, in der gesamten griechischen und römischen Kultur war. »Man soll die Wahrheit über sich selbst sagen«. Zur Stützung und Veranschaulichung dieser Bedeutung in der antiken Kultur kann man Praktiken anführen, die so häufig, beständig und stetig empfohlen werden, [wie] die Gewissensprüfung, die die Pythagoräer und die Stoiker vorschrieben, für die Seneca so ausführliche Beispiele gegeben hat und die man auch bei Marc Aurel wiederfindet.[1] Man kann auch eine Reihe von Praktiken wie z. B. die Korrespondenzen, den Austausch moralischer, spiritueller Briefe aufzählen, wofür man bei Seneca, Plinius dem Jüngeren, Fronto und Marc Aurel Beispiele findet.[2] Außerdem kann man [zur] Illustration des Prinzips »Man soll die Wahrheit über sich selbst sagen« weitere Praktiken angeben, die vielleicht weniger bekannt sind und die weniger Spuren hinterlassen haben, wie z. B. jene Notizbücher, jene Arten von Tagebüchern, die man den Leuten über sich selbst anzulegen empfahl, etwa zur Erinnerung und zum Nachdenken über gemachte Erfahrungen oder über etwas, das man gelesen hatte, etwa auch, um sich beim Erwachen an [die eigenen] Träume zu erinnern.[3]

---

1 Zur Gewissensprüfung als spiritueller Übung vgl. die Vorlesung vom 24. März 1982, in: Michel Foucault, *L'Herméneutique du sujet. Cours au Collège de France, 1981–1982*, hrsg. von Frédéric Gros, Paris 2001, S. 460–464; dt.: *Hermeneutik des Subjekts. Vorlesung am College de France (1981/82)*, übers. von Ulrike Bokelmann, Frankfurt a. M. 2004, S. 584–590 (sowie die Vorlesung vom 27. Januar, ebd., S. 157 f.; dt.: S. 209–211).

2 Zur Korrespondenz als spiritueller Übung vgl. die Vorlesungen vom 20. und 27. Januar 1982 (ebd., S. 86 f., 146–149 und 151–157; dt.: 121 f., 195–199 und 202–209).

3 Zu den *hypomnemata* und anderen Schreibübungen vgl. die Vorle-

Es gibt hier also in der antiken Kultur sehr offensichtlich, sehr massiv und sehr leicht erkennbar eine ganze Menge von Praktiken, die das Wahrsprechen über sich selbst zum Gegenstand haben. [...] Das Wahrsprechen über sich selbst, und zwar in der antiken Kultur (also weit vor dem Christentum) war eine Tätigkeit zu mehreren, eine Tätigkeit mit den anderen, und genauer noch eine Tätigkeit mit *einem* anderen, eine Praxis zu zweit. Dieser andere, der bei der Praxis des Wahrsprechens über sich selbst gegenwärtig ist, und zwar notwendig gegenwärtig, hat mich gefesselt und gefangengenommen.

Der Status und die Gegenwart dieses anderen, der so unverzichtbar dafür ist, daß ich die Wahrheit über mich selbst zu sagen vermag, werfen natürlich eine ganze Reihe von Problemen auf. Die Analyse ist hier nicht gerade leicht, denn auch wenn es richtig ist, daß wir diesen anderen, der für das Wahrsprechen über sich selbst so unverzichtbar ist, in der christlichen Kultur relativ gut kennen, wo er die institutionelle Form des Beichtvaters oder des Leiters des Gewissens annimmt, auch wenn sich in der modernen Kultur dieser andere, dessen Status und Funktionen man zweifellos genauer analysieren müßte, relativ leicht bestimmen läßt – dieser andere, der unverzichtbar dafür ist, daß ich die Wahrheit über mich selbst sagen kann, sei es nun der Arzt, der Psychiater, der Psychologe oder der Psychoanalytiker –, so muß man doch in der antiken Kultur, für die seine Gegenwart gleichwohl eindeutig bezeugt ist, die Tatsache anerkennen, daß sein Status viel variabler, viel unbestimmter, viel weniger deutlich konturiert und institutionalisiert ist. Dieser andere, der so unverzichtbar dafür ist, daß ich die Wahrheit über mich selbst sagen kann, dieser andere kann

sung vom 3. März 1982 (ebd., S. 341–345, dt. Ausg.: S. 437–442) sowie »L'écriture de soi« in: *Dits et Écrits*, Bd. IV, S. 415–430; dt.: »Über sich selbst schreiben«, in: *Dits et Écrits*, Bd. 4, S. 503–521.

in der antiken Kultur ein Berufsphilosoph sein, aber auch sonst irgendjemand. [...]

Was aber auch die Ungewißheit oder, wenn Sie so wollen, die Vielgestaltigkeit, die verschiedenen Aspekte und Blickwinkel sein mögen, unter denen dieser andere erscheint, der so unverzichtbar dafür ist, die Wahrheit über sich selbst zu sagen, wenn diese Blickwinkel auch zahlreich sind, wenn er vielgestaltig ist oder wenn seine Rolle selbst – zwischen Medizin, Politik, Pädagogik – nicht immer leicht zu fassen ist, was also auch immer diese Rolle und dieser Status, seine Funktion und seine Blickwinkel sein mögen, so hat doch dieser andere, der für das Wahrsprechen über sich selbst unverzichtbar ist, eine bestimmte Qualifikation, um ein wahrhafter und wirkungsvoller Partner für das Wahrsprechen über sich selbst zu sein, oder vielmehr sollte er eine solche haben. Diese Qualifikation wird nicht wie in der christlichen Kultur beim Beichtvater oder beim Leiter des Gewissens durch die Institution verliehen und bezieht sich auch nicht auf den Besitz und die Ausübung bestimmter spiritueller Vermögen. Sie ist auch nicht wie in der modernen Kultur eine institutionelle Qualifikation, die ein bestimmtes psychologisches, psychiatrisches oder psychoanalytisches Wissen garantiert. Die Qualifikation, die diese ungewisse, etwas nebelhafte und schwankende Persönlichkeit braucht, ist eine bestimmte Praxis, eine bestimmte Weise des Redens, die gerade *parrhesia* (das freimütige Reden) genannt wird. [...]

Sie erinnern sich vielleicht, daß ich letztes Jahr die Analyse dieses Freimuts, der Praxis der *parrhesia* und der Persönlichkeit in Angriff genommen habe, die in der Lage ist, von der parrhesia Gebrauch zu machen, und die sich – das Wort erscheint erst später – der Parrhesiast (*parrhesiastes*) nennt. [...]

Als ich nun in dieser Perspektive die parrhesiastische Praxis als Vorgeschichte dieser berühmten Paare untersuchte, fiel mir erneut etwas auf, das mich ein bißchen überrascht hat und das ich nicht vorhergesehen hatte. So wichtig der Begriff der *parrhesia*, vor allem in der hellenistischen und römischen Literatur, im Bereich der Gewissensleitung, der spirituellen Führung und der Seelenberatung auch sein mag, muß man doch anerkennen, daß sein Ursprung anderswo liegt und daß er nicht wesentlich, grundsätzlich, ursprünglich in dieser Praxis der spirituellen Leitung auftaucht.

Der Begriff der *parrhesia* – das habe ich Ihnen letztes Jahr zu zeigen versucht – ist zuerst und im Grunde ein politischer Begriff. [...]

Sie erinnern sich, daß die *parrhesia* etymologisch die Tätigkeit bedeutet, die darin besteht, alles zu sagen: *pan rema. Parrhesiazesthai* bedeutet »alles sagen«. Der *parrhesiastes* ist derjenige, der alles sagt. [...] So sagt Demosthenes in seiner Rede *Über die Botschaft*: Es ist notwendig, mit *parrhesia* zu sprechen, ohne vor irgend etwas zurückzuweichen, ohne irgend etwas zu verbergen. [...] Ebenso nimmt er in der *Ersten Philippika* denselben Ausdruck wieder auf und sagt: Ich werde euch meine Gedanken darlegen, ohne irgend etwas zu verheimlichen. [...] Der Parrhesiast ist derjenige, der alles sagt.

Man muß jedoch sofort klarstellen, daß das Wort *parrhesia* mit zwei Wertungen gebraucht werden kann. Die pejorative Wertung findet man zum ersten Mal, glaube ich, bei Aristophanes und anschließend sehr häufig bis zur christlichen Literatur. Mit einer pejorativen Wertung gebraucht, besteht die *parrhesia* darin, alles zu sagen, nämlich in dem Sinne, daß man Beliebiges sagt (Beliebiges von dem, was einem in den Sinn kommt, Beliebiges, was der Sache, die man vertritt, nützlich sein kann, Beliebiges, was der Leidenschaft oder dem Interesse des Sprechers dienen kann). Der Parrhesiast erscheint so als der unverbesserliche Schwätzer, als einer, der sich nicht zurückhalten kann, oder jedenfalls als einer, der nicht in der Lage ist, seine Rede an einem Prinzip der Rationalität und einem Prinzip der Wahrheit auszurichten. Für diesen pejorativen Gebrauch der *parrhesia* (alles zu sagen, Beliebiges zu sagen, zu sagen, was einem in den Sinn kommt, ohne sich auf irgendein Prinzip der Vernunft oder der Wahrheit zu beziehen) gibt es ein Beispiel bei Isokrates in der Rede mit dem Titel *Busiris*, wo Isokrates sagt, daß man über die Götter nicht alles sagen darf, so wie es sich die Dichter erlauben, die ihnen völlig Beliebiges, beliebige Eigenschaften oder Mängel unterstellt haben. [...] Ebenso [findet] man im *Staat* im VIII. Buch (ich werde Ihnen die Stelle gleich genauer angeben, da ich [auf] diesen Text zurückkommen werde) die Beschreibung des schlechten demokratischen Stadtstaats, der ganz kunterbunt, ganz aufgelöst, zwischen verschiedenen Interessen, verschiedenen Leidenschaften und Individuen aufgesplittert ist, die sich nicht verstehen. Dieser schlechte demokratische Stadtstaat praktiziert die *parrhesia*: Jeder kann Beliebiges sagen.[4]

Das Wort *parrhesia* wird aber auch mit einer positiven Wertung gebraucht, und dann besteht die *parrhesia* darin, ohne Verheimlichung oder Zurückhaltung, ohne stilvolle Klausel oder rhetorische Ausschmückung, die sie verschlüsseln oder maskieren könnte, die Wahrheit zu sagen. »Alles zu sagen« bedeutet dann: die Wahrheit zu sagen, ohne etwas davon zu verbergen, ohne sie durch was auch immer zu verschleiern. In der *Zweiten Philippika* sagt Demosthenes daher, daß er im Unterschied zu den schlechten Parrhesiasten, die Beliebiges sagen und ihre Reden nicht an der Vernunft ausrichten, nicht ohne Vernunft sprechen will. Er will sich nicht »zu Beschimpfun-

---

4 Als eine erste Analyse dieser Passage (*Der Staat*, VIII. Buch, 557a-b ff.) vgl. die Vorlesung vom 9. Februar 1983, in: *Le Gouvernement de soi et des autres. Cours au Collège de France, 1982–1983*, hrsg. von Frédéric Gros, Paris 2008, S. 181–185; dt.: S. 252–257.

gen« herablassen und »Schlag mit Gegenschlag vergelten«. [...] (Sie wissen, jene berüchtigten Streitgespräche, wo man alles mögliche sagt, vorausgesetzt, daß es dem Gegner schaden und dem eigenen Anliegen nützlich sein kann.) Das will er nicht tun, sondern im Gegenteil mit der *parrhesia* (*meta parrhesias*) das Wahre sagen (*ta alethe*: die wahren Dinge). Allerdings fügt er hinzu: Ich werde nichts verheimlichen (*ouch apochrypso-mai*). [...] Nichts verbergen, die wahren Dinge sagen, darin besteht die Praxis der *parrhesia*. Die *parrhesia* bedeutet also »alles sagen«, aber ausgerichtet an der Wahrheit: alles von der Wahrheit sagen, nichts von der Wahrheit verheimlichen, die Wahrheit sagen, ohne sie durch irgend etwas zu maskieren.

Ich meine jedoch, daß das nicht ausreicht, um diesen Begriff der *parrhesia* zu charakterisieren und zu bestimmen. Um von der *parrhesia* im positiven Sinne des Begriffs sprechen zu können – lassen wir nun die negativen Wertungen beiseite –, sind zwei zusätzliche Bedingungen nötig, die über die Regel des Alles-Sagens und die der Wahrheit hinausgehen. Es ist nicht nur notwendig, daß diese Wahrheit die persönliche Meinung des Sprechers darstellt, sondern er muß sie auch als das sagen, was er denkt, [und nicht] nur als Lippenbekenntnis [...] – darin besteht seine Eigenschaft als Parrhesiast. Der Parrhesiast gibt seine Meinung kund, er sagt, was er denkt, er unterzeichnet gewissermaßen selbst die Wahrheit, die er ausspricht, er bindet sich an diese Wahrheit und verpflichtet sich folglich auf sie und durch sie. Aber das reicht nicht aus. [...] Damit es sich um *parrhesia* handelt, muß man, indem man die Wahrheit sagt, das Risiko eingehen, begründen und ihm die Stirn bieten, das Risiko nämlich, einen anderen zu verletzen, ihn zu reizen, ihn zu erzürnen und eine Reihe von Verhaltensweisen bei ihm hervorzurufen, die bis zur äußersten Gewalttätigkeit reichen können. Es handelt sich also um die Wahrheit mit dem Risiko der Gewalterfahrung. Nachdem er gesagt hat, daß er *meta par-*

rhesias (mit Offenheit) spricht, [fügt] Demosthenes beispielsweise in der *Ersten Philippika* [hinzu]: Ich weiß wohl, daß ich
die Folgen nicht kenne, die sich für mich aus dem Gesagten ergeben, wenn ich von dieser Offenheit Gebrauch mache. [...]

Damit es *parrhesia* geben kann, ist alles in allem für den Akt
der Wahrheit folgendes notwendig: erstens das Bestehen einer
grundsätzlichen Verknüpfung zwischen der ausgesprochenen
Wahrheit und dem Denken dessen, der sie ausgesprochen hat;
[zweitens] die Infragestellung der Beziehung zwischen den
beiden Gesprächspartnern (demjenigen, der die Wahrheit
sagt, und demjenigen, an den diese Wahrheit gerichtet ist).
Daher rührt jener neue Zug der *parrhesia*: Sie beinhaltet eine
bestimmte Form des Mutes, einen Mut, dessen Minimalform
darin besteht, daß der Parrhesiast immer Gefahr läuft, diese
Beziehung zu untergraben, die die Bedingung der Möglichkeit
seiner Rede ist. Das läßt sich beispielsweise ganz deutlich an
der *parrhesia* als Gewissensleitung erkennen, wo nur dann eine solche Leitung möglich ist, wenn eine Freundschaft besteht,
und wo der Einsatz der Wahrheit in dieser Gewissensleitung
gerade das Risiko beinhaltet, die Beziehung der Freundschaft,
die die wahre Rede doch ermöglicht hat, in Frage zu stellen
und zu zerstören.

Dieser Mut kann jedoch in einer Reihe von Fällen auch eine
Maximalform annehmen, wenn man für das Aussprechen der
Wahrheit nicht nur akzeptieren muß, daß dadurch die persönliche, freundschaftliche Beziehung in Frage gestellt wird, die
man zu der Person unterhält, [mit der] man spricht, sondern
wenn es dazu führt, sein eigenes Leben zu riskieren. Als Platon
Dionysios den Älteren besucht – so wird es von Plutarch erzählt –, sagt er ihm verschiedene Wahrheiten, die den Tyrannen dermaßen verletzen, daß er den Entschluß faßt, Platon zu
töten, den er jedoch nicht ausführt. Aber Platon wußte das im
Grunde und akzeptierte dieses Risiko. [...] Die *parrhesia* setzt

also nicht nur die etablierte Beziehung zwischen dem Sprechenden und dem, an den sich die Wahrheit richtet, aufs Spiel, sondern sie riskiert sogar die Existenz des Sprechenden, zumindest wenn sein Gesprächspartner Macht über ihn hat und er die Wahrheit, die man ihm sagt, nicht ertragen kann. Diese Beziehung zwischen der *parrhesia* und dem Mut wird sehr schön von Aristoteles verdeutlicht, wenn er in der *Nikomachischen Ethik* das, was er die *megalopsychia* (die Seelengröße) nennt, mit der Praxis der *parrhesia* verbindet.[5]

Die *parrhesia* kann sich nur – das ist das letzte Merkmal, an das ich kurz erinnern möchte – in so etwas wie einem parrhesiastischen Spiel ausbilden, entwickeln und stabilisieren. Denn wenn der Parrhesiast wirklich derjenige ist, der das Risiko eingeht, seine Beziehung zum anderen und sogar seine eigene Existenz in Frage zu stellen, indem er die Wahrheit sagt, die ganze Wahrheit gegenüber allem, dann [muß] derjenige, dem diese Wahrheit gesagt wird – ob es sich nun um das versammelte Volk handelt, das über die besten Entscheidungen nachdenkt, die in Zukunft getroffen werden müssen, ob es sich um den Fürsten, den Tyrannen oder den König handelt, dem man Ratschläge erteilen soll, oder ob es der Freund ist, den man berät –, (Volk, König oder Freund), wenn er die Rolle spielen will, die ihm der Parrhesiast vorschlägt, indem er ihm die Wahrheit sagt, sie akzeptieren, wie verletzend sie für die anerkannten Meinungen in der Volksversammlung, für die Leidenschaften und Interessen des Fürsten und für die Unwissenheit oder

5 »Er muß auch ein offener Hasser sein und ein offener Freund. Denn nur die Furcht versteckt sich. Ihm steht die Wahrheit unvermeidlich höher als Menschenmeinung, und er kann nicht anders als offen handeln und reden. Denn er ist voller Freimut, weil er auf die Personen nicht achtet« (Aristoteles, *Nikomachische Ethik*, Buch IV. 1124b 26–29, nach der Übers. von Eugen Rolfes bearb. von Günther Bien, Hamburg 1972, S. 87).

Verblendung des Individuums auch sein mag. Das Volk, der Fürst, das Individuum müssen das Spiel der *parrhesia* akzeptieren. Sie müssen es selbst spielen und anerkennen, daß man dem, der das Risiko eingeht, ihnen die Wahrheit zu sagen, Gehör schenken soll. Auf diese Weise wird das wahre Spiel der *parrhesia* begründet, im Ausgang von dieser Art von Pakt. Wenn der Parrhesiast seinen Mut beweist, indem er die Wahrheit über und gegen alles sagt, dann hat das zur Folge, daß derjenige, an den sich diese *parrhesia* richtet, seine Seelengröße zeigen muß, indem er akzeptiert, daß man ihm die Wahrheit sagt. Diese Art von Pakt zwischen dem, der das Risiko eingeht, die Wahrheit zu sagen, und dem, der bereit ist, sie zu hören, steht im Zentrum dessen, was man das parrhesiastische Spiel nennen könnte.

Die *parrhesia* ist also, kurz gesagt, der Mut zur Wahrheit seitens desjenigen, der spricht und das Risiko eingeht, trotz allem die ganze Wahrheit zu sagen, die er denkt, sie ist aber auch der Mut des Gesprächspartners, der die verletzende Wahrheit, die er hört, als wahr akzeptiert.

Sie sehen also, wie die Praxis der *parrhesia* Stück für Stück der Kunst der Rhetorik entgegengesetzt ist. Sehr schematisch kann man sagen, daß die Rhetorik, wie sie in der Antike bestimmt und praktiziert wurde, im Grunde eine Technik ist, die die Art und Weise betrifft, die Dinge zu sagen, die aber keinesfalls die Beziehungen zwischen dem Sprechenden und dem, was er sagt, festlegt. Die Rhetorik ist eine Kunst, eine Technik, eine Menge von Verfahrensweisen, die dem Sprechenden erlauben, etwas zu sagen, das vielleicht überhaupt nicht das ist, was er denkt, das aber in jenem, [an] den [er sich wendet], [...] eine Reihe von Überzeugungen hervorbringt. Mit anderen Worten, die Rhetorik beinhaltet keinerlei Beziehung eines Glaubens zwischen dem Sprechenden und dem, was er [aussagt]. Der gute Rhetoriker, der gute Rhetor ist der Mann, der in der Lage ist, etwas ganz anderes als das zu sagen, was er weiß, etwas ganz anderes als das, was er glaubt, etwas ganz anderes als das, was er denkt, es aber so zu sagen, daß am Ende das, was er gesagt haben wird und was er weder glaubt noch denkt noch weiß, zu dem wird, was die, an die er sich wendet, denken, glauben und zu wissen meinen. In der Rhetorik wird die Verbindung zwischen dem Sprechenden und dem, was er sagt, aufgelöst, aber die Rhetorik stellt eine zwingende Verbindung zwischen dem Gesagten und dem oder denen her, an die sich das Gesagte richtet. Sie sehen, daß die Rhetorik von diesem Gesichtspunkt aus der *parrhesia* genau entgegengesetzt ist, [die im Gegensatz dazu eine] starke, offenkundige Bindung zwischen dem Sprechenden und dem, was er sagt, [beinhaltet], da er ja seine Gedanken offenbaren soll und da es bei der *parrhesia* außer Frage steht, daß man etwas anderes sagt als das, was man denkt. Die *parrhesia* stellt also zwischen dem Sprechenden und dem, was er sagt, eine feste, notwendige, konstitutive Verbindung her, lockert jedoch in Form des Risikos die Verknüpfung zwischen dem Sprechenden und dem Angesprochenen. Denn schließlich ist es immer möglich, daß der, an den man sich wendet, nicht annimmt, was man sagt. Er mag dadurch verletzt werden, er mag es ablehnen und er mag schließlich denjenigen bestrafen, der ihm die Wahrheit gesagt hat, und sich an ihm rächen. Die Rhetorik enthält also keine Verknüpfung zwischen dem Sprechenden und dem, was gesagt wird, sondern zielt darauf ab, eine zwingende Verbindung, eine Verbindung der Macht zwischen dem Gesagten und der Person herzustellen, an die man das Gesagte richtet; im Gegensatz dazu besitzt die *parrhesia* eine feste und konstitutive Verbindung zwischen dem Sprechenden und dem Gesagten und eröffnet durch die Wirkung der Wahrheit selbst, durch die Wirkung der Wunden, die die Wahrheit schlägt, die Möglichkeit eines Bruchs der Verbindung zwischen dem Sprechenden und dem, an den er sich gewendet hat. Wir können also sehr schematisch sagen, daß der Rhetor ein wirkungsvoller Lügner ist, der die anderen zwingt, oder zumindest ohne weiteres ein solcher sein kann. Der Parrhesiast ist im Gegensatz dazu derjenige, der mutig die Wahrheit ausspricht, wobei er sein eigenes Leben und seine Beziehung zum anderen riskiert. [...]

Der Parrhesiast ist kein Fachmann. Und die *parrhesia* ist auch etwas anderes als eine Technik oder ein Beruf, wenngleich es bei der *parrhesia* technische Aspekte gibt. Die *parrhesia* ist kein Beruf, sondern etwas, das schwieriger zu umreißen ist. Sie ist eine Einstellung, eine Seinsweise, die mit der Tugend verwandt ist, eine Art und Weise zu handeln. [...] Um sie genauer zu bestimmen, kann man sie mit anderen grundlegenden Modalitäten des Wahrsprechens kontrastieren, die man in der Antike findet, denen man aber auch zweifellos mehr oder weniger verschoben, verkleidet, in verschiedenen Ausgestaltungen in anderen Gesellschaften und auch in unserer eigenen wiederbegegnet. Im Ausgang von der Antike lassen sich vier grundlegende Modalitäten des Wahrsprechens bestimmen, wenn wir die Dinge in derjenigen Deutlichkeit betrachten, in der sie uns von der Antike überliefert wurden.

Erstens, das Wahrsprechen der Prophezeiung. Hier werde ich nicht den Versuch einer Analyse dessen vornehmen, was die Propheten sagten (bzw. der Strukturen dessen, was von den Propheten gesagt wird), sondern der Art und Weise, wie sich die Figur des Propheten konstituiert und von den anderen als Subjekt anerkannt wird, das die Wahrheit sagt. Offensichtlich ist der Prophet, wie übrigens auch der Parrhesiast, jemand, der die Wahrheit sagt. Ich glaube jedoch, daß das, was das Wahrsprechen des Propheten, seine Veridiktion, grundlegend auszeichnet, darin besteht, daß er eine Vermittlerrolle einnimmt. Der Prophet spricht per definitionem nicht in seinem eigenen Namen. Er spricht für eine andere Stimme, sein Mund dient als Sprachrohr für eine Stimme, die von anderswoher spricht. Der Prophet gibt ein Wort weiter, das im allgemeinen das Wort Gottes ist. Er bringt eine gegliederte Rede hervor, die nicht seine eigene ist. Er richtet eine Wahrheit an die Menschen, die von anderswoher kommt. Der Prophet ist außerdem in der Position eines Vermittlers in dem weiteren Sinne, daß er sich zwischen Gegenwart und Zukunft befindet. Er ist derjenige, der das enthüllt, was die Zeit den Menschen entzieht und was kein menschlicher Blick je sehen und kein menschliches Ohr je ohne ihn hören könnte; das ist das zweite Merkmal der Vermittlerrolle des Propheten. Das prophetische Wahrsprechen vermittelt auch insofern, als der Prophet auf eine bestimmte Weise das enthüllt, zeigt und erhellt, was für die Menschen verborgen ist. Andererseits oder vielmehr zugleich ist seine Enthüllung jedoch nicht ohne eine gewisse Dunkelheit, und er offenbart nicht, ohne das, was er sagt, in eine bestimmte Form zu hüllen, nämlich die Form des Rätsels. Das hat zur Folge, daß die Prophezeiung im Grunde nie eine eindeutige und klare Handlungsanweisung gibt. Sie sagt nicht einfach ganz kraß die Wahrheit in ihrer reinen und schlichten Durchsichtigkeit. Selbst wenn der Prophet sagt, was zu tun ist, muß man sich immer noch fragen, bleibt immer noch zu wissen übrig, ob man auch richtig verstanden hat. Es bleibt zu fragen übrig, ob man nicht immer noch blind ist. Man muß noch immer fragen, zögern, interpretieren.

Die *parrhesia* steht nun Stück für Stück im Kontrast zu diesen verschiedenen Merkmalen des prophetischen Wahrsprechens. Der Parrhesiast steht, wie man leicht sieht, insofern im Kontrast zum Propheten, als der Prophet nicht für sich selbst, sondern im Namen eines anderen spricht und eine Stimme artikuliert, die nicht seine eigene ist. Im Gegensatz dazu spricht der Parrhesiast per definitionem in seinem eigenen Namen. Es ist wesentlich, daß es sich um seine eigene Meinung handelt, daß es sein Denken und seine Überzeugung ist, die er ausdrückt. Er muß seine Äußerung unterzeichnen, seine Offenheit unterliegt dieser Bedingung. Der Prophet muß nicht offenherzig sein, auch wenn er die Wahrheit sagt. Zweitens sagt der Parrhesiast nicht die Zukunft vorher. Gewiß offenbart und enthüllt er, was die Blindheit der Menschen nicht wahrnehmen kann, aber er lüftet den Schleier nicht, der über der Zukunft liegt. Er lüftet den Schleier der Gegenwart. Der Parrhesiast hilft den Menschen nicht entsprechend der ontologischen Struktur des menschlichen Wesens und der Zeit, den Abstand zu ihrer Zukunft auf eine bestimmte Weise zu überwinden. Er hilft ihnen in ihrer Blindheit, aber in ihrer Blindheit über sich selbst, und daher nicht aufgrund einer ontologischen Struktur, sondern aufgrund eines bestimmten Fehlers, einer moralischen Unachtsamkeit oder Ablenkung, die das Ergebnis einer Unaufmerksamkeit, einer Selbstgefälligkeit, einer Feigheit ist. Hier, in diesem Spiel zwischen dem Menschen und seiner Blindheit, die in einer Unaufmerksamkeit, einer Selbstgefälligkeit, einer Feigheit, einer moralischen Unachtsamkeit wurzelt, spielt der Parrhesiast seine Rolle, die Rolle eines Enthüllers, die sich daher deutlich [von der] des Propheten unterscheidet, der für seinen Teil eine Stelle einnimmt, an der sich die Endlichkeit des Menschen mit der Struktur der Zeit verbindet. Drittens spricht der Parrhesiast, was ebenfalls per definitionem gilt, im Unterschied zum Propheten nicht in Rätseln. Im Gegenteil sagt er die Dinge so deutlich und so direkt wie möglich, ohne Verkleidung, ohne rhetorischen Schmuck, so daß seine Worte unmittelbar den Wert einer Vorschrift annehmen können. Der Parrhesiast läßt nichts zu deuten übrig. Gewiß läßt er bestimmte Handlungen offen: Er überläßt dem, an den er sich wendet, die harte Aufgabe, den Mut zum Akzeptieren der Wahrheit aufzubringen, sie zu erkennen und aus ihr ein Prinzip für das Verhalten zu machen. Er läßt diese moralische

Aufgabe übrig, aber im Unterschied zum Propheten läßt er die schwierige Pflicht der Interpretation nicht offen.

Zweitens glaube ich, daß man das parrhesiastische Wahrsprechen auch mit einem anderen Modus des Wahrsprechens kontrastieren kann, der in der Antike sehr wichtig war, wichtiger wohl noch für die antike Philosophie als das prophetische Wahrsprechen: dem Modus der Weisheit. Sie wissen, daß der Weise in seinem eigenen Namen spricht, und in dieser Hinsicht unterscheidet er sich zusätzlich vom Propheten, über den wir gerade gesprochen haben. Wenn es richtig ist, daß diese Weisheit ihm von einem Gott eingegeben wird oder von einer Überlieferung, einer mehr oder weniger esoterischen Lehre, auf ihn übergehen konnte, ist es doch ebenso wahr, daß der Weise in dem, was er sagt, in seinem Wahrsprechen gegenwärtig ist. Die Weisheit, die er ausspricht, ist in Wirklichkeit seine eigene Weisheit. Der Weise offenbart in dem, was er sagt, seine eigene Seinsweise und insofern ist er nicht einfach ein Sprachrohr, wie es der Prophet sein kann, wenn er tatsächlich eine bestimmte Funktion des Vermittlers zwischen der zeitlosen und überlieferten Weisheit und der Person hat, an die er sich wendet. Er ist selbst ein Weiser, und es ist seine persönliche Wirklichkeit, die ihn als Weisen auszeichnet und ihn ermächtigt, den Diskurs der Weisheit zu sprechen. Insofern er in seiner weisen Rede gegenwärtig ist und seine eigene Seinsweise in seiner weisen Rede offenbart, steht er dem Parrhesiasten viel näher als dem Propheten. Aber der Weise – dadurch zeichnet er sich aus, zumindest hinsichtlich einer Reihe von Merkmalen, die man in der antiken Literatur feststellen kann – konzentriert seine Weisheit in sich, er ist in seinem Wesen zurückgezogen oder zumindest zurückhaltend. Im Grunde ist der Weise ein Weiser an und für sich selbst und braucht nicht zu sprechen. Er ist nicht gezwungen zu sprechen, nichts verpflichtet ihn, seine Weisheit weiterzugeben, sie zu lehren oder zu offenbaren. Das erklärt, warum der Weise strukturell schweigsam ist, wenn Sie so wollen. Wenn er spricht, dann nicht, weil er durch die Fragen von jemandem dazu aufgefordert wurde oder etwa durch eine Situation, die für den Staat dringlich ist. Das erklärt auch, warum seine Antworten – und in diesem Punkt kann er völlig dem Propheten gleichen und ihn häufig auch imitieren und sprechen wie er – vollkommen rätselhaft sein können und die, an die er sich wendet, in der Unwissenheit oder Ungewißheit über das lassen, was er wirklich gemeint hat. Ein weiteres Merkmal des Wahrsprechens der Weisheit besteht darin, daß die Weisheit sagt, was der Fall ist, im Unterschied zur Prophezeiung, bei der sich das Gesagte auf die Zukunft bezieht. Der Weise sagt, was der Fall ist, d. h., was das Sein der Welt und der Dinge ist. Und wenn dieses Wahrsprechen über das Sein der Welt und der Dinge den Wert einer Vorschrift annehmen kann, dann jedenfalls nicht [in] Gestalt eines Ratschlags, der sich auf eine bestimmte Gelegenheit bezieht, sondern in Gestalt eines allgemeinen Verhaltensprinzips.

Diese Merkmale des Weisen lassen sich sämtlich in einem Text von Diogenes Laertius – der zwar ein später Text ist, aber hinsichtlich der Charakterisierung auch einer der reichhaltigsten – finden und wiederentdecken, in dem er eine Darstellung von Heraklit gibt. Erstens lebt Heraklit wesentlich zurückgezogen. Er hüllt sich in Schweigen. Diogenes Laertius erinnert daran, ab welchem Zeitpunkt und warum sich der Bruch zwischen Heraklit und den Ephesern vollzog. Die Epheser hatten Hermodoros, einen Freund von Heraklit, verbannt, und zwar gerade weil Hermodoros weiser und besser als sie selbst war. Dabei hätten sie gesagt: »Von uns soll keiner der wackerste sein.«[6] Und wenn es unter uns einen gibt, der besser ist als wir, dann

6 »Heraklit«, in: Diogenes Laertius, *Leben und Meinungen berühmter Philosophen*, in der Übers. von Otto Apelt unter Mitarb. von Hans

soll er anderswo leben. Die Epheser ertragen gerade die Überlegenheit dessen nicht, der die Wahrheit sagt. Sie verjagen den Parrhesiasten. Sie haben Hermodoros verjagt, der weggehen mußte, der in diese Verbannung gezwungen wurde, mit der sie den belegten, der fähig ist, die Wahrheit zu sagen. Heraklit hat seinerseits mit freiwilliger Zurückgezogenheit reagiert. Da die Epheser den Besten unter ihnen mit Verbannung bestraft haben, sagt er, daß alle anderen, die weniger wert sind als Hermodoros, getötet werden sollten. Und da man sie nicht tötet, werde ich selbst weggehen. Künftig verweigert er sich, wenn man ihn darum bittet, dem Staat Gesetze zu geben. Denn, sagt er, der Staat wird bereits von einer *ponera politeia* (einer schlechten politischen Lebensweise) beherrscht. Also zieht er sich zurück und wird – ein berühmtes Bild – mit den Kindern das Knöchelspiel spielen. Denen, die sich darüber empören, diesen Mann beim Knöchelspiel mit den Kindern zu sehen, antwortet er »Was wundert ihr euch, ihr heilloses Gesindel? Ist dies nicht eine anständigere Beschäftigung, als mit euch Staatsgeschäfte zu führen? [*met' hymon politeuesthai*: das politische Leben mit euch zu führen].«[7] Er zieht sich ins Gebirge zurück und gibt sich der Verachtung der Menschen hin (*misanthropon*).[8] Und wenn man ihn fragt, warum er schweigt, antwortete er »Ich schweige, damit ihr plappern könnt.«[9] Diogenes Laertius berichtet, daß er in dieser Zurückgezogenheit sein Gedicht schrieb, und zwar in Begriffen, die absichtlich dunkel sind, damit nur die fähigen Leute es lesen können und man Heraklit nicht dafür schmähen kann, daß er von jedem beliebigen gelesen wird.[10]

Günter Zekl neu hrsg. sowie mit Vorw., Einl. und neuen Anm. vers. von Klaus Reich, Bd. II, Hamburg 2008, S. 149.

7 Ebd.
8 Ebd.
9 Ebd., S. 154.
10 Ebd., S. 151.

Diese Rolle, diese Charakterisierung des Weisen, der grundsätzlich schweigt und nur spricht, wenn er [es] will, und auch dann [nur] in Rätseln, steht im Gegensatz zur Persönlichkeit und den Merkmalen des Parrhesiasten. Der Parrhesiast ist nicht jemand, der sich grundsätzlich in Zurückhaltung übt. Im Gegenteil, seine Aufgabe, seine Pflicht, seine Mission besteht im Sprechen, und er hat nicht das Recht, sich dieser Aufgabe zu entziehen. Das sieht man gerade an Sokrates, der in der *Apologie* recht häufig daran erinnert: Gott hat ihm die Funktion zugewiesen, die Menschen zu befragen, sie am Ärmel zu packen, ihnen Fragen zu stellen. Und dieser Aufgabe wird er sich nicht entziehen. Selbst wenn er vom Tod bedroht ist, wird er seine Aufgabe zu Ende führen, bis zu seinem letzten Atemzug.[11]

Während der Weise sich in Schweigen hüllt und auf die Fragen, die man ihm stellen mag, nur sehr sparsam, so wenig wie möglich antwortet; stellt der Parrhesiast unablässig, ständig und unerträglich Fragen. Zweitens, während der Weise, gerade vor dem Hintergrund seines schweigsamen Wesens, in Rätseln spricht, muß der Parrhesiast so klar wie möglich sprechen. Und während schließlich der Weise sagt, was der Fall ist, indem er das Sein der Dinge und der Welt beschreibt, ergreift der Parrhesiast das Wort und sagt zwar auch, was der Fall ist, aber er bezieht sich auf die Einzigartigkeit der Individuen, Situationen und Gelegenheiten. Seine besondere Rolle besteht nicht darin, das Sein der Natur und der Dinge auszusagen. Ständig begegnen wir bei der Untersuchung der *parrhesia* diesem Gegensatz zwischen dem nutzlosen Wissen, das das Sein der Dinge und der Welt aussagt, und dem Wahrsprechen des Parrhesiasten, der sich immer bemüht, in Frage stellt, sich an die Individuen und Situationen hält, um zu sagen, was sie in

11 Platon, *Des Sokrates Verteidigung*, übers. von Friedrich Schleiermacher, in: Platon, *Sämtliche Werke*, Bd. 1, Heidelberg 1982, S. 22 (30b).

Wirklichkeit sind, um den Individuen die Wahrheit über sie selbst zu sagen, die sich ihren eigenen Augen entzieht, um ihnen ihre gegenwärtige Situation, ihren Charakter, ihre Fehler, den Wert ihres Verhaltens und die möglichen Folgen ihrer Entscheidungen zu offenbaren. Der Parrhesiast offenbart seinem Gesprächspartner nicht, was der Fall ist. Er enthüllt ihm oder hilft ihm zu erkennen, was er selbst ist.

Die dritte Modalität des Wahrsprechens, die man mit dem Wahrsprechen des Parrhesiasten kontrastieren kann, ist das Wahrsprechen des Lehrers, des Fachmanns, des [Dozenten]. Der Prophet, der Weise und der Lehrende.

II. Die Lüge (*mendacium*) als Verletzung des zwischenmenschlichen Vertrauens in der römischen Antike

Einleitung: Die Lüge als zwischenmenschliche Treulosigkeit in der römischen Antike

Von Maria-Sibylla Lotter

Im Unterschied zur griechischen Tradition unterscheidet die römische Antike begrifflich zwischen der Lüge im Sinne der vorsätzlichen Falschrede in Täuschungsabsicht (*mendacium, mentiri*) und dem Irrtum (*error*). Die vorsätzliche Falschrede kommt nach Cicero generell für einen guten Mann nicht in Frage, ebenso wenig wie andere Formen der listigen Täuschung.[1] Es geht dabei jedoch nicht um die Verbergung der Wahrheit als solcher, wie bei Platon, noch wie später bei Augustinus um die Zweckentfremdung der Sprache, sondern um eine darin zum Ausdruck kommende Geisteshaltung, die zwischenmenschliche Treulosigkeit. Cicero argumentiert hier ausschließlich im Ausgang von sozialethischen Gesichtspunkten, da wir »nicht nur für uns selbst geboren sind, sondern einen Teil unseres Daseins die Vaterstadt beansprucht, einen Teil die Freunde, und [...] was auf Erden hervorgebracht wird, insgesamt zum Nutzen der Menschen geschaffen wird, [...] damit sie, einer dem andern, von sich aus sich gegenseitig nützen können«.[2] Grundlage der Gemeinschaft aber ist die Gerechtigkeit, die sich auf die *fides* stützt: »die ›Verlässlichkeit‹, d.h. Stehen zu Zusa-

---

1 Cicero, *De officiis / Vom pflichtgemäßen Handeln*, lat./dt., übers., komm. und hrsg. von Heinz Gunermann, durchges. und bibliogr. erg. Ausg., Stuttgart 2007 [u. ö.], S. 298 (III,81).

2 Ebd., S. 23 (I,22).

gen wie Übereinkünften und Wahrhaftigkeit«.[3] *Fides* bezeichnet hier weniger das Vertrauen im modernen Sinne der subjektiven Einstellung einer vertrauenden Person als die objektive Eigenschaft desjenigen, dem Vertrauen entgegengebracht wird, seine Vertrauenswürdigkeit.[4] Auf diese Vertrauenswürdigkeit, die sich am Verhalten und im Gebrauch der Worte zeigt, gründet die persönliche Ehre des »guten Mannes«. Diese Ehre ist nichts bloß Äußerliches, sie ist aber gleichwohl davon abhängig, dass die Vertrauenswürdigkeit und Verlässlichkeit auch wahrgenommen und anerkannt wird; es handelt sich nicht um einen innerlichen Zustand, der wie das kantische Handeln »aus Pflicht« von außen nicht wahrnehmbar ist.

Nicht die wörtliche Falschrede als solche, sondern die zwischenmenschliche Treulosigkeit verletzt die Verbindung zwischen den Menschen, die durch Vernunft und Rede ermöglicht wird und den Menschen von den Tieren unterscheidet.[5] Die vorsätzliche Falschrede ist daher nicht generell moralisch anders zu bewerten und zu gewichten als andere Treulosigkeiten und Formen der listigen Täuschung, die geeignet sind, die *fides* zu beschädigen. Dazu gehört auch das listige Verschweigen des Hausverkäufers im folgenden Text, der dem Käufer die Mängel des Hauses verheimlicht.[6]

Die *fides* verbindet alle Menschen, die nicht treulos sind, und ist nicht auf die eigene politische Gemeinschaft beschränkt. So ist man auch gegenüber dem Feind verpflichtet, sein Wort zu halten, wie Cicero am Beispiel des im Ersten Punischen Krieg von den Puniern gefangengenommenen Regu-

---

3 Ebd., S. 23 (I,23).
4 Hier folge ich Martin Hartmann, *Die Praxis des Vertrauens*, Berlin 2011, S. 377.
5 Vgl. Cicero, *De officiis / Vom pflichtgemäßen Handeln* (s. Anm. 1), S. 47 f. (I,50).
6 Vgl. ebd., S. 263–269 (III,51–57).

lus illustriert; der hatte, »als er wegen des Gefangenenaustausches nach Rom geschickt worden war und geschworen hatte, zurückzukehren, zunächst sich nach seiner Ankunft gegen die Rückgabe der Gefangenen im Senat geäußert, sodann wollte er lieber, wenngleich er zurückgehalten wurde von Verwandten und Freunden, zur Hinrichtung zurückkehren als das dem Feinde gegebene Wort enttäuschen«.[7] Umgekehrt lehnt Cicero die Kriegslist ab, die das Vertrauen des Gegners ausnutzt, etwa am Beispiel des Feldherrn, der eine Waffenruhe von dreißig Tagen vereinbart, davon insgeheim die Nächte ausnimmt und bei Nacht angreift.[8] Hier ist zu unterscheiden zwischen dem Kriegsgegner, zu dem man durchaus noch in Treueverpflichtungen steht, und demjenigen, der von sich aus die Treue verletzt hat und in keinem Treueverhältnis mehr steht wie der Pirat. Ihm gegenüber ist man nicht an das eigene Wort gebunden.

7 Ebd., S. 39 (I,39).
8 Ebd., S. 31 f. (I,33).

MARCUS TULLIUS CICERO

Vom pflichtgemäßen Handeln

Es verkaufe also ein gutgesinnter Mann sein Haus wegen irgendwelcher Mängel, die er selbst kennt, die übrigen aber nicht – es sei ungesund, gelte aber als gesund; es sei unbekannt, dass in allen seinen Räumen Schlangen hervorkröchen, dass es aus schadhaftem Bauholz und einsturzgefährdet sei –, aber dies wisse, abgesehen vom Hausherrn, niemand. Ich frage: »Wenn dies der Verkäufer den Käufern nicht gesagt und das Haus viel teurer verkauft hat, als er es verkaufen zu können glaubte, handelte er darin gegen Gerechtigkeit oder Anstand?« »Ganz gewiss«, sagt Antipater. »Denn was ist es anderes, einem Herumirrenden den Weg nicht zu zeigen, was in Athen unter Fluch des Staates gestellt war, wenn das nicht bedeutet: den Käufer zu Schaden kommen und durch Irreführung auf den größten Betrug hereinfallen zu lassen. Das bedeutet sogar noch mehr, als den Weg nicht zu zeigen. Denn es bedeutet, wissentlich den anderen auf den Irrweg zu führen.« Dagegen bemerkt Diogenes: »Hat dich etwa einer zum Kauf gezwungen, der nicht einmal dazu ermutigt hat? Jener hat ein Objekt, an dem er keinen Gefallen hatte, zum Verkauf ausgeschrieben; du hast das, woran du Gefallen hattest, gekauft. Aber wenn die, die ein Haus als gut und gut gebaut ausschreiben, nicht in Verruf sind, getäuscht zu haben, wenngleich jenes weder gut noch vernünftig gebaut war, dann viel weniger die, die das Haus nicht angepriesen haben. Wo nämlich ein eigenes Urteil des Käufers vorliegt, wie kann da ein Betrug des Verkäufers vorliegen? Wenn man aber nicht für jede Zusage einstehen muss, muss man dann nach deiner Meinung zu dem, was nicht zugesagt wurde, stehen? Was gar wäre törichter, als dass der Verkäufer die Mängel des Gegenstandes, den er verkauft, herzählt? Was aber gäbe es so Widersinniges, wie wenn auf Geheiß seines Herrn der Herold ausriefe: ›Ich verkaufe ein ungesundes Haus!‹« So wird also in manchen Zweifelsfällen auf der einen Seite die Ehrenhaftigkeit verteidigt, andererseits so über den Nutzen gesprochen, dass das, was nützlich scheint, nicht nur zu tun ehrenvoll, sondern auch nicht zu tun schändlich ist. Das ist jener Meinungsstreit, der sich oft zu ergeben scheint, zwischen Nützlichem und Ehrenhaftem. Diese Fälle sind zu entscheiden, denn nicht, um Fragen aufzuwerfen, haben wir sie vorgelegt, sondern um Klarheit zu schaffen.

Es hätte also, so scheint es, weder jener Getreidehändler die Rhodier noch dieser Verkäufer eines Hauses die Käufer in Unkenntnis erhalten dürfen. Denn nicht jedes Verschweigen bedeutet gleich ›in Unkenntnis erhalten‹, sondern es liegt diese Absicht dann vor, wenn du deines persönlichen Vorteils wegen willst, es wüssten die, für die diese Kenntnis wichtig wäre, das nicht, was du weißt. Welcher Art aber dieses ›in Unkenntnis erhalten‹ ist und welchen Menschen es verrät, wer sieht das nicht ein? Sicherlich nicht einen offenherzigen, ehrlichen, edlen, gerechten und gutgesinnten Mann, vielmehr einen verschlagenen, undurchsichtigen, ränkevollen, hinterhältigen, arglistigen, durchtriebenen, gerissenen und einen Trickspieler. Diese so vielen Namen von Charakterfehlern und noch andere mehr auf sich zu laden, ist das nicht gegen den Nutzen?

Wenn also Leute zurechtzuweisen sind, die etwas verschwiegen haben, was muss man dann erst von denen halten, die in einem Gespräch Unaufrichtigkeit gezeigt haben? Als C. Canius, ein römischer Ritter, ein Mann nicht ohne Witz und einige Bildung, sich nach Syrakus begeben hatte – zu seiner Erholung, wie er selbst zu sagen pflegte, nicht, um Geschäfte zu machen –, ließ er immer wieder ins Gespräch einfließen, er wolle irgendeinen Park kaufen, in den er Freunde einladen und wo er sich ohne ungebetene Gäste ergehen könne. Als sich dies herumgesprochen hatte, sagte ein gewisser Pythius, der in Syrakus ein Bankgeschäft betrieb, er habe zwar keinen Park zu verkaufen, aber Canius dürfe, wenn er wolle, sich in dem seinen wie zu Hause fühlen, und zugleich lud er ihn zu einem Essen für den folgenden Tag in seinen Park ein. Als jener zugesagt hatte, rief Pythius, der ja als ein Bankbesitzer bei allen Ständen angesehen war, Fischer zusammen und ersuchte sie, tags darauf vor seinem Park zu fischen. Auch sagte er ihnen, was sie nach seinem Wunsche tun sollten. Canius kam zur abgemachten Zeit: ein prachtvolles Gastmahl ist von Pythius zubereitet, vor seinen Augen ein Gewimmel von Booten, ein jeder brachte an, so gut er konnte, was er gefangen hatte; vor die Füße des Pythius wurden die Fische geworfen. Da sagte Canius: »Ich bitte dich, was soll das bedeuten, Pythius? So viele Fische? So viele Boote?« Und jener sagte: »Warum wunderst du dich? Von hier bezieht Syrakus alle Fische, hier liegt seine Wasserversorgung, die können auf dieses Anwesen nicht verzichten.« Begeistert bittet Canius Pythius, er möchte ihm verkaufen. Jener gibt sich zunächst spröde. Doch was soll ich viel erzählen? Er setzt sich durch. Der begüterte Mann kauft in seiner Begeisterung so teuer, wie Pythius wollte, und zwar mitsamt der Einrichtung. Er unterschreibt, schließt das Geschäft ab. Da lädt tags darauf Canius seine Freunde ein, kommt selbst früh, sieht aber nicht ein Ruder. Er fragt den nächsten Nachbarn, ob die Fischer einen Feiertag hätten, weil er keinen von ihnen sähe. »Nein, soviel ich weiß«, antwortet jener, »aber hier pflegt niemand zu fischen.« »Deshalb wunderte ich mich gestern, was geschehen sei.« Da stieß dem Canius die Galle auf. Aber was hätte er tun sollen? Es hatte ja noch nicht C. Aquilius, mein Kollege und Freund, die Gesetzesformeln bezüglich arglistiger Täuschung bekanntgegeben. Als man ihn fragte, was in ebendiesen unter arglistige Täuschung falle, antwortete er: »Wenn etwas anderes vorgetäuscht, etwas anderes getan wird.« Das freilich ist ziemlich einleuchtend gesagt, eben von einem Meister der Definition. Also sind Pythius und alle, die anderes tun, anderes vortäuschen, treulos, unredlich und arglistig; keine ihrer Handlungen kann also nützlich sein, da sie mit so vielen Fehlern befleckt ist.

Wenn also die Definition des Aquilius richtig ist, so ist aus dem ganzen Leben Vorspiegelung und Verheimlichung zu beseitigen. So wird der gutgesinnte Mann, weder um gut zu kaufen noch zu verkaufen, etwas durch Trug vorspiegeln oder verheimlichen. Und in der Tat war diese arglistige Täuschung auch durch Gesetze unter Strafe gestellt, wie Missbrauch der Vormundschaft durch das Zwölftafelgesetz, Übervorteilung Minderjähriger durch das Gesetz des Plaetorius und ohne Gesetz in Prozessen, bei denen hinzugefügt wird ›Nach Treu und Glauben‹ [...]. Wie also? Kann entweder in dem Grundsatz ›Was besser und billiger‹ irgendeine Spur von Betrug liegen? Oder, wenn man sagt ›Unter Gutgesinnten gut handeln‹, etwas arglistig und böswillig getan werden? Böswillige Täuschung aber beruht, wie Aquilius sagt, in einer Vortäuschung. Es ist also bei Geschäftsvereinbarungen jegliche Unwahrheit fernzuhalten. Es wird der Verkäufer keinen Scheinkäufer, einen, der gegen ihn bietet, kein Käufer vorschieben. Beide werden, wenn es dahin kommt, den Preis nennen, ihn nicht mehr als einmal nennen. Als z. B. Q. Scaevola, der Sohn des Publius, forderte, man möge ihm den Preis des Grundstücks, an dessen Kauf er Interesse hatte, ein für allemal angeben, und der Verkäufer dies getan hatte, sagte er, er schätze das Objekt höher ein. Er legte also 100 000 Sesterze zu. Es gibt niemanden, der leugnete, dass dies die Haltung eines gutgesinnten Mannes sei; sie leugnen nur, es sei die eines Weisen, wie wenn er billiger gekauft hätte, als er konnte. Das also ist jene verderbliche Haltung, dass sie die einen für gut, die anderen für weise halten.

III. Die Lüge im Lichte der Theologie

Anstelle einer Einleitung

Was die Bibel »Lüge« nennt

Von Martin Rösel

Die Rede von der Lüge ist in der Bibel nicht einheitlich und unterliegt einer Entwicklung hin zu einem moralisch strikteren Verständnis. Hinzu kommen Unterschiede, die von der Gattung der jeweiligen Texte abhängig sind. In den späteren kirchlichen und philosophischen Diskussionen über die Zulässigkeit der Lüge haben einzelne Erzählungen und Vorschriften der biblischen Überlieferung immer wieder eine Rolle gespielt. Daher werden im Folgenden die unterschiedlichen Aspekte einzeln vorgestellt[1].

---

1 Grundlegende Literatur: Martin Alfred Klopfenstein, *Die Lüge nach dem Alten Testament. Ihr Begriff, ihre Bedeutung und ihre Beurteilung,* Zürich / Frankfurt a. M. 1964 (Diss. Bern 1962); Martin Rösel, »Zwischen dem 8. Gebot und Abrahams Lüge. Das Alte Testament und die Frage nach der Lüge«, in: *Dürfen wir lügen? Beiträge zu einem aktuellen Thema,* hrsg. von Rochus Leonhardt und Martin Rösel, Neukirchen-Vluyn 2002, S. 1–20; Christfried Böttrich, »Leugnen und Lavieren. Die Gestalt des Petrus im Spannungsfeld zwischen ›Lüge‹ und ›Wahrheit‹«, in: *Dürfen wir lügen? Beiträge zu einem aktuellen Thema,* S. 21–44; Matthias Köckert, *Die zehn Gebote,* München 2007; Alexa Wilke, Art. »Lüge/Lügen«, in: www.bibelwissenschaft.de/wibilex/das-bibellexikon/lexikon/sachwort/anzeigen/details/luege-luegen/ch/332612f0b5a6b7004297ccobcf9f66bd/ (erstellt im März 2013) [zuletzt abgerufen am 21. Juni 2017].

Große Teile des Alten wie des Neuen Testaments bestehen aus narrativen Stoffen, die die Geschichte des erwählten Volkes Israel oder die christliche Heilsgeschichte von der Geburt Jesu bis zum Ausbreiten der frühen Kirche nacherzählen. Sie sind in der Regel nicht als historisch zuverlässige Berichte zu sehen, sondern haben eigene theologische Aussageabsichten.[2] Im Judentum wie im frühen Christentum konnten auch diese narrativen Teile als Handlungsanweisungen verstanden werden. In den berichteten Ereignissen sah man das hintergründige Handeln Gottes, daher konnte man konkrete Handlungen der Protagonisten als mit dem Willen Gottes im Einklang verstehen. Demnach konnten auch Lügen nach dem Willen Gottes sein. Dies wird besonders an der Hebammen-Geschichte in Ex 1,8–20 deutlich, einem der klassischen Texte:

»Als die Zahl der Israeliten in Ägypten anwächst, befiehlt der Pharao den hebräischen Hebammen, die neugeborenen Jungen zu töten, die Mädchen aber am Leben zu lassen. Doch die Hebammen fürchten Gott und lassen die Kinder am Leben. Zur Rede gestellt lügen sie, dass die hebräischen Frauen ›wie die Tiere gebären, bevor die Hebamme kommt, haben sie schon geboren‹ [Zürcher Bibel]. Der Text schließt damit, dass Gott es den Hebammen gut gehen ließ; ihre Nutzlüge wird nicht nur gebilligt, sondern auch belohnt.«[3]

---

2 Als verständliche Einführung sei verwiesen auf: Martin Rösel, *Von Adam und Eva bis zu den kleinen Propheten. Glaubenserfahrung im Alten Testament*, Leipzig 2013.

3 Klopfenstein, *Die Lüge nach dem Alten Testament* (s. Anm. 1), S. 339 f.

Auch nach anderen Erzählungen sind Lügen akzeptabel, um Gottes Volk oder seine Repräsentanten zu schützen. Das wird bei den drei »Ahnfrau«-Geschichten deutlich: Angesichts einer Hungersnot bittet Abraham seine Frau Sara zu sagen, dass sie seine Schwester sei, damit er im fremden Land am Leben bleibt. Der Plan gelingt; Abraham überlebt und wird sogar reich – die Lüge hat sich ausgezahlt (Gen 12). Diese Überlieferung begegnet uns in zwei weiteren Versionen (Gen 20 und 26), an denen jedoch abzulesen ist, dass spätere Tradenten Anstoß an der Lüge des Stammvaters genommen haben und diese abmildern.

Bekannt ist auch »Jakob der Lügner«: Nach Gen 27 erlangt der Ahnherr Jakob statt seines Bruders Esau durch ein Netz von Lügen den Segen seines Vaters. Gottes Segen wird durch Lügen und Täuschung vererbt und bleibt dennoch wirksam – wer lügt, wird von Gott noch belohnt. Zwar wird dann auch Jakob selbst von seinem Schwiegervater betrogen, der ihm in der Hochzeitsnacht die falsche Frau zuführt (Gen 29,22 ff.), und im weiteren Verlauf lügen ihn auch seine Söhne an, die seinen Liebling Josef nach Ägypten verkaufen (Gen 37). Doch all dies dient letztlich der Rettung, denn nur so kann Josef später seine Familie vor dem Hunger bewahren.

Für die Erzähler gehören Lügen zur Realität des Menschseins hinzu, und sie setzen sie zur Darstellung der Heilsgeschichte ein. Lüge und Betrug werden nicht explizit moralisch verurteilt; ihre narrative Funktion ist eher, Gottes Wirken hinter der Geschichte deutlich werden zu lassen. Das wird am Ende der Josefsnovelle sogar expliziert: als Josef zu seinen Brüdern sagt: »Ihr zwar habt Böses gegen mich geplant, Gott aber hat es zum Guten gewendet, um zu tun, was jetzt zutage liegt: ein so zahlreiches Volk am Leben zu erhalten« (Gen 50,20).

Zu den bekannten Lügengeschichten gehört auch die über die Hure Rahab, die von Gott gesegnet wird, weil sie die Kundschafter Israels durch eine Lüge vor ihren Verfolgern gerettet hat (Jos 2,5 und 6,25); sie ist das Urbild der in der Lügendebatte oft diskutierten Beispielsituation von der Herausgabe eines Verfolgten. Im Erzählkreis um König David wird eine Lüge – hier rettet Jonathan David vor den Nachstellungen seines Vaters Sauls – sogar als *chäsäd* »Gnade/Güte« (1 Sam 20,6 und 28) bezeichnet; das Wort wird auch für Gottes Heilshandeln verwendet. Nur durch diese und andere Lügen konnte David letztlich König in Jerusalem werden. Ähnlich das Geschehen im Buch Judit: hier nähert sich Judit dem Feind Holofernes unter Vorspiegelung falscher Tatsachen, um ihn zu töten und Israel zu retten.

Daneben stehen Geschichten, die Lügen verurteilen: Besonders deutlich ist die Erzählung von Nabots Weinberg (1 Kön 21). Hier werden falsche Zeugen aufgeboten, um einen Justizmord der Königin an Nabot zu ermöglichen. Deren Aussage wird nicht explizit als Lüge bezeichnet, doch die Zeugen werden als ruchlose Männer bezeichnet (V. 10). Thematisch verwandt ist die apokryphe Susanna-Erzählung, in der der weise Daniel die schöne Susanna vor der lügnerischen Anklage der beiden alten Männer rettet (Dan 13).

Die klassische Lügengeschichte aus dem Neuen Testament ist die dreimalige Verleugnung Jesu durch Petrus (Mk 14,54–72): Petrus, immerhin der spätere Anführer der Jerusalemer Urgemeinde, leugnet Jesus zu kennen, als er bedroht wird.[4] Es handelt sich um eine klassische Notlüge, die es zur Zeit des bedrängten frühen Christentums oft gegeben haben wird. Doch die Lüge wird nicht gutgeheißen, sondern schon vorher durch Jesu Ankündigung, dass auch Petrus treulos handeln werde (Mk 14,30), negativ qualifiziert. Die Pointe liegt hier darauf, dass Petrus sein Unrecht erkennt und bereut; so besteht die Möglichkeit zur Vergebung. Solche Vergebung wird Hananias und

4 Dazu Böttrich, »Leugnen und Lavieren« (s. Anm. 1), S. 24–31.

Saphira nicht gewährt, die nach Apg 5,1–11 die Urgemeinde betrügen wollen und Petrus anlügen; sie fallen um und sterben.

In der Bibel stehen demnach sowohl Geschichten, in denen eine Lüge explizit oder implizit verurteilt wird, als auch solche, in denen sie nicht nur geduldet, sondern beinahe stolz weitererzählt wird. Wie in anderen Erzählungen der Gattung *trickster stories*[5] sind Lügen dann akzeptabel, wenn sie Ohnmächtigen zum Recht verhelfen oder Gottes Heilswillen dienen. Lügen werden abgelehnt, wenn sie die Gemeinschaft und deren Rechtssicherheit stören und wenn sie von Israels Feinden eingesetzt werden. Die Vorstellung einer stets einzuhaltenden Wahrheit oder der prinzipiellen Verurteilung der Lüge gibt es – anders als es die ältere Forschung nahelegte[6] – in den erzählerischen Überlieferungen der Bibel nicht. Allerdings resultieren die Texte aus sehr unterschiedlichen Erzählabsichten, bei denen »Lüge« oder »Wahrheit« nicht im Mittelpunkt stehen und denen es nicht um prinzipielle Klärungen geht.

2. Lügt Gott?

In den eben vorgestellten Texten gab es keine direkte Reaktion Gottes auf die jeweilige Lüge; es wurde nur erzählt, dass er das Ergebnis – etwa die Rettung der hebräischen Knaben – lobt und belohnt. Daneben gibt es Texte, die Gott selbst mit der Lüge in Verbindung bringen: In der Visionsschilderung 1 Kön 22 sieht der Prophet Micha den Herrn auf seinem himmlischen Thron sitzen, umgeben vom Heer des Himmels. Dabei wird

5 Susan Niditch, *Underdogs and Tricksters. A Prelude to Biblical Folklore,* San Francisco [u. a.] 1987.
6 So etwa Klopfenstein, *Die Lüge nach dem Alten Testament* (s. Anm. 1), S. 339 f., 353.

einer der himmlischen Geister von Gott selbst beauftragt, in anderen Propheten Israels zum Lügengeist zu werden, so dass sie dem König fälschlich Heil ansagen.[7] Micha, der dies sieht, weissagt demgegenüber die Wahrheit, die für den König Unheil bedeutet.

Eindrucksvoll sind die Klagen des Propheten Jeremia, dass Gott ihn verführt oder betrogen habe (Jer 20,7) oder wie ein trügerischer Bach geworden sei (Jer 15,18). In Jer 4,10 wird Gott vorgeworfen, er habe Israel getäuscht; Ez 14,9 wiederholt, dass Gott selbst die Propheten verführen kann. Im Hintergrund solcher Aussagen steht einerseits der Streit um wahre und falsche Prophetie, andererseits das anthropomorph geprägte Gottesbild des alten Israel, das menschliches Handeln und Empfinden auf Gott überträgt.

Daneben gibt es Aussagen, die das Lügen von Gott abrücken; am prominentesten ist Num 23,19: »Nicht ein Mann ist Gott, dass er lüge, und nicht ein Mensch, dass er bereuen würde.« Der Schwerpunkt liegt hier auf der Verlässlichkeit der Ankündigungen Gottes. Auf der Ebene der Gegenüberstellung von Mensch und Gott wird in der Regel auch die berühmte Aussage aus Ps 116,11 gesehen, alle Menschen seien Lügner (lat.: *omnis homo mendax*). Allerdings will der Psalm keine generelle Aussage machen, sondern hat eher eine konkrete Situation vor Gericht vor Augen, in der der Beter zu Unrecht beschuldigt wird.

Erneut zeigt sich also, dass es in der Bibel keine einheitliche Position zur Lüge gibt. Aufgrund der Vielfalt der alttestamentlichen Gottesvorstellungen ist nicht eindeutig, wie Gott es mit der Lüge hält: Wenn es seinem Handeln und Planen dient, können auch Lüge und Täuschung angemessen sein. Damit ist

---

7 Jeffries M. Hamilton, »Caught in the Nets of Prophecy? The Death of King Ahab and the Character of God«, in: Catholic Biblical Quarterly 56 (1994) S. 649–663.

ein Grund für die späteren Diskussionen der Kirchenväter gelegt, die aus den biblischen Vorbildern durchaus Hinweise für die Angemessenheit mancher Lüge entnehmen konnten[8].

3. »Was die Bibel ›Lüge‹ nennt – ein Übersetzungsproblem

Eine weitere Problemanzeige: In deutschen Bibeln werden unterschiedliche hebräische und griechische Lexeme mit »Lüge«/»lügen« wiedergegeben: Im Hebräischen stehen vor allem vier Wortwurzeln für lügnerisches oder betrügerisches Handeln, zunächst die Wurzel *kzb*, die vor allem in prophetischen und weisheitlichen Texten für etwas steht, dessen Ergebnis unzuverlässig oder trügerisch ist. Hier ist am ehesten das Verständnis einer Wort- oder Satzlüge möglich. Das Verbum *ker* stammt aus der Sprache des Rechts; seine Bedeutung schwingt zwischen »verschweigen, verheimlichen« und »sich verstellen«. Das Verbum und Nomen *šqr* hat die Grundbedeutung »verabredungswidrig / betrügerisch handeln«, sein Gebrauch reicht bis zum Treuebruch und zur Falschaussage. So steht es im 8. Gebot in Ex 20,16: »Du sollst nicht als falscher Zeuge aussagen gegen deinen Nächsten«; hier geht es um die Aussage vor Gericht, nicht um allgemeines Lügen.

Weiter entfernt vom Gebrauch des deutschen »Lüge« steht die *rmh* (Nomen: *mirmah*), die die Grundbedeutung »Betrug« hat. In Jer 9,7 steht es wie in einer modernen Definition von Lüge: »Ihre Zunge ist ein tödlicher Pfeil, *mirmah* (›Lüge‹) redet man mit dem Mund: Schalom sagt man zu seinem Nächsten,

8 Alfons Fürst, »Patristische Diskussionen über die Lüge«, in: *Dürfen wir lügen?* (s. Anm. 1), S. 68–90; vgl. auch A. Flierl, *Die (Un-)Moral der Alltagslüge?! Wahrheit und Lüge im Alltagsethos aus Sicht der katholischen Moraltheologie*, Münster 2005, S. 78–114.

aber in seinem Inneren legt man einen Hinterhalt«. Das entspricht einer linguistischen Definition von Lüge, wonach »hinter dem (gesagten) Lügensatz ein (ungesagter) Wahrheitssatz steht, der von jenem kontradiktorisch [...] abweicht«.[9]

Im Hebräischen kann zudem nicht nur ein Vorgang an sich, sondern auch das *Ergebnis* von Reden und Handeln als »Lüge« bezeichnet werden. Die mit »Lüge« wiedergegebenen Wörter fügen sich wie die oben nacherzählten Lügengeschichten in das altisraelitische Konzept des Tun-Ergehen-Zusammenhangs und seiner Orientierung an dem Konzept der Gemeinschaftstreue ein: Gut oder böse ist das, was der Gemeinschaft in der jeweiligen Situation dienlich oder abträglich ist. Abstrakte Normen wie »Du sollst nicht lügen« finden sich daher nicht; die Verurteilung lügnerischen Verhaltens ist stets abhängig von der konkreten Situation. Das aber impliziert, dass eine Lüge zur ethischen Pflicht werden kann (vgl. oben die »Gottesfurcht« der Hebammen).

Wenn deutsche Bibeln diese Lexeme einlinig mit »Lüge«/»lügen« wiedergeben, wird die weite Semantik des Hebräischen deutlich eingeengt, da dort andere Konnotationen mitschwingen, vom positiven »listig sein« bis hin zu juridischen wie Vertragsbruch und Betrug. Als weiteres Problem kommt hinzu, dass schon die erste Übersetzung der Bibel ins Griechische (Septuaginta) ebenfalls den Bedeutungsspielraum eingegrenzt hat. Sie gab an einer Fülle von Stellen die unterschiedlichen hebräischen Worte mit dem griechischen *pseudos/pseudomai* als Normalübersetzung wieder. In der Septuaginta, der Bibel der ersten Christen und der alten Kirche, ist daher die Rede von der Lüge sehr viel präsenter als in der hebräischen des Judentums. Das wirkte sich dann auch auf den Sprachgebrauch des Neuen Testaments aus.

9 Harald Weinrich, *Linguistik der Lüge*, Heidelberg 1966, S. 41.

4. Prophetie und Weisheit

Wie in den erzählenden Abschnitten geht es in prophetischen Texten der hebräischen Bibel zunächst nicht um das Lügen an sich oder um eine absolute Norm, sondern um den Schutz der Gemeinschaft vor lebens- und gemeinschaftsbedrohenden Grenzüberschreitungen: So wird in Hos 4,2, einem Text, der sich offenbar am Dekalog oder einer Vorform orientiert, den Israeliten vorgeworfen: »Verfluchen, Lügen, Morden, Stehlen und Ehebrechen haben überhandgenommen«. In Jer 7,9 wird den Judäern unter anderem zur Last gelegt, dass sie »lügnerisch schwören«, was wohl auf eine Situation vor Gericht anspielt. Lügen werden nun zum Zeichen eines Verhaltens, das das Verhältnis zu Gott gefährdet.

Vor diesem Hintergrund geschieht dann in Teilen der prophetischen und weisheitlichen Literatur eine wichtige Ausweitung, die für das Neue Testament und den späteren Umgang mit der Lüge prägend geworden ist: Ältere Sprüche legen noch besonderen Wert auf die Wahrhaftigkeit von Zeugenaussagen, vgl. Prov 14,25: »Ein wahrhaftiger Zeuge ist Lebensretter; wer aber Lügen vorbringt, vollbringt Betrug«. Die weisheitlichen Texte gehen dann aber einen Schritt weiter: So kann etwa Prov 12,22 formulieren: »Lügnerische Lippen verabscheut der Herr, wer aber für die Wahrheit eintritt, gefällt ihm«. Ähnlich wie bei den Propheten werden nun »Lüge«, »Betrug«, »List« zu Kennzeichen des Gottlosen, vgl. Prov 13,5 oder Hi 15,35. Dabei sind nicht konkrete Wort- oder Satzlügen im heutigen Sinne gemeint. Vielmehr geschieht nun eine Gegenüberstellung von Wahrheit und Gerechtigkeit Gottes einerseits und Lüge oder Frevel andererseits. Dies entspricht altorientalischem Weltordnungsdenken, nach dem sich Menschen in die Schöpfungsordnung einzufügen haben. In Ägypten ist dies bezeichnenderweise die Ma'at »Wahr-Gerechtigkeit«. An ihr hat sich alles menschliche Leben bis hinein ins Totengericht zu messen.

Vor diesem Hintergrund wird nun in den Texten der israelitischen Weisheit die Lüge zum Gegenbegriff zum gottgemäßen Leben. Dies stimmt überein mit verschiedenen prophetischen Aussagen, in denen »Lüge« als Kennzeichen falscher Propheten (Jer 5,31) oder anderer Götter (Am 2,4) gedeutet wird. Lüge wird nun zur Chiffre für ein Verhalten, das gegen Gottes Gebote steht; in Texten wie Ps 119,163 werden Lüge und Gesetzesgehorsam als Gegensatzpaare genannt: »Lüge hasse und verabscheue ich, deine Weisung habe ich lieb«; das Gesetz Gottes (Tora) wird im gleichen Psalm mit der Wahrheit identifiziert (V. 142). Im Alten Testament kann demnach eine Religiosität als »Lüge« bezeichnet werden, die nicht der offiziellen Religion Israels entspricht. Hier ist kein Raum mehr für ein Tolerieren der Lüge wie in den Erzählungen, sondern es geht um das Ganze des Glaubens.

5. Qumran

Im 2. und 1. Jh. v. Chr. differenzieren sich unter dem Einfluss des Hellenismus Gesellschaft und Religion in Israel stark aus. Es gibt eine Vielzahl verschiedener Strömungen, die in unterschiedlicher Weise mit der Tora umgehen und sich zum Teil auch apokalyptischem Gedankengut öffnen. Von besonderer Bedeutung ist dabei die Gruppe, deren Texte bei Qumran gefunden wurden, denn hier wurde eine strenge Observanz der Tora gefordert. Außerdem wurden apokalyptische Elemente integriert, etwa die Existenz eines bösen Prinzips namens Belial, die Ausbildung einer differenzierten Engellehre und die Erwartung eines endzeitlichen Kampfes zwischen Gut und Böse.

In den Texten der Qumran-Gruppe wurde die Gegenüberstellung von Tora-Treue als »Wahrheit«, und von der Tora abweichendem Handeln als »Lüge« (*kzb, šqr*) aus der Bibel übernommen und bezeichnend pointiert. Der Gegenspieler des mutmaßlichen Gruppengründers, des »Lehrers der Gerechtigkeit«, wird pauschal als »Mann der Lüge« oder »Lügenprediger« bezeichnet; die Gegner allgemein als »Lügenpropheten«. Die Vorstellung wird dann auch in eschatologische Szenarien integriert: Nach dem Kommentar zum Propheten Nahum (4Q169 frg. 3–4) II,8 kommt es in der Endzeit zur Verführung zu lügnerischer Lehre. Nach dem 1. Henochbuch (91,11) sind sie gar Zeichen der Endzeit. »Lüge« bezeichnet nun eine Verletzung des Glaubens; Wahrheit wird zum umfassenden Begriff für Wesen und Heilswillen Gottes. Hintergrund dieser Zuspitzung ist das stark dualistische Denken der Apokalyptik; Einflüsse griechischer Philosophie sind nicht zu erkennen.

6. Neues Testament

Ein ähnlicher Sprachgebrauch wie in Qumran lässt sich auch im Neuen Testament beobachten. In seinen Anfängen ist das Urchristentum mit der Qumran-Gemeinde vergleichbar, denn es handelte sich um eine Gruppe, die sich vom Mainstream-Judentum absonderte und sich im Besitz der für das endzeitliche Heil notwendigen Wahrheit wusste. So findet sich bei Paulus als Beschreibung der Gottlosen (Röm 1,25): »Sie vertauschten die Wahrheit Gottes gegen die Lüge«. Dabei ist es nach der paulinischen Anthropologie so, dass die Lüge mit der Sünde Adams in die Welt gekommen ist, also keinen satanischen Ursprung hat (Röm 5,12). Paulus verwendet überdies das Wortfeld *pseud-* in einer ganzen Reihe von Bildungen wie »Lügenbruder« (Gal 2,4); »Lügenapostel« (2 Kor 11,13); »Lügenzeuge« (1 Kor 15,15).

In späteren Schriften wurde dann auch »Lügenprophet« benutzt (2 Petr 2,1; Apk 16,13). Jede Irrlehre gilt nun als Lüge (2 Thess 2,11), so dass sich Überschneidungen zum Begriff der Häresie ergeben[10]. Wie in Qumran werden Unglaube und Lüge identifiziert und der göttlichen Wahrheit gegenübergestellt. Die endzeitliche Gemeinde der Geretteten wird daher frei von Lügen sein (Apk 14,59). Dies entspricht auch dem Johannes-Evangelium, in dem betont vom göttlichen »Geist der Wahrheit« (Joh 16,13) die Rede ist. Herausragend ist hier das gegen ungläubige Juden gerichtete Wort vom Teufel als Vater der Juden und »Vater der Lüge« (Joh 8,44). Es ist zwar für Johannes nicht typisch, doch durchaus als Ergebnis der auch in Qumran belegten dualistischen Denkweise zu verstehen, die einen satanischen Ursprung der Lüge annimmt.

Die Komplexität des so dargestellten Befunds der biblischen Überlieferung macht es unmöglich, einfache Handlungsanweisungen abzuleiten. Allerdings kann die Ethik erzählerischer Texte durchaus als Orientierung gelten, dass Lügen dann zu verurteilen sind, wenn sie die Gemeinschaft oder eine Beziehung gefährden. Wenn sie dazu geeignet sind, Menschen zu befreien, sind Lügen auch erlaubt und können von Gott belohnt werden.

---

10 Matthias Heesch, Art. »Lüge«, in: *Religion in Geschichte und Gegenwart*, Bd. 5, Tübingen ⁴2002, S. 543 f.

List und Lüge in der theologischen Tradition

Von Eberhard Schockenhoff

Die Zusammenstellung der beiden Begriffe List und Lüge im Titel dieses Beitrags legt die Vermutung nahe, die moraltheologische Tradition kenne den Begriff der List ausschließlich in seiner engen Definition, verstanden als arglistige Täuschung, nicht dagegen in seinen weiteren Bedeutungsvarianten, zu denen – entsprechend der »weiten« Definition – vor allem Witz und Findigkeit, Mut zu ungewöhnlichen Vorgehensweisen, Bewunderung von Einfallsreichtum, Überraschung und Erstaunen gehören. Wer etwa das [...] Handbuch des Moraltheologen Bernhard Häring, *Das Gesetz Christi* aufschlägt, findet [...] die fraglos wiedergegebene Identifikation von List, Täuschung und Betrug auf der einen und Lauterkeit, Ehrlichkeit und wahrer Klugheit auf der anderen Seite. »Der Gegensatz zu dieser irdischen Schlauheit, deren Mittel Verstellung, List und Lüge sind, ist die Schlichtheit und Lauterkeit, die allen krummen Wegen abhold, auch in der Wahl der Mittel wahr und aufrichtig ist. Der Kluge ist in seinen Zielen und Wegen ehrlich.«[1] Die aufsteigende Trias Verstellung, List und Lüge steht dabei für die Schlauheit des irdischen Menschen, während die Kinder des Lichtes auch auf den dunklen Wegen dieser Welt aufrichtig, redlich und lauter bleiben. Dem bibelfesten Leser kommen allerdings hier schon Zweifel, ob die Anklänge an den neutestamentlichen Sprachgebrauch das Zeugnis der Schrift nicht etwas vorschnell und allzu einseitig in Anspruch nehmen. Stellt nicht das Lukasevangelium in 16,8 die Klugheit dieser Welt den Kindern des Lichtes als Vorbild vor Augen, dem sie in der Verfolgung des Guten nacheifern sollen? Fordert nicht Matthäus dazu auf, klug wie die Schlangen und arg-

---

1 Bernhard Häring, *Das Gesetz Christi*, Bd. 3, Freiburg [8]1967, S. 43 f.

los wie die Tauben zu handeln? Ganz zu schweigen davon, daß die Bibel in beiden Testamenten von der trefflichen List heiliger Frauen und Männer zu berichten weiß, ohne an ihrem Verhalten irgendwelchen Anstoß zu nehmen?

[...] Um diesen Differenzierungsvorschlag zu begründen, werde ich zunächst den »mainstream« moraltheologischer Listbewertung vorstellen. In einem zweiten Schritt möchte ich anhand einiger Beispiele aus allen Epochen der Kirchengeschichte aufzeigen, daß die von Anfang an vorhandene Unterströmung einer positiveren Sicht listigen Verhaltens zumindest in der Situation der Selbstverteidigung oder zur Abwehr von Schaden immer präsent geblieben ist. [...]

I.

1. Die List als Sünde gegen die Klugheit – Thomas von Aquin

Die Einordnung in das klassische Tugendschema der aristotelisch-thomanischen Ethik bietet einen guten Leitfaden, um ein Verständnis dafür zu gewinnen, warum die List in der moraltheologischen Bewertung in die Nähe von Täuschung, Verstellung und Betrug geriet, ohne allerdings mit ihnen formell identifiziert zu werden. Im architektonischen Gesamtaufriß der *Summa theologiae* des Thomas von Aquin wird die List: »dolus«, zusammen mit der Klugheit des Fleisches: »prudentia carnis«, der Verschlagenheit: »astutia«, und dem Betrug: »fraus«, unmittelbar als ein Widerspruch zur Klugheit diskutiert, der dieser äußerlich verwandt ist. Die sittlich verwerfliche Bewandtnis der List und ihr sündhafter Charakter ergeben sich jedoch in erster Linie aus ihrem Gegensatz zur Gerechtigkeit gegenüber dem Nächsten, unter deren Teiltugenden die Wahrhaftigkeit in Wort und Tat einen besonderen Rang einnimmt. Indem die List in diesen doppelten Kontext der Wahrheits- und Wahrhaftigkeitssemantik gestellt wird, ist eine entscheidende Weichenstellung bereits vorgenommen: Sie muß nun in allen ihren Erscheinungsformen als ein Verstoß gewertet werden, der sich entweder gegen die rechtverstandene Klugheit und damit gegen die Vernunftnatur des Handelnden selbst oder gegen die Gerechtigkeit und damit gegen den Wahrheitsanspruch des anderen richtet.

Die Möglichkeit zu einer positiven oder wenigstens neutralen Bewertung der List ergibt sich dann allenfalls aus dem abgestuften Verpflichtungsmodus der Wahrhaftigkeit: Anders als die Gerechtigkeit ist die Wahrheitspflicht kein »debitum legale«, im strikten Sinn, keine Rechtspflicht, die wir jedermann in gleicher Weise schulden. Sie ist vielmehr moralische Pflicht, insofern nämlich jeder Mensch »ex honestate«, das heißt aufgrund menschlicher Ehrenhaftigkeit dem anderen die Offenbarung und Mitteilung der Wahrheit schuldet.[2] Die Tugend der Wahrhaftigkeit unterscheidet sich von der bloßen Etikette und Höflichkeit dementsprechend dadurch, daß es in ihr nicht nur um die gefällige, verläßliche und reibungslos eingespielte Verwirklichung der Sozialnatur des Menschen – aristotelisch gesprochen um eine reine Umgangstugend – sondern um die Möglichkeit geselligen Zusammenlebens überhaupt geht.

Wenn die List so von Anfang an in den Sog dessen gerät, was man das Pathos der Wahrhaftigkeit nennen könnte, so hat dies in der Einschätzung seinen Grund, daß die menschliche Gesellschaft ohne die gegenseitige Verpflichtung ihrer Mitglieder auf die Wahrheit und ohne die bis zum Erweis des Gegenteils beiderseitig unterstellte Glaubwürdigkeit des Wahrheitszeugnisses überhaupt nicht funktionieren könnte.[3] Dennoch gilt die im natürlichen Sprachzweck und in der

2 Thomas von Aquin, *Summa theologiae* II–II 109,3.
3 Ebd., II–II 109,3 ad. 1.

Vernunftnatur des Redenden begründete Wahrheitspflicht nicht unterschiedslos gegenüber jedermann. Vielmehr bedarf auch die Wahrheitsmitteilung, um tugendhaft zu sein, der Ausbalancierung eines rechten Maßes zwischen einem Zuviel und einem Zuwenig – eine Festlegung, die gemäß dem aristotelischen Verständnis in allen Handlungen das Werk der Klugheit ist. Es ist daher immer und ausnahmslos verboten, einen anderen Menschen durch die Mitteilung des Falschen – sei es in sprachlichen oder nichtsprachlichen Zeichen[4] – zu täuschen, es kann aber sehr wohl erlaubt und unter Umständen sogar geboten sein, gegenüber zudringlich Fragenden die Wahrheit teilweise oder ganz zu verbergen. Dieses berechtigte Verbergen der Wahrheit nennt Thomas eine »dissimulatio«, wobei die Vorsilbe »dis-« den Unterschied zur moralisch verwerflichen »simulatio« oder »hypocrisis« als einer bewußten Verstellung im Sinne der äußeren Kundgabe eines Nicht-Wirklichen markiert.[5]

Diese Unterscheidungsformel, die ein teilweises Verbergen der Wahrheit, nicht aber die aktive Täuschung des anderen erlaubt, wird auch bei der Beurteilung der Kriegslist beibehalten. Es kann demnach auch im Krieg niemals gestattet sein, den Gegner durch Scheinabkommen, Vertragsbruch oder die Nicht-Einhaltung gegebener Zusagen in einen Hinterhalt zu locken, während es sehr wohl legitim und unter Umständen sogar geboten ist, sein Unwissen auszunützen und ihn durch ein Verbergen der eigenen Pläne in einen Hinterhalt laufen zu lassen.[6] Diese äußerst restriktive Zulassung militärischer List setzt voraus, daß auch die kriegerische Auseinandersetzung im gerechten Krieg noch dem Anspruch eines zu wahrenden,

4 Ebd., II–II 111,1.
5 Ebd., II–II 110,3 ad 4; 111,1 ad 4; 111,2.
6 Ebd., II–II 40,3.

beziehungsweise wiederherzustellenden »ordo iustitiae« unterworfen ist. Die mittelalterliche »bellum-iustum-Theorie« versteht den Krieg als ein notwendiges Mittel zur Bestrafung der Schuldigen, die der legitime Fürst kraft der ihm aufgetragenen Sorge für das Wohl der »res publica« durchzuführen hat. Weil der in diesem Sinne gerechte Krieg sich von ungesetzlichem Aufruhr und Tumult dadurch unterscheidet, daß er der Sicherung des Friedens und damit der Mehrung des Guten dient, dürfen auch die in ihm angewandten Mittel diesem obersten Ziel nicht widersprechen.[7] Die militärische Strategie des kriegführenden Fürsten muß die Transparenz der sittlichen Ordnung deshalb wenigstens insoweit widerspiegeln, als sie ihr nicht direkt zuwiderlaufen darf, wie es durch bewußte Irreführung, Rechtsbruch oder Vertragsuntreue der Fall wäre.

Das zurückhaltende Zugeständnis einer listigen Abwehr zudringlicher Fragen, die den legitimen Geheimhaltungsanspruch des Sprechenden verletzen, und das Verbergen militärischer Absichten im Krieg bleiben die einzigen Einschränkungen, die Thomas gegenüber der unbedingten Wahrhaftigkeitspflicht gelten läßt. Er kann sich eine Gesellschaftsordnung, die auf das augenzwinkernde Rechnen mit der List der anderen gegründet wäre, in der Menschen ihre Handlungsziele voreinander verbergen und ihren Worten einen unwirklichen Sinn beilegen, offenbar überhaupt nicht vorstellen. Es überrascht nicht, daß unter solchen sozialpsychologischen Prämissen die List als ausgesprochen bedrohliches Phänomen erscheinen muß. Ihr Charakter als erfindungsreiches Gesellschaftsspiel, das auf einer anderen Grammatik sozialen Handelns beruht, kann überhaupt nicht in den Blick geraten, da sie von vornherein den Stempel des gemein-

7 Vgl. ebd., II–II 40,1.

schaftswidrigen oder sogar gemeinschaftszerstörenden Verhaltens trägt.

Der letzte Grund, warum List und Lüge der moraltheologischen Tradition als moralisch verwerflich erscheinen, besteht aber nicht allein darin, daß sie den Menschen gemeinschaftsunfähig machen, List und Lüge verweisen vielmehr auf eine tieferliegende Verkehrung im Menschen, die als die eigentliche Substanz der Sünde in diesem Bereich anzusehen ist.[8] Thomas unterscheidet in der begriffsgerechten Definition des »mendaciums« drei Momente, deren zentrales Mittelstück auch für die Abgrenzung von »astutia«, »dolus« und »fraus«: Verschlagenheit – List – Betrug, gültig ist. Zur Lüge im Vollsinn gehören demnach erstens die materiale Falschheit des Aussageinhaltes: »falsitas materiale«, zweitens das Bewußtsein des Sprechenden, etwas Falsches zu sagen, also die Diskrepanz von Denken und Sprechen: »falsitas formale«, und drittens die im Hörer hervorgebrachte falsche Vorstellung: »falsitas effective«.[9]

Auch Thomas greift also auf die beiden Definitionselemente Täuschungsabsicht und Unwahrheit der Aussage, beziehungsweise falsche Zeichenkundgabe zurück, deren genaueres Verhältnis in der augustinischen Definition: »mendacium est quippe falsa significatio cum voluntate fallendi«, noch ungeklärt geblieben war.[10] Gegenüber der augustinischen Behandlung der Wahrhaftigkeitsproblematik erscheint die Bedeutung der subjektiven Täuschungsabsicht bei Thomas aber eher zurückgenommen, denn die »cupiditas fallendi« zählt bei ihm nur noch zum letzten Abschluß der Lüge, aber nicht mehr zu

8 Vgl. ebd., II–II 110,3 ad 4.

9 Vgl. ebd., II–II 110,1.

10 Vgl. Augustinus, *Contra mendacium* XII 26, (CSEL 40) 446; (Pl. 40) 537.

ihrem artbestimmenden Wesen. Die Substanz der Lüge besteht nun vielmehr im Auseinanderfallen von Zeichen und Bezeichnetem, also in dem »duplex cor«, dem gespaltenen Herzen, das zur Unwahrheit menschlicher Rede in Form einer falschen Zeichenkundgabe nach außen führt.[11]

Folgerichtig gibt auch ins Wortfeld von »dolus« nicht die Täuschungsabsicht, sondern der illusionäre Scheincharakter des Handlungsstragems den Ausschlag: Verschlagenheit, List und Betrug kommen darin überein, daß der so Handelnde seine Ziele [...] nicht auf wahren Wegen, sondern auf vorgespielten Scheinwegen verfolgt, wobei es gleichgültig ist, ob diese Vorspiegelung eines falschen Scheines um guter oder schlechter Ziele willen erfolgt.[12] Im einzelnen unterscheiden sich »astuia«, »dolus« und »fraus« nur dadurch, daß die »astutia« auf das listige Ersinnen, der »dolus« auf die Verwirklichung in Wort und Tat, der »fraus« dagegen ausschließlich auf die äußere Verwirklichung eines listigen Handlungsstragems gerichtet sind. Das eigentliche Wesen der List, das ihren verschiedenen Erscheinungsformen gemeinsam ist, liegt jeweils in der Nicht-Übereinstimmung von Denken, Handeln und Sprechen mit dem inneren Bewußtsein des Menschen.[13] Ihre Verwerflichkeit gründet also nicht allein in der Absicht, den anderen böswillig zu täuschen – auch seine wohlmeinende Verführung zum Guten würde ja das Verwerflichkeitskriterium der List erfüllen –, sondern in einem tiefersitzenden Defekt, nämlich dem gestörten Wirklichkeitsbezug, den der Handelnde in seinem Reden und Tun verrät. List und Lüge entfremden den Sprechenden seiner eigenen Vernunftnatur und verletzen zugleich die Forderung der Gerechtigkeit im Verhält-

11 Thomas von Aquin, *Summa theologiae* II–II, 110,1 ad 3.
12 Vgl. ebd., II–II 55,3.
13 Vgl. ebd., II–II 55,4–5.

nis zu den anderen. Sie untergraben so die Transparenz der sittlichen Ordnung nach beiden Seiten – aus der Richtung des Sprechenden wie im Blick auf den Adressaten, dem unsere Rede oder unser Handeln in Wort und Tat gelten soll.

2. Frommer Betrug und heilige List: Die anti-augustinische Unterstützung der moraltheologischen Tradition

Neben dieser durch Augustinus und Thomas auf eine sehr restriktive Beurteilung der List festgelegten Generallinie, die sich mit geringfügigen Modifikationen bis in unsere Zeit hinein durchhält, gibt es in allen Epochen eine anti-augustinische Gegenströmung, in der es zu einer überraschend unbefangenen oder sogar rückhaltlos positiven Bewertung der List kommen kann. Es handelt sich dabei zwar jeweils um Einzelstimmen, die in ihrer […] Zeit keineswegs unumstritten blieben. Dennoch lassen sich diese von der Grundtendenz abweichenden Positionen nicht als gelegentliche vor-augustinische Irritationen einzelner Kirchenväter oder als spätere Rückfälle hinter die bei Thomas erreichte Eindeutigkeit des sittlichen Urteils abtun, wie es einem lange Zeit vorherrschenden historiographischen Entwicklungsschema entsprach. Vielmehr sind die einzelnen Stellungnahmen jeweils daraufhin zu befragen, welche Antwort sie auf eine bestimmte, nur aus ihrem historischen Kontext heraus verständliche Konfliktsituation zu geben versuchen. Der gemeinsame Nenner, der es rechtfertigt, diese Antwortversuche zu einer »Unterströmung« zusammenzufassen, liegt dabei darin, daß sie die strikte Unterscheidung zwischen bewußter Täuschung und zugestandenem Zurückhalten der Wahrheit als zu starr empfinden und durch die Zulassung situationsadäquaterer Reaktionsweisen im Einzelfall ersetzen wollen.

In diesem Sinn sollen nun drei Positionen aus verschiedenen Epochen der Kirchengeschichte vorgestellt werden: aus dem frühen Christentum, fast zeitgleich mit Augustinus, eine Eulogie auf die »herrliche, schöne List«, aus der Feder des Johannes Chrysostomus sowie die Überlegungen zur Korrektur einmal getroffener Entscheidungen in den Unterredungen des Johannes Cassian, aus der beginnenden Neuzeit die heftigen Auseinandersetzungen um die »locutio ambigua« und die »restrictio mentalis«, soweit sie im Werk des Alphons von Liguori einen Nachhall finden. [...]

II.

1. Die Lehre des Johannes Chrysostomus

Die Theorie über die Anwendung von List und Täuschung, die der Kirchenvater Johannes Chrysostomus, gestorben 407, im ersten Buch seiner Schrift *Über das Priestertum* entwickelt, ist in mancherlei Hinsicht bemerkenswert. Sie nötigte die Herausgeber der *Bibliothek der Kirchenväter* [BKV] zu dem in eine Fußnote verpackten Eingeständnis, daß sie, obgleich in der puristischen Literatur keineswegs singulär, »in mancher Beziehung Bedenken [erregt] und sich mit der Pflicht unbedingter Wahrhaftigkeit kaum vereinbaren [läßt]«.[14] Noch bemerkenswerter ist, daß Chrysostomus sein Loblied auf die bewundernswerte List nicht, wie bereits vor ihm Hieronymus und viele andere Kirchenväter, zur Verteidigung der »listig« handelnden Frauen und Männer aus der Bibel, sondern zu seiner eigenen Rechtfertigung anstimmt. Der junge Rechtsanwalt und begabte Rhetor war selbst in eine Zwangslage geraten, aus der er sich nicht anders als durch die Anwendung einer List, die von einem seiner besten Freunde als heimtückische Falle empfunden wurde, zu befreien wußte. Beide waren in der damaligen Praxis entsprechend per »acclamationem populi« zu Bi-

14 BKV 27, S. 111.

schöfen gewählt worden und hatten sich gegenseitig ihr Wort verpfändet, die Bürde des Amtes gemeinsam zu tragen. [...] Jedenfalls erschien zum festgesetzten Zeitpunkt der Bischofs-konsekration nur der ahnungslose Basilius. Chrysostomus da-gegen hielt sich versteckt, um auf diese Weise dem Bischofs-amt zu entkommen, sei dies aus Rücksicht auf seine Mutter, die bereits Witwe war, sei es, weil er sich zum damaligen Zeit-punkt noch nicht bereit fand, seine Karriere als Rechtsanwalt aufzugeben.

Auf die schweren Vorhaltungen, die Basilius ihm daraufhin gemacht haben muß, antwortet Chrysostomus in einem lite-rarischen Zwiegespräch mit dem getäuschten Freund. Darin vertritt er die These, daß die Anwendung einer List zur Errei-chung eines guten Zwecks und bei entsprechender Absicht durchaus lobenswert sein könne. Sind diese beiden Bedingun-gen – objektiv begründeter Zweck und gute subjektive Ab-sicht – erfüllt, so verdiene eine listige Handlungsweise keines-wegs als Täuschung oder Betrug bezeichnet zu werden, denn, so führt Chrysostomus mit entwaffnender Offenheit aus:[15]

>>Eine rechtzeitige und in der richtigen Absicht vorgebrachte Täuschung hat so großen Gewinn zur Folge, daß schon oft-mals gar manche es büßen mußten, weil sie es an einem lis-tigen Vorgehen fehlen ließen.<<

Die Geschichte kennt zahlreiche Beispiele von Feldherren, die Sieg und Ruhm allein aufgrund ihrer List errangen, wodurch sie die geschlagenen Feinde obendrein dem Spott der Nach-

15 *De sacerdotio* I 6, 17–19: »Τοσουτον γαρ εχει κεκαιρος απατη και μετα της οπθης γωομενη διανοιας ως παλλους οτι μη παρεκρουαντο και οικην δουναι πολλακις« (SC 272) 90; dt. Übers. zit. nach: BKV 27, S. 111.

welt aussetzen. Auch die Ärzte verdanken bisweilen ihren Erfolg weniger der Heilkunst als vielmehr dem Geschick, mit dem sie die Gedanken ihrer Patienten von der Beschäftigung mit der Krankheit abzulenken verstehen. Schließlich versteigt sich Chrysostomus gar zu der Behauptung, daß List und kluge Berechnung nicht nur in manchen Grenzsituationen, sondern in allen Lebensbereichen das Verhalten der Menschen untereinander bestimmen.[16]

»Nicht nur im Kriege jedoch, auch in Friedenszeiten kann gar oft die Anwendung der List nicht umgangen werden, und dies war wie bei den öffentlichen Angelegenheiten des Staates so im häuslichen Familienkreise. Der Mann bedient sich ihrer gegenüber der Frau, die Frau gegenüber dem Manne, der Vater gegenüber dem Sohne, der Freund gegenüber dem Freunde, ja sogar die Kinder gegenüber ihrem Vater.«

Wenn die Anwendung von List und Tücke aber zu den Grundformen des sozialen Alltags gehört, die selbst das Verhalten der Ehepartner zueinander bestimmen, dann darf auch Basilius – so wird man die Argumentation des Chrysostomus zu seiner eigenen Entlastung verstehen müssen – die List seines Freundes nicht als einen böswilligen Vertrauensbruch werten. Die an sich völlig indifferente Haltung einer listigen Handlungsweise, darin faßt Chrysostomus das Ergebnis seiner Verteidigungsrede zusammen, werde wie bei Esau, Abraham, Mose und dem Apostel Paulus auch in seinem Fall durch die gute Absicht und den erkennbaren Nutzen für die Kirche mehr als gerechtfertigt.

16 *De sacerdotio* I 6, 50–55; dt. Übers. zit. nach: BKV 27, S. 112 f.

Nicht weniger pragmatisch klingen die Ratschläge, die der ägyptische Mönchsvater Josef in den Unterredungen des Johannes Cassian, gestorben 430/435, zwei jungen Mönchen gibt, die sich vor Antritt ihrer Wüstenreise dem eigenen Abt gegenüber feierlich zur Rückkehr in ihr Heimatkloster verpflichtet hatten. Angesichts des größeren geistlichen Nutzens, den sie durch ein längeres Verweilen in der Einsamkeit der Wüste zu erlangen hoffen, stehen sie nun vor dem Dilemma, daß die Treue zu dem einmal gegebenen Versprechen sie am eigenen spirituellen Fortschritt hindert und die erzwungene Rückkehr in das syrische Klosterleben ihrem geistlichen Wachstum gar ein abruptes Ende bereiten könnte. Wer als Kenner monastischer Literatur nun erwartet, der erfahrene Seelenführer würde seinen jugendlichen Besuchern den Wert geistiger Disziplin, regelmäßiger Übung und beharrlicher Treue erläutern, muß zu seinem Erstaunen feststellen, daß der alte Mönchsvater den Mut zur Korrektur einer einmal getroffenen Entscheidung noch höher stellt. Josef entkräftet jeden der fingierten Einwände, die ihm die jungen Mönche entgegenhalten, und bestärkt sie in dem, was sie nur allzu gerne hören wollen: Daß sie um des zu erwartenden geistlichen Wachstums willen den Schaden der Lüge oder eines nicht erfüllten Versprechens: »mendacii vel non impletae promissionis dispendium«, auf sich nehmen sollten, da dieses einmalige Übel nicht andaure, während der entgangene geistige Gewinn ihnen für immer fehle.[17]

Dieser im Blick auf eine konkrete Wahl gegebene Ratschlag wird anschließend in eine allgemeine Theorie der geistlichen Entscheidungsfindung eingebettet. Johannes Cassian vertraut ganz auf das kluge Offenhalten verschiedener Optionen und

17 *Collatio* XVII 8, (SC 54) 255.

warnt davor, sich den Weg zur größeren Vollkommenheit durch die voreilige Festlegung auf eine einzige Wahlmöglichkeit zu verbauen. Ausschlaggebend für die Bewertung einer neu ins Blickfeld tretenden Handlungsalternative erscheint vor allem, ob sie geeignet ist, unsere Absicht fester auf das Ziel des geistlichen Fortschritts hin zu richten. Erweist sich eine früher getroffene Festlegung dem als hinderlich, so kann die Korrektur nicht als Bruch eines Gelöbnisses oder als Verletzung eines Versprechens gelten.[18] Niemand ist nämlich an die »Fessel eines Versprechens«: »sacramenti vinculo«, gebunden, wenn dieses ihn daran hindert, das Ziel zu erreichen, um dessentwillen er es gegeben hat: seine eigene Vollkommenheit.

Solange dieses Ziel beibehalten wird, schadet die Zurücknahme eines unvorsichtigen Versprechens: »refragatio sponsionis incautae«, keineswegs.[19] Das Beispiel der Heiligen zeigt im Gegenteil – zuvor folgen wieder die bekannten Hinweise auf die Esau-Jakob-Geschichte, auf die List der Hure Rahab und auf das Beispiel des Apostels Paulus, der sich zum Schein als gesetzestreuer Jude ausgab –, daß eine frei angenommene List: »adfaectatia simulatio«, oftmals größeren Nutzen bringt als die angeborene Liebe zur Wahrheit: »ingenita veritas«.[20] Ebenso beweist die rhetorische Stilfigur, derer sich die alten Mönchsväter bedienten, um ihre eigenen Tugenden unter der Maske anderer zu verbergen, daß es besser sein kann, »unter der Deckfarbe einer solchen Figur zu lügen«: »rectius enim est sub tablis figurae colore mentiri«, als an einer »unvernünftigen Beobachtung der Wahrheit«: »observantia irrationabilis istius veritatis« festzuhalten.[21]

18 Ebd., 14, (SC 54) 259.
19 Ebd.
20 Ebd., 19, (SC 54) 262.
21 Ebd., 24, (SC 54) 272.

Der Widerspruch zwischen Wahrheit und Lüge, der in der augustinischen Tradition mit dem kontradiktorischen Gegensatz zwischen Gut und Böse zusammenfällt, wird in dieser Theorie der geistlichen Entscheidungsfindung in einen erstaunlichen Pragmatismus aufgelöst. An die Stelle der moralischen Grunddifferenz, auf der die gesamte sittliche Ordnung beruht, tritt die Aufforderung zu einer stets neu zu leistenden Folgenabwägung, deren Ergebnis jederzeit wechseln kann. Konkret heißt dies: Wenn der Vorteil, der uns aus der Bekundung der Wahrheit erwachsen würde, die daraus entspringenden Nachteile nicht ausgleichen kann, ist eine »nützliche und heilsame Verstellung«: »utilis ac salubris hypocrisis«, als das bessere Mittel zur Erreichung unserer Handlungsziele gerechtfertigt.[22]

3. Die »Locutio ambigua« und »reservatio mentalis« des 17. Jahrhunderts

Das nächste Beispiel führt in großem zeitlichen Sprung in eine historische Epoche, der sich die Problematik von Wahrheit, List und Lüge in einem besonderen Kontext stellte. Die Diskussionen, die unter den katholischen Moraltheologen und Kirchenrechtlern des 17. Jahrhunderts um die »oratio mixta« und die »reservatio mentalis« geführt wurden, müssen vor dem Hintergrund der damaligen Gerichtspraxis und Strafverfolgung gewertet werden. Ein Angeklagter konnte gezwungen werden, entweder einen Reinigungseid abzulegen oder sich selbst geheimer Vergehen anzuklagen, über die keine Zeugenaussagen vorlagen. Ein Zeuge dagegen konnte zur Offenlegung dessen, was er als Geheimnis im Dienst als Beamter, Arzt oder Ratgeber erfahren hatte, gezwungen werden; ebenso mußte er über strafbare Handlungen von Blutsverwandten

22 Ebd., 20, (SC 54) 266.

aussagen. Die Prozeßordnungen des frühneuzeitlichen Justizwesens sahen zudem die Anwendung der Folter als Mittel der Geständniserpressung sowie grausame Körperstrafen im Falle der Verurteilung vor. Dagegen kannten sie noch keinerlei Schutzvorkehrungen zugunsten der Angeklagten. Insbesondere gab es noch kein Äquivalent zu unserem heutigen Zeugnisverweigerungsrecht, so daß jedermann damit rechnen mußte, durch eine unbedachte Aussage, die er als Zeuge oder Angeklagter vor Gericht machte, einen anderen Menschen oder sich selbst in Lebensgefahr zu bringen. Die damals überall in Europa regional aufflackernden Hexenverfolgungen belegen zur Genüge, wie schnell hunderte und tausende unschuldiger Menschen unter dem Anschein eines ordentlichen Gerichtsverfahrens zu Tode kommen konnten.

Welcher Mittel darf sich ein Angeklagter oder vor Gericht zur Aussage gezwungener Zeuge in einer solchen Situation zur Bewahrung eines Geheimnisses oder zur Abwehr zudringlicher Fragen bedienen? Der *Catechismus Romanus* III 9 gestand mit den streng thomistischen Theologen nur Schweigen und Gottvertrauen zu und erinnerte im übrigen daran, daß der Christ im Ernstfall auch zum Martyrium für die Wahrheit bereit sein müsse. Andere Theologen gingen jedoch weiter und erlaubten neben der offenen Zurückweisung indiskreter Fragen auch die »locutio ambigua« und den geheimen Gedankenvorbehalt, mit dem eine Antwort versehen wird, um den Fragenden in die Irre zu führen. Die Anhänger der Mentalrestriktion begründeten ihre Position durch eine Reihe sprachphilosophischer Annahmen, die das Konzept eines einzigen, der menschlichen Rede von Natur aus innewohnenden Sprachzweckes zu erweitern suchten. Dazu boten sich ihnen im wesentlichen zwei Wege an, indem sie entweder die inneren, zurückbehaltenen Gedanken des Sprechenden zur Wirklichkeit der Rede hinzuzählten oder dem Fragenden ein Recht auf die

Wahrheit absprachen. Nach der Theorie der »oratio mixta« ergibt sich die Wahrheit menschlicher Rede aus ihrem hörbaren Teil und dem nur innerlich geformten Sprachlaut. [...]

4. *Die »restrictio mentalis« bei Alphons von Liguori*

[...] Mit einer Reihe zeitgenössischer Autoren unterscheidet Alphons [von Liguori, gest. 1781] den inneren Gedankenvorbehalt von der reinen Amphibolie, die sich die Mehrsinnigkeit der menschlichen Sprache zunutze macht, um einen Fragesteller ohne materiale Falschaussage zu täuschen.[23] Die Theorie der Mentalreservation beruht dagegen auf dem Gedanken, daß der Redende einen Teil seiner Rede für sich zurückbehält, indem er einen inneren Vorbehalt anfügt, der für die Wahrheit seiner Aussage unerläßlich, aber dem Hörenden nicht ohne weiteres erkennbar ist. Als Beispiel wird regelmäßig die Aussage »nescio« genannt, die mit dem gedanklichen Zusatz »pro te« versehen wird. Bei hartnäckigem Nachfragen wird empfohlen, ausdrücklich eine begangene Tat in Abrede zu stellen, dabei jedoch an etwas anderes zu denken, was man tatsächlich nicht begangen hat. Nur die »reservatio pure mentalis«, bei der unser Gedankenvorbehalt nach außen in keiner Weise erkennbar ist, fällt Alphons zufolge unter die lehramtliche Verurteilung der Kirche. Dagegen bleibt eine »reservatio late (non pure) mentalis« grundsätzlich statthaft und in vielen Fällen zum Schutz eines Geheimnisses sogar moralisch geboten.

Unter dem Begriff der zulässigen »reservatio« ist eine listige Verstellung zu verstehen, durch die der Fragende – notfalls auch unter Eid – in einer Weise getäuscht wird, die er bei genügender Geistesgegenwart, Aufmerksamkeit und Umsicht hätte durchschauen können. Dazu genügt es, daß der innere Gedankenvorbehalt des Redenden nicht gänzlich im Geheimen ver-

23 *Theologia moralis* I, Kap. II, dubium IV; Nr. 151, Ed. Gaudé I, 467.

bleibt, sondern wenigstens grundsätzlich an irgendwelchen äußeren Anzeichen erkennbar sein könnte, auch wenn die List einer solchen Aussage natürlich darauf abzielt, den Fragesteller in die Irre zu führen. Streng genommen, so rechtfertigt Alphons diese für einen treuen Thomas-Schüler immerhin erstaunliche Ansicht, täuschen auf diese Weise nicht wir den anderen, sondern wir lassen aus begründetem Anlaß nur zu, daß er sich selbst täuscht: »Ex iusta causa permittimus, ut ipse se decipiat.«[24] Ohne diesen Ausweg gäbe es überhaupt kein sicheres und legitimes Mittel zum Schutz von Geheimnissen mehr, was für die Aufrechterhaltung gelingender menschlicher Kommunikation auf Dauer nicht weniger schädlich als die Zulassung der Lüge sein müßte.[25] Alphons beruft sich zur Rechtfertigung seiner Ansicht dabei ausdrücklich auf das Argument der menschlichen Sozialnatur und des natürlichen Sprachzweckes, mit dem Thomas die ausnahmslose Verwerflichkeit der Lüge begründet hatte. Er versteht die begrenzte Zulassung der Mentalreservation also nicht als Abweichen von der Tradition, sondern als eine zeitgemäße Adaption der thomanischen These, wonach eine bewußte Falschaussage immer verboten, ein kluges Verbergen der Wahrheit jedoch unter Umständen moralisch gerechtfertigt sein kann.

Die kasuistische Beurteilung forensischer Einzelsituationen zeigt, daß Alphons dabei recht großzügig verfahren kann. Gegenüber einer zudringlich fragenden Privatperson oder einem seine Rechtsbefugnis überschreitenden Richter gesteht er die Falschaussage unter Meineid ohne weitere Bedingung zu. Selbst in einer durch die Rechtsordnung gedeckten gerichtlichen Befragung sieht er einen unter Mentalreservation erfolgten Meineid, das sogenannte »iuramentum dolosum«, als er-

24 Ebd., Nr. 151, I 468.
25 Vgl. ebd., Nr. 153, I 470.

laubt an, sofern der Angeklagte dadurch schwerwiegenden Übeln wie der Todesstrafe, dem Kerker, der Verbannung oder der Konfiszierung seiner Güter entgehen kann. Zur Begründung heißt es lapidar: »lex humana non potest sub gravi obligare homines cum tanto onere.« Die Zulassung einer listigen Verstellung, die Zuhilfenahme einer mehrdeutigen Aussage oder die Zuflucht zu einem inneren Gedankenvorbehalt wollen also keineswegs einen grundsätzlichen Zweifel gegenüber dem Anspruch der Wahrheit bestärken oder einem generellen Laxismus Vorschub leisten, wie es Pascal seinen Gegnern später vorwerfen sollte. Die aus heutiger Sicht merkwürdigen Argumentationsfiguren, die zur Rechtfertigung der List aufgeboten wurden, müssen vielmehr als Ausdruck einer berechtigten Inschutznahme des einzelnen vor dem Zugriff absolutistischer Willkür durch die Staatsgewalt verstanden werden. Sie sind aus heutiger Sicht Vorläufer einer modernen Rechtskultur und stehen so für eine Humanisierungstendenz des Rechtes, nicht für eine grundsätzliche Skepsis gegenüber dem Anspruch der Wahrheit. [...]

AUGUSTINUS[1]

Die Lüge

Bedeutung und Schwierigkeit des Themas

I. 1. Eine schwierige Frage ist die nach der Lüge; sie bringt uns gerade bei unserem täglichen Tun oft dahingehend durcheinander, daß wir entweder vorschnell als Lüge bezichtigen, was gar keine Lüge ist, oder meinen, man dürfe manchmal lügen in einer Art moralisch gerechtfertigter, wohlwollender und barmherziger Lüge. Dieser Frage werden wir [...] sorgfältig auf den Grund gehen [...]. Ob wir aber zu einem einigermaßen befriedigenden Ergebnis kommen, wird [...] dem aufmerksamen Leser die Abhandlung selbst hinlänglich zeigen. Verstecke bietet sie nämlich mehr als genug und treibt gewissermaßen durch eine Art höhlenreicher Schlupfwinkel oft mit der Absicht des Untersuchenden ihr Spiel, so daß ein Ergebnis bald sozusagen den Händen entgleitet, bald wieder auftaucht und wieder verschluckt wird. Am Ende wird unsere Auffassung dennoch so etwas wie ein recht festes Fangnetz umschließen. [...]

Ausschluß der Scherzlüge

II. 2. Sieht man einmal von den Scherzen ab, die noch nie für Lügen gehalten wurden – sie weisen nämlich durch den Vortrag und die Stimmung des Spaßvogels an sich schon die deutlichsten Anzeichen einer Einstellung auf, die keinesfalls täuschen will, wenn sie auch nicht die Wahrheit ausdrückt [...], dann handelt es sich zunächst darum, einen, der nicht lügt, auch nicht für einen Lügner zu halten.

---

1 Zu Augustinus vgl. die Einleitung zu diesem Band, S. 28–32.

III. 3. Deshalb muß man klären, was eine Lüge ist. Nicht jeder nämlich, der die Unwahrheit sagt, lügt, falls er nur glaubt oder meint, wahr sei, was er sagt. Zwischen Glauben und Meinen aber besteht folgender Unterschied: Manchmal ist sich derjenige, der glaubt, dessen bewußt, daß er nicht weiß, was er glaubt, obwohl er an dem Sachverhalt, von dem er weiß, daß er ihn nicht kennt, überhaupt nicht zweifelt, wenn er nur ganz fest daran glaubt. Wer aber meint, nimmt an, er wisse, was er nicht weiß. Jeder aber, der zum Ausdruck bringt, wovon er entweder auf der Grundlage von Glauben oder Meinen innerlich überzeugt ist, lügt nicht, auch wenn es unwahr sein mag. Das nämlich ist er der Glaubwürdigkeit seiner Äußerung schuldig, daß er durch sie zum Ausdruck bringt, wovon er innerlich überzeugt ist, und daß er es so annimmt, wie er es zum Ausdruck bringt. Deshalb bleibt er dann aber doch nicht fehlerfrei, obwohl er nicht lügt, wenn er entweder Unglaubwürdiges glaubt oder annimmt, was er nicht weiß, zu kennen, auch wenn es wahr sein mag. Unbekanntes behandelt er dann nämlich als bekannt.

Daher lügt einer, der etwas anderes im Sinn hat, als er durch Worte oder sonstige Äußerungen zum Ausdruck bringt. Deswegen spricht man ja auch vom doppelten Herzen des Lügners, das heißt vom doppelten Denken: eines den Sachverhalt betreffend, von dem er weiß oder annimmt, er sei wahr, und den er nicht zum Ausdruck bringt, das andere für den Sachverhalt, den er statt dessen zum Ausdruck bringt, obwohl er weiß oder annimmt, er sei unwahr. So kommt es, daß einer, ohne zu lügen, die Unwahrheit sagen kann, wenn er annimmt, es verhalte sich so, wie er sagt, obwohl es sich nicht so verhält, und daß ein Lügner die Wahrheit sagen kann, wenn er annimmt, was er sagt, sei unwahr und es statt der Wahrheit äußert, obwohl es sich tatsächlich so verhält, wie er es äußert. Denn nach der inneren Überzeugung, nicht nach der Richtigkeit oder Falschheit der Sachverhalte selbst muß man beurteilen, ob einer lügt oder nicht lügt.

Man kann daher einen, der die Unwahrheit, die dennoch seiner Meinung nach wahr ist, statt der Wahrheit ausspricht, als im Irrtum befangen und unüberlegt bezeichnen. Bezeichnet man ihn jedoch als Lügner, dann tut man ihm unrecht, weil er bei seiner Äußerung kein doppeltes Herz hat und es nicht darauf anlegt zu täuschen, sondern sich täuscht. Die Schuld des Lügners aber besteht in der Täuschungsabsicht, wenn er seine Ansicht äußert [...].

Lüge und Täuschungsabsicht

4. Gleichwohl sollte man allen Scharfsinn auf die Klärung der Frage verwenden, ob, wenn keine Täuschungsabsicht vorliegt, auf keinen Fall eine Lüge vorliegt.

IV. Wie ist es denn, wenn einer, der die Unwahrheit sagt, die er auch für unwahr hält, das dennoch nur deshalb tut, weil er annimmt, man glaube ihm nicht, um auf diese Weise durch die unwahre Beteuerung seinen Gesprächspartner, von dem er merkt, daß er ihm nicht glauben will, vor etwas zurückschrecken zu lassen? Dieser Mann lügt nämlich in dem Bestreben, nicht zu täuschen, falls es eine Lüge ist, sich anders über etwas zu äußern, als man weiß oder annimmt. Handelt es sich aber nur dann um eine Lüge, wenn sich einer mit dem Vorsatz zu täuschen äußert, dann lügt derjenige nicht, der, obschon er weiß oder annimmt, seine Aussage sei unwahr, nur aus dem Grund die Unwahrheit sagt, daß sein Gesprächspartner sich dadurch, daß er ihm nicht glaubt, nicht täuschen läßt, weil er entweder weiß oder annimmt, er werde ihm nicht glauben.

Sollte es sich daher herausstellen, daß einer möglicherweise nur dazu die Unwahrheit sagt, daß sein Gesprächspartner nicht getäuscht wird, gibt es umgekehrt den anderen Fall des

Mannes, der die Wahrheit nur sagt, um zu täuschen. Wer nämlich nur deshalb die Wahrheit sagt, weil er merkt, daß man ihm nicht glaubt, sagt die Wahrheit schlechterdings nur, um zu täuschen. Er weiß oder vermutet nämlich, man könne seine Worte deshalb für unwahr halten, weil gerade er sie äußert. Deshalb sagt er, wenn er aus dem Grund die Wahrheit sagt, daß man sie für unwahr hält, die Wahrheit nur, um zu täuschen. [...]

Die von uns angesprochenen Fälle stellen deshalb kein geringes Problem dar – die eine Person, die weiß oder annimmt, sie sage die Unwahrheit, und sie nur aus dem Grund sagt, nicht zu täuschen: zum Beispiel wenn sie wüßte, an einem Weg lagerten Räuber, und aus Angst davor, jemand, dessen Wohlergehen ihr am Herzen liegt und von dem sie weiß, daß er ihr nicht glaubt, schlage ihn ein, dann behauptete, diesen Weg hielten keine Räuber besetzt, und das nur zu dem Zweck, daß er ihn nicht nimmt: denn er glaubt ja deswegen, dort hielten sich Räuber auf, weil sein Gegenüber, dem er nicht zu glauben entschlossen ist in der Annahme, er sei ein Lügner, behauptete, dort hielten sich keine auf, die andere Person dagegen, die im Wissen oder in der Annahme, ihre Worte seien wahr, sie dennoch nur zu dem Zweck ausspricht zu täuschen: wenn sie beispielsweise zu einem Mann, der ihr nicht glaubt, sagte, es lagerten Räuber an dem Weg, wo sie ihrer Kenntnis nach tatsächlich lagerten, damit ihr Gesprächspartner um so eher diesen Weg nimmt und demnach unter die Räuber fällt, weil er glaubt, die Worte seines Gegenübers seien unwahr.

Wer von diesen beiden lügt denn nun: der eine, der absichtlich die Unwahrheit sagte, um nicht zu täuschen, oder der andere, der absichtlich die Wahrheit sagte, um zu täuschen. [...] Oder haben vielleicht beide gelogen? Der eine, weil er die Unwahrheit sagen wollte, der andere, weil er täuschen wollte? Oder ist es eher so, daß beide nicht gelogen haben? Der eine, weil er die Absicht hatte, nicht zu täuschen, und der andere, weil er die Absicht hatte, die Wahrheit zu sagen? Es geht jetzt ja nicht darum, wer von ihnen gesündigt, sondern wer gelogen hat. Auf den ersten Blick scheint es nämlich so zu sein: Der eine, der es durch die der Wahrheit entsprechende Behauptung darauf anlegte, daß der Mann unter die Räuber fiel, hat gesündigt, der andere aber, der es durch die unwahre Behauptung darauf anlegte, daß der Mann ein gewaltsames Ende vermeiden konnte, hat nicht gesündigt, ja sogar gut daran getan. Aber man kann diese Beispiele auch umkehren. Der eine könnte wollen, daß die Person, die er nicht getäuscht sehen will, ein kaum erträglicher Schicksalsschlag trifft – viele haben sich nämlich schon deshalb, weil sie bestimmte Sachverhalte als wahr erkennen mußten, das Leben genommen, wenn diese derart schlimm waren, daß sie davon nicht hatten erfahren sollen – und der andere könnte wollen, daß die Person, die er getäuscht sehen will, davon einen Vorteil hat. Einige Menschen nämlich, die Selbstmord begangen hätten, wenn sie von einem Unglück erfahren hätten, das sich tatsächlich ereignet hatte und ihre Lieben betraf, haben sich ja nur deswegen nichts angetan, weil sie die Nachricht für unwahr hielten. So nützte ihnen die Täuschung, wie den anderen die Kenntnis des wahren Sachverhalts schadete.

Es geht also nicht darum, in welcher Absicht – zu helfen oder zu schaden – entweder der eine die Unwahrheit sagte, um nicht zu täuschen, oder der andere die Wahrheit sagte, um zu täuschen. Vielmehr stellt sich ohne Berücksichtigung der Vor- oder Nachteile für ihre Gesprächspartner lediglich im Hinblick auf Wahrheit und Unwahrheit die Frage, wer von ihnen gelogen hat oder ob beide oder keiner. Wenn Lüge nämlich eine Äußerung mit der Absicht ist, Unwahres zu äußern, dann hat eher der gelogen, der die Unwahrheit sagen wollte und sagte, was er wollte, obwohl er es sagte, um nicht zu täuschen. Wenn

Lüge aber jede beliebige Äußerung mit der Absicht zu täuschen ist, dann hat nicht der eben Erwähnte, sondern der andere gelogen, der sogar durch das Aussprechen der Wahrheit täuschen wollte. Wenn aber Lüge eine Äußerung mit der Absicht zu irgendeiner Unwahrheit ist, haben beide gelogen, weil der eine wollte, daß seine Äußerung unwahr war, und der andere wollte, daß man über seine wahre Äußerung, die Unwahrheit glaubte. Wenn nun aber Lüge die Äußerung einer Person ist, die Unwahres äußern will, um zu täuschen, hat keiner von beiden gelogen, weil der eine die Absicht hatte, durch seine falsche Aussage vom Wahren zu überzeugen, und der andere die Wahrheit zu sagen, um vom Unwahren zu überzeugen. [...]

Die nützliche Lüge

[...] Zweifellos lügt aber, wer in Täuschungsabsicht die Unwahrheit zum Ausdruck bringt. Deswegen ist ganz offensichtlich eine unwahre, in Täuschungsabsicht vorgebrachte Äußerung eine Lüge. Aber ob es sich lediglich dabei um eine Lüge handelt, ist eine andere Frage.

V. Zunächst einmal aber wollen wir bei diesem allseits übereinstimmend beurteilten Fall (*sc.* daß es sich zweifellos um eine Lüge handelt) untersuchen, ob es manchmal angebracht ist, die Unwahrheit in Täuschungsabsicht zu äußern. Denn die Vertreter dieser Ansicht[2] untermauern ihre Auffassung mit Belegen und führen dazu an, Sara habe, obwohl sie gelacht hatte, den Engeln gegenüber abgestritten, sie habe gelacht (vgl. Gen 18,15); Jakob habe auf die Frage seines Vaters geantwortet, er sei dessen älterer Sohn Esau (vgl. Gen 27,19); auch die ägyptischen

---

2 Da Augustinus die Priszillianisten 395 noch nicht kannte [...] und die Manichäer zwar das Alte Testament als Machwerk des Teufels verurteilten, es aber nicht zur Rechtfertigung des Lügens benutzten, dürfte er hier Autoren wie Origenes, Johannes Chrysostomus und Hieronymus im Auge haben [...].

Hebammen hätten, damit die hebräischen Säuglinge nicht bei der Geburt umgebracht würden, sogar mit Billigung und Belohnung durch Gott gelogen (vgl. Ex 1,19 f.); und indem sie viele derartige Beispiele heraussuchen, führen sie Lügen von Menschen an, die zu beschuldigen man sich nicht erdreisten und damit zugeben sollte, manchmal verdiene eine Lüge nicht nur keine Kritik, sondern sogar Lob.

Zusätzlich tragen sie ein Argument vor, mit dem sie nicht nur die Anhänger der göttlichen Bücher in Schwierigkeiten bringen, sondern alle Menschen und die allgemein herrschende Auffassung, indem sie sagen: Wenn jemand bei dir Zuflucht suchen sollte, der durch deine Lüge vor dem Tod bewahrt werden könnte, bist du da nicht bereit zu lügen? Wenn ein Kranker nach etwas fragen sollte, dessen Kenntnis ihm nicht zuträglich ist, und sich sein Zustand sogar, falls du nicht antwortest, entscheidend verschlechtern könnte, bist du dann so vermessen, eher entweder die Wahrheit zu sagen oder zu schweigen und ihn damit dem sicheren Tod auszuliefern als mit einer moralisch gerechtfertigten und barmherzigen Lüge zu seiner Gesundung beizutragen? Mit diesen und ähnlich gelagerten Beispielen glauben sie durch die überwältigende Fülle des Materials solchen Druck auszuüben, daß wir, wenn es die Fürsorge erfordert, manchmal lügen.

Stellen der Heiligen Schrift

6. Im Gegensatz dazu verfahren die Vertreter der Überzeugung, man dürfe niemals lügen, noch viel beeindruckender, indem sie sich an erster Stelle auf die göttliche Autorität berufen, da unmittelbar in den Zehn Geboten geschrieben steht: »Ein falsches Zeugnis sollst du nicht ablegen!« (Ex 20,16), ein Gattungsbegriff, durch den jede Lüge erfaßt wird. [...]

7. Auch durch die aus den alten Büchern beigebrachten Beispiele von Lügen behaupten sie sich nicht einschüchtern zu lassen, wo man alle Geschehnisse bildlich auffassen kann, obwohl sie sich tatsächlich ereignet haben. Alle bildlichen Handlungen oder Worte aber sind keine Lüge. Jede Äußerung muß man nämlich auf das beziehen, was sie ausdrückt. Jedes bildliche Geschehen oder Wort aber drückt das aus, was es für die bezeichnet, denen es als Gegenstand der Erkenntnis vorgegeben wurde. Daher muß man annehmen, daß die Personen, die der Überlieferung zufolge zur Zeit der Propheten hohes Ansehen genossen, alles, was über sie geschrieben ist, in prophetischem Sinn getan und gesagt haben, und daß ihnen in nicht weniger prophetischem Sinn all die Ereignisse widerfuhren, bei denen man zu der Beurteilung gelangte, man müsse sie in demselben prophetischen Geist der schriftlichen Überlieferung anvertrauen.

[...] Und so legt man den folgenden Maßstab an alle Lügen an, die man den alten Büchern entnimmt und dort ohne ein Wort der Kritik vorfindet oder die man nicht kritisieren kann: Entweder nimmt man sie beifällig als zu weiteren Hoffnungen berechtigende charakterliche Fortschritte auf, oder es handelt sich wegen irgendeiner Vorbedeutung überhaupt um keine Lügen. [...]

VI. Außerdem behaupten sie (sc. die Vertreter der Auffassung, man dürfe unter keinen Umständen lügen) mit noch viel größerer Zuversicht, nach den Beispielen, die aus dem täglichen Leben beigebracht werden, dürfe man sich nicht richten. Zuvor zeigen sie nämlich mit vielen Belegen aus den heiligen Schriften, daß die Lüge ein Unrecht ist, und das vor allem deshalb, weil geschrieben steht: »Du haßt, Herr, alle, die unrecht tun; vernichten wirst du die, die eine Lüge aussprechen« (Ps 5,6 f. = LXX Ps 5,7). [...] Gott [...] haßt alle, die unrecht tun. Doch alle, die eine Lüge aussprechen, vernichtet er sogar.

Wenn das feststeht – wer von den Leuten, die das (sc. man dürfe unter keinen Umständen lügen) behaupten, wird sich da durch die bekannten Beispiele beeindrucken lassen, wenn es heißt: Was ist denn, wenn ein Mitmensch bei dir Zuflucht suchen sollte, der durch deine Lüge vor dem Tod bewahrt werden könnte? Jener Tod nämlich, den die Menschen törichterweise fürchten, die das Sündigen nicht fürchten, tötet nicht die Seele, sondern den Leib, wie der Herr im Evangelium darlegt und deshalb gebietet, ihn nicht zu fürchten (vgl. Mt 10,28 par); ein Mund aber, der lügt, tötet nicht den Leib, sondern die Seele. Mit folgenden Worten steht nämlich unmißverständlich geschrieben: »Ein Mund aber, der lügt, tötet die Seele« (Weish 1,11). Wäre es also nicht völlig widersinnig zu sagen, damit der eine körperlich leben könne, müsse der andere geistig sterben? Denn auch die Nächstenliebe selbst findet ihre Grenze jeweils an der Eigenliebe. »Du sollst«, heißt es, »deinen Nächsten lieben wie dich selbst« (Lev 19,18; Mt 19,19; 22,39). Inwiefern also liebt einer jemanden wie sich selbst, wenn er dabei, um ihm das zeitliche Leben zu bewahren, selbst das ewige verliert? Bedeutet es ja schon dann, wenn er für das zeitliche Leben des anderen sein eigenes zeitliches Leben aufs Spiel setzen würde, nicht zu lieben wie sich selbst, sondern mehr als sich selbst, was über einen vernünftigen ethischen Grundsatz hinausgeht. Noch viel weniger wird er also sein eigenes ewiges Leben für das zeitliche eines Mitmenschen durch Lügen verlieren wollen.

Sein eigenes zeitliches Leben dagegen wird ein Christ selbstverständlich für das ewige Leben des Nächsten ohne Zögern verlieren. Der Herr ist ja mit seinem Vorbild vorangegangen und selbst für uns gestorben. Dazu sagt er nämlich auch: »Das ist mein Gebot, daß ihr euch gegenseitig liebt, wie auch ich euch geliebt habe. Eine größere Liebe hat niemand, als daß er sein Leben hingibt für seine Freunde« (Joh 15,12 f.). Denn keiner ist derart töricht zu behaupten, der Herr habe dabei etwas anderes als das ewige Heil der Menschen im Auge gehabt, als er tat, was er gebot, oder gebot, was er tat. Da man also durch Lügen das ewige Leben verliert, darf man niemals um des zeitlichen Lebens einer Person willen lügen. [...]

Deshalb muß man bei dieser Frage einzig und allein darauf achten, ob die Lüge ein Unrecht ist. Da diese Auffassung durch die oben angeführten Nachweise erhärtet wird, muß man dabei berücksichtigen, daß die Frage, ob einer um der Rettung eines anderen willen lügen darf, gleichbedeutend ist mit der Frage, ob jemand um der Rettung eines anderen willen ungerecht sein darf. Falls die Rettung der Seele, die nur durch Gerechtigkeit gerettet werden kann, das von sich weist und vorschreibt, sie nicht nur höher zu achten als das zeitliche Wohlergehen eines Mitmenschen, sondern auch als unser eigenes, was berechtigt uns dann ihren Worten nach noch dazu, daran zu zweifeln, man dürfe überhaupt nie lügen? [...]

Die Dienstlüge

VIII. 11. Vertritt aber jemand die Auffassung, man dürfe deshalb für einen anderen lügen, so daß dieser [...] durch Lernen zur ewigen Wahrheit kommen kann, dann bemerkt er nicht: [...] die Glaubwürdigkeit der Lehre [wird] selbst in Frage gestellt und schwindet völlig, wenn wir die Personen, die wir zu ihr hinzuführen versuchen, durch unsere Lüge davon überzeugen, man dürfe manchmal lügen. Denn da die Heilslehre auf Inhalten beruht, die man teils glauben, teils erkennen muß, und man zu den erkennbaren Inhalten nicht vordringen kann, wenn man nicht zuvor, was man glauben muß, glaubt, wie darf man dann einem glauben, der seiner Meinung nach manchmal darf, daß er nicht zufälligerweise gerade dann lügt, wenn er von uns Glauben verlangt? Woher kann man nämlich wissen, ob er gerade dann einen Grund für eine seiner Auffassung nach wohlwollende Lüge hat, weil er annimmt, durch eine unwahre Erzählung könne ein Mensch eingeschüchtert und dadurch vom Ausleben seines Triebs abgehalten werden, und ob er der Meinung ist, auf diese Weise sorge er durch Lügen sogar für geistige Belange?

Läßt man diese Art [der Lüge] zu und heißt sie gut, dann untergräbt man von Grund auf jedes Vertrauen in die Glaubenslehre. Wenn das aber einmal untergraben ist, stößt man auch nicht mehr zu der Erkenntnis vor, für deren Gewinnung sie doch schon die kleinen Kinder ernährt. Und so hebt man die gesamte Wahrheitslehre auf, indem sie einer völlig willkürlichen Unwahrheit weichen muß, wenn man einer sozusagen wohlwollenden Lüge irgendwo eine Stelle zum Eindringen eröffnet. Entweder zieht nämlich jeder Lügner zeitliche Vorteile, eigene oder fremde, der Wahrheit vor – kann man etwas Verkehrteres als das tun? –; oder er versperrt dann, wenn er einen Mitmenschen mit Hilfe einer Lüge befähigen will, zur Wahrheit zu kommen, der Wahrheit den Zugang. Weil er nämlich, wenn er lügt, entgegenkommend sein will, wird er, wenn er die Wahrheit sagt, unzuverlässig. Deshalb darf man entweder rechtschaffenen Menschen nicht glauben, oder man muß den Menschen glauben, von denen wir glauben, daß sie manchmal lügen müssen, oder man darf nicht glauben, daß rechtschaffene Menschen manchmal lügen. Von diesen drei Möglichkeiten ist die erste unannehmbar, die zweite dumm. Also bleibt nur, daß rechtschaffene Menschen niemals lügen.

17. [...] Übrigens steht die vernunftbegabte Natur so im Gegensatz zur Unwahrheit, und sie weicht nach Möglichkeit so sehr dem Irrtum aus, daß auch die nicht getäuscht werden wollen, die gern andere täuschen. [...]

18. Hier steigt eine der schwierigsten und dunkelsten Fragen auf, die wir unter dem Zwang einer notwendig gewordenen Antwort in einem umfangreichen Werke behandelt haben, ob es nämlich Pflicht des gerechten Menschen sei, manchmal zu lügen (26). [...] Mir scheint jede Lüge eine Sünde zu sein. Aber es hängt doch davon ab, aus welcher Gesinnung heraus oder in welchen Dingen jemand lügt. Denn die Sünde ist nicht gleich bei dem, der lügt, um einen Dienst zu erweisen, und bei dem, der es tut, um zu schaden. Ähnlich ist die Lüge, die einen Wanderer auf einen falschen Weg führt, nicht so schädlich wie die Tat desjenigen, welcher durch täuschende Lüge ihm den Weg des Lebens verfälscht. [...]

Obschon der Irrtum, von der Absicht des Trägers her gesehen, ein geringeres Übel ist als die Lüge, so ist es doch weit erträglicher, in Dingen zu lügen, die der Religion fremd sind, als sich in Dingen zu irren, deren Glauben oder Kenntnis zur Gottesverehrung erforderlich ist. An Beispielen kann man das veranschaulichen. Sehen wir einmal zu, was das bedeutet, wenn einer in lügnerischer Weise die Nachricht verbreitet, ein bestimmter Mensch, der tot ist, sei noch am Leben, und wenn ein anderer irrtümlich glaubt, Christus werde nach einer beliebig langen Zeit wieder sterben (29). Ist es denn nicht unvergleichlich günstiger, auf jene Weise zu lügen, als auf diese Weise dem Irrtum zu verfallen, und ist es nicht ein bedeutend geringeres Übel, jemand in den erstgenannten Irrtum zu führen, als selbst von einem andern in den zweiten Irrtum geführt zu werden?

19. Es gibt also Fälle, in denen der Irrtum ein großes, andere, in denen er ein kleines, wieder andere, in denen er gar kein Übel ist, und es gibt sogar solche, in denen er ein Gut ist. [...]

22. Im Gegensatz dazu muß jede eigentliche Lüge als Sünde bezeichnet werden (38). Denn jeder ist sich bewußt, nicht nur, wenn er sich in der Wahrheit weiß, sondern auch, wenn er irrt und sich täuscht, daß er als Mensch sagen muß, was er im Geiste mit sich trägt, ob es nun wirklich wahr ist oder ob er glaubt, es sei wahr, während es doch falsch ist. Jeder, der lügt, redet mit der Absicht zu täuschen gegen das, was er in seinem Inneren für wahr hält (39). Die Sprache ist dem Menschen aber nicht gegeben, um sich gegenseitig in die Irre zu führen, sondern um den andern die eigenen Gedanken bekannt zu machen. Wenn man sich also der Worte bedient, um in die Irre zu führen, und nicht zu ihrem eigentlichen Zweck, so sündigt man. Man darf auch deshalb nicht glauben, die Lüge sei keine Sünde, weil man manchmal jemandem durch eine Lüge nützen könnte.

THOMAS VON AQUIN

Tugenden des Gemeinschaftslebens (Summa Theologica)

An Augustinus' Überlegungen zur Lüge, die die Grundlage der theologischen Diskussion bis in die Neuzeit bilden (vgl. die Einleitung zu diesem Band) haben sich verschiedene Versuche angeschlossen, das strikte Lügenverbot abzumildern. Schon Augustinus selbst hatte dies möglicherweise in seiner Abhandlung *Enchiridion de fide, spe et caritate* im Sinn, wo er mit Blick auf die Sündhaftigkeit der Lüge acht Abstufungen der Lüge unterscheidet: von der schwersten Sünde einer Lüge in Glaubensfragen zu den vergleichsweise harmlosen Lügen, die nicht schaden, aber andere vor einer Verletzung schützen (Kap. 7, § 22). Augustinus führt das Unrecht der Lüge jedoch nicht auf die jeweils damit verfolgten Absichten gegenüber den Mitmenschen, sondern auf den Missbrauch der von Gott geschenkten Sprache zurück, der eine Abwendung von Gott und somit ein Vergehen an der eigenen Seele darstellt, das den Verlust des ewigen Heils zur Folge hat. Auf dieser Grundlage ist eine Entschuldigung oder gar Rechtfertigung der Lüge als Not- oder Heilslüge nicht möglich. Eine Lüge bleibt immer eine schwere Sünde.

Von den Versuchen zur Abmilderung der augustinischen Verdammung der Lüge ist derjenige Thomas von Aquins am einflussreichsten, dessen Lehre bis heute die Grundlage der katholischen Soziallehre und Ethik bildet. Thomas entwickelt in der *Theologischen Summe* (*Summa Theologica* II: II, Quaestio 109–113) eine komplexere Sicht der Lüge als Augustinus, indem er die paulinischen und neuplatonischen Elemente des augustinischen Ansatzes durch aristotelische Elemente ergänzt. Zwar bewegt sich seine Behandlung der Lüge sowohl mit Blick auf die Definition der Lüge als auch ihre Bewertung noch weitgehend innerhalb der von Augustinus vorgegebenen Paradigmen. Thomas argumentiert im Rahmen der Lehr- und Lernmethode an den mittelalterlichen Universitäten, nämlich der Aufteilung eines Themas in allgemeine Fragen, die wiederum in Einzelfragen unterteilt werden. Die Abhandlung der Einzelfragen findet in Gestalt eines *Articulus* statt, einer zusammenfassenden Darstellung von verbreiteten Annahmen, Einwänden gegen diese und Gegenargumenten, die Thomas geistigen Autoritäten wie in diesem Fall vor allem Augustinus, Aristoteles, Petrus Lombardus und der Bibel entnimmt. In der Antwort (*Respondeo*) wird anschließend die eigene Position formuliert, die oft auf der begrifflichen Unterscheidung von Hinsichten mit Blick auf die angeführten Annahmen und Argumente beruht. Zu allerletzt wird eine Stellungnahme zu den Einwänden formuliert (*ad primum, ad secundum*) usw. Dabei präzisiert Thomas die augustinischen Überlegungen zur Frage, was eine Lüge ausmacht, anhand der Unterscheidung der drei Elemente der *falsitas materialiter*, der objektiven Unwahrheit, der *falsitas formaliter*, der formalen Unwahrheit, die in der Absicht besteht, etwas Falsches mitzuteilen, und der *falsitas effective*, die in der Absicht liegt, damit eine falsche Vorstellung beim Empfänger der Nachricht zu erzeugen (Quaestio 110). Da er das Wesen der Lüge an der *falsitas formalis* – dem bloßen Willen, Falsches auszusprechen – und nicht erst an ihren Folgen oder der Täuschungsabsicht festmacht, stellt die Lüge jedoch auch für Thomas eine Sünde dar, die keine Ausnahme vom allgemeinen Lügenverbot zulässt; dabei beruft er sich wie Augustinus auf die natürliche Funktion der Sprache, die darauf ausgerichtet sei, Zeichen für die Gedanken zu sein. Entsprechend liegt auch für Thomas der eigentliche Grund, aus dem sich die Verurteilung der Lüge ergibt, nicht in ihren schädlichen Auswirkungen auf die Mitmenschen, sondern in der inneren Verkehrung des Einzelnen, der die Sprache missbraucht. Andererseits arbeitet Thomas im Rückgriff auf den aristotelischen Tugendbegriff aber auch die Bedeutung der Wahrhaftigkeit für das Gemeinschaftsleben und somit für die Verwirklichung der menschlichen Natur heraus, indem er sie als Teil- bzw. Ergänzungstugend der Gerechtigkeit untersucht. Während die sozialen Beziehungen der Menschen in der paulinisch-augustinischen Tradition als durch den Sündenfall grundsätzlich verderbt erscheinen und ein geringeres Gut darstellen als das Heil der unsterblichen Seele, versteht er sie – hier eher Aristoteliker – als vernünftige Ordnungen des Seienden, die der menschlichen Erkenntnis und dem vernunftgeleiteten Handeln zugänglich sind. Eine gelingende menschliche Gemeinschaft ist aber nur auf der Basis von gegenseitigem Glauben und Vertrauen möglich; hier scheint Thomas Momente der römischen Fides-Lehre aufzugreifen. Thomas differenziert zudem zwischen den einzelnen Arten der Lüge mit Blick auf ihren Schuldcharakter und gelangt auf dieser Grundlage zu einer weltlicheren Bewertung der Konfliktfälle als Augustinus. In Anlehnung an die augustinische Definition der Lüge und die achtfache Gradierung ihrer Sündhaftigkeit entwickelte Thomas ein dreigliedriges Schema der Sündhaftigkeit der Lüge, das bis heute in der katholischen Theologie Anwendung findet. Er unterscheidet die geringere Sündhaftigkeit der wohlwollenden und nützlichen Lügen und die ebenfalls verzeihbare Sündhaftigkeit der scherzhaften Lügen von der tödlichen Sünde der böswilligen und auf den Nachteil anderer zielenden Lügen.[1]

---

1 Empfohlene Literatur: Eberhard Schockenhoff, »Wahrhaftigkeit als Lebensziel: Thomas von Aquin«, in: E. Sch., *Zur Lüge Verdammt? Politik, Medien, Medizin, Justiz, Wissenschaft und die Ethik der Wahrheit*, Freiburg i. Br. 2000, S. 62–79.

[...] Bezüglich der Lüge ergeben sich vier Einzelfragen:

1. Steht die Lüge immer im Gegensatz zur Wahrheit, gleichsam Unwahrheit enthaltend?
2. Die Arten der Lüge.
3. Ist die Lüge immer sündhaft?
4. Ist sie immer Todsünde?

1. ARTIKEL
Steht die Lüge immer im Gegensatz zur Wahrheit?

1. Gegensätzliches kann nicht zugleich bestehen. Die Lüge aber kann zugleich mit der Wahrheit sein. Denn wer die Wahrheit sagt, dabei aber glaubt, es sei die Unwahrheit, lügt, wie Augustinus sagt. Also ist die Lüge der Wahrheit entgegengesetzt.

2. Die Tugend der Wahrheit besteht nicht nur in Worten, sondern auch in Werken; denn nach dieser Tugend sagt jemand die Wahrheit »sowohl im Reden wie im Leben« (Aristoteles). Die Lüge aber liegt nur in Worten, denn sie ist die »falsche Sinngebung eines Wortes« [P. Lombardus]. Also steht die Lüge nicht in unmittelbarem Gegensatz zur Tugend der Wahrhaftigkeit.

3. Augustinus sagt: »Die Schuld des Lügners liegt in der Absicht zu täuschen.« Das aber ist weniger der Wahrheit als dem Wohlwollen und der Gerechtigkeit zuwider. Also ist die Lüge nicht der Wahrheit entgegengesetzt.

ANDERSEITS sagt Augustinus: »Für einen jeden steht es fest; Wer in der Absicht zu täuschen die Unwahrheit sagt, der lügt. Darum ist die Behauptung des Unwahren, die in der Absicht zu täuschen vorgebracht wird, offenkundig eine Lüge.«

Das aber ist mit der Wahrheit unverträglich. Also steht die Lüge im Gegensatz zur Wahrheit.

ANTWORT: Der sittliche Akt gewinnt aus einer zweifachen Quelle seine Artbestimmung: vom Gegenstande und vom Ziele. Denn das Ziel ist der Gegenstand des Willens, des Erstbewegers im Gebiet der sittlichen Handlungen. Das vom Willen bewegte Vermögen hat aber seinen [eigenen] Gegenstand, und dieser ist der nächste Gegenstand des freien Aktes; und er verhält sich zum Ziel des Willensaktes wie das Formempfangende zum Formgebenden [...]. – Es wurde aber dargelegt (109,2 Zu 2 u. 3), daß die Tugend der Wahrheit und folglich die entgegengesetzten Fehler in einem Bekanntmachen bestehen, das durch bestimmte Zeichen erfolgt. Dieses Bekanntmachen oder Aussprechen ist nun ein Akt des Verstandes, der das Zeichen auf das Bezeichnete hinbezieht. Denn jede Darstellung besteht in einem Vergleich, der im eigentlichen Sinne Sache des Verstandes ist. Wenn daher auch die Tiere etwas mitteilen, so beabsichtigen sie doch nicht, [etwas] mitzuteilen, sondern sie tun aus Naturdrang etwas, was eine Kundgabe zur Folge hat. Sofern jedoch ein solches Offenbaren oder Aussprechen eine sittliche Handlung ist, muß es gewollt sein und von der Absicht des Willens abhängen. Eigentlicher Gegenstand des Offenbarens oder Aussprechens ist aber das Wahre oder das Falsche. Die Absicht eines ungeregelten Willens kann sich indes auf zweierlei richten: erstens darauf, eine falsche Aussage zu machen, zweitens auf die Wirkung der falschen Aussage, daß nämlich jemand getäuscht wird. Kommen daher diese drei Stücke zusammen: daß nämlich das, was ausgesagt wird, falsch ist, und daß der Wille da ist, eine falsche Aussage zu machen, und endlich die Absicht zu täuschen: dann liegt Unwahrheit vor der Sache nach, weil etwas Falsches gesagt wird, und der Form nach wegen der Absicht, Falsches zu sagen, und der Wirkung nach wegen des Willens, das Falsche aufzureden. Die

Bewandtnis der Lüge wird jedoch hergenommen von der förmlichen Unwahrheit, nämlich davon, daß jemand die Absicht hat, Falsches auszusprechen. Darum wird sie auch »mendacium« [= Lüge] genannt, weil gegen die »mens« geredet wird.

Sagt darum jemand etwas Unwahres, hält er es aber für wahr, dann liegt nur inhaltlich, nicht aber förmlich Unwahrheit vor, weil diese nicht vom Sprecher beabsichtigt war. Es handelt sich deshalb nicht um eine Lüge im vollen Sinne. Was nämlich außerhalb der Absicht liegt, ist ein beiläufig Hinzukommendes und kann deshalb nicht als Artunterschied gelten. – Sagt jedoch einer förmlich die Unwahrheit, hat er also die Absicht, Falsches zu sagen, dann ist, mag auch das, was gesagt wird, wahr sein, ein solcher Akt, sofern freiwillig, und sittlich, an sich unwahr und [nur] beiläufig wahr. Daher gehört er artlich zur Lüge. – Daß dagegen jemand einem anderen eine falsche Meinung beizubringen beabsichtigt dadurch, daß er ihn täuscht, gehört nicht zum Wesen der Lüge, sondern gibt ihr nur den letzten Abschluß. So ist auch bei Naturdingen etwas durch den Besitz der Form artlich bestimmt, selbst wenn deren Wirkung ausbleibt; wie es sich etwa zeigt bei einem schweren Körper, der mit Gewalt in die Höhe gehalten wird, damit er nicht, wie es seine Wesensform verlangt, herunterfalle.

Somit ist klar: die Lüge verstößt unmittelbar und förmlich gegen die Tugend der Wahrheit.

Zu 1. Ein jeglich Ding wird mehr nach dem beurteilt, was in ihm das Formgebende und Wesentliche ist, als nach dem, was nur der Sache nach und unwesentlich in ihm ist. Daher widerstreitet es der Wahrheit als sittlicher Tugend mehr, wenn einer die Wahrheit sagt, aber die Unwahrheit sagen will, als wenn einer Unwahres sagt, aber die Wahrheit sagen will.

Zu 2. Wie Augustinus sagt, stehen unter den anderen Zeichen die Worte an erster Stelle. Heißt es darum, die Lüge sei die »falsche Sinngebung eines Wortes«, dann wird unter dem

Ausdruck ›Wort‹ jedes Zeichen verstanden. Wer darum durch Gebärden etwas Unwahres ausdrücken wollte, wäre von einer Lüge nicht freizusprechen.

Zu 3. Die Absicht zu täuschen gehört zum Abschluß, nicht aber zum Wesen der Lüge, wie auch die Wirkung nicht zum Wesen ihrer Ursache gehört.

2. ARTIKEL
Ist die Einteilung der Lüge in Dienst-, Scherz-
und Schadenlüge hinreichend?

1. Eine Einteilung ist nach dem vorzunehmen, was dem Dinge wesentlich zukommt (Aristoteles). Nun gehört, wie es scheint, die Absicht auf die Wirkung nicht zum Wesen des sittlichen Aktes, sondern kommt zu diesem hinzu. Darum können auch unendlich viele Wirkungen aus einem Akte folgen. Die hier besprochene Einteilung [der Lüge] ist aber von der Absicht auf die Wirkung hergenommen. Denn die Scherzlüge ist jene, die zur Unterhaltung, die Dienstlüge jene, die aus Nützlichkeitsgründen, und die Schadenlüge jene, die um der Schädigung willen begangen wird. Also wird die Lüge in dieser Weise nicht entsprechend eingeteilt.

2. Augustinus teilt die Lüge in acht Gruppen auf. Die erste: die Lüge in Glaubenslehren; die zweite: die keinem nützen und jemandem schaden soll; die dritte: die so dem einen nützt, daß sie dem anderen schadet; die vierte: die allein aus der Freude am Lügen und Täuschen begangen wird; die fünfte: die aus Gefallsucht geschieht; die sechste: die keinen schädigt und einem sein Geld sichern hilft; die siebte: die niemanden schädigt und jemanden vor dem Tode bewahrt; die achte: die, ohne zu schaden, jemanden vor körperlicher Befleckung bewahrt. Also ist die erste Einteilung der Lüge anscheinend ungenügend.

3. Der Philosoph teilt die Lüge auf in ›Prahlerei‹, die im Reden

über die Wahrheit hinausgeht, ›Selbstunterschätzung‹, die unterhalb der Wahrheit bleibt. Diese beiden sind aber unter keinem der vorher aufgezählten Einteilungsglieder enthalten. Also erscheint die genannte Einteilung der Lügen unzureichend.

ANDERSEITS sagt die Glosse zu Ps 5,7: ›Du vernichtest alle, die lügen‹: »Es gibt drei Arten von Lügen, die einen sind zu jemandes Heil und Vorteil, die zweite Art ist die Scherzlüge; und die dritte jene, die aus Bosheit geschieht.« Die erste davon heißt Dienstlüge, die zweite Scherzlüge, die dritte Schadenlüge. Also wird die Lüge in die erwähnten drei Arten eingeteilt.

ANTWORT: Es ist eine dreifache Einteilung der Lüge möglich: Die erste ist vom Wesen der Lüge hergenommen; sie ist die eigentliche, der Lüge an sich gemäße Einteilung. Und hiernach wird die Lüge in zwei Arten unterschieden: in jene, die als ein Zuviel die Wahrheit überschreitet, und das ist die ›Prahlerei‹, und in jene, die als ein Zuwenig unter der Wahrheit bleibt, und das ist die ›Selbstunterschätzung‹ (Aristoteles). Diese Einteilung ist aber deswegen die dem Wesen der Lüge gemäße, weil die Lüge als solche im Gegensatz zur Wahrheit steht (Art. 1), die Wahrheit aber eine Gleichheit ist, der an sich das Zuviel und das Zuwenig entgegen sind.

Auf die zweite Weise läßt sich die Lüge einteilen nach der Bewandtnis ihrer Schuld: nach dem, was von seiten des verfolgten Zieles ihre Schuld vergrößert oder verkleinert. Die Schuld der Lüge wird aber vergrößert, wenn jemand durch sie einen anderen zu schädigen beabsichtigt. Das nennen wir ›Schadenlüge‹. Die Schuld der Lüge wird dagegen gemindert, wenn sie auf ein Gut hingeordnet wird, sei es ein Genußgut – dann haben wir die ›Scherzlüge‹ oder ein Nutzgut – das ist die ›Dienstlüge‹, sei es, daß man die Unterstützung eines anderen oder die Beseitigung eines Schadens im Auge hat. Danach also wird die Lüge in die drei angeführten Arten aufgeteilt.

Drittens wird die Lüge allgemeiner eingeteilt nach ihrer

Hinordnung auf das Ziel, einerlei ob es einen Zuwachs oder eine Abnahme ihrer Schuld bedeutet oder nicht. So ergibt sich die angeführte achtgliederige Einteilung. In ihr sind die drei ersten Glieder unter der Schadenlüge enthalten. Denn diese richtet sich entweder gegen Gott, und darunter fällt die erste Lüge, die »in einer Glaubenslehre«; oder sie richtet sich gegen einen Menschen, sei es nun in der bloßen Absicht, jemanden zu schädigen, und dann hat man die zweite Art, die Lüge, »die keinem nützt und jemandem schadet«; sei es, daß mit dem Schaden des einen der Nutzen eines anderen erreicht werden soll; dann handelt es sich um die dritte Lüge, »die dem einen nützt und dem anderen schadet«. Von diesen dreien ist die erste die schwerste; denn die Sünden gegen Gott sind immer die schwersten [...]. Die zweite ist aber schwerer als die dritte, die durch die Absicht, einem anderen zu nützen, abgeschwächt wird. – Nach diesen dreien, welche die Schuld der Lüge steigern, wird eine vierte genannt, die ihr eigenes Gewicht ohne Mehr und ohne Minder hat. Das ist jene, die »aus bloßer Lust am Lügen« begangen wird; sie geschieht aus einem Gehaben heraus. Darum sagt auch der Philosoph: der Lügner, »der aus Gewohnheit lügt, hat an der Lüge als solcher sein Gefallen«. – Die vier folgenden Arten mildern die Schuld der Lüge. Denn die fünfte ist die Scherzlüge, die »in Gefallsucht« ihre Ursache hat. Die anderen drei sind unter der Dienstlüge gefaßt. In ihr wird nämlich das angestrebt, was dem anderen nützt, sei es in bezug auf äußere Dinge, und das ist die sechste Lüge, »die dem anderen dient sein Geld zu sichern«, sei es in bezug auf den Körper, das ist die siebte Lüge, »die den Tod eines Menschen verhindert«, oder sei es sogar in bezug auf tugendhafte Ehrbarkeit, das ist die achte Lüge, die »vor einer unerlaubten Befleckung des Leibes bewahrt«. Je wertvoller aber das erstrebte Gut ist, um so mehr verringert sich offensichtlich die Schuld der Lüge. Wer darum aufmerksam zusieht [wird finden]: die Ordnung in der vorher erwähnten Aufzählung ergibt die Ordnung dieser Lügen nach der Schwere ihrer Schuld. Denn das Nutzgut geht dem Genußgut voran, das Leibesleben dem Gelde und die sittliche Ehrbarkeit noch dem Leibesleben. [...]

3. ARTIKEL
Ist jede Lüge Sünde?

1. Es ist klar, daß die Evangelisten bei der Abfassung des Evangeliums nicht gesündigt haben. Sie scheinen aber doch manches Unwahre ausgesprochen zu haben; denn oft bringt der eine die Worte Christi und anderer Personen so, der andere so. Folglich muß einer von ihnen falsch berichtet haben. Also ist nicht jede Lüge Sünde.

2. Niemand wird von Gott für eine Sünde belohnt. Nun wurden aber die ägyptischen Hebammen von Gott für eine Lüge belohnt. Es heißt nämlich Ex 1,21: »Gott erbaute ihnen Häuser!« Also ist die Lüge keine Sünde.

3. In der Heiligen Schrift werden die Taten der Heiligen [als Beispiele] zur Belehrung des menschlichen Lebens erzählt. Man liest indes von sehr heiligen Männern, daß sie gelogen haben. So heißt es Gn 12,13 und 20,5, Abraham habe sein Weib für seine Schwester ausgegeben. Jakob hat ebenfalls gelogen, als er sich Esau nannte, und trotzdem hat er den Segen erhalten (Gn 27). Auch Judith wird gerühmt, die doch den Holofernes belogen hat (Jud 15,10). Daher ist nicht jede Lüge sündhaft.

4. Um ein größeres Übel zu verhüten, muß man sich für ein geringeres entscheiden [47]. So entfernt der Arzt ein Glied, damit nicht der ganze Körper zugrunde gerichtet wird. Es schadet nun weniger, wenn einer einem anderen eine falsche Meinung einredet, als wenn jemand tötet oder getötet wird. Also darf der Mensch erlaubterweise lügen, um den einen vor dem Morde, den anderen vor dem Tode zu bewahren.

5. Es ist Lüge, wenn einer nicht erfüllt, was er versprochen hat. Aber nicht alle Versprechen sind einzulösen: »Bei schlechten Versprechen ziehe dein Wort zurück« (Isidor). Also braucht man nicht jede Lüge zu umgehen.

6. Die Lüge scheint darum eine Sünde zu sein, weil der Mensch durch sie den Nächsten täuscht. Daher sagt Augustinus: »Wer glaubt, irgendeine Art von Lüge sei keine Sünde, der täuscht sich gründlich, da er sich für einen ehrlichen Betrüger der anderen hält.« Aber nicht jede Lüge zielt auf Betrug ab; denn durch eine Scherzlüge wird keiner hintergangen. Solche Lügen werden nämlich nicht gesagt, daß man sie glaube, sondern zur bloßen Erheiterung. Darum finden sich auch in der Heiligen Schrift zuweilen übertriebene Redewendungen. Es ist also nicht jede Lüge Sünde.

ANDERSEITS heißt es Sir 7,14: »Begehre nie zu lügen!«

ANTWORT: Was an sich der Art nach schlecht ist, kann in keiner Weise gut und erlaubt sein. Denn damit etwas gut sei, ist gefordert, daß alle [gehörigen Umstände] in rechter Form zusammentreffen: »Gut ist etwas aus ganzerfüllender Ursache, schlecht schon aus jedem einzelnen Mangel« (Dionysius). Die Lüge aber ist der Art nach schlecht. Denn sie ist ein Akt, der auf einen nicht entsprechenden Inhalt trifft. Da nämlich die Worte natürlicherweise Zeichen für die Gedanken sind, ist es unnatürlich und ungehörig, mit einem Worte etwas auszudrücken, was man nicht im Sinne hat. Darum sagt der Philosoph: »Die Lüge ist in sich verkehrt und zu unterlassen, die Wahrheit aber ist gut und lobenswert.« Deshalb ist jede Lüge Sünde, wie auch Augustinus sagt.

Zu 1. Weder vom Evangelium noch von irgendeiner kanonischen Schrift darf man annehmen, daß sie Unwahres berichten oder daß die Verfasser gelogen haben; denn dann ginge die Glaubenssicherheit verloren, die sich auf das Ansehen der Heiligen Schrift stützt. Darin aber, daß im Evangelium und in den übrigen Heiligen Schriften die Worte anderer verschieden angeführt werden, liegt keine Lüge. »Darum«, so sagt Augustinus, »macht sich keiner Sorge, der verständigerweise einsieht, daß jene Berichte zur Erkenntnis der Wahrheit nötig sind, ganz gleich mit welchen Worten sie dargelegt wurden. Und hier zeigt sich«, so fügt er an gleicher Stelle bei, »daß wir nicht glauben dürfen, es lüge einer, wenn dieselbe Sache, an die viele sich als Ohren- und Augenzeugen erinnern; nicht in gleicher Weise und in gleichen Worten dargelegt wird« [48].

Zu 2. Die Hebammen sind nicht für ihre Lüge belohnt worden, sondern für ihre Gottesfurcht und ihre gute Gesinnung, aus der die Lüge hervorging. Deswegen heißt es Ex 1,21 bezeichnenderweise: »Und weil die Hebammen Gott fürchteten, baute Gott ihnen Häuser.« Die darauf folgende Lüge aber war nicht verdienstlich.

Zu 3. Wie Augustinus sagt, werden in der Heiligen Schrift die Taten einiger als Beispiele vollendeter Tugend angeführt. Man darf indes nicht meinen, daß sie gelogen haben. Wenn trotzdem manches in ihren Reden den Anschein einer Lüge hat, ist das als bildliche oder prophetische Redeweise zu verstehen: »Man muß annehmen, daß die Männer, die aus den Zeiten der Propheten des Anschens wert erwähnt werden, alles über sie Geschriebene in prophetischem Sinne getan oder gesagt haben« (Augustinus).

Abraham jedoch, der Sara als seine Schwester ausgab, wollte nach Augustinus die Wahrheit verschleiern, aber keine Unwahrheit sagen: Schwester wird sie genannt, weil sie die Tochter seines Vaters war. Darum sagt auch Abraham selbst: »Sie ist wirklich meine Schwester, die Tochter meines Vaters, aber nicht die Tochter meiner Mutter« (Gn 20,12); weil sie nämlich von seiten des Vaters mit ihm verwandt war. – Jakob aber sagte in mystischem Sinne, er sei Esau, der Erstgeborene Isaaks, weil dessen Erstgeburt rechtlich ihm zustand. Er bediente sich aber dieser Redeweise durch den Geist der Prophetie, um ein Geheimnis anzudeuten; es sollte nämlich das geringere Heidenvolk an die Stelle des Erstgeborenen, d. i. der Juden, treten [vgl. Gn 25,23].

Manche dagegen werden in der Schrift erwähnt nicht wegen ihrer vollendeten Tugend, sondern wegen eines starken Antriebes zur Tugend: weil nämlich in ihnen eine lobenswerte Gemütserregung wach wurde, die sie dazu bewog, gewisse unrechte Dinge zu tun. So wird Judith gelobt, nicht weil sie den Holofernes belog, sondern wegen ihrer eifernden Sorge um das Heil des Volkes, dessentwegen sie sich Gefahren aussetzte. Gleichwohl könnte man auch sagen, ihre Worte seien in bildlichem Sinne wahr.

Zu 4. Die Lüge hat die Bewandtnis der Sünde nicht nur wegen des Schadens, den sie dem Nächsten zufügt, sondern wegen ihrer eigenen Unordnung (Antwort). Es ist aber nicht erlaubt sich verbotener Unordnung zu bedienen, um Schäden und Fehler bei anderen zu verhindern. So darf man auch nicht stehlen, um Almosen geben zu können (ausgenommen den Fall äußerster Not, wo alles gemeinsam ist). Und darum ist es auch nicht erlaubt, eine Lüge zu begehen, um einen anderen aus irgendeiner Gefahr zu erretten. Wohl ist es zulässig, die Wahrheit in kluger Weise durch Umgehung zu verbergen (Augustinus).

Zu 5. Wer etwas verspricht mit dem Willen, es zu halten, begeht keine Lüge; denn er redet nicht gegen das, was er denkt. Erfüllt er das Versprochene nicht, dann scheint er treulos zu handeln, weil er seine Gesinnung ändert. Trotzdem kann er aus zwei Gründen entschuldigt sein. Einmal, weil er etwas versprochen hat, was offenkundig unerlaubt ist. Denn durch sein Versprechen hat er gefehlt, durch Änderung seines Vorsatzes aber gut gehandelt. – Sodann, wenn die Personen- und Geschäftsverhältnisse sich gewandelt haben. Denn damit der

Mensch zu halten verpflichtet ist, was er versprochen hat, muß alles unverändert fortbestehen (Seneka). Andernfalls hat er weder bei seinem Versprechen gelogen, da er versprach, wozu er – entsprechende Verhältnisse vorausgesetzt – innerlich bereit war; noch ist er wegen nicht erfüllten Versprechens untreu, weil die gleichen Bedingungen nicht fortbestehen. Darum hat auch der Apostel nicht gelogen, wenn er nicht nach Korinth ging, wohin zu gehen er versprochen hatte (2 Kor 1,15 ff.); und das wegen der Hindernisse, die dazwischen kamen.

Zu 6. Eine Handlung läßt sich zweifach betrachten: in sich und von seiten des Handelnden aus. Die Scherzlüge hat daher eben nach dem, was sie ist, den Charakter einer Täuschung, wenngleich der Sprecher sie weder in dieser Absicht vorbringt noch auch aus seiner Art zu reden in Irrtum führt. Es ist jedoch eine andere Sache mit den übertriebenen oder sonstwie bildlichen Redeweisen, die in der Heiligen Schrift vorkommen. Denn Augustinus sagt: »Nichts, was bildlich geschieht oder gesagt wird, ist eine Lüge. Denn jeder Ausspruch ist auf seinen Inhalt zu beziehen. Jede bildliche Handlung oder Aussage drückt aber alles aus, was sie für die bezeichnet, denen sie zum Verständnis gegeben worden ist.«

4. ARTIKEL
Ist jede Lüge Todsünde?

1. Es heißt Ps 5,7: »Du vertilgst alle, die Lügenhaftes reden«, und Weish 1,11: »Ein Mund, der lügt, tötet die Seele.« Vertilgung und Tod der Seele erfolgen aber nur durch die Todsünde. Also ist jede Lüge Todsünde.

2. Alles, was gegen eines der Zehn Gebote verstößt, ist Todsünde. Die Lüge ist aber gegen dieses der Zehn Gebote: »Du sollst kein falsches Zeugnis ablegen« [Ex 20,16]. Folglich ist jede Lüge Todsünde.

3. Augustinus sagt: »Kein Lügner hält in dem, worin er lügt, sein Wort. Er wünscht freilich, daß der, den er belügt, ihm Wort halte, obwohl er es diesem gegenüber nicht tut. Ein jeder aber, der sein Wort bricht, übertritt das Gesetz.« Man heißt aber niemanden wortbrüchig oder gesetzesuntreu wegen einer läßlichen Sünde. Daher ist keine Lüge eine läßliche Sünde.

4. Der ewige Lohn geht nur durch eine Todsünde verloren. Aber einer Lüge wegen büßt man den ewigen Lohn ein, der in Zeitliches umgewandelt wird. Denn Gregorius sagt: »Aus der Belohnung der Hebammen ersieht man, was die Sünde der Lüge verdient. Denn der Lohn für ihre Güte, der ihnen im ewigen Leben vergolten werden konnte, ist infolge der begangenen Lüge in eine irdische Belohnung umgewandelt worden.« Also ist auch die Dienstlüge, welcher Art die Lüge der Hebammen war und welche die leichteste zu sein scheint, Todsünde.

5. Augustinus sagt: »Es ist ein Gebot für die Vollkommenen, nicht nur nie zu lügen, sondern nicht einmal lügen zu wollen.« Einem Gebot zuwiderhandeln ist aber Todsünde. Demnach ist jede Lüge der Vollkommenen eine Todsünde, und aus dem gleichen Grunde die aller anderen, denn sonst wären jene in einer übleren Lage.

ANDERSEITS sagt Augustinus: »Es gibt zwei Arten von Lügen, die keine schwere Schuld enthalten, wenngleich sie nicht frei sind von Schuld: Wenn wir scherzen oder wenn wir lügen, um dem Nächsten zu helfen.« Nun schließt jede Todsünde eine schwere Schuld in sich. Also sind Scherz- und Dienstlügen keine Todsünden.

ANTWORT: Todsünde ist eigentlich das, was im Gegensatz zur Liebe steht, durch welche die Seele mit Gott verbunden lebt. [...] Die Lüge kann aber in dreifacher Weise der Liebe entgegen sein: erstens in sich; zweitens durch das verfolgte Ziel; drittens aus einem beiläufigen Grund. In sich verträgt sie sich eben als Sinnentstellung nicht mit der Liebe. Bezieht sie sich nämlich auf göttliche Dinge, dann widerstreitet sie der Liebe zu Gott, dessen Wahrheit sie verdeckt oder mißdeutet. Eine solche Lüge ist daher nicht nur unvereinbar mit der Tugend der Wahrheit, sondern auch mit der Tugend des Glaubens und der Gottesverehrung. Deshalb ist das die schwerste Lüge und eine Todsünde. – Bezieht sich die Sinnentstellung aber auf etwas, dessen Kenntnis unter das Gut des Menschen fällt, wie z. B. auf Dinge, die zur Vollkommenheit des Wissens oder zur Bildung des sittlichen Lebens gehören, dann widerspricht eine solche Lüge, insofern sie dem Nächsten den Schaden der falschen Meinung antut, der Liebe in der Form der Nächstenliebe. Sie ist deshalb Todsünde. – Wenn jedoch hervorgerufene falsche Meinung sich auf etwas bezieht, bei dem es gleich ist, ob es so oder anders verstanden wird, dann schadet eine solche Lüge dem nächsten nicht. So ist es, wenn einer die Unwahrheit erfährt über irgendwelche zufällige Einzeldinge, mit denen er gar nichts zu tun hat. Darum ist eine solche Lüge an sich keine Todsünde.

Aber auch wegen des verfolgten Zieles ist manche Lüge mit der Liebe unvereinbar: z. B. jene, die zum Unrecht gegen Gott begangen wird, was immer eine schwere Sünde ist, weil es gegen die Gottesverehrung verstößt; oder die Lüge zum Schaden des Nächsten hinsichtlich seiner Person, seines Vermögens oder seines guten Rufes. Auch ist das Todsünde, denn dem Nächsten schaden ist eine schwere Sünde; aus der bloßen Absicht, eine Todsünde zu begehen, sündigt man aber schon schwer. – Ist aber das verfolgte Ziel nicht unvereinbar mit der Liebe, dann ist auch die Lüge unter dieser Rücksicht keine Todsünde. Das zeigt sich z. B. bei der Scherzlüge, die auf eine leichte Erheiterung hinaus will, und bei der Dienstlüge, die sogar auf den Nutzen des Nächsten abzielt.

Aus einem beiläufigen Grunde schließlich kann eine Lüge in Gegensatz zur Liebe treten wegen eines Ärgernisses oder eines aus ihr folgenden Schadens; so wird auch sie zur Todsünde:

wenn jemand trotz des Ärgernisses sich nicht scheut, öffentlich zu lügen.

Zu 1. Jene angeführten Stellen gelten von der Schadenlüge, wie die Glosse erklärt zur Psalmstelle: ›Du vertilgst alle, die Lügnerisches sprechen.‹

Zu 2. Weil alle Zehn Gebote hingeordnet sind auf die Gottes- und Nächstenliebe […], verstößt die Lüge soweit gegen eines der Zehn Gebote, als sie gegen die Gottes- und Nächstenliebe verstößt. Daher wird ausdrücklich verboten, »wider den Nächsten« falsches Zeugnis abzulegen.

Zu 3. In weiterem Sinne kann auch die läßliche Sünde ein Unrecht genannt werden, insofern sie nämlich außerhalb der Gleichheit der Gerechtigkeit steht. Darum heißt es 1 Jo 3,4: »Jede Sünde ist ein Unrecht« [49]. Und in diesem Sinne spricht Augustinus.

Zu 4. Man kann die Lüge der Hebammen zweifach betrachten: Einmal nach der Wirkung ihrer guten Gesinnung zu den Juden und nach ihrer aufrichtigen Gottesfurcht, und aus diesen Gründen wird bei ihnen die tugendhafte Verfassung gerühmt. Dadurch haben sie Anspruch auf ewigen Lohn. Deshalb erklärt auch Hieronymus, Gott habe ihnen geistige Wohnungen gebaut. – Sodann aber kann sie [die Lüge der Hebammen] betrachtet werden nach dem äußeren lügenhaften Akte selbst. Durch ihn konnten sie sich zwar keinen ewigen, wohl aber vielleicht einen zeitlichen Lohn verdienen, und diesem Verdienst stand die Häßlichkeit jener Lüge nicht im Wege, wie sie dem Anspruch auf ewigen Lohn entgegenstand. Und so sind die Worte Gregors zu verstehen: nicht als hätten sie [die Hebammen] sich durch ihre Lüge den Verlust der ewigen Belohnung zugezogen, die sie sich durch die vorherige gute Gesinnung schon erworben hatten, wie der Beweis voraussetzte.

Zu 5. Manche behaupten, bei vollkommenen Menschen sei jede Lüge Todsünde. Doch das ist eine unvernünftige Aussicht. Denn nur der Umstand, der die Art der Sünde wandelt, erschwert sie ins Unendliche. Der Umstand der Person [50] ist aber nicht artverändernd, es sei denn wegen einer begleitenden Rücksicht, etwa wenn die Lüge gegen ein Gelübde ist, das die Person abgelegt hat. Aber das kann man von der Dienst- und Scherzlüge nicht behaupten. Darum sind Dienst- und Scherzlügen bei vollkommenen Menschen keine Todsünden, oder doch nur zufällig wegen eines Ärgernisses. Und darauf läßt sich das Augustinuswort beziehen: »Für die Vollkommenen besteht das Gebot nicht nur nicht zu lügen, sondern nicht einmal lügen zu wollen.« Obgleich Augustinus das nicht in der Form einer Behauptung, sondern eines Zweifels bringt; denn er schickt voraus: »Es kann vielleicht für die Vollkommenen usw.« – Dagegen spricht auch nicht, daß solche berufsmäßig für den Bestand der Wahrheit einzutreten haben, da sie kraft ihres Amtes in Urteil und Lehre zur Wahrheit verpflichtet sind. Wenn sie gegen diese [d. i. gegen Urteil und Lehre] das Unwahre vertreten, begehen sie eine Lüge, die Todsünde ist. Es ist aber damit nicht gesagt, daß sie schwer sündigen, wenn sie sonstwie lügen.

IV. Die Lüge im Zeitalter der Aufklärung

Einleitung

Von Maria-Sibylla Lotter

Im 17. und 18. Jahrhundert entwickeln sich neue Lügenkonzepte, an denen wir uns noch heute orientieren. Im Zeitalter der Aufklärung spielen aber auch Lügenkonzepte eine wichtige Rolle, die heute keine Akzeptanz mehr finden, wie die schon im Mittelalter bekannte Mentalreservation (stillschweigender Vorbehalt). Sie stellt im 17. Jahrhundert eine akzeptierte Lösung des Problems dar, wie es auf der Grundlage der augustinisch-thomistischen Lehre, die auch Schutzlügen verbietet, gleichwohl möglich ist, der Realität von Verfolgungssituationen wie der Katholikenverfolgung in England Rechnung zu tragen und gewisse Formen der vorsätzlichen Falschrede zuzulassen (vgl. Schockenhoff, in diesem Band S. 126–130).[1] Die Mentalreservation besteht darin, der ausgesprochenen Aussage in Gedanken eine Einschränkung hinzuzufügen, so dass kein Widerspruch zwischen Äußerungen und Denken auftritt, z. B. die Antwort »nein« auf die Frage »Haben Sie heute mit dem Priester x gesprochen?« mit »nicht in diesem Raum« zu ergänzen. Die kontroverse theologische Diskussion der Frage, ob die Mentalreservation rechtmäßig ist und in welcher Form, unterscheidet zwischen einer freiwilligen Kommunikation und einer Situation der Zwangsandrohung sowie rechtmäßigen und unrechtmäßigen Befragungen. Nur im Falle von unrechtmäßiger Befragung oder Zwang ist in Extremfällen auch ein Meineid erlaubt. Davon beeinflusst, entwickelt sich mit Grotius' Natur-

---

1 Literaturempfehlung: Leif Böttcher, *Von der Lüge zur Mentalreservation. Über den Einfluss von Moralphilosophie und -theologie auf das Bürgerliche Recht*, Bonn 2007.

rechtslehre im frühen 17. Jahrhundert aber auch schon eine Legitimationsgrundlage für vorsätzliche Falschreden zur Abwehr unberechtigter Fragen, die von einem säkularen Verständnis des Unrechts der Lüge ausgeht (vgl. die Einleitung zu diesem Band, S. 32–35). Unter dem Einfluss der Naturrechtslehren hat sich im späten 18. Jahrhundert weitgehend die Vorstellung durchgesetzt, dass das Unrecht der Lüge in der Verletzung von Rechten bzw. der unberechtigten Schädigung der Mitmenschen besteht und zur Abwehr illegitimer Übergriffe durchaus gerechtfertigt ist. Demgegenüber erhob Immanuel Kant den Einwand, dass die Frage, inwiefern die Pflicht zur Wahrhaftigkeit eine Voraussetzung des Gemeinschaftslebens ist und daher nicht verletzt werden darf, nicht das faktische Zusammenleben von Menschen betrifft, in dem ständig Konflikte und Gewaltsituationen entstehen können, sondern die (ideale) Rechtsgrundlage einer vernünftigen Gemeinschaft von Menschen. Im Rückgriff auf das augustinisch-thomistische Argument von der Zweckmäßigkeit der Sprache vertritt Kant die Auffassung, dass die Lüge unbedingt verboten sei, da sie im Widerspruch zu einem vernünftigen Gebrauch der Sprache steht (vgl. Jens Timmermann, »Immanuel Kants Verbot der Lüge«, in diesem Band S. 194–198). Durch den Einfluss Kants scheint das absolute Lügenverbot für eine gewisse Zeit zur herrschenden Meinung geworden zu sein; es findet sich sogar bei Knigge, unter Einschluss des Verbots von Notlügen.[2]

Gleichzeitig entwickeln sich, ausgehend von Jean-Jacques Rousseau, die ersten Ansätze zur Ideologiekritik und zur Entfremdungskritik, aber auch eine neue Deutung der Wahrhaftigkeit als aufrichtiger und authentischer Bezugnahme auf das wahre Selbst. Rousseaus Überlegungen zu Lug und Trug

2 Vgl. hierzu: *Kant und das Recht der Lüge*, hrsg. von Georg Geismann und Hariof Oberer, Würzburg 1986, S. 13.

sind außerordentlich komplex, um nicht zu sagen trügerisch. In seiner *Abhandlung über die Ungleichheit* findet sich eine Überlegung, welche die Ideologiekritik des 19. Jahrhunderts antizipiert: Er beschreibt, wie unter den Bedingungen einer konfliktreichen sozialen Lage, in der es noch kein verbindliches Recht gibt, die Reichen dadurch, dass sie einen Gesellschaftsvertrag vorschlagen, der allen gleiche Rechte garantiert, faktisch einen Zustand der (ökonomischen und sozialen) Ungleichheit festigen und legitimieren: Der »durchdachteste Plan, der jemals in den menschlichen Geist gekommen ist«, bestand darin, »gerade die Kräfte derjenigen, die ihn angriffen, zu seinen eigenen Gunsten zu gebrauchen, aus seinen Gegnern seine Verteidiger zu machen, ihnen andere Grundsätze einzuflößen«, indem der Gewaltzustand beendet und Gesetze eingeführt werden, »nach denen alle verpflichtet sind sich zu richten, die ohne Ansehen der Person gelten und die [...] gleichermaßen den Mächtigen wie den Schwachen gegenseitigen Pflichten unterwerfen.«[3] Die Stärke von Rousseaus Analyse der List der Reichen liegt darin, dass er ihnen keineswegs einen Betrug unterstellt: Die Reichen bedienen sich eines vollkommen korrekten Arguments, das ihnen jedoch unter den speziellen historischen Umständen der wirtschaftlichen Ungleichheit einen viel größeren Vorteil verschafft als den Armen und diese dadurch benachteiligt. Das ist eine der Grundlagen auch des Ideologiebegriffs, den Marx und Engels später verwenden: Bei einer Ideologie handelt es sich weder um eine falsche Argumentation noch um falsche Werte, sondern um eine Argumentation oder Theorie, die unter den gegebenen Umständen dazu dient, die wahren

---

3 Jean-Jacques Rousseau, *Abhandlung über den Ursprung und die Grundlagen der Ungleichheit unter den Menschen*, aus dem Frz. übers. und hrsg. von Philipp Rippel, Stuttgart 1998, S. 91 f.

Herrschaftsverhältnisse zu verschleiern, was sie unabhängig von der argumentativen Korrektheit oder der ethischen Güte ihrer Werte tun kann.[4]

Nach Rousseau liegt die eigentliche Tugend in einer Aufrichtigkeit, die das sozial unverbogene Selbst enthüllt. So bekommt das Ideal der Wahrhaftigkeit als Aufrichtigkeit eine neue Bedeutung und Gewichtung, die der antiken Bedeutung der Tugend der Gerechtigkeit nahekommt. Wenn man sich vollkommen offen und vertrauensvoll mit anderen unterhalten kann, dann zeigt man nach Rousseau, dass man keinen Grund hat, die eigenen Motive vor ihnen zu verheimlichen, was wiederum bedeutet, dass es sich um Motive handelt, die auch von den anderen verstanden und geschätzt werden müssten. Entsprechend kündigte er in seinen *Bekenntnissen*, das »beispiellose Unternehmen« an, einen Menschen zu zeigen, »wie er wirklich in seinem Innern ist«.[5] Der Anspruch, sein eigenes wahres Selbst erkennen zu können, gründet auf Rousseaus Unterscheidung zwischen der eigentlichen Natur des Menschen und seinen sozialen Deformierungen. Auch wenn er später in seinen *Träumereien eines einsamen Spaziergängers* einräumte, die Schwierigkeiten unterschätzt zu haben, die darin liegen, die eigenen Motive zu erkennen, gab er doch diesen Anspruch nie auf, der ihm erlaubte, Handlungen, mit denen er sich nicht identifizieren mochte, zwar als die seinigen zu bekennen, sie jedoch nicht seiner eigenen Natur, sondern den sozialen Affekten zuzuschreiben, die ihn seiner selbst entfremdet haben. Sein Plädoyer dafür, Wahrhaftigkeit nicht im Sinne der korrekten Wiedergabe von Tatsachen zu verstehen, sondern jedem »nach Gebühr gute oder schlechte Meinung,

---

4 Zur Ideologiekritik vgl. die Einleitung zu diesem Band, S. 35–37.
5 Jean-Jacques Rousseau, *Die Bekenntnisse*, übers. von Alfred Semerau, Mannheim 2012, S. 9.

Ehre oder Tadel, Lob oder Missbilligung zuzuteilen«[6] ist ein Plädoyer für den Vorrang dessen, was später »Authentizität« genannt wird, gegenüber der Wahrheitstugend der Genauigkeit. Einen möglichen Konflikt zwischen dem Ideal der Authentizität, mit sich selbst übereinzustimmen und seinen eigenen Intuitionen gemäß zu leben, und den Wahrhaftigkeitspflichten gegenüber anderen hat Rousseau offenbar nicht gesehen.

---

6 Jean-Jacques Rousseau, *Träumereien eines einsamen Spaziergängers*, übers. von Ulrich Bossier, Nachw. von Jürgen Stackelberg, Stuttgart 2003, S. 69; in diesem Band S. 191.

FRANCIS BACON

Über Verstellung und Heuchelei

Heuchelei ist weiter nichts als die Lebensweisheit der Kleinmütigen, denn es erfordert einen tapferen Geist und Seelenstärke, zu wissen, wann die Wahrheit gesagt werden muß, und sie dann auch zu sagen; deshalb gehören der schwächlicheren Gattung von Staatsmännern die großen Heuchler an.

Tacitus sagt: »Livia paßte ebensogut zu den Regierungskünsten ihres Gatten wie zu der Heuchelei ihres Sohnes«, wobei er dem Augustus »Künste«, das heißt Staatsklugheit, und dem Tiberus jedoch nur Verstellungskunst zuschrieb. Wenn weiterhin bei Tacitus Mucianus den Vespasian anspornt, gegen Vitellius die Waffen zu ergreifen, sagt er: »Wir erheben uns nicht wider den scharfsinnigen Geist des Augustus noch gegen das unendliche Mißtrauen und die Verschlagenheit des Tiberius.« Diese Eigenschaften geschickter Staatskunst und heuchlerischer Verschlagenheit sind in der Tat verschiedenartiger Natur und wohl voneinander zu unterscheiden. Wer ein so durchdringendes Urteil besitzt, daß er zu unterscheiden vermag, was die Öffentlichkeit nicht scheut, was geheim gehalten werden und was gewissermaßen im Halbdunkel gezeigt werden muß, und zwar wem oder wann – denn dies ist die wahre Staats- und Lebensklugheit, wie Tacitus es treffend bezeichnet –, der betrachtet Heuchelei nur als hemmend und armselig. Wer dagegen mit einem solchen Scharfsinn nicht begabt ist, dem bleibt gewöhnlich nichts übrig, als verschlagen und ein Heuchler zu sein. Wenn nämlich einer nicht im einzelnen zu wählen und zu unterscheiden vermag, so ist es für ihn im allgemeinen am ratsamsten, mit Vorsicht zu Werke zu gehen, denn wer nicht gut sehen kann, muß langsam gehen. Die bedeutendsten Männer, die es je gegeben, besaßen sicherlich allesamt Offenheit und Freimütigkeit, wie den Ruf der Zuverlässigkeit und Aufrichtigkeit. Darin glichen sie gut abgerichteten Pferden, denn sie verstanden ausgezeichnet, wann zu halten und wann zu wenden war. Trat nun einmal der Fall ein, der sie ihrer Ansicht nach wirklich zur Heuchelei zu nötigen schien, so kam ihnen, wenn sie davon Gebrauch machten, die früher über sie verbreitete gute Meinung von ihrer Redlichkeit und Geradheit zu Hilfe und ließ sie fast nicht sichtbar werden.

Es gibt drei Stufen, wie einer sein eigentliches Wesen verbergen und verhüllen kann: erstlich Verschlossenheit, Zurückhaltung und Verschwiegenheit, wenn jemand sich keinen Beobachtungen aussetzt oder keine Blößen gibt, die ihn zeigen, wie er ist. Sodann Verstellung in negativer Form, indem jemand einfließen läßt, daß er gar nicht der wäre, der er ist. Schließlich Heuchelei in positiver Form, wenn jemand absichtlich und ausdrücklich vorgibt, das zu sein, was er nicht ist.

Zur ersten Stufe gehört Verschwiegenheit. Das ist die Tugend eines Beichtvaters. Der Verschwiegene hört auch bekanntlich manches Geständnis, denn wer wird sich einem Schwätzer oder einer Klatschbase anvertrauen? Wenn aber jemand für verschwiegen gehalten wird, so lädt er zur Mitteilung geradezu ein, so wie die eingeschlossene Luft die Außenluft aufsaugt; und wie bei einer Beichte die Enthüllung nicht weltlicher Zwecke wegen, sondern zur Erleichterung des Herzens geschieht, so gelangen die Verschwiegenen auf diese Weise zur Kenntnis vieler Dinge, da die Menschen sich nicht sowohl untereinander Mitteilungen machen als sich etwas von der Seele reden wollen. Kurz gesagt, wer zu schweigen weiß, wird Geheimnisse hören. Überdies, um die Wahrheit zu gestehen, ist Nacktheit ebenso unziemlich für den Geist wie für den Leib, und es erhöht das Ansehen von Benehmen und Handeln eines Menschen nicht wenig, wenn er sich nicht allzu offenherzig zeigt. Schwätzer und Plaudertaschen sind gewöhnlich hohl und leichtgläubig. Denn wer ausplaudert, was er weiß, wird auch ausplaudern, was er nicht weiß. Daher merke man sich, daß die Eigenschaft der Verschwiegenheit so klug wie sittlich ist. Dabei ist es gut, wenn die Zunge so spricht, wie es das Gesicht ihr angibt. Denn bekanntlich ist sonst die Enthüllung des Wesens eines Menschen durch sein Mienenspiel eine ganz verräterische Schwäche, weil ihm bei weitem mehr Beachtung und Glauben geschenkt wird als seinen Worten.

Die zweite Stufe, nämlich die Verstellung, folgt der Verschwiegenheit häufig mit Notwendigkeit, so daß derjenige, welcher verschwiegen sein will, in gewissem Maße heuchlerisch sein muß. Denn die Menschen sind zu schlau, um zu dulden, daß jemand eine unparteiische Haltung einnimmt und verschwiegen ist, ohne die Waagschale nach einer Seite hin sinken zu lassen. Sie werden ihn so mit Fragen bestürmen und bedrängen und ihn bearbeiten, daß er, falls er nicht in unpassendem Schweigen verharren will, seine Stellung zur Sache vertreten muß. Tut er dies aber nicht, so schließen sie aus seinem Schweigen wie aus seinem Reden. Was Doppelsinnigkeit und dunkle Äußerungen angeht, so reichen sie nicht lange aus. Es kann also keiner verschwiegen sein, der sich nicht ein wenig Spielraum zur Verstellung erlaubt, die gleichsam das Gewand oder die Schleppe der Verschwiegenheit ist.

Die dritte Stufe nun, nämlich die der eigentlichen Verstellung und Falschheit, halte ich für sträflicher und unklüger, es sei denn, es werde etwas Großes und Ungewöhnliches damit bezweckt. Deswegen ist die Gewohnheit der Heuchelei (um die es sich hier handelt) ein Laster und entspringt entweder aus natürlicher Falschheit oder Feigheit oder aus einem Gemüt, das mit Grundfehlern behaftet ist, die notwendig verborgen werden müssen und zum Gebrauch der Heuchelei auch in andern Dingen veranlassen, damit der Mensch nicht aus der Übung kommt.

Die großen Vorteile der Heuchelei und Verstellung sind dreifach: erstens kann man damit Widerstände einschläfern und alsdann übertölpeln; denn wo jemandes Absichten offen zutage liegen, da rufen sie alle, die ihnen feindlich sind, wie mit einer Trompete zu den Waffen. Zweitens kann man sich einen anständigen Rückzug damit bewahren, denn wenn sich jemand durch eine unverhüllte Erklärung festgelegt hat, so muß er sie durchführen, oder er erleidet eine Niederlage. Drittens kann man das Vorhaben eines andern leichter durchschauen, denn einem Offenherzigen gegenüber entdeckt niemand seine feindseligen Absichten, sondern läßt ihn vielmehr ruhig reden und benutzt sein freies Reden, um sich frei das Seinige zu denken. Hierzu hat der Spanier ein recht bösartiges Sprichwort: »Sage eine Lüge und entdecke eine Wahrheit«; als ob es keinen andern Weg, etwas aufzudecken, gäbe als Heuchelei. Der Nachteile sind übrigens auch drei, um das Gleichgewicht herzustellen: erstens tragen Verstellung und Heuchelei gewöhnlich eine gewisse Ängstlichkeit zur Schau, die bei jeder Gelegenheit den Pfeil hindert, ins Schwarze zu treffen; zweitens verwirren sie viele und machen die stutzig in ihrer Meinung, die sich einem sonst wohl angeschlossen hätten, so daß man fast verlassen seinen Weg gehen muß. Der dritte und größte Nachteil aber ist der, daß sie den Menschen die allervornehmsten Werkzeuge zum Handeln rauben, nämlich Treue und Glauben. Die beste Zusammensetzung und Mischung besteht jedenfalls darin, im Ruf und im Ansehen von Offenheit zu stehen, Verschwiegenheit zu üben, aber mit Maßen sich verstellen und heucheln zu können, falls nichts anderes übrigbleibt.

HUGO GROTIUS

Über das Recht des Krieges und des Friedens

Zum Begriff der Lüge in dem gewöhnlichen Sinne gehört [...], dass das, was man sagt, schreibt, durch Zeichen oder Winke andeutet, anders verstanden werden muss, als man im Sinne hat. Von diesem weiteren Begriffe unterscheidet sich aber ein engerer Begriff der Lüge, wonach sie von Natur unerlaubt ist, dadurch, dass noch eine Bedingung hinzukommt, die nach der allgemeinen Ansicht darin besteht, dass die Lüge das vorhandene Recht dessen verletzt, an den die Rede oder die Zeichen gerichtet sind. Denn es ist klar, dass niemand sich selbst belügt und Falsches deshalb vorbringt. Unter Recht verstehe ich aber nicht jedwedes, was mit der Sache nicht in Verbindung ist, sondern was damit verwandt und ihr eigentümlich ist; und dieses Recht ist die Freiheit des Urteils, welches jeder dem, welchen er anredet, gleichsam durch einen stillschweigenden Vertrag schuldet. Dies ist die gegenseitige Verbindlichkeit, welche die Menschen haben einführen wollen, als sie den Gebrauch der Rede und ähnlicher Zeichen einführten; denn ohne solche Verbindlichkeit wäre die ganze Einrichtung nutzlos gewesen. [...]

Dies Recht muss aber zur Zeit der Rede bestehen; denn es ist möglich, dass es wohl früher bestanden hat, aber aufgehoben oder durch ein anderes hinzukommendes Recht beseitigt worden ist, z. B. eine Schuld durch Erlass oder Eintritt einer auflösenden Bedingung. Ferner muss das Recht dem zustehen, an den die Rede gerichtet ist und nicht einem andern. (Auch bei Verträgen entsteht das Unrecht, wenn das Recht der vertragschließenden Personen verletzt wird.) Deshalb rechnet Plato nach Simonides die Pflicht der Wahrheit zur Gerechtigkeit, und deshalb umschreibt die Heilige Schrift die verbotene Lüge mit »falschem Zeugnis« oder »Nachrede gegen den Nächsten«, und deshalb rechnet Augustin zu dem Begriff der Lüge die Absicht, zu betrügen. Auch Cicero will die Pflicht zur Wahrheit aus der Gerechtigkeit ableiten. [...]

Jenes Recht kann durch die ausdrückliche Einwilligung dessen, mit dem man verhandelt, beseitigt werden; auch dadurch, dass jemand ankündigt, er werde etwas Falsches sagen, und der andere dies gestattet; ebenso durch ein dergleichen stillschweigendes Abkommen oder durch die Wirkung eines anderen Rechts, was nach der gemeinen Ansicht höher steht. Bei richtiger Auffassung dieser Beschränkungen lassen sich die Gegensätze in den früher erwähnten Ansichten leicht ausgleichen.

Zuerst kann, was einem Kinde oder Blödsinnigen gesagt wird, selbst wenn es einen falschen Sinn hat, doch keine schuldbare Lüge sein. Denn nach allgemeiner Sitte der Menschen ist es gestattet:

> »Dass man das leichtgläubige Alter der Knaben zum Besten habe.«

Auch Quintilian sagt von den Kindern: »Zu ihrem Besten wird manches erdichtet.« Der nächste Grund dafür ist, dass Kinder und Blödsinnige kein Urteilsvermögen haben, und deshalb sie hierin nicht verletzt werden können.

Zweitens ist es keine Lüge, wenn der, an welchen die Rede gerichtet ist, nicht getäuscht wird, wenn auch ein Dritter dadurch getäuscht wird. Denn jenes [dessen] Urteil bleibt frei, ebenso wie bei denen, welchen mit ihrem Vorwissen eine Fabel erzählt wird, oder gegen die in figürlicher Rede, ironisch oder in Übertreibungen gesprochen wird, welche Redefiguren nach Seneca durch die Lüge zur Wahrheit führen, und welche von Quintilian die auffallende Übertreibung genannt werden. Ebenso wird mit dem, welcher es nebenbei hört, nicht verhandelt, und es besteht deshalb gegen diesen keine Verbindlichkeit, vielmehr muss er es sich und nicht einem anderen zuschreiben, wenn er sich von dem, was nicht ihm, sondern einem anderen gesagt worden, eine falsche Meinung bildet. In Bezug auf ihn ist die Rede in Wahrheit keine Rede, sondern eine Sache von beliebiger Bedeutung. [...]

Drittens wird eine Lüge im wahren Sinne, d. h. mit Unrecht dann nicht begangen, wenn man sicher ist, dass der, an den die Rede gerichtet ist, die Verletzung seiner Urteilsfreiheit nicht übelnehmen, vielmehr dafür Dank wissen werde, weil ein Vorteil für ihn daraus hervorgeht. So wird auch kein Diebstahl begangen, wenn man einen geringfügigen Gegenstand unter Voraussetzung der Einwilligung des Eigentümers verbraucht, um ihm damit einen großen Nutzen zu verschaffen. Bei solcher Gewissheit gilt die Vermutung der ausdrücklichen Erklärung gleich, und dem, der es will, geschieht kein Unrecht. Deshalb sündigt der nicht, der einen kranken Freund durch falsche Vorwände zu trösten sucht, wie die Arria den Pätus bei dem Todesfall des Sohnes, nach der Erzählung in den Briefen des Plinius; [...] oder wenn man dem in der Schlacht Schwankenden durch falsche Nachrichten wieder Mut macht und so ihm zum Siege und zur Rettung verhilft und vor der Gefangenschaft durch den Betrug schützt, wie Lucrez sagt. [...]

Viertens; dem vorigen Fall verwandt ist der, wo jemand das alle anderen Rechte überragende höchste Recht hat und sich dessen zu seinem oder zu des allgemeinen Besten bedient. Diesen Fall hat Plato im Auge, wenn er den Inhabern der Staatsgewalt die Unwahrheit zu sagen gestattet. Bei den Ärzten gestattet es Plato bald, und bald wieder nicht, was sich so erklärt, dass er das Erste nur Ärzten, die öffentlich angestellt sind, gestattet; aber nicht denen, die privatim heilen. Dagegen erkennt Plato richtig an, dass die Lüge sich mit Gott nicht verträgt, obgleich er das höchste Recht über die Menschen hat, weil es Schwäche anzeige, wenn man zu dergleichen seine Zuflucht nehmen müsse. [...]

Der fünfte Fall ist es, wenn das Leben eines Unschuldigen oder etwas derart nicht anders erhalten, und der andere von der Vollziehung einer verbrecherischen Tat nicht anders abgehalten werden kann; wie die Tat der Hypermnestra, welche deshalb gerühmt wird als:

> »Glänzend im Lügen und eine edle Jungfrau für alle Zeit.«[1]

Weiter als das Bisherige gehen die, welche behaupten, dass gegen den Feind jede Lüge erlaubt sei. So machen Plato, Xenophon, Philo unter den Juden, Chrysostomus unter den Christen von dem Verbot der Lüge nur die eine Ausnahme, dass es gegen die Kriegsfeinde gestattet sei. Hierher gehört vielleicht die in der Heiligen Schrift erwähnte Lüge der Jabesiden bei der Belagerung, und die ähnliche Tat des Propheten Elisäus, und die Rede des Valerius Laevinus, welcher sich rühmte, den Pyrrhus getötet zu haben.[2]

Zu dem dritten, vierten und fünften oben erwähnten Fall gehört die Bemerkung des Eustratius, Erzbischofs von Ni-

1 Sie hatte ihrem Vater versprochen, dass sie ihren Mann, den Bruder jenes, töten wolle, und rettete ihn dadurch. Ovid erzählt den Fall in den Heroiden 14.
2 Nachdem die Einwohner von Jabes erfuhren, dass Saul zu ihrer Hülfe und zur Entsetzung der Stadt im Anzuge sei, sagten sie den Ammonitern, die sie zur Übergabe aufforderten: »Morgen gehen wir zu Euch hinaus, damit Ihr uns alles tut, was Euch gefällt.« (1. Sam. XI. 10.) Der Fall mit dem Propheten Elisa ist erzählt 2 Könige VI. 18. Valerius Laevinus hatte in der Schlacht einen Führer getödtet, hielt dann das blutige Schwert in die Höhe und machte dem Heere auf beiden Seiten glauben, dass er den König Pyrrhus getödtet habe.

caea, zum 6. Buche der Nikomachischen Ethik: »Wer guten Rat gibt, sagt nicht immer die Wahrheit; denn es kann kommen, dass der gute Ratgeber das überlegt, wie er absichtlich lügen könne, um damit den Feind zu betrügen oder den Freund vor Unglück zu bewahren, wie die Geschichte für beides Beispiele genug enthält.« Und Quintilian sagt: »Einen Wütenden durch eine Lüge von einem Mord abhalten oder einen Kriegsfeind dadurch zum Besten des Vaterlandes zu täuschen, was man sonst bei Sklaven tadeln würde, das ist an einem Weisen zu loben.«

Die Schulen der vergangenen Jahrhunderte[3] billigen dies zwar nicht; sie halten sich an den einen Augustin vor allen und folgen diesem beinahe in allen Stücken. Aber dieselben Scholastiker erlauben sich so ganz ungewöhnliche Auslegungen, dass man zweifeln kann, ob es nicht sicherer ist, wider ihre Ansicht die Unwahrheit in den erwähnten und ähnlichen Fällen (denn ich mag hier nicht alles scharf bestimmen) zuzulassen, als so unbedingt das falsche Reden zu verbieten. So sagen sie, das Wort »Ich weiß nicht« könne auch bedeuten: »ich weiß nicht, ob ich es sagen soll«. Das Wort »ich habe es nicht« könne bedeuten: »ich habe es dir nicht zu geben« und Ähnliches, was dem natürlichen Verstand widersteht. Denn wollte man dergleichen zulassen, so käme man dahin, dass der Bejahende als ein solcher angesehen werden müsste, der verneint, oder umgekehrt. [...]

Denn es ist durchaus wahr, dass jedes Wort einen doppelten Sinn gestattet; alle enthalten außer der Bezeichnung der sogenannten ersten Begriffe noch die der Begriffe zweiter Ordnung, welche verschieden sind nach Verschiedenheit der Künste, nach der Beziehung und anderen Redefiguren. Auch der Ansicht kann ich nicht beitreten, die das, was mit den

3 Es sind die Scholastiker des Mittelalters gemeint.

ernsthaftesten Mienen und Tone gesprochen wird, Scherz nennen, als wenn sie nur das Wort, aber nicht die Sache verabscheuten. [...]

Alles bisher über die Unwahrheit Gesagte bezieht sich nur auf die behauptende Rede und eine solche, welche nur dem öffentlichen Feinde schadet, aber nicht auf versprechende Reden. Denn aus dem Versprechen erwirbt, wie wir bereits angedeutet haben, der, dem es geleistet wird, ein besonderes und neues Recht. Dies gilt selbst gegen Kriegsfeinde und selbst bei ausgebrochenen Feindseligkeiten; auch gilt es nicht bloß für ausdrückliche, sondern auch für stillschweigende Versprechen, wie wir bei dem Verlangen des Feindes nach einer Unterredung zeigen werden, wenn wir zu dem Punkt über die dem Feinde schuldige Treue gekommen sein werden.

Auch in Bezug auf den Eid ist das Frühere zu wiederholen, dass er sowohl als bloßer Behauptungs- wie als Versprechungseid jeden Einwand ausschließt, der aus der Person, mit der verhandelt wird, hergenommen werden könnte; denn man verhandelt dabei nicht bloß mit Menschen, sondern auch mit Gott, dem man durch den Eid verpflichtet wird, selbst wenn für die Menschen kein Recht daraus entstehen kann. Dort haben wir auch ausgeführt, dass beim Eide nicht, wie bei anderen Reden, jede nicht ganz ungebräuchliche Auslegung der Worte zugelassen werden könne, um die Lüge zu beseitigen; vielmehr verlange die Wahrheit, dass die Eide so gelten, wie der Hörende in gutem Glauben sie verstehen musste. Deshalb ist die Gottlosigkeit derer zu verdammen, welche behaupten, dass man Männer ebenso mit Eiden täuschen könne, wie Knaben mit Würfeln.

Es ist mir bekannt, dass einige von den Arten der Lüge, die wir für naturrechtlich erlaubt erklärt haben, von manchen Völkern und Menschen dennoch vermieden werden; dies geschieht indes nicht, weil sie sie für Unrecht halten, sondern aus einer besonderen Geistesgröße und mitunter aus Vertrauen auf ihre Kraft. Aelian erwähnt einen Ausspruch des Pythagoras, wonach der Mensch durch Zweierlei sich Gott am meisten nähere, nämlich wenn er immer die Wahrheit spricht und wenn er anderen wohltut. Auch Jamblichus nennt die Wahrhaftigkeit die Führerin zu allen göttlichen und menschlichen Gütern. Aristoteles sagt: »Der Großherzige ist wahr und offen.« Plutarch: »Das Lügen ist des Sklaven Sache.« Arrian sagt von Ptolemäus: »Das Lügen war ihm, auch als er König war, widerwärtiger wie jedem anderen.« Bei demselben sagt Alexander: »Ein König dürfe zu seinen Untertanen nur die Wahrheit sprechen.« Mamertinus sagt von Julian: »Wunderbar ist bei unserem Fürsten die Übereinstimmung der Gedanken mit seinen Worten. Er weiß, dass die Lüge nicht bloß der Fehler einer niedrigen und kleinlichen Seele, sondern ein knechtischer Fehler ist. In Wahrheit macht die Armut oder die Furcht die Menschen zu Lügnern; deshalb verkennt ein Kaiser, welcher lügt, die Größe seiner Stellung.«

SAMUEL PUFENDORF

Einleitung zur Sitten- und Staatslehre

Das zehende Capitel / Von der schuldigen Gebühr derer Menschen in Reden.

§. 1. Wie so gar ein nöthiges und nützliches Werckzeug bey der menschlichen Gesellschafft die Rede sey / ist wohl niemanden verborgen / allermassen ihrer viele bloß aus dieser Vermögenheit geurtheilet haben / daß der Mensch von Natur zur Unterhaltung eines geselligen Lebens beordret worden. Dannenhero leget das Natürliche Gesetze einen ieden bey deren rechtmässigen und der menschlichen Gesellschafft zuträglichen Gesellschafft zuträglichen Gebrauche dieses zu einer Schuldigkeit auf: Daß niemand den andern durch die Rede / oder andere dergleichen zu Ausdrückung der Gemüths-Meinung Erfundene Zeichen hintergehen solle.

§. 2. Damit man aber die Eigenschafft der Rede desto genauer erkennen möge / so ist nöthig zu wissen / daß bey derselben / sie mag entweder mit Worten / oder Schrifft an Tag gegeben werden / zweyerley *Obligation* vorfalle. Die eine ist / nach welcher diejenigen / die einerley Sprache haben / einer ieden Sache ein Gewisses Wort / wie es die Sprache mit sich bringet / beylegen müssen. Denn weil weder die mündlich ausgesprochenen / noch auch die geschriebenen Worte von Natur etwas gewisses bedeuten; (Dann sonst müsten alle Sprachen / und Schreib-Arten einerley seyn/) dannenhero / und damit der Gebrauch / oder die von GOtt verliehene so schöne Gabe der Sprache nicht vergeblich sey / wenn ein ieder eine Sache nach eigenen Gefallen bedeuten und benennen wolte / so war nöthig / daß alle diejenigen / so sich einerley Sprache bedienen / sich auch vermittelst eines geheimen Vergleichs dahin vereinigten / allemal eine ge-

wisse Sache mit einerley und üblichen Worten anzudeuten. [...]

§. 3. Die andere *Obligation*, so bey der Rede vorfället / bestehet darinne / daß einer den andern seine Gemüths-Meinung / vermittelst der Rede / also eröffnen solle / damit der
andere dieselbige daraus deutlich abnehmen könne. Denn weil
der Mensch nicht nur reden / sondern eben so wohl auch
schweigen kan / und weil er nicht schuldig ist / allezeit dasjenige / was er im Sinne hatt / einen ieden wissen zu lassen;
Dannenhero muß allerdings eine besondere Verbindligkeit
vorhanden seyn / welche einen so wohl zum Reden / als auch
dermassen zu reden nöthiget / damit der andere unsere eigendliche und wahrhaffte Gemüths-Meinung daraus verstehen könne. Nun entstehet dieselbe entweder aus einem besonderen Pacte / oder aus dem gemeinen Gesetze derer Natürlichen Rechte / oder aus der eigendlichen Art eines ieden
vorhabenden Geschäfftes / bey welchen man sich der Reden
bedienet. Denn offt vergleichet man sich ausdrücklich mit einen dahin / daß er seine Gedancken über einem Dinge entdecken solle; als wenn man sich von iemand in gewissen *Disci-
plinen* unterrichten lässet. Oftmals wird einen auch von Natür-
lichem Rechte anbefohlen / dem andern seine Wissenschafft
mitzutheilen / damit man ihm hierunter einen Nutzen erweisen / Schaden von ihm abwenden / oder zu demselbigen keine
Ursache und Anlaß geben möge. Endlich / so kan öfters ein
unter Händen habendes Geschäffte anderer Gestalt nicht ab-
gethan werden / als wenn man seine Meinung darüber eröffnet / gleichwie bey Schliessung derer Contracte / u. s. f. zuge-
schehen pfleget.

§. 4. Weil es sich aber nicht allemal so füget / daß man aus
einen derer ietz-erwehnten Bewegnisse einen iedweden seine
Gedancken darff auf die Nase binden; so ists offenbar / daß

man einen durch seine Rede sonst icht was kund zu machen nicht eben nöthig habe / ausser zu dessen Vermeldung er sich entweder ein voll- oder wenigstens unvollkommenes Recht an uns erlanget / und daß man also / auch auf beschehene Nachfrage / dasjenige durch ein weisliches Stillschweigen gar wohl *dissimuli*ren könne / welches von uns zuerfahren / oder zuerforschen der andere kein Recht hat / und zu dessen Entdeckung man seines Orts sich nicht verpflichtet befindet.

§. 5. Ja weil die Rede nicht allein anderer / sondern auch unserer selbst wegen erfunden ist; so kan man / wo es einen zu seinen Nutzen / und den andern nicht zu Schaden gereichet / oder sein Recht hierunter nicht verletzet wird / die Rede dergestalt einrichten / daß man etwas anders / als man im Sinne hat / vorgebe / oder mit einem Worte *simulire*.

§. 6. Endlich / weil es offt mit denenjenigen / gegen welche man redet / eine solche Bewandtniß hat / daß / wenn sie die anzutragende Sache so plat und deutlich erführen / dieses ihr grössester Schade seyn / auch wir den guten Zweck / den wir uns vorgesetzet / hiedurch nicht erreichen würden; Dannenhero kan man in solchen Fällen eine verstellete und erdichtete Rede brauchen / wodurch diejenigen / so sie anhören / unsere eigendliche Meinung und *Intention* so gerade nicht verstehen können. Denn wer einen andern nütze seyn wil / und soll / der muß es nicht auf eine solche Art anfangen / wodurch er seinen Zweck und Vorsatz nicht erreichen würde.

§. 7. Hieraus lässet sichs nun schliessen / worinnen die Wahrheit bestehe / von deren Geflissenheit die redlichen Leute so hoch gepriesen werden / nemlich darinne / daß man seine rechte Gemüths-Meinung demjenigen / der solche zu verstehen Recht hat / und dem man sie aus einer voll- oder unvollkommenen *Obligation* zu eröffnen schuldig ist / füglich vorstelle / und zwar zu dem Ende / daß er aus deren richtigem Verstande entweder einen gebührenden Nutzen erlange / oder damit er nicht / durch ein wiedriges und unrechtes Vorgeben / ohnverdienter Weise in Schaden gestürtzet werde. Wobey kürtzlich und ohngefehr auch dieses anzumercken / daß nicht allezeit stracks eine Lügen begangen werde / wenn man auch mit Fleiß nicht von sich saget / was entweder mit der Sach[e] selbst / oder mit unsern Gedancken übereinstimmet; und daß also die so genannte Logicalische Wahrheit / welche in der Ubereinstimmung der Rede mit den Sachen bestehet / mit der Moralischen nicht allemal einerley Art habe.

§. 8. Hingegen ist eine Lügen eigendlich / wenn man in seiner Rede mit Fleiß eine andere Gemüths-Meinung von sich giebet / als man wahrhafftig hat / da doch derjenige / gegen dem man die Rede brauchet / berechtiget ist / die Wahrheit zu wissen / und uns obliegt / dieselbe so anzustellen / damit der andere unsere eigendliche Meinung erfahren möge.

§. 9. Aus dem bisher erwehnten ist nunmehr nicht schwer zu begreifen / daß diejenigen sich keiner Lügen *theilhafftig* machen / welche Kindern und dergleichen Leuten / die der platten und derben Wahrheit nicht so fähig seynd / *erdichtete Reden* / und Fabeln vorsagen; Wie auch ferner diejenigen nicht / welche sich gegen andere dererlgleichen Gedichte zu einem guten Ende / und Absehen / welches sonst nicht zu erhalten gewesen / gebrauchen; Als wenn etwan ein Unschuldiger zu beschützen / ein Zorniger zu besänfftigen / ein Betrübter zu trösten / ein Furchtsamer behertzt zu machen / ein Eckelnder zum Gebrauch der Artzney zu überreden / ein Halsstarriger zu bezäumen / ein Boshafftiger von seinem bösen Vorsatze abzuführen / oder wenn Stats-Geheimnisse / und Anschläge / an deren Verhelungen der *Republicqve* viel gelegen / mit ertichteten Zeitungen verdecket / und dererjenigen / denen die Sache nichts angehet / ungestüme *Curiosität* gestillet werden müssen; Wie auch / wenn man dem Feind / dem man so offenbarlich nicht beykommen können / mit fälschlichem ausgesprengten Gerüchte / als einer wohlzugelassenen Krieges-List / hinters Licht führet.

§. 10. Hingegen / wenn einer aller Dinges schuldig war / dem andern seine Gemüths-Meinung deutlich zuerkennen zu geben / so entgehet er hiedurch der Bezüchtigung einer Lügen nicht / wenn er gleich etwan ein Stücke von der Wahrheit angezeuget / oder den andern mit zweifelhafftigen und zwey-deutigen Reden verführet / oder wohl gar eine heimliche / und von dem gemeinen Brauch abweichende Zuruckhaltung in der Rede gebrauchet.

JEAN-JACQUES ROUSSEAU

Träumereien eines einsamen Spaziergängers

Unter den wenigen Autoren, die ich bisweilen noch lese, fasziniert und bereichert mich am meisten Plutarch. [...] Vorgestern las ich in seinen moralischen Schriften die Abhandlung *Wie man aus seinen Feinden Vorteil zieht.*

[Am] gleichen Tag [...] fiel mein Blick auf eine Nummer des Journals, das der Abbé Rozier herausgibt. Unter den Titel des Heftes hatte dieser als Motto gesetzt: »*Vitam vero impendenti.* Rozier« – ›Dem, der sein Leben für die Wahrheit gibt, gewidmet von Rozier‹. Ich wusste nur zu gut, wie gern diese Herren einem höhnisch die Worte verdrehen, und so begriff ich gleich, was sich hinter dem scheinbaren Kompliment verbarg: da wollte mich jemand durch die Anspielung auf meinen Wahlspruch – *Vitam impendere vero* (›Sein Leben für die Wahrheit geben‹) – mit beißender Ironie treffen. [...] Um die Empfehlungen des guten Plutarch nutzbringend anzuwenden, beschloss ich, mich auf dem nächsten Spaziergang über mein eigenes Verhältnis zur Lüge zu befragen; dabei fand ich bestätigt, dass die berühmte Maxime des Delphischen Tempels – »Erkenne dich selbst« – doch nicht so leicht zu befolgen ist, wie ich es noch in meinen *Bekenntnissen* geglaubt hatte.

Gleich am nächsten Tag setzte ich meinen Beschluss in die Tat um und machte mich auf den Weg. Kaum hatte ich mich gesammelt, fiel mir auch schon eine furchtbare Lüge aus meiner frühen Jugend ein. [...] [F]ragen wir uns, in welcher seelischen Verfassung ich mich befand, als ich die Lüge äußerte. So betrachtet, war sie nur ein Ausfluss falscher Scham; keineswegs wollte ich der Person, die Opfer meiner Lüge wurde, gezielt schaden. Im Angesicht des Himmels kann ich beschwören, dass ich im gleichen Augenblick, da diese unüberwindliche Scham mich zur Unwahrheit nötigte, mit Freuden mein Blut dafür gegeben hätte, die Folgen allein auf mich zu lenken. Wie kam es zu dieser wahnhaften Reaktion? Genauer kann ich es nicht erklären, aber ein vages Gefühl sagt mir, dass in diesem Moment wohl meine angeborene Schüchternheit die Regungen meines Herzens überwältigt hat.

Die Erinnerung an diese unglückselige Tat begleitet mich seither, und auch die Reue, die ich ihretwegen empfinde, ist nie erloschen. Beides hat mir einen Abscheu vor der Lüge eingeflößt, der mein Herz eigentlich für den Rest meiner Tage vor diesem Laster hätte bewahren müssen. [...]

Also ging ich mein Leben erneut sorgfältig durch, und was ich fand, überraschte mich sehr. Wie oft hatte ich doch Erfundenes als wahr hingestellt, und das zu einer Zeit, da ich erfüllt war von Stolz auf meine Wahrheitsliebe: ihr opferte ich meine Sicherheit, meine Interessen, ja mich selbst mit einer Unparteilichkeit, für die ich kein zweites Beispiel unter den Menschen kenne.

Besonders aber überraschte mich, dass ich bei der Erinnerung an diese Schwindeleien kein wirkliches Bedauern verspürte. Seltsam: in meinem Herzen kommt doch nichts dem Abscheu vor der Lüge gleich, und ich würde lieber Foltern ertragen als sie mir durch eine Lüge ersparen. Wie begründet sich dann aber die wunderliche Inkonsequenz, dass ich trotzdem log, und zwar rein mutwillig, ohne Not und ohne Nutzen? [...] Meine Fehler haben mich nie kalt gelassen; mein sittliches Empfinden hat mich stets wohl geleitet, und mein Gewissen hat sich seine alte Unbestechlichkeit bewahrt. Und selbst wenn es Schaden genommen haben sollte, weil es sich gar zu oft meinen Interessen beugen musste, befremdet doch die Uneinheitlichkeit seiner Reaktion: bei Sünden, die unter dem Druck der Leidenschaften begangen wurden, sodass man sie wenigstens mit seiner Schwäche entschuldigen kann, zeigt es sich unerbittlich aufrichtig wie eh und je, während es ausgerechnet bei solchen Missetaten passiv bleibt, zu denen einen keine Umstände zwangen und für die es daher keine Entschuldigung gibt. Ich sah, dass die Richtigkeit des Urteils, das ich in besagtem Punkt über mich fällen wollte, von der Lösung dieses Rätsels abhing; also studierte ich es genau und fand schließlich auch eine Erklärung.

In einem philosophischen Werk las ich einmal, lügen heiße, eine Wahrheit zu verbergen, die man bekanntmachen sollte. Aus dieser Definition folgt nun einwandfrei, dass eine Wahrheit zu verschweigen, die man nicht sagen muss, noch keine Lüge ist. Wie aber, wenn jemand die Wahrheit nicht nur verheimlicht, sondern das glatte Gegenteil der Wahrheit behauptet? Lügt der Betreffende, oder lügt er nicht? Nach der erwähnten Definition können wir nicht sagen, dass er lüge, denn wer einem, dem er nichts schuldet, eine falsche Münze aushändigt, betrügt diesen zweifellos, aber er bestiehlt ihn nicht.

Hier stellen sich nun zwei gleich wichtige Fragen. Die erste: wann und in welcher Form schuldet man anderen die Wahrheit? Man schuldet sie nämlich nicht immer. Die zweite: gibt es Fälle, in denen Täuschung harmlos ist? [...]

Die Wahrheit an sich, als abstrakter Wert, ist von allen Gütern das kostbarste. [...] Die konkrete Wahrheit im Einzelfall ist nicht immer ein hohes Gut; sie ist manchmal sogar ein Übel, sehr oft auch völlig uninteressant. Es gibt vielleicht nicht viele Dinge, die ein Mensch wirklich wissen muss und deren Kenntnis er zu seinem Glück braucht; aber wie viele es sein mögen: sie sind ein Gut, das ihm allein gehört, auf das er Anspruch hat, wo immer er es findet, und das man dem Menschen nicht vorenthalten kann, ohne ihn schändlichst zu berauben, denn es ist ein Gemeingut besonderer Art, das man nicht verliert, wenn man es weiterreicht.

Was die Wahrheiten betrifft, die weder für die Bildung noch für den Tagesgebrauch von irgendeinem Nutzen sind: wie können diese ein Gut sein, das jemandem zusteht, wenn sie nicht einmal ein Gut sind? Eigentum gründet sich allein auf denkbaren Nutzen, also kann es, wo kein Nutzen denkbar ist, kein Eigentum geben. Unfruchtbares Land kann man beanspruchen, denn man kann es immerhin bewohnen; ob aber ein Satz über einen belanglosen und in jeder Hinsicht unwichtigen Sachverhalt, von dem für niemanden etwas abhängt, wahr ist oder falsch, interessiert keinen Menschen. Überflüssiges gibt es in der moralischen Ordnung so wenig wie in der materiellen Ordnung. Man schuldet niemandem etwas, das zu nichts taugt; damit man jemandem etwas schulden kann, muss es tatsächlich oder möglicherweise nützlich sein. Die Wahrheit, die wir anderen schulden, ist jene, die im Interesse der Gerechtigkeit liegt; und man entweiht den heiligen Namen ›Wahrheit‹, wenn man ihn nichtigen Dingen beilegt, deren Existenz allen Menschen gleichgültig ist und deren Kenntnis nichts nützt. Eine Wahrheit, die jedes auch nur denkbaren Nutzens entbehrt, kann also nichts sein, was man jemandem schuldig wäre, und folglich lügt nicht, wer sie verschweigt oder entstellt.

Aber gibt es wirklich Wahrheiten, die so unfruchtbar sind, dass sie in keiner Hinsicht etwas nützen? Auch dies muss untersucht werden, und ich komme darauf zurück. Wenden wir uns einstweilen jedoch der zweiten Frage zu.

Die Wahrheit zu verschweigen und die Unwahrheit sagen sind zwei ganz verschiedene Dinge, die aber identische Wirkungen zeitigen können, nämlich wenn beider Wirkung gleich null ist. Wo das Richtige ohne Belang ist, da ist auch das Falsche ohne Belang. In einem solchen Fall handelt einer, der das Gegenteil der Wahrheit sagt, nicht unbilliger als einer, der die Wahrheit verschweigt; Leuten Falsches einzureden, bedeutet dann keine ärgere Täuschung, als sie unwissend zu lassen. Ob der Sand am Grunde des Meeres weiß ist oder rot, muss ich nicht wissen; daher hat es für mich keine Bedeutung, ob ich das eine oder das andere glaube. Wie könnte man ungerecht sein, wenn man niemandem schadet? Zur Ungerechtigkeit gehört doch, dass man jemandem Unbill zufügt.

Diese sehr summarischen Antworten liefern mir aber noch keinen zuverlässigen Leitfaden für das praktische Leben; dazu sind erst einige Vorfragen abzuklären. Nur dann kann ich sicher sein, in jedem Fall angemessen zu entscheiden. Wenn nämlich die Verpflichtung, die Wahrheit zu sagen, allein von deren Nutzen abhängt, wie kann ich darüber richten, was nützlich ist und was nicht? Sehr oft ist der Vorteil des einen der Schaden des anderen, und der Nutzen des Einzelnen steht fast immer im Gegensatz zu dem der Allgemeinheit. Wie soll man sich in solch einem Fall verhalten? Soll man den Vorteil des Abwesenden dem des Anwesenden opfern? Soll man eine Wahrheit, die dem einen frommt und dem anderen schadet, sagen oder verschweigen? Soll ich mich beim Abwägen einzig am Gemeinwohl orientieren oder einzig am Prinzip der ausgleichenden Gerechtigkeit? Bin ich überhaupt je sicher, dass ich sämtliche Aspekte einer Angelegenheit kenne, und zwar genau genug, um die Einsichten, die ich gewonnen habe, ausschließlich nach den Normen der Billigkeit zu verkünden? Und ferner: angenommen, ich ergründe perfekt, was man anderen schuldet – weiß ich dann auch hinlänglich, was man sich selbst schuldet oder der Wahrheit als solcher? Wenn ich darauf verzichte, jemanden zu täuschen, weil ich ihm nicht schaden will – garantiert dies, dass ich auch mir nicht schade? Und bleibt, wer niemals ungerecht ist, allein dadurch immer unschuldig?

Natürlich könnte man sich diese ganzen mühsamen Erörterungen sparen und schlicht sagen: »Wir müssen eben immer ehrlich sein, ohne Rücksicht auf Verluste. In der Wahrheit liegt schon Gerechtigkeit; Lügen ist stets unbillig, Verbreitung von Falschem ist immer Betrug, denn wer dies tut, gibt etwas, das nicht ist, als mögliche Richtschnur für Glauben und Handeln aus. Und hat die Wahrheit, die wir sagen, schlimme Folgen, darf man uns keine Vorwürfe machen: wir sind schon allein dadurch unschuldig, dass wir nichts Eigenes hinzuerfunden haben.«

Aber so zu argumentieren, hieße den Knoten entzweihauen, statt ihn aufzulösen. Es ging mir nicht darum, ob es gut sei, immer die Wahrheit zu sagen, sondern darum, ob man immer in gleichem Maße dazu verpflichtet sei. Verneinen wir die Frage, müssen wir – getreu der Definition, mit der ich mich oben näher befasst habe – zwischen den Fällen unterscheiden, wo die Wahrheit unbedingt geboten ist, und solchen, wo man sie verschweigen kann, ohne ungerecht zu handeln, und verschleiern, ohne zu lügen: denn solche Fälle gibt es tatsächlich, wie ich herausfand. Es geht mir hier nur darum, eine sichere Regel aufzustellen, nach der man sie erkennen und exakt bestimmen kann.

Aber woher eine solche Regel nehmen, und woher den Beweis ihrer Unfehlbarkeit? In so schwierigen Fragen der Moral waren die Mahnungen meines Gewissens stets verlässlicher als die Einsichten meiner Vernunft. [...]

Beurteilt man die Worte der Menschen nach den Wirkungen, die sie zeitigen, kommt man leicht zu Fehlbefunden. Erstens erkennt man die Wirkungen nicht immer gleich, ja, man nimmt sie oft nicht einmal wahr, zweitens sind sie so unendlich mannigfaltig wie die Umstände, in denen die Worte fallen. Als wie gut oder wie böse man eine Äußerung zu bewerten hat, bemisst sich einzig nach der Absicht des Sprechenden. Sagt er etwas, das nicht stimmt, ist dies nur dann eine Lüge, wenn er dabei die Absicht verfolgt zu täuschen. Und selbst die Absicht zu täuschen schließt längst nicht immer zwingend die Absicht zu schaden ein; oft bezweckt sie sogar das genaue Gegenteil. Ja, auch harmlose Lügen gibt es – allerdings wird eine Lüge nicht schon dadurch harmlos, dass die Absicht zu schaden fehlt; zusätzlich muss gewährleistet sein, dass der Irrtum, zu dem man seinen Gesprächspartner verleitet, weder ihm noch sonst jemandem auf irgendeine Weise schadet. Diese Sicherheit freilich ist selten und nur unter Schwierigkeiten zu erlangen; entsprechend wird man auch selten und nur unter Schwierigkeiten eine Lüge finden, die gänzlich harmlos wäre. Zum eigenen Vorteil lügen ist Betrug; zum Vorteil anderer lügen ist Heuchelei; zum Schaden anderer lügen ist Verleumdung – die abscheulichste Art der Lüge. Wenn man aber eine Unwahrheit sagt, die weder einem selbst noch jemand anderem Gewinn bringt oder Abtrag tut, so handelt es sich nicht um Lüge, sondern um Fiktion.

Jene Fiktionen, die einen moralischen Zweck verfolgen, nennt man Gleichnisse oder Fabeln. Da sie kein anderes Ziel haben oder haben sollten, als nützliche Wahrheiten in anschauliche und gefällige Formen zu hüllen, sucht man in einem solchen Falle kaum zu verbergen, dass man eine Lüge präsentiert: sie ist dann ja lediglich das Kleid der Wahrheit. Wer eine Fabel nur als Fabel darbietet, lügt keineswegs.

Daneben gibt es Fiktionen wie Romane und Erzählungen, die in ihrer Mehrzahl rein müßig sind. Man vermag aus ihnen nichts Rechtes zu lernen; sie dienen lediglich der Unterhaltung. [...]

Lüge ist also alles, was der Wahrheit widerspricht und auf irgendeine Weise die Gerechtigkeit verletzt. Hier genau verläuft die Grenzlinie; was nämlich zwar der Wahrheit widerspricht, aber in keiner Weise die Gerechtigkeit berührt, ist nur Fiktion, und ich gestehe, dass jemand, der sich eine reine Fiktion als Lüge vorwirft, ein empfindlicheres Gewissen hat als ich.

Die sogenannten Gefälligkeitslügen sind allerdings echte Lügen. Wenn ich betrüge, um mir oder anderen einen Vorteil zu verschaffen, handele ich ebenso unrecht, wie wenn ich betrüge, um anderen zu schaden. Wer jemanden wahrheitswidrig lobt oder tadelt, der lügt – sofern er von einer realen Person spricht. Über erdichtete Wesen kann man sagen, was man will, ohne zu lügen – es sei denn, man gibt auch gleich ein Urteil über die selbsterfundenen Tatsachen ab und beurteilt sie falsch. Dann nämlich lügt man zwar nicht in den Tatsachen, wohl aber lügt man wider die moralische Wahrheit, und die ist hundertmal ehrwürdiger als die Wahrheit der Tatsachen.

Was unsere Gesellschaft unter Wahrhaftigkeit versteht, konnte ich an einigen Leuten studieren, denen sie jene Eigenschaft zuschrieb. Wahrheitsliebend sind diese aber leider bloß, wenn sie in müßigen Gesprächen Belangloses berichten; dann achten sie penibel darauf, dass Ort, Zeit und Namen stimmen, dass sie nichts hinzudichten, nichts ausschmücken und nichts übertreiben. Sind ihre Interessen nicht berührt, berichten sie mit unbestechlicher Exaktheit. Aber kaum soll ein Ehrlichkeitsfreund dieses Schlages einen Sachverhalt schildern, der ihn unmittelbar betrifft, oder eine Angelegenheit darlegen, bei der er selber die Hand im Spiel hat, bietet er alle Tricks auf, um im vorteilhaftesten Licht zu erscheinen, und rückt die Dinge zurecht. Wenn er sich von der Unwahrheit etwas verspricht, äußert er diese oft nicht geradeheraus, sondern begünstigt derart geschickt die ihm genehme Sichtweise, dass man sich ihr endlich anschließt; man kann ihm dann keine Lüge zur Last legen. So will es die Klugheit; Wahrhaftigkeit ade!

Der Mensch, den ich *wahrhaft* nenne, verfährt genau umgekehrt. In gänzlich belanglosen Dingen, bei denen sich der andere zu besonderer Wahrheit verpflichtet sieht, kümmert sie ihn wenig, und ihn plagen keine Skrupel, wenn er eine Gesellschaft mit erfundenen Geschichten unterhält. Allerdings dürfen diese kein ungerechtes Urteil fördern, sei es positiv oder negativ und der Betroffene lebend oder tot. Doch jedes Wort, das jemandem Nutzen oder Schaden, Achtung oder Geringschätzung, Lob oder Tadel eintragen könnte und das nicht der Gerechtigkeit und der Wahrheit entspräche, wäre eine Lüge, die er niemals denken, sagen oder schreiben würde. Er ist unbedingt *wahrhaft*, selbst gegen den eigenen Vorteil, auch wenn er in müßigen Gesprächen nicht damit prahlt. Er ist *wahrhaft*, das heißt: er sucht niemanden zu täuschen; er hält treu zur Wahrheit, die ihn bloßstellt, ebenso wie zu jener, die ihm Ehre bringt; er betrügt weder zu seinen eigenen Gunsten noch zum Schaden seines Feindes. Der Unterschied zwischen dem *wahrhaften* Menschen, den ich meine, und den Leuten, die in der Welt als wahrhaft gelten, liegt folglich darin, dass diese jeder Wahrheit unwandelbar treu sind, die sie nichts kostet, während mein Mann gerade dann treu zu einer Wahrheit steht, wenn er sich für sie opfern muss.

Wie aber, so wird man fragen, verträgt sich dessen besagte Unbekümmertheit mit der Wahrheitsliebe, die ich an ihm rühme? Ist diese Liebe möglicherweise falsch, da ihr so viel Wenn und Aber beigemengt wird? Nein, sie ist rein und wahr; sie ist nur eben ein Ausfluss der Liebe zur Gerechtigkeit. Zwar neigt sie gelegentlich zum Fabulieren, aber Falschheit wird sie immer meiden wollen. Gerechtigkeit und Wahrheit sind für einen solchen Menschen zwei gleichbedeutende Begriffe, die er ohne Unterschied gebraucht. Der heiligen Wahrheit, die sein Herz verehrt, liegt nichts an unwichtigen Dingen und belanglosen Namen; sie besteht vielmehr darin, jedem nach Gebühr gute oder schlechte Meinung, Ehre oder Tadel, Lob oder Missbilligung zuzuteilen. Er ist nicht falsch gegen andere, weil sein Gerechtigkeitsgefühl dies nicht zulässt und er niemandem unbillig schaden möchte. Er ist aber auch nicht falsch gegen sich, weil sein Gewissen dies nicht zulässt und er sich nichts aneignen möchte, das ihm nicht zusteht. Seine Selbstachtung hütet er wie einen besonderen Schatz: dieses Gut kann er am wenigsten entbehren. Und er empfände einen echten Verlust, wenn er den Respekt der anderen um den Preis erwerben müsste, dass er vor sich keinen mehr hat. In unbedeutenden

Dingen wird er wohl gelegentlich ohne Bedenken eine Lüge von sich geben, die er indes gar nicht als solche betrachtet. Nie aber wird er zu seinem oder zu anderer Vorteil oder Schaden Falsches reden. [...]

So waren die Regeln meines Gewissens hinsichtlich Lüge und Wahrheit. Das Herz befolgte sie ganz von selbst, noch ehe der Verstand sie sich zu eigen gemacht hatte; und allein der moralische Instinkt brachte sie zur Anwendung. [...]

Nie wäre mir eine vorsätzliche Lüge in den Sinn gekommen; nie habe ich zu meinen Gunsten gelogen, wohl aber oft in bestimmten Verlegenheiten aus Scham. Dabei ging es indes meist um Unwichtiges oder Dinge, die höchstens für mich von Belang waren. Wollte ich etwa ein Gespräch in Gang halten, das sich wegen der Langsamkeit meiner Gedanken und meiner wenig glanzvollen Konversation träge dahinschleppte, blieb mir nur die Zuflucht zu Erfundenem, sonst hätte ich gar nichts sagen können. Wenn sich das Reden nicht vermeiden lässt, mir aber so schnell keine amüsante Wahrheit einfällt, erfinde ich Geschichten, um nicht stumm dazusitzen. Ich achte jedoch sorgsam darauf, dass diese Geschichten möglichst nicht zu Lügen werden, das heißt: sie sollen weder der Gerechtigkeit noch der Wahrheit, die ich meinen Mitmenschen schulde, Abtrag tun; das Erfundene muss für alle Welt und für mich ohne Belang sein. Ich wollte freilich, ich könnte meinen Erzählungen, bieten sie schon keine Wahrheit der Tatsachen, wenigstens moralische Wahrheit beigeben, die im getreuen Darstellen der dem menschlichen Herzen natürlichen Neigungen besteht. Mit anderen Worten: mir wäre lieb, wenn meine Geschichten Fabeln und Gleichnisse würden, die meine Zuhörer etwas Nützliches lehrten. Doch um gesellschaftliche Plauderrunden der sittlichen Bildung dienlich zu machen, besitze ich nicht genügend Wendigkeit im Geiste und nicht genügend Mundfertigkeit. Da der Gang der Unterhaltung geschwinder war als der meiner Gedanken, musste ich meist reden, ehe dass ich überlegen konnte. Dies hat mich schon oft zu dummen und ungereimten Äußerungen verleitet, die meine Vernunft missbilligte und die mein Herz widerrief, noch während ich sie tat; aber sie waren meinem Verstand so rasch vorweggestürmt, dass jeder Einspruch zu spät kam. [...]

Unverzeihlicher jedoch ist der Wahlspruch, den ich mir gewählt hatte. Dieser Wahlspruch verpflichtete mich mehr als irgendeinen anderen Menschen, mich engstmöglich an die Wahrheit zu halten. [...] Weiht man sich ausdrücklich der Wahrheit, dürfen Zunge und Feder sich niemals zu Fiktionen oder Fabeleien versteigen. Hätte ich dies nur bedacht, als ich mir die stolze Devise zum Wahlspruch erkor; hätte ich es mir nur ständig wiederholt, während ich sie keck vor mir hertrug. [...] Wer eine schwache Seele hat, vermag bestenfalls halbwegs die Sünde zu meiden; es ist jedoch vermessen und verwegen, wenn sich so einer zu großen Tugenden bekennt.

Solche Überlegungen wären mir wahrscheinlich nie in den Sinn gekommen, hätte mich Abbé Rozier nicht darauf gebracht. Zwar werde ich sie kaum noch praktisch anwenden können, dazu ist es mittlerweile etwas spät. Immerhin aber kann ich – dazu ist es nicht zu spät – meinen Irrtum korrigieren und meinen Willen wieder auf die richtige Bahn lenken: mehr steht während der Zeit, die mir bleibt, ohnehin nicht in meiner Macht. Solons Regel gilt, solange man lebt – nicht nur hier, sondern auch in allen ähnlich gelagerten Fällen; und für eines ist es nie zu spät: man kann immer von anderen – sogar von seinen Feinden – lernen, weise, wahrhaftig, bescheiden zu sein und sich nicht zu überschätzen.

Einleitung zu Immanuel Kants Verbot der Lüge

Von Jens Timmermann

Wahrhaftigkeit ist, wenn man so will, Kants Lieblingspflicht. Das Verbot der Lüge dient in seinen Schriften immer wieder als Beispiel für eine moralische Regel, die ohne Einschränkung notwendig und allgemein gilt. (An zweiter Stelle folgt das Verbot, unschuldige Menschen zu töten.) Damit handelt es sich beim Lügenverbot um eine strenge oder vollkommene Pflicht. Für Kant ist die Lüge also unter allen Umständen verwerflich. Es gibt keinen guten Grund, überhaupt je zu lügen.[1]

Nun stellt sich allerdings die Frage, was für Kant eine Lüge ist. Sie ist eine vorsätzliche Unwahrheit, genauer, ein vorsätzlicher Widerspruch in einer Aussage zu dem, was jemand für die Wahrheit hält. Die Definition der Lüge wird aus der Perspektive des Handelnden bzw. Sprechenden getroffen. Anders gewendet: Kant geht es in der praktischen Philosophie nicht darum, ob das, was gesagt wird, tatsächlich wahr ist. Wir halten, ohne es zu wissen, vieles für wahr, was tatsächlich falsch ist; und vom subjektiven Standpunkt der ersten Person sind wahre Meinungen von falschen nicht zu unterscheiden. Dass das, was wir sagen, wahr ist, steht nicht in unserer Macht. Es kann deshalb auch nicht der Gegenstand moralischer Gebote

1 In einer frühen Vorlesung zur Moralphilosophie scheint es so, als dürfe man lügen, wenn einem die Wahrheit von jemandem ohne Berechtigung abgenötigt wird. Doch es handelt sich dabei um die Nachschrift einer Vorlesung, wie sie Kant ein knappes Jahrzehnt vor seiner ersten offiziellen Schrift zur Ethik – der *Grundlegung zu Metaphysik der Sitten* von 1785 – gehalten hat; und es gibt keine Hinweise darauf, dass Kant bei dieser frühen Meinung geblieben ist. Versuche neuerer Zeit, das Verbot der Lüge bei Kant einzuschränken oder aufzuweichen, fußen also weniger auf Kants ethischer Theorie als auf den Wünschen seiner Interpreten.

sein. Also kann es passieren, dass wir lügen und dabei – unserer Absicht entgegen – objektiv die Wahrheit sagen: wenn wir nämlich dem widersprechen, was wir glauben, und das, was wir glauben, in Wirklichkeit falsch ist. Kants Lügenverbot bedeutet also: Es ist unter allen Umständen verboten, etwas zu sagen, das man zum Zeitpunkt der Aussage selbst für unwahr hält.

Das bedeutet selbstverständlich nicht, dass man immer all das sagen muss, was man für richtig hält. Schweigen ist moralisch erlaubt, ebenso etwas zu *verschweigen*, solange nicht eine andere Pflicht befiehlt, das zu sagen, was man denkt. Im berühmten Aufsatz über das *Vermeinte Recht* von 1797 steht demjenigen, den ein mordlustiger Mensch nach dem Aufenthaltsort seines Freundes fragt, diese Möglichkeit nicht zur Verfügung. Er kann nur mit Ja oder Nein antworten. Das Beispiel, wie Kant es im Anschluss an Benjamin Constant erörtert, ist so konstruiert. Die Gründe für diese Einschränkung erfahren wir nicht. Es ist denkbar, dass das Schweigen den Freund ebenso ans Messer liefern würde wie die Wahrheit; es ist auch möglich, dass der Mörder ihn mit Gewalt zwingt, Ja oder Nein zu sagen.[2]

2 Übrigens vertritt Kant die These, es sei ein Verbrechen, den Mörder zu belügen um den Freund zu schützen, mit Bezug auf den von Constant angeführten Fall in diesem Text zum ersten Mal. Warum Constant sie Kant – wenn man dem Übersetzer trauen darf – zuschreibt, wissen wir nicht. Sie findet sich in keiner von Kants Schriften zur Moralphilosophie. Den Kasus des Dienstboten, der seinen Hausherrn verleugnet, ist nicht nur in wichtigen Punkten anders als der Fall der Tradition, auf den sich Constant bezieht. Die Chronologie lässt diesen Bezug nicht zu. Denn Constant konnte noch nicht wissen, dass Kant sich 1797 in der *Metaphysik der Sitten* damit befassen würde, als er die Position des »deutschen Philosophen« in seinem Essay angriff.

Aus welchem Grund lehnt Kant die Lüge in seiner Moralphilosophie so rigoros ab? Nicht, weil Gott sie verboten hat;
denn Gott missbilligt nur das, was ohnehin moralisch falsch
ist, d. h. der göttliche Wille kann nicht die Grundlage eines
Verbots sein. Auch nicht, weil sie einem anderen schaden
könnte; denn einige Lügen sind schädlich, andere sind es nicht.
Manchmal kann – wie im von Constant konstruierten Beispiel – eine Lüge sogar nützlich sein. Für verboten hält sie Kant
jedoch allemal. Mit tatsächlichen oder gewollten guten oder
schlechten Folgen hat der moralische Status einer Lüge nichts
zu tun.

Was ist dann Kants Grund, die Lüge für uneingeschränkt
unerlaubt zu halten? Die Antwort ist weniger klar, als wir es
uns als seine Leser wünschen würden. Insgesamt finden sich in
seinen Schriften mindestens drei verschiedene Argumentationen, die streng voneinander zu trennen sind.

Erstens verletzt nach Kant die Lüge – aus ethischer Sicht – eine Pflicht gegen die eigene Person. Ob Unwahrhaftigkeit unmoralisch ist oder nicht, hat mit der Person, die man belügt,
also erst einmal gar nichts zu tun. Wir haben schon gesehen,
dass das, was man mit einer Lüge aussagt, nicht notwendig objektiv falsch ist. Wenn also meine Lüge gegen meinen Willen
in der Wahrheit besteht, wird derjenige, den ich täuschen
möchte, durch sie nicht getäuscht. Sie ist dennoch unerlaubt.
Ich kann subjektiv diejenigen meiner Meinungen, die objektiv
wahr sind, nicht von denen unterscheiden, die ich nur für wahr
halte. Auch nachträglich kann die objektive Wahrheit einer
Aussage eine Lüge nicht rechtfertigen. Dass die Lüge aus ethischer Sicht unerlaubt ist, liegt vielmehr darin begründet, dass
ich beim Lügen mein Sprachvermögen missbrauche, mich zum
bloßen Mittel mache. Übrigens kann ich auch versuchen, mich
selbst in der Gestalt meines Gewissens zu belügen; und das ist
ebenfalls unerlaubt.

Zweitens kann eine Lüge – aus der Sicht von Kants Rechtslehre – unter Umständen eine strenge Pflicht gegen einen anderen Menschen verletzten. Kant unterscheidet unter dem Oberbegriff der Moralphilosophie streng zwischen Recht und Ethik. Was ethisch verwerflich ist, muss deshalb von Rechts wegen noch nicht verboten und mit Strafe belegt werden. Den Staat interessiert die Lüge erst dann, wenn durch sie jemand Schaden nimmt, wenn man sich z. B. einen Kredit erschwindelt oder man in Verträgen lügt. Eine bloße unschädliche Lüge ist ethisch verwerflich, rechtlich jedoch nicht weiter relevant. Das Gesetz erlaubt uns, zu sagen, was wir für falsch halten, solange derjenige, den wir belügen, nicht wie in den oben genannten Fällen auf unsere Wahrhaftigkeit angewiesen ist. Wer leichtgläubig ist, kann einen Lügner, dem er geglaubt hat, dagegen nicht rechtlich belangen.

Drittens stellt, folgt man dem späten Aufsatz von 1797, jede Lüge die Verletzung einer Pflicht gegen die Menschheit überhaupt dar. Auch dies ist eine Rechtspflicht, allerdings eine Rechtspflicht von ganz besonderer Art. Die Position der »Juristen« (Rechtsphilosophen), die die rechtliche Unerlaubtheit der Lüge – wie er an anderer Stelle – vom konkreten Schaden eines anderen Menschen abhängig macht, weist Kant ausdrücklich zurück. Wäre es erlaubt zu lügen, wäre der Schaden unvermeidlich, denn so würde die Grundlage von Verträgen untergraben und damit die »Rechtsquelle« unbrauchbar gemacht. Was man darunter im Einzelnen verstehen soll, führt Kant nicht aus. Wichtig ist aber, dass es sich hier um eine Begründungsstrategie handelt, die sich von den ersten beiden – der ethischen und der regulären rechtsphilosophischen – deutlich unterscheidet. Das Lügenverbot wird im Aufsatz über das »vermeinte Recht« *nicht* ethisch begründet, der kategorische Imperativ wird nicht bemüht, es kann folglich auch nicht als Beleg für Kants *ethischen* Absolutismus gelten. Den gibt es, nur eben nicht hier, denn im von Constant gesteckten Rahmen geht es Kant um eine besondere Art von Recht.

Überdies sind diese drei Argumentationsstrategien von der Ableitung des Verbots des falschen Versprechens in Kants *Grundlegung zur Metaphysik der Sitten* zu unterscheiden. Auch dort gilt Wahrhaftigkeit in dem, was man sagt, uneingeschränkt als Pflicht. Begründet wird dies allerdings nicht. Als Beispiel dafür, wie sich aus dem kategorischen Imperativ Pflichten ergeben, wird im ersten wie im zweiten Abschnitt lediglich das *Verbot des falschen Versprechens* angeführt: die Maxime, einem anderen Menschen etwas zum eigenen Vorteil zu versprechen, mit dem Vorsatz, es nicht zu halten, kann man nicht als allgemeines Naturgesetz denken. Denn wäre dies der Grundsatz aller Menschen zu allen Zeiten, dann gäbe es die Institution des Versprechens nicht, und man selbst könnte also kein lügenhaftes Versprechen abgeben, um damit seinen Zweck zu erreichen (in Kants Beispiel: einen Kredit zu erhalten). Das Verbot des falschen Versprechens betrifft jedoch einen Sonderfall lügenhaften Verhaltens, nicht die Lüge allgemein. Es ist auch nicht zu verwechseln mit dem Verbot, ein einmal gegebenes Versprechen zu brechen.[3]

3 Literaturempfehlung: *Kant und das Recht der Lüge*, hrsg. von Georg Geismann und Hariolf Oberer, Würzburg 1986.

IMMANUEL KANT

Über ein vermeintliches Recht, aus Menschenliebe zu lügen

In der Schrift: Frankreich im Jahr 1797, Sechstes Stück, Nr. 1:
Von den politischen Gegenwirkungen, von Benjamin Constant, ist Folgendes S. 123 enthalten.

>Der sittliche Grundsatz: es sei eine Pflicht, die Wahrheit zu
sagen, würde, wenn man ihn unbedingt und vereinzelt näh-
me, jede Gesellschaft zur Unmöglichkeit machen. Den Beweis davon haben wir in den sehr unmittelbaren Folgerungen, die ein deutscher Philosoph aus diesem Grundsatze gezogen hat, der so weit geht zu behaupten: dass die Lüge
gegen einen Mörder, der uns fragte, ob unser von ihm ver-
folgter Freund sich nicht in unser Haus geflüchtet, ein Verbrechen sein würde.<[1]

Der französische Philosoph widerlegt S. 124 diesen Grundsatz
auf folgende Art. »Es ist eine Pflicht, die Wahrheit zu sagen. Der
Begriff von Pflicht ist unzertrennbar von dem Begriff des
Rechts. Eine Pflicht ist, was bei einem Wesen den Rechten eines
anderen entspricht. Da, wo es keine Rechte gibt, gibt es keine
Pflichten. Die Wahrheit zu sagen, ist also eine Pflicht; aber nur
gegen denjenigen, welcher ein Recht auf die Wahrheit hat. Kein
Mensch aber hat Recht auf eine Wahrheit, die anderen schadet.«

1 »I. D. Michaelis in Göttingen hat diese seltsame Meinung noch früher vorgetragen als Kant. Dass Kant der Philosoph sei, von dem
diese Stelle redet, hat mir der Verfasser dieser Schrift selbst gesagt.
K. Fr. Cramer.«†
† Dass dieses wirklich an irgend einer Stelle, deren ich mich aber itzt
nicht mehr besinnen kann, von mir gesagt worden, gestehe ich hiedurch. I. Kant.

Das πρῶτον ψεῦδος [*prôton pseûdos*] liegt hier in dem Satze: »Die Wahrheit zu sagen ist eine Pflicht, aber nur gegen denjenigen, welcher ein Recht auf die Wahrheit hat«.

Zuerst ist anzumerken, dass der Ausdruck: ein Recht auf die Wahrheit haben, ein Wort ohne Sinn ist. Man muss vielmehr sagen: der Mensch habe ein Recht auf seine eigene Wahrhaftigkeit (veracitas), d.i. auf die subjektive Wahrheit in seiner Person. Denn objektiv auf eine Wahrheit ein Recht haben, würde so viel sagen als: es komme, wie überhaupt beim Mein und Dein, auf seinen Willen an, ob ein gegebener Satz wahr oder falsch sein solle; welches dann eine seltsame Logik abgeben würde.

Nun ist die erste Frage: ob der Mensch, in Fällen, wo er einer Beantwortung mit Ja oder Nein nicht ausweichen kann, die Befugnis (das Recht) habe, unwahrhaft zu sein. Die zweite Frage ist: ob er nicht gar verbunden sei, in einer gewissen Aussage, wozu ihn ein ungerechter Zwang nötigt, unwahrhaft zu sein, um eine ihn bedrohende Missetat an sich oder einem anderen zu verhüten.

Wahrhaftigkeit in Aussagen, die man nicht umgehen kann, ist formale Pflicht des Menschen gegen jeden,[2] es mag ihm oder einem andern daraus auch noch so großer Nachteil erwachsen; und, ob ich zwar dem, welcher mich ungerechterweise zur Aussage nötigt, nicht Unrecht tue, wenn ich sie verfälsche, so tue ich doch durch eine solche Verfälschung, die darum auch (obzwar nicht im Sinn des Juristen) Lüge genannt werden kann, im wesentlichsten Stücke der Pflicht überhaupt Unrecht: d.i. ich mache, so viel an mir ist, dass Aussagen (Dekla-

2 Ich mag hier nicht den Grundsatz bis dahin schärfen, zu sagen: »Unwahrhaftigkeit ist Verletzung der Pflicht gegen sich selbst«. Denn dieser gehört zur Ethik; hier aber ist von einer Rechtspflicht die Rede. – Die Tugendlehre sieht in jener Übertretung nur auf die Nichtswürdigkeit, deren Vorwurf der Lügner sich selbst zuzieht. [Anm. I. K.]

rationen) überhaupt keinen Glauben finden, mithin auch alle Rechte, die auf Verträgen gegründet werden, wegfallen und ihre Kraft einbüßen; welches ein Unrecht ist, das der Menschheit überhaupt zugefügt wird.

Die Lüge also, bloß als vorsätzlich unwahre Deklaration gegen einen andern Menschen definiert, bedarf nicht des Zusatzes, dass sie einem anderen schaden müsse; wie die Juristen es zu ihrer Definition verlangen (mendacium est falsiloquium in praeiudicium alterius). Denn sie schadet jederzeit einem anderen, wenngleich nicht einem andern Menschen, doch der Menschheit überhaupt, indem sie die Rechtsquelle unbrauchbar macht.

Diese gutmütige Lüge kann aber auch durch einen Zufall (casus) strafbar werden, nach bürgerlichen Gesetzen; was aber bloß durch den Zufall der Straffälligkeit entgeht, kann auch nach äußeren Gesetzen als Unrecht abgeurteilt werden. Hast du nämlich einen eben itzt mit Mordsucht Umgehenden durch eine Lüge an der Tat verhindert, so bist du für alle Folgen, die daraus entspringen möchten, auf rechtliche Art verantwortlich. Bist du aber strenge bei der Wahrheit geblieben, so kann dir die öffentliche Gerechtigkeit nichts anhaben; die unvorhergesehene Folge mag sein welche sie wolle. Es ist doch möglich, dass, nachdem du dem Mörder, auf die Frage, ob der von ihm Angefeindete zu Hause sei, ehrlicherweise mit Ja geantwortet hast, dieser doch unbemerkt ausgegangen ist, und so dem Mörder nicht in den Wurf gekommen, die Tat also nicht geschehen wäre; hast du aber gelogen, und gesagt, er sei nicht zu Hause, und er ist auch wirklich (obzwar dir unbewusst) ausgegangen, wo denn der Mörder ihm im Weggehen begegnete und seine Tat an ihm verübte: so kannst du mit Recht als Urheber des Todes desselben angeklagt werden. Denn hättest du die Wahrheit, so gut du sie wusstest, gesagt: so wäre vielleicht der Mörder über dem Nachsuchen seines

Feindes im Hause von herbeigelaufenen Nachbarn ergriffen, und die Tat verhindert worden. Wer also lügt, so gutmütig er dabei auch gesinnt sein mag, muss die Folgen davon, selbst vor dem bürgerlichen Gerichtshofe, verantworten und dafür büßen: so unvorhergesehen sie auch immer sein mögen; weil Wahrhaftigkeit eine Pflicht ist, die als die Basis aller auf Vertrag zu gründenden Pflichten angesehn werden muss, deren Gesetz, wenn man ihr auch nur die geringste Ausnahme einräumt, schwankend und unnütz gemacht wird.

Es ist also ein heiliges, unbedingt gebietendes, durch keine Konvenienzen einzuschränkendes Vernunftgebot: in allen Erklärungen wahrhaft (ehrlich) zu sein.

Wohldenkend und zugleich richtig ist hiebei Hrn. Constants Anmerkung über die Verschreiung solcher strenger und sich vorgeblich in unausführbare Ideen verlierender, hiemit aber verwerflicher Grundsätze. – »Jedesmal (sagt er S. 123 unten) wenn ein als wahr bewiesener Grundsatz unanwendbar scheint, so kömmt es daher, dass wir den mittlern Grundsatz nicht kennen, der das Mittel der Anwendung enthält.« Er führt (S. 121) die Lehre von der Gleichheit als den ersten die gesellschaftliche Kette bildenden Ring an: »Dass (S. 122) nämlich kein Mensch anders als durch solche Gesetze gebunden werden kann, zu deren Bildung er mit beigetragen hat. In einer sehr ins Enge zusammengezogenen Gesellschaft kann dieser Grundsatz auf unmittelbare Weise angewendet werden, und bedarf, um ein gewöhnlicher zu werden, keines mittleren Grundsatzes. Aber in einer sehr zahlreichen Gesellschaft muss man einen neuen Grundsatz zu demjenigen noch hinzufügen, den wir hier anführen. Dieser mittlere Grundsatz ist: dass die Einzelnen zur Bildung der Gesetze entweder in eigener Person oder durch Stellvertreter beitragen können. Wer den ersten Grundsatz auf eine zahlreiche Gesellschaft anwenden wollte, ohne den mittleren dazu zu nehmen, würde unfehlbar ihr Verderben zuwege bringen. Allein dieser Umstand, der nur von der Unwissenheit oder Ungeschicklichkeit des Gesetzgebers zeugte, würde nichts gegen den Grundsatz beweisen.« – Er beschließt S. 125 hiermit: »Ein als wahr anerkannter Grundsatz muss also niemal verlassen werden: wie anscheinend auch Gefahr dabei sich befindet«. (Und doch hatte der gute Mann den unbedingten Grundsatz der Wahrhaftigkeit, wegen der Gefahr, die er für die Gesellschaft bei sich führe, selbst verlassen; weil er keinen mittleren Grundsatz entdecken konnte, der diese Gefahr zu verhüten diente, und hier auch wirklich keiner einzuschieben ist.)

Wenn man die Namen der Personen, sowie sie hier aufgeführt werden, beibehalten will: so verwechselte »der französische Philosoph« die Handlung, wodurch jemand einem anderen schadet (nocet), indem er die Wahrheit, deren Geständnis er nicht umgehen kann, sagt, mit derjenigen, wodurch er diesem Unrecht tut (laedit). Es war bloß ein Zufall (casus), dass die Wahrhaftigkeit der Aussage dem Einwohner des Hauses schadete, nicht eine freie Tat (in juridischer Bedeutung). Denn aus seinem Rechte, von einem anderen zu fordern, dass er ihm zum Vorteil lügen solle, würde ein aller Gesetzmäßigkeit widerstreitender Anspruch folgen. Jeder Mensch aber hat nicht allein ein Recht, sondern sogar die strengste Pflicht zur Wahrhaftigkeit in Aussagen, die er nicht umgehen kann: sie mag nun ihm selbst oder andern schaden. Er selbst tut also hiemit dem, der dadurch leidet, eigentlich nicht Schaden, sondern diesen verursacht der Zufall. Denn jener ist hierin gar nicht frei, um zu wählen; weil die Wahrhaftigkeit (wenn er einmal sprechen muss) unbedingte Pflicht ist. – Der »deutsche Philosoph« wird also den Satz (S. 124): »Die Wahrheit zu sagen ist eine Pflicht, aber nur gegen denjenigen, welcher ein Recht auf die Wahrheit hat«, nicht zu seinem Grundsatze annehmen: erstlich wegen der undeutlichen Formel desselben, indem Wahrheit kein Besitztum ist, auf welchen dem einen das Recht verwilligt, anderen aber verweigert werden könne; dann aber vornehmlich, weil die Pflicht der Wahrhaftigkeit (als von welcher hier allein die Rede ist) keinen Unterschied zwischen Personen macht, gegen die man diese Pflicht haben, oder gegen die man sich auch von ihr lossagen könne, sondern weil es unbedingte Pflicht ist, die in allen Verhältnissen gilt.

Um nun von einer Metaphysik des Rechts (welche von allen Erfahrungsbedingungen abstrahiert) zu einem Grundsatze der Politik (welcher diese Begriffe auf Erfahrungsfälle anwendet), und vermittelst dieses zur Auflösung einer Aufgabe der letzteren, dem allgemeinen Rechtsprinzip gemäß, zu gelangen: wird der Philosoph 1) ein Axiom, d. i. einen apodiktisch-gewissen Satz, der unmittelbar aus der Definition des äußern Rechts (Zusammenstimmung der Freiheit eines jeden mit der Freiheit von jedermann nach einem allgemeinen Gesetze) hervorgeht, 2) ein Postulat (des äußeren öffentlichen Gesetzes, als vereinigten Willens aller nach dem Prinzip der Gleichheit, ohne welche keine Freiheit von jedermann Statt haben würde), 3) ein Problem geben, wie es anzustellen sei, dass in einer noch so großen Gesellschaft dennoch Eintracht nach Prinzipien der Freiheit und Gleichheit erhalten werde (nämlich vermittelst eines repräsentativen Systems); welches dann ein Grundsatz der Politik sein wird, deren Veranstaltung und Anordnung nun Dekrete enthalten wird, die, aus der Erfahrungserkenntnis der Menschen gezogen, nur den Mechanism der Rechtsverwaltung, und wie dieser zweckmäßig einzurichten sei, beabsichtigen. – – Das Recht muß nie der Politik, wohl aber die Politik jederzeit dem Recht angepasst werden.

»Ein als wahr anerkannter (ich setze hinzu: a priori anerkannter, mithin apodiktischer) Grundsatz muss niemal verlassen werden, wie anscheinend auch Gefahr sich dabei befindet«, sagt der Verfasser. Nur muß man hier nicht die Gefahr (zufälligerweise) zu s c h a d e n , sondern überhaupt U n r e c h t z u t u n verstehen: welches geschehen würde, wenn ich die Pflicht der Wahrhaftigkeit, die gänzlich unbedingt ist und in Aussagen die oberste rechtliche Bedingung ausmacht, zu einer bedingten und noch andern Rücksichten untergeordneten mache; und, obgleich ich durch eine gewisse Lüge in der Tat niemanden Unrecht tue, doch das Prinzip des Rechts in Ansehung aller unumgänglich notwendigen Aussagen ü b e r h a u p t verletze (formaliter, obgleich nicht materialiter, Unrecht tue): welches viel schlimmer ist als gegen irgend jemanden eine Ungerechtigkeit begehn, weil eine solche Tat nicht eben immer einen Grundsatz dazu im Subjekte voraussetzt.

Der, welcher die Anfrage, die ein anderer an ihn ergehen lässt: ob er in seiner Aussage, die er itzt tun soll, wahrhaft sein wolle oder nicht? nicht schon mit Unwillen über den gegen ihn hiemit geäußerten Verdacht, er möge auch wohl ein Lügner sein, aufnimmt, sondern sich die Erlaubnis ausbittet, sich erst auf mögliche Ausnahmen zu besinnen, ist schon ein Lügner (in potentia); weil er zeigt, dass er die Wahrhaftigkeit nicht für Pflicht an sich selbst anerkenne, sondern sich Ausnahmen vorhält von einer Regel, die ihrem Wesen nach keiner Ausnahme fähig ist, weil sie sich in dieser geradezu selbst widerspricht.

Alle rechtlich-praktische Grundsätze müssen strenge Wahrheit enthalten, und die hier sogenannten mittleren können nur die nähere Bestimmung ihrer Anwendung auf vorkommende Fälle (nach Regeln der Politik), aber niemal Ausnahmen von jenen enthalten; weil diese die Allgemeinheit vernichten, derentwegen allein sie den Namen der Grundsätze führen.

§ 9.

Die größte Verletzung der Pflicht des Menschen gegen sich selbst, bloß als moralisches Wesen betrachtet (die Menschheit in seiner Person), ist das Widerspiel der Wahrhaftigkeit: die *Lüge* [...]. Dass eine jede vorsätzliche Unwahrheit in Äußerung seiner Gedanken diesen harten Namen (den sie in der Rechts-lehre nur dann führt, wenn sie anderer Recht verletzt) in der Ethik, die aus der Unschädlichkeit kein Befugnis hernimmt, nicht ablehnen könne, ist für sich selbst klar. Denn Ehrlosigkeit (ein Gegenstand der moralischen Verachtung zu sein), welche sie begleitet, die begleitet auch den Lügner wie sein Schatten. Die Lüge kann eine äußere (*mendacium externum*), oder auch eine innere sein. – Durch jene macht er sich in anderer, durch diese aber, was noch mehr ist, in seinen eigenen Augen zum Gegenstande der Verachtung, und verletzt die Würde der Menschheit in seiner eigenen Person; wobei der Schade, der anderen Menschen daraus entspringen kann, nicht das Eigen-tümliche des Lasters betrifft (denn da bestände es bloß in der Verletzung der Pflicht gegen andere), und also hier nicht in An-schlag kommt, ja auch nicht der Schade, den er sich selbst zu-zieht; denn alsdenn würde es bloß, als Klugheitsfehler, der pragmatischen, nicht der moralischen Maxime widerstreiten, und gar nicht als Pflichtverletzung angesehen werden kön-nen. – Die Lüge ist Wegwerfung und gleichsam Vernichtung seiner Menschenwürde. Ein Mensch, der selbst nicht glaubt, was er einem anderen (wenn es auch eine bloß idealische Per-son wäre) sagt, hat einen noch geringeren Wert, als wenn er bloß Sache wäre; denn von dieser ihrer Eigenschaft, etwas zu nutzen, kann ein anderer doch irgendeinen Gebrauch machen, weil sie etwas Wirkliches und Gegebenes ist; aber die Mittei-lung seiner Gedanken an jemanden durch Worte, die doch das

Gegenteil von dem (absichtlich) enthalten, was der Sprechende dabei denkt, ist ein der natürlichen Zweckmäßigkeit seines Vermögens der Mitteilung seiner Gedanken gerade entgegen gesetzter Zweck, mithin Verzichttuung auf seine Persönlichkeit und eine bloß täuschende Erscheinung vom Menschen, nicht der Mensch selbst. [...] Die Lüge (in der ethischen Bedeutung des Worts), als vorsätzliche Unwahrheit überhaupt, bedarf es auch nicht anderen schädlich zu sein, um für verwerflich erklärt zu werden; denn da wäre sie Verletzung der Rechte anderer. Es kann auch bloß Leichtsinn, oder gar Gutmütigkeit, die Ursache davon sein, ja selbst ein wirklich guter Zweck dadurch beabsichtigt werden, so ist doch die Art, ihm nachzugehen, durch die bloße Form ein Verbrechen des Menschen an seiner eigenen Person, und eine Nichtswürdigkeit, die den Menschen in seinen eigenen Augen verächtlich machen muß. [...]

Der Mensch, als moralisches Wesen (*homo noumenon*), kann sich selbst, als physisches Wesen (*homo phaenomenon*), nicht als bloßes Mittel (Sprachmaschine) brauchen, das an den inneren Zweck (der Gedankenmitteilung) nicht gebunden wäre, sondern ist an die Bedingung der Übereinstimmung mit der Erklärung (*declaratio*) des ersteren gebunden, und gegen sich selbst zur *Wahrhaftigkeit* verpflichtet. – Wenn er z.B. den Glauben an einen künftigen Weltrichter lügt, indem er wirklich keinen solchen in sich findet, aber, indem er sich überredet, es könne doch nicht schaden, wohl aber nutzen, einen solchen in Gedanken einem Herzenskündiger zu bekennen, um auf allen Fall seine Gunst zu erheucheln. Oder, wenn er zwar desfalls nicht im Zweifel ist, aber sich doch mit innerer Verehrung seines Gesetzes schmeichelt, da er doch keine andere Triebfeder, als die der Furcht vor Strafe bei sich fühlt.

Unredlichkeit ist bloß Ermangelung an Gewissenhaftigkeit, d.i. an Lauterkeit des Bekenntnisses vor seinem inneren Richter, [...] und die innere Lüge, ob sie zwar der Pflicht des Menschen gegen sich selbst zuwider ist, erhält hier den Namen einer Schwachheit, so wie der Wunsch des Liebhabers, lauter gute Eigenschaften an seiner Geliebten zu finden, ihm ihre augenscheinliche Fehler unsichtbar macht. – Indessen verdient diese Unlauterkeit in Erklärungen, die man gegen sich selbst verübt, doch die ernstlichste Rüge: weil, von einer solchen faulen Stelle (der Falschheit, welche in der menschlichen Natur gewurzelt zu sein scheint) aus, das Übel der Unwahrhaftigkeit sich auch in Beziehung auf andere Menschen verbreitet, nachdem einmal der oberste Grundsatz der Wahrhaftigkeit verletzt worden. –

ARTHUR SCHOPENHAUER

Die Welt als Wille und Vorstellung

Schopenhauer stellt seine Überlegungen vor dem Hintergrund seiner Willensmetaphysik an. Wille bedeutet in diesem Zusammenhang nicht der kantische vernunftgeleitete Wille, sondern steht für die Summe der Begierden und Triebe von Lebewesen. In jedem Tier oder Mensch erscheint er als Bejahung des je partikularen Lebens, als Wille nach Selbsterhaltung und Dominanz, der naturgemäß in Konflikt mit anderen Willen geraten kann. Gleichzeitig gibt es jedoch ein dumpfes Bewusstsein davon, dass wir mit Blick auf den Willen zum Leben letztlich alle gleich sind, meint Schopenhauer – sogar ein dumpfes Bewusstsein, dass es im Prinzip derselbe Wille ist, der sich in jedem von uns anders manifestiert.

Die moralische Grunderfahrung ist für Schopenhauer eine negative. Sie liegt in der Verneinung meines Willens durch den Willen anderer. Schopenhauer meint, dass wir diese Verneinung als Unrecht empfinden, aus dem dumpfen Gefühl heraus, dass Wille bei uns allen derselbe ist, der verneinende Wille also gegen sich selbst wütet. Erst aus diesem ursprünglichen Bewusstsein von Unrecht leitet sich dann ein Bewusstsein von Rechten her.

Das Unrecht, das in der Verneinung meines Willens durch den Willen anderer liegt, drückt sich nach Schopenhauer nicht nur in der physischen Gewalt aus, sondern auch in der List. Das Unrecht der Lüge – das ist das Originelle an Schopenhauers Ansatz – liegt also nicht darin, dass wir etwas anderes äußern als das, was wir für wahr halten (im Missbrauch der Sprache), sondern in der Übergriffigkeit auf den Willen anderer. Denn sie ist ein Mittel, jemandem den eigenen Willen aufzuzwingen, sein Verhalten zu steuern, »indem ich seinem Willen *Scheinmotive* vorschiebe, vermöge er *seinem* Willen zu folgen glaubend, *meinem* folgt.« Sie ist also eine subtilere, aber nachhaltigere Form der Gewalt, weil der Überwältigte die Gewalt gar nicht erkennt, sondern sein Handeln für selbstbestimmt hält.

Schopenhauers Willensmetaphysik ist auf alle Techniken und Medien anwendbar, die darauf zielen (oder es quasi als Kollateralschaden bewirken), Meinungen und Neigungen zu manipulieren. Konrad Liessmann hat darauf hingewiesen, dass unter »dem Blickwinkel der Schopenhauerschen Willensmetaphysik [...] etwa der gesamte Bereich der Werbung, des Marketings und der PF als eine gigantische Lügenmaschinerie [erscheint], bei der es darum geht, Menschen gegen ihren Willen dazu zu bringen, etwas so zu tun, daß sie glauben, es wäre ihrem freien Willensentschluss entsprungen«.[1] Hingegen ist die Verweigerung einer benötigten Auskunft kein Unrecht, weil sie keine Manipulation des Willens anderer darstellt.

Schopenhauer betrachtet also jede Lüge als Unrecht und dehnt den Bereich dieses Unrechts sogar auf alle Formen der Manipulation fremden Willens aus. Zugleich bietet Schopenhauers Willensmetaphysik jedoch auch eine recht weit gehende Rechtfertigung der Lüge in bestimmten Fällen. Schopenhauer verbindet die Auffassung, die Lüge sei generell Unrecht, mit der Auffassung, sie sei in bestimmten Fällen erlaubt, indem er sie mit der physischen Gewalt parallelisiert. Entsprechend gibt es ein Recht auf Lüge analog zum Recht auf Notwehr, das fest in unserem Rechtsverständnis verankert ist: »In allen Fällen, wo ich ein Zwangsrecht, ein vollkommenes Recht habe, Gewalt gegen andere zu gebrauchen, kann ich, nach Maßgabe der Umstände, ebenso wohl der fremden Gewalt auch die List entgegenstellen, ohne Unrecht zu thun, und habe

---

1 Konrad Liessmann, *Der Wille zum Schein. Über Wahrheit und Lüge*, Wien 2005, S. 29.

folglich ein wirkliches Recht zur Lüge, gerade so weit, wie ich es zum Zwange habe.« Dieses Recht gilt nicht nur zwischen feindlichen Staaten, sondern ist auf alle Fälle anwendbar, in denen es um den Schutz des Privatlebens gegen aufdringliche Neugier geht.

———————

Die Ausübung des Unrechts überhaupt betreffend, so geschieht sie entweder durch Gewalt, oder durch List; welches in Hinsicht auf das moralisch Wesentliche einerlei ist. Zuvörderst beim Morde ist es einerlei, ob ich mich des Dolches, oder des Giftes bediene; und auf analoge Weise bei jeder körperlichen Verletzung. Die anderweitigen Fälle des Unrechts sind allemal darauf zurückzuführen, dass ich, als Unrecht ausübend, das fremde Individuum zwinge, statt seinem, meinem Willen zu dienen, statt nach seinem, nach meinem Willen zu handeln. Auf dem Wege der Gewalt erreiche ich dieses durch physische Kausalität; auf dem Wege der List aber mittelst der Motivation, d. h. der durch das Erkennen durchgegangenen Kausalität, folglich dadurch, dass ich seinem Willen Scheinmotive vorschiebe, vermöge welcher er seinem Willen zu folgen glaubend, meinem folgt. Da das Medium, in welchem die Motive liegen, die Erkenntnis ist; kann ich jenes nur durch Verfälschung seiner Erkenntnis tun, und diese ist die Lüge. Sie bezweckt allemal Einwirkung auf den fremden Willen, nicht auf seine Erkenntnis allein, für sich und als solche, sondern auf diese nur als Mittel, nämlich sofern sie seinen Willen bestimmt. Denn mein Lügen selbst, als von meinem Willen ausgehend, bedarf eines Motivs: ein solches aber kann nur der fremde Wille sein, nicht die fremde Erkenntnis, an und für sich; da sie als solche nie einen Einfluss auf meinen Willen haben, daher ihn nie bewegen, nie ein Motiv seiner Zwecke sein kann: sondern nur das fremde Wollen und Tun kann ein solches sein, und dadurch, folglich nur mittelbar, die fremde Erkenntnis. Dies gilt nicht nur von allen aus offenbarem Eigennutz entsprungenen Lügen, sondern auch von den aus reiner Bosheit, die sich an den schmerzlichen Folgen des von ihr veranlassten fremden Irrtums weiden will, hervorgegangenen. Sogar auch die bloße Windbeutelei bezweckt, mittelst dadurch erhöhter Achtung, oder verbesserter Meinung, von Seiten der anderen, größern oder leichtern Einfluss auf ihr Wollen und Thun. Das bloße Verweigern einer Wahrheit, d. h. einer Aussage überhaupt, ist an sich kein Unrecht, wohl aber jedes Aufheften einer Lüge. Wer dem verirrten Wanderer den rechten Weg zu zeigen sich weigert, tut ihm kein Unrecht; wohl aber der, welcher ihn auf den falschen hinweist. – Aus dem Gesagten folgt, dass jede Lüge, eben wie jede Gewalttätigkeit, als solche Unrecht ist; weil sie schon als solche zum Zweck hat, die Herrschaft meines Willens auf fremde Individuen auszudehnen, also meinen Willen durch Verneinung des ihrigen zu bejahen, so gut wie die Gewalt. – Die vollkommenste Lüge aber ist der gebrochene Vertrag; weil hier alle angeführten Bestimmungen vollständig und deutlich beisammen sind. Denn, indem ich einen Vertrag eingehe, ist die fremde verheißene Leistung unmittelbar und eingeständlich das Motiv zur meinigen nunmehr erfolgenden. Die Versprechen werden mit Bedacht und förmlich gewechselt. Die Wahrheit der darin gemachten Aussage eines Jeden steht, der Annahme zufolge, in seiner Macht. Bricht der Andere den Vertrag, so hat er mich getäuscht und, durch Unterschieben bloßer Scheinmotive in meine Erkenntnis, meinen Willen nach seiner Absicht gelenkt, die Herrschaft seines Willens über das fremde Individuum ausgedehnt, also ein vollkommenes Unrecht begangen. Hierauf gründet sich die moralische Rechtmäßigkeit und Gültigkeit der Verträge. [...]

Der Begriff des Rechts, als der Negation des Unrechts, hat

aber seine hauptsächliche Anwendung, und ohne Zweifel auch seine erste Entstehung, gefunden in den Fällen, wo versuchtes Unrecht durch Gewalt abgewehrt wird, welche Abwehrung nicht selbst wieder Unrecht seyn kann, folglich Recht ist; obgleich die dabei ausgeübte Gewaltthätigkeit, bloß an sich und abgerissen betrachtet, Unrecht wäre, und hier nur durch ihr Motiv gerechtfertigt, d. h. zum Recht wird. Wenn ein Individuum in der Bejahung seines eigenen Willens so weit geht, dass es in die Sphäre der meiner Person als solcher wesentlichen Willensbejahung eindringt und damit diese verneint; so ist mein Abwehren jenes Eindringens nur die Verneinung jener Verneinung und insofern von meiner Seite nichts mehr, als die Bejahung des in meinem Leibe wesentlich und ursprünglich erscheinenden und durch dessen bloße Erscheinung schon implicite ausgedrückten Willens; folglich nicht Unrecht, mithin Recht. Dies heißt: ich habe alsdann ein Recht, jene fremde Verneinung mit der zu ihrer Aufhebung nötigen Kraft zu verneinen, welches, wie leicht einzusehen, bis zur Tötung des fremden Individuums gehen kann, dessen Beeinträchtigung, als eindringende äußere Gewalt, mit einer diese etwas überwiegenden Gegenwirkung abgewehrt werden kann, ohne alles Unrecht, folglich mit Recht; weil alles, was von meiner Seite geschieht, immer nur in der Sphäre der meiner Person als solcher wesentlichen und schon durch sie ausgedrückten Willensbejahung liegt (welche der Schauplatz des Kampfes ist), nicht in die fremde eindringt, folglich nur Negation der Negation, also Affirmation, nicht selbst Negation ist. Ich kann also, ohne Unrecht, den meinen Willen, wie dieser in meinem Leibe und der Verwendung von dessen Kräften zu dessen Erhaltung, ohne Verneinung irgendeines gleiche Schranken haltenden fremden Willens, erscheint, verneinenden fremden Willen zwingen, von dieser Verneinung abzustehen: d. h. ich habe so weit ein Zwangsrecht.

In allen Fällen, wo ich ein Zwangsrecht, ein vollkommenes Recht habe, Gewalt gegen Andere zu gebrauchen, kann ich, nach Maßgabe der Umstände, ebenso wohl der fremden Gewalt auch die List entgegenstellen, ohne Unrecht zu tun, und habe folglich ein wirkliches Recht zur Lüge, gerade so weit, wie ich es zum Zwange habe. Daher handelt jemand, der einen ihn durchsuchenden Straßenräuber versichert, er habe nichts weiter bei sich, vollkommen recht: ebenso auch der, welcher den nächtlich eingedrungenen Räuber durch eine Lüge in einen Keller lockt, wo er ihn einsperrt. Wer von Räubern, z. B. von Barbaresken, gefangen fortgeführt wird, hat das Recht, zu seiner Befreiung, sie nicht nur mit offener Gewalt, sondern auch mit Hinterlist zu töten. – Darum auch bindet ein durch unmittelbare körperliche Gewalttätigkeit abgezwungenes Versprechen durchaus nicht; weil der solchen Zwang Erleidende, mit vollem Recht, sich durch Tödtung, geschweige durch Hintergehung, der Gewaltiger befreien kann. Wer sein ihm geraubtes Eigentum nicht durch Gewalt zurücknehmen kann, begeht kein Unrecht, wenn er es sich durch List verschafft. Ja, wenn jemand mein mir geraubtes Geld verspielt, habe ich das Recht falsche Würfel gegen ihn zu gebrauchen, weil alles was ich ihm abgewinne mir schon gehört. Wer dieses leugnen wollte, müsste noch mehr die Rechtmäßigkeit der Kriegslist leugnen, als welche sogar eine tätliche Lüge und ein Beleg zum Ausspruch der Königin Christine von Schweden ist: »Die Worte der Menschen sind für nichts zu achten, kaum dass man ihren Taten trauen darf.« – So scharf streift demnach die Grenze des Rechts an die des Unrechts.

Preisschrift über die Grundlage der Moral

[W]ie ich, ohne Unrecht, also mit Recht, Gewalt durch Gewalt vertreiben kann; so kann ich, wo mir die Gewalt abgeht, oder es mir bequemer scheint, es auch durch List. Ich habe also in den Fällen, wo ich ein Recht zur Gewalt habe, es auch zur Lüge: so z. B. gegen Räuber und unberechtigte Gewältiger jeder Art, die ich demnach durch List in eine Falle locke. Darum bindet ein gewaltsam abgezwungenes Versprechen nicht. – Aber das Recht zur Lüge geht in der That noch weiter: es tritt ein bei jeder völlig unbefugten Frage, welche meine persönlichen, oder meine Geschäftsangelegenheiten betrifft, mithin vorwitzig ist, und deren Beantwortung nicht nur, sondern schon deren bloße Zurückweisung durch »ich will's nicht sagen«, als Verdacht erweckend, mich in Gefahr bringen würde. Hier ist die Lüge die Notwehr gegen unbefugte Neugier, deren Motiv meistens kein wohlwollendes ist. Denn, wie ich das Recht habe, dem vorausgesetzten bösen Willen anderer und der demnach präsumierten [vorausgesetzten] physischen Gewalt physischen Widerstand, auf Gefahr des Beeinträchtigers, zum Voraus entgegenzustellen und also, als Präventivmaßregel, meine Gartenmauer mit scharfen Spitzen zu verwahren, nachts auf meinem Hofe böse Hunde loszulassen, ja, nach Umständen, selbst Fußangeln und Selbstschüsse zu stellen, deren schlimme Folgen der Eindringer sich selber zuzuschreiben hat; so habe ich auch das Recht, dasjenige auf alle Weise geheim zu halten, dessen Kenntnis mich dem Angriff anderer bloßstellen würde, und habe auch Ursache dazu, weil ich auch hier den bösen Willen Anderer als sehr leicht möglich annehmen und die Vorkehrungen dagegen zum Voraus treffen muss. [...]

Ich darf also, ohne Unrecht, selbst der bloß präsumierten Beeinträchtigung durch List, zum Voraus List entgegenstellen, und brauche daher nicht dem, der unbefugt in meine Privatverhältnisse späht, Rede zu stehn, noch durch die Antwort: »Dies will ich geheim halten«, die Stelle anzuzeigen, wo ein mir gefährliches, ihm vielleicht vortheilhaftes, jedenfalls ihm Macht über mich verleihendes Geheimnis liegt. [...]

Sondern ich bin alsdann befugt, ihn mit einer Lüge abzufertigen, auf seine Gefahr, falls sie ihn in schädlichen Irrthum versetzt. Denn hier ist die Lüge das einzige Mittel, der vorwitzigen und verdächtigen Neugier zu begegnen: ich stehe daher im Fall der Nothwehr. *Ask me no questions, and I'll tell you no lies* [...], ist hier die richtige Maxime. Nämlich bei den Engländern, denen der Vorwurf der Lüge als die schwerste Beleidigung gilt, und die eben daher wirklich weniger lügen, als die andern Nationen, werden dem entsprechend alle unbefugten, die Verhältnisse des Andern betreffenden Fragen als eine Ungezogenheit angesehn, welche der Ausdruck *to ask questions* bezeichnet. – Auch verfährt nach dem oben aufgestellten Princip jeder Verständige, selbst wenn er von der strengsten Rechtlichkeit ist. Kehrt er z. B. von einem entlegenen Orte zurück, wo er Geld erhoben hat, und ein unbekannter Reisender gesellt sich zu ihm, frägt, wie gewöhnlich, erst wohin, und dann woher, darauf allmälig auch, was ihn an jenen Ort geführt haben mag; – so wird jener eine Lüge antworten, um der Gefahr des Raubes vorzubeugen. Wer in dem Hause, in welchem ein Mann, um dessen Tochter er wirbt, wohnt, angetroffen und nach der Ursache seiner unvermuteten Anwesenheit gefragt wird, gibt, wenn er nicht auf den Kopf gefallen ist, unbedenklich eine falsche an. Und so kommen gar viele Fälle vor, in denen jeder Vernünftige, ohne allen Gewissensskrupel, lügt. Diese Ansicht allein beseitigt den schreienden Widerspruch zwischen der Moral, die gelehrt, und der, die täglich, selbst von den Redlichsten und Besten, ausgeübt wird. Jedoch muss dabei die angegebene Einschränkung auf den Fall der Notwehr streng festgehalten werden; da außerdem diese Lehre abscheulichem Missbrauche offen stände: denn an sich ist die Lüge ein sehr gefährliches Werkzeug. Aber wie, trotz dem Landfrieden, das Gesetz jedem erlaubt, Waffen zu tragen und zu gebrauchen, nämlich im Fall der Notwehr; so gestattet für den selben Fall, aber eben so auch nur für diesen, die Moral den Gebrauch der Lüge. [...]

Die, auf Kants Veranlassung, in manchen Kompendien gegebenen Ableitungen der Unrechtmäßigkeit der Lüge, aus dem Sprachvermögen des Menschen, sind so platt, kindisch und abgeschmackt, dass man, nur um ihnen Hohn zu sprechen, versucht werden könnte, sich dem Teufel in die Arme zu werfen und mit Talleyrand zu sagen: *l'homme a reçu la parole pour pouvoir cacher sa pensée* [Der Mensch hat die Sprache erhalten, um seine Gedanken verbergen zu können]. – Kants bei jeder Gelegenheit zur Schau getragener, unbedingter und grenzenloser Abscheu gegen die Lüge beruht entweder auf Affektation, oder auf Vorurteil: in dem Kapitel seiner »Tugendlehre« von der Lüge, schilt er diese zwar mit allen ehrenrührigen Prädikaten, bringt aber gar keinen eigentlichen Grund für ihre Verwerflichkeit bei; welches doch wirksamer gewesen wäre. Deklamieren ist leichter als Beweisen, und Moralisieren leichter als Aufrichtigsein. Kant hätte besser getan, jenen speziellen Eifer gegen die Schadenfreude loszulassen: diese, nicht die Lüge, ist das eigentlich teuflische Laster. Denn sie ist das gerade Gegenteil des Mitleids, und ist nichts anderes, als die ohnmächtige Grausamkeit, welche die Leiden, in denen sie andere so gern erblickt, selbst herbeizuführen unfähig, dem Zufall dankt, der es statt ihrer that. – Dass, nach dem Prinzip der ritterlichen Ehre, der Vorwurf der Lüge als so sehr schwer und eigentlich mit dem Blute des Anschuldigers abzuwaschen genommen wird, liegt nicht daran, dass die Lüge unrecht ist, da alsdann die Anschuldigung eines durch Gewalt verübten Unrechts eben so schwer kränken müsste, was bekanntlich nicht der Fall ist; sondern es liegt daran, dass, nach dem Prinzip der ritterlichen Ehre, eigentlich die Gewalt das Recht begründet: wer nun, um ein Unrecht auszuführen, zur Lüge greift, beweist, dass ihm die Gewalt, oder der zur Anwendung dieser nötige Mut abgeht. Jede Lüge zeugt von Furcht: das bricht den Stab über ihn.

V. Lebensphilosophische und linguistische Perspektiven seit dem 19. Jahrhundert

Einleitung: Entlarvungsdenken und Wahrhaftigkeitsskepsis seit dem 19. Jahrhundert

Von Maria-Sibylla Lotter

Wie Bernard Williams in seinem Buch *Truth and Truthfulness*[1] diagnostiziert, sind es vor allem zwei Denkweisen aus dem 19. Jahrhundert, welche die Kultur des 20. Jahrhunderts und die Wissenschaftskultur bis in die Gegenwart prägen. Einerseits, so Williams, leben wir in einer Zeit, die sich auf besonders intensive Weise der Wahrhaftigkeit verpflichtet fühlt. Es besteht ein starker Drang, gängige Denkweisen und Institutionen mit Blick auf dahinter liegende reale Verhältnisse und Motive wie Machtinteressen zu entlarven. Dieses Entlarvungsstreben dominiert schon lange die Sozial- und Geisteswissenschaften und hat in den letzten Jahrzehnten auch zu einer Ideologiekritik der Entdeckungen in den Naturwissenschaften geführt.

Neben dieser Forderung nach Wahrhaftigkeit, die sich in einem schon reflexhaften Misstrauen äußert, diagnostiziert Williams jedoch auch ein Misstrauen gegenüber der Wahrheit, das mittlerweile fast ebenso verbreitet ist und ebenfalls dem 19. Jahrhundert entstammt: Eine Skepsis, ob es überhaupt so etwas wie Wahrheit gibt, d. h. ob es etwas gibt, was nicht nur relativ oder subjektiv oder dergleichen ist. Aus dieser Skepsis ist eine neue Form des Dogmatismus entstanden, die Williams folgendermaßen rekonstruiert: Wenn man die Wahrheitsfrage ernst nimmt und glaubt, nicht auf sicheren Grund

1 Dt. Ausg.: *Wahrheit und Wahrhaftigkeit*, Berlin 2013.

stoßen zu können, scheint es ehrlicher zuzugeben, dass die Wahrheit nicht zu haben ist. Dann liegt die Überlegung nahe, ob man nicht aufhören sollte, vorzugeben, es ginge um die Wahrheit, und nicht eine andere Beschreibung der eigenen Motive akzeptieren sollte – beispielsweise, dass es eigentlich immer nur um Macht ginge usw. Die Frustration, die sich aus der Unerfüllbarkeit der radikalen Verpflichtung zur kritischen Hinterfragung ergibt, demotiviert jedoch die kritische Haltung selbst und führt dazu, dass Beschreibungen – eine Machttheorie, eine Theorie der Dekonstruktion oder psychologische Annahmen – mehr oder weniger hingenommen werden, ohne sie zu hinterfragen. So führt die Schrankenlosigkeit der Kritik in einen neuen Dogmatismus oder eine zynische Form der Kritiklosigkeit, der es letztlich nicht mehr darauf ankommt, ob das Schema, dem man gerade folgt, wahrheitsrelevant ist oder nicht. Sowohl für das Misstrauen gegenüber der Vorstellung, es gäbe so etwas wie eine objektive Wahrheit (*Über Wahrheit und Lüge im außermoralischen Sinne*), als auch für das Verlangen nach der Erkenntnis der Wahrheit und die Kritik an der Verlogenheit (*Der Antichrist*) ist Nietzsche die wichtigste Quelle.

Das 19. Jahrhundert ist jedoch nicht nur die Quelle der Wahrheitsskepsis, sondern auch der Zuwendung zum »Leben«, bzw. einer an den vielfältigen Lebenskontexten orientierten Moral. Was den vielseitigen Lebensphilosophen Nietzsche mit weit auseinanderliegenden Denkrichtungen wie den erst im 20. Jahrhundert entstandenen Strömungen der analytischen Philosophie von Bernard Williams, den theologischen Überlegungen Dietrich Bonhoeffers und den linguistischen Analysen Harald Weinrichs verbindet, ist der Versuch, die Wichtigkeit der Wahrheitstugenden herauszuarbeiten, ohne dabei dem »Fetischcharakter« (Williams) des Lügenverbots zu verfallen; sie alle versuchen, an die Stelle der leeren Destruktivität eines bloßen Entlarvungsdenkens eine differenzierte Analyse der Funktion von Lüge, Fiktion und verschiedenen Formen des Wahrheitsbezuges in den öffentlichen und privaten Lebens- und Sprachkontexten zu setzen.

FRIEDRICH NIETZSCHE

Nahezu alle Werke Nietzsches von der *Geburt der Tragödie* über die *Genealogie der Moral* bis hin zum *Antichrist* kreisen um die Frage, was Lügen ausmacht und welche Rolle sie für das menschliche Leben spielen. Dabei geht es nicht um die Lüge als bewusste und kontrollierte Sprachhandlung.[1] Nietzsche verwendet den Begriff im Sinne des Spektrums an Bedeutungen, das dem griechischen Wortstamm *pseudo-* entspringt und Selbsttäuschungen aller Art, aber auch Fiktionen, unvermeidliche Irrtümer und ideologische Verblendungen einschließt. Der Zustand der Verlogenheit ist für Nietzsche nicht die Ausnahme, sondern der Normalzustand; auch die Ideen und Werte der europäischen Philosophie sprechen weniger Wahrheiten über den Menschen aus, als dass sie diese verschleiern.[2]

Mit Blick auf seine Sicht des menschlichen Lebens als eines letztlich unvermeidbaren Verstricktseins in mehr oder weniger lebensförderliche Lügengespinste wird Nietzsche oft als ein Relativist verstanden, der weder an die Möglichkeit wahrer Erkenntnis glaubt noch an die Tugend der Wahrhaftigkeit. Was die Wahrheit angeht, so behauptet Nietzsche an vielen Stellen, unser Streben nach Erkenntnis sei stets eine »Interpretation« und »Überwältigung« des Gegenstands, nicht eine Anglei-

---

1 Mit Blick auf die Lüge gegenüber anderen wiederholt Nietzsche nur die Überlegungen des frühen Platon, dass der Lügner mit Blick auf die Wahrheit demjenigen vorzuziehen sei, der nicht lügen kann, wobei Odysseus für die Person steht, die mit guten Absichten lügt, aber sich selbst nie belügt. Vgl. oben die Einführung zu Platon, *Hippias Minor*.

2 Vgl. hierzu Konrad Paul Liessmann, *Philosophie des verbotenen Wissens. Friedrich Nietzsche und die schwarzen Seiten des Denkens*, Wien 2000, S. 11.

chung an eine unabhängige Realität.[3] Er bezeichnet den Erkenntnisakt auch als ein »perspektivisches Sehen«, dessen Objektivität nicht durch Absehen von den Affekten, sondern durch affektive Motivation bedingt ist.[4] Der Wert der Wahrhaftigkeit wiederum scheint durch viele Passagen in Zweifel gezogen zu werden, in denen Nietzsche der Lüge einen unverzichtbaren Nutzen für das Leben bzw. die Selbsterhaltung und das Wohlbefinden zuschreibt. Der Mensch müsse schon von Natur Lügner sein, er müsse mehr als alles andere *Künstler* sein: »Der Wille zum Schein, zur Illusion, zur Täuschung«, so Nietzsche, »ist tiefer, ›metaphysischer‹ als der Wille zur Wahrheit, zur Wirklichkeit, zum Sein«.[5] Unser Intellekt sei mehr mit der Hervorbringung von Fiktionen als mit der Wahrheit und ihrer Mitteilung befasst.[6] Er erfinde Religionen, Metaphysiken und Ideologien, um sich die Schrecknisse und Ödnisse des Lebens schönzulügen. Das alte Ideal des Menschen als eines nach Wahrheit strebenden Wissenschaftlers hingegen

3 Vgl. Friedrich Nietzsche, *Zur Genealogie der Moral. Zweite Abhandlung*, § 12, in: *Sämtliche Werke. Kritische Studienausgabe*, hrsg. von Giorgio Colli und Mazzino Montinari, Bd. 5, München 1980, S. 314.

4 Nietzsche, *Zur Genealogie der Moral. Dritte Abhandlung*, § 12, in: *Sämtliche Werke*, S. 314: Je »mehr Affekte wir über eine Sache zu Worte kommen lassen, je mehr Augen, verschiedene Augen wir uns für dieselbe Sache einzusetzen wissen, um so vollständiger wird unser »Begriff« dieser Sache, unsre »Objektivität« sein. Den Willen aber überhaupt eliminieren, die Affekte samt und sonders aushängen, gesetzt, daß wir dies vermöchten: wie? hieße das nicht den Intellekt kastrieren?«

5 Nietzsche, *Nachgelassene Fragmente vom Frühjahr 1888*, in: *Sämtliche Werke* (s. Anm. 4), Bd. 13, S. 226.

6 Vgl. Nietzsche, *Über Wahrheit und Lüge im außermoralischen Sinne*, § 1, in: *Sämtliche Werke* (s. Anm. 4) Bd. 1, S. 873: »Der Intellekt als Mittel zur Erhaltung des Individuums entfaltet seine Hauptkräfte in der Verstellung.«

sei ein asketisches Ideal, das »dem Schutz- und Heil-Instinkte eines degenerierenden Lebens« entspringt.[7] Gegen diesen Nietzsche – nennen wir ihn: Nietzsche, den Wahrheitsverächter – wurde von philosophischer Seite immer wieder eingewandt, dass Wahrheit für die menschliche Erkenntnis nicht nur ein mögliches Ziel unter anderen darstellt, das mal nützlich, mal nicht nützlich ist. Die Bindung an Wahrheit sei dem Denken nicht so äußerlich, wie es Nietzsche anscheinend unterstellt; Denken sei letzten Endes ohne ein Gerichtetsein auf Wahrheit unverständlich.[8]

Für sich genommen ist dieser Einwand richtig, aber er geht an Nietzsches Anliegen vorbei. Nietzsche bestreitet nicht den Wahrheitsbezug, der in dem Glauben impliziert ist, dass etwas der Fall ist. Er stellt andere Fragen. Seine Schriften loten die psychologischen Motive und kulturellen Gründe aus, etwas auch dann zu glauben, wenn es im Lichte der Erfahrung höchst unwahrscheinlich ist wie die leibliche Wiederauferstehung nach dem Tode. Vor allem aber befasst sich Nietzsche mit den Rückwirkungen solcher Überzeugungen auf das Leben, wie in der bekannten These von der Entwicklung des Nihilismus als Spätfolge der christlichen Jenseitsorientierung.[9] In diesen Untersuchungen wird das moderne Projekt der Aufklärung nicht aufgegeben, sondern eher auf die Spitze getrieben. Auch Nietzsches Lob der Täuschung ist Ausdruck kritischer Selbsthinterfragung. Wenn er darauf hinweist, dass wir in manchen Situationen nicht nur auf lebenserhaltende Täuschungen an-

---

7 Vgl. Nietzsche, *Zur Genealogie der Moral. Dritte Abhandlung,* in: *Sämtliche Werke* (s. Anm. 4), Bd. 5, S. 339.

8 Diesen klassischen Einwand reformuliert Charles Larmore in: »Der Wille zur Wahrheit«, in: *Klassiker Auslegen. Friedrich Nietzsche, Zur Genealogie der Moral,* hrsg. von Otfried Höffe, Berlin 2004, S. 169.

9 Vgl. Nietzsche, *Nachgelassene Fragmente 1885–1889,* in: *Sämtliche Werke* (s. Anm. 4), Bd. 12, S. 211–218.

gewiesen sind, sondern auch die Qualität des Lebens wesentlich von der Produktion von schönen und unterhaltsamen *Fiktionen* abhängt, geht es nicht darum, Wahrheitsstreben durch Lügen zu ersetzen, sondern die psychologischen Voraussetzungen und Funktionen des eigenen Für-wahr-Haltens zu durchschauen.

Nietzsches Haltung speist sich keinesfalls aus einem Desinteresse an der Wahrheit, sondern eher aus einer extremen und punktuell selbstdestruktiven Radikalisierung des modernen Kritizismus. Wenn er den Nutzen von Lügen im Sinne von Selbsttäuschungen verteidigt, geht es einerseits um den strategischen Wert der Selbsttäuschung im Sinne der selektiven Wahrnehmung, also um eine bewusst praktizierte Lebenstechnik, die einem durch Ausblendung von Unangenehmem die Konzentration auf das erlaubt, was einem wichtig ist. Darüber hinaus hebt er die Bedeutung von Fiktionen für die eigene Lebensgestaltung und -Erleichterung hervor. Nietzsche betrachtet Wahrhaftigkeit und Täuschung aber auch unter dem perfektionistischen Gesichtspunkt der Entwicklung hin zu persönlicher Autonomie bzw. Souveränität. Und unter diesem Wertgesichtspunkt tritt er auch als Kritiker eines unkritischen Umgangs mit Fiktionen und Selbsttäuschungen hervor. Immer wieder diagnostiziert er eine im modernen Denken kulturell verwurzelte destruktive Tendenz, sich die Wirklichkeit schönzulügen, ohne es zu merken: Was »das eigentlichste Merkmal moderner Seelen, moderner Bücher ausmacht, das ist nicht die Lüge, sondern die eingefleischte Un s c h u l d in der moralistischen Verlogenheit. [...] Die [...] echte resolute ›ehrliche Lüge‹ (über deren Wert man Plato hören möge) wäre für sie etwas bei weitem zu Strenges, zu Starkes; es würde verlangen, was man von ihnen nicht verlangen d a r f , dass sie die Augen gegen sich selbst aufmachten, dass sie zwischen ›wahr‹ und ›falsch‹ bei sich selber zu unterscheiden wüssten. Ihnen ge-

ziemt allein die unehrliche Lüge; alles, was sich heute als
›guter Mensch‹ fühlt, ist vollkommen unfähig, zu irgendeiner
Sache anders zu stehn als unehrlich-verlogen, abgründlich-verlogen, aber unschuldig-verlogen, treuherzig-verlogen,
blauäugig-verlogen, tugendhaft-verlogen.«[10] Gefährlich sind
also nicht die Lügen, mit denen wir andere überlisten, ohne
uns selbst darüber zu täuschen, dass wir lügen. Es sind die
blauäugigen Lügen, die schmeichelhaften und idealisierenden
Narrative, die wir uns selbst erzählen oder die wir anderen erzählen, um sie selbst glauben zu können. Mit Blick auf diese
Lügen ist Nietzsche alles andere als ein Wahrheitsverächter.
Hier tritt er als Verfechter einer rigorosen Wahrheitssuche in
Erscheinung, an der sich letztlich die Qualität einer Person bemisst: »Wie viel Wahrheit erträgt, wie viel Wahrheit wagt
ein Geist? das wurde für mich immer mehr der eigentliche
Wertmesser. Irrtum (– der Glaube ans Ideal –) ist nicht Blind-
heit, Irrtum ist Feigheit ...«[11]

Hier wird deutlich, dass Wahrhaftigkeit für Nietzsche mehr
als Lügenabstinenz ist. Sie bedeutet eine aktive Erkenntnis-
bemühung, die emotionale Widerstände überwindet. Sie zeigt
sich in der Bereitschaft, sich nicht mit konventionellen Deutungen zufrieden zu geben, sondern um die Wahrheit zu
ringen, auch wenn sie unbequem ist und unserem Wunschdenken nicht entspricht. Nietzsches Kritik am christlichen
Wunschdenken erinnert sogar an Kants rigorose Verdammung
religiöser Selbsttäuschungen als »innerer Lügen« in der *Metaphysik der Sitten*.[12] Und Nietzsche tritt hier nicht nur als rigo-

10 Nietzsche, *Zur Genealogie der Moral. Dritte Abhandlung*, § 19, in:
   Sämtliche Werke (s. Anm. 4), Bd. 5, S. 385 f.
11 Nietzsche, *Ecce Homo*, »Vorwort«, in: *Sämtliche Werke* (s. Anm. 4),
   Bd. 6, S. 259.
12 Vgl. Immanuel Kant, *Metaphysik der Sitten*, in: I. K., *Gesammelte
   Schriften. Akademie-Ausgabe*, Berlin [u. a.] 2000, Bd. 6, S. 429–431.

roser Kritiker der Lüge in Erscheinung, sondern auch als Anhänger eines durchaus asketischen Ideals der Wahrhaftigkeit: »Wäre Lust jemals ein Beweis der Wahrheit? So wenig, dass es beinahe den Gegenbeweis, jedenfalls den höchsten Argwohn gegen ›Wahrheit‹ abgibt, wenn Lustempfindungen über die Frage ›was ist wahr?‹ mitreden.[...] Die Erfahrung aller strengen, aller tief gearteten Geister lehrt d a s U m g e k e h r - te. [...] Was heißt denn r e c h t s c h a f f e n sein in geistigen Dingen? Dass man streng gegen sein Herz ist, dass man die ›schönen Gefühle‹ verachtet, dass man sich aus jedem Ja und Nein ein Gewissen macht!«[13]

Die Dynamik von Nietzsches Texten entspringt dieser letztlich unauflösbaren Spannung zwischen seinem Wahrheitsrigorismus, der die Stärke einer Persönlichkeit an ihrer Bereitschaft misst, sich der angenehmeren und schmeichelhafteren »Interpretation« zu verweigern, und seinem Interpretationismus des Willens zur Macht. Nietzsche schwankt zwischen einem Ideal der übermenschlichen Souveränität, das Selbsttransparenz verlangt – einem Ideal, das zur Überschreitung des jeweils erreichten Standes an Selbsterkenntnis auffordert –, und der damit verbundenen Einsicht, dass Selbsttransparenz nicht zu erreichen ist, weil sie eben übermenschlich wäre.

---

13 Nietzsche, *Der Antichrist*, § 50, in: *Sämtliche Werke* (s. Anm. 3), Bd. 6, S. 229 f.

Über Wahrheit und Lüge im außermoralischen Sinne

In irgendeinem abgelegenen Winkel des in zahllosen Sonnen-systemen flimmernd ausgegossenen Weltalls gab es einmal ein Gestirn, auf dem kluge Tiere das Erkennen erfanden. Es war die hochmütigste und verlogenste Minute der »Weltge-schichte«: aber doch nur eine Minute. Nach wenigen Atemzü-gen der Natur erstarrte das Gestirn, und die klugen Tiere mussten sterben. – So könnte jemand eine Fabel erfinden und würde doch nicht genügend illustriert haben, wie kläglich, wie schattenhaft und flüchtig, wie zwecklos und beliebig sich der menschliche Intellekt innerhalb der Natur ausnimmt; es gab Ewigkeiten, in denen er nicht war; wenn es wieder mit ihm vorbei ist, wird sich nichts begeben haben. Denn es gibt für je-nen Intellekt keine weitere Mission, die über das Menschenle-ben hinausführte. Sondern menschlich ist er, und nur sein Be-sitzer und Erzeuger nimmt ihn so pathetisch, als ob die Angeln der Welt sich in ihm drehten. Könnten wir uns aber mit der Mücke verständigen, so würden wir vernehmen, dass auch sie mit diesem Pathos durch die Luft schwimmt und in sich das fliegende Zentrum dieser Welt fühlt. [...]

Der Intellekt, als ein Mittel zur Erhaltung des Individuums, entfaltet seine Hauptkräfte in der Verstellung; denn diese ist das Mittel, durch das die schwächeren, weniger robusten Indi-viduen sich erhalten, als welchen einen Kampf um die Existenz mit Hörnern oder scharfem Raubtier-Gebiss zu führen versagt ist. Im Menschen kommt diese Verstellungskunst auf ihren Gipfel: hier ist die Täuschung, das Schmeicheln, Lügen und Trügen, das Hinter-dem-Rücken-Reden, das Repräsentieren, das im erborgten Glanze Leben, das Maskiertsein, die verhül-lende Konvention, das Bühnenspiel vor anderen und vor sich selbst, kurz das fortwährende Herumflattern um die eine Flamme Eitelkeit so sehr die Regel und das Gesetz, dass fast nichts unbegreiflicher ist, als wie unter den Menschen ein ehrlicher und reiner Trieb zur Wahrheit aufkommen konnte. [...]

Soweit das Individuum sich, gegenüber andern Individuen, erhalten will, benutzte es in einem natürlichen Zustande der Dinge den Intellekt zumeist nur zur Verstellung: weil aber der Mensch zugleich aus Not und Langeweile gesellschaftlich und herdenweise existieren will, braucht er einen Friedensschluss und trachtet darnach dass wenigstens das allergröbste bellum omnium contra omnes aus seiner Welt verschwinde. Dieser Friedensschluss bringt aber etwas mit sich, was wie der erste Schritt zur Erlangung jenes rätselhaften Wahrheitstriebes aussieht. Jetzt wird nämlich das fixiert, was von nun an »Wahrheit« sein soll, d. h. es wird eine gleichmäßig gültige und verbindliche Bezeichnung der Dinge erfunden, und die Gesetzgebung der Sprache gibt auch die ersten Gesetze der Wahrheit: denn es entsteht hier zum ersten Male der Kontrast von Wahrheit und Lüge: der Lügner gebraucht die gültigen Bezeichnungen, die Worte, um das Unwirkliche als wirklich erscheinen zu machen; er sagt z. B. ich bin reich, während für seinen Zustand gerade »arm« die richtige Bezeichnung wäre. Er missbraucht die festen Konventionen durch beliebige Vertauschungen oder gar Umkehrungen der Namen. Wenn er dies in eigennütziger und übrigens Schaden bringender Weise tut, so wird ihm die Gesellschaft nicht mehr trauen und ihn dadurch von sich ausschließen. Die Menschen fliehen dabei das Betrogenwerden nicht so sehr, als das Beschädigtwerden durch Betrug. Sie hassen, auch auf dieser Stufe, im Grunde nicht die Täuschung, sondern die schlimmen, feindseligen Folgen gewisser Gattungen von Täuschungen. In einem ähnlichen beschränkten Sinne will der Mensch auch nur die Wahrheit. Er begehrt die angenehmen, Leben erhaltenden Folgen der Wahrheit; gegen die reine folgenlose Erkenntnis ist er gleichgültig, gegen die vielleicht schädlichen und zerstörenden Wahrheiten sogar feindlich gestimmt. Und überdies: wie steht es mit jenen Konventionen der Sprache? Sind sie vielleicht Erzeugnisse der Erkenntnis, des Wahrheitssinnes: decken sich die Bezeichnungen und die Dinge? Ist die Sprache der adäquate Ausdruck aller Realitäten?

Nur durch Vergesslichkeit kann der Mensch je dazu kommen zu wähnen: er besitze eine Wahrheit in dem eben bezeichneten Grade. [...] Was ist ein Wort? Die Abbildung eines Nervenreizes in Lauten. Von dem Nervenreiz aber weiterzuschließen auf eine Ursache außer uns, ist bereits das Resultat einer falschen und unberechtigten Anwendung des Satzes vom Grunde. Wie dürften wir, wenn die Wahrheit bei der Genesis der Sprache, der Gesichtspunkt der Gewissheit bei den Bezeichnungen allein entscheidend gewesen wäre, wie dürften wir doch sagen: der Stein ist hart: als ob uns »hart« noch sonst bekannt wäre und nicht nur als eine ganz subjektive Reizung! Wir teilen die Dinge nach Geschlechtern ein, wir bezeichnen den Baum als männlich, die Pflanze als weiblich: welche willkürlichen Übertragungen! Wie weit hinausgeflogen über den Kanon der Gewissheit! Wir reden von einer Schlange: die Bezeichnung trifft nichts als das Sichwinden, könnte also auch dem Wurme zukommen. Welche willkürlichen Abgrenzungen, welche einseitigen Bevorzugungen bald der bald jener Eigenschaft eines Dinges! Die verschiedenen Sprachen, neben einander gestellt, zeigen, dass es bei den Worten nie auf die Wahrheit, nie auf einen adäquaten Ausdruck ankommt: denn sonst gäbe es nicht so viele Sprachen. Das »Ding an sich« (das würde eben die reine folgenlose Wahrheit sein) ist auch dem Sprachbildner ganz unfasslich und ganz und gar nicht erstrebenswert. Er bezeichnet nur die Relationen der Dinge zu den Menschen und nimmt zu deren Ausdrucke die kühnsten Metaphern zu Hilfe. Ein Nervenreiz zuerst übertragen in ein Bild! erste Metapher. Das Bild wieder nachgeformt in einem

Laut! Zweite Metapher. Und jedesmal vollständiges Über-springen der Sphäre, mitten hinein in eine ganz andere und neue. Man kann sich einen Menschen denken, der ganz taub ist und nie eine Empfindung des Tones und der Musik gehabt hat: wie dieser etwa die Chladnischen Klangfiguren im Sande an-staunt, ihre Ursachen im Erzittern der Saite findet und nun da-rauf schwören wird, jetzt müsse er wissen, was die Menschen den Ton nennen, so geht es uns allen mit der Sprache. Wir glauben etwas von den Dingen selbst zu wissen, wenn wir von Bäumen, Farben, Schnee und Blumen reden und besitzen doch nichts als Metaphern der Dinge, die den ursprünglichen We-senheiten ganz und gar nicht entsprechen. Wie der Ton als Sandfigur, so nimmt sich das rätselhafte X des Dings an sich einmal als Nervenreiz, dann als Bild, endlich als Laut aus. Lo-gisch geht es also jedenfalls nicht bei der Entstehung der Spra-che zu, und das ganze Material, worin und womit später der Mensch der Wahrheit, der Forscher, der Philosoph arbeitet und baut, stammt, wenn nicht aus Wolkenkuckucksheim, so doch jedenfalls nicht aus dem Wesen der Dinge.

Denken wir besonders noch an die Bildung der Begriffe: je-des Wort wird sofort dadurch Begriff, dass es eben nicht für das einmalige ganz und gar individualisierte Urerlebnis, dem es sein Entstehen verdankt, etwa als Erinnerung dienen soll, sondern zugleich für zahllose, mehr oder weniger ähnliche, d. h. streng genommen niemals gleiche, also auf lauter unglei-che Fälle passen muss. Jeder Begriff entsteht durch Gleichset-zen des Nicht-Gleichen. So gewiss nie ein Blatt einem andern ganz gleich ist, so gewiss ist der Begriff Blatt durch beliebiges Fallenlassen dieser individuellen Verschiedenheiten, durch ein Vergessen des Unterscheidenden gebildet und erweckt nun die Vorstellung, als ob es in der Natur außer den Blättern etwas gä-be, das »Blatt« wäre, etwa eine Urform, nach der alle Blätter ge-webt, gezeichnet, abgezirkelt, gefärbt, gekräuselt, bemalt wären, aber von ungeschickten Händen, so dass kein Exemplar korrekt und zuverlässig als treues Abbild der Urform ausgefallen wäre. Wir nennen einen Menschen ehrlich; warum hat er heute so ehrlich gehandelt? fragen wir. Unsere Antwort pflegt zu lauten: seiner Ehrlichkeit wegen. Die Ehrlichkeit! das heißt wieder: das Blatt ist die Ursache der Blätter. Wir wissen ja gar nichts von einer wesenhaften Qualität, die die Ehrlichkeit hieße, wohl aber von zahlreichen individualisierten, somit ungleichen Handlungen, die wir durch Weglassen des Ungleichen gleichsetzen und jetzt als ehrliche Handlungen bezeichnen; zuletzt formulieren wir aus ihnen eine qualitas occulta mit dem Namen: die Ehrlichkeit.

Das Übersehen des Individuellen und Wirklichen gibt uns den Begriff, wie es uns auch die Form gibt, wohingegen die Natur keine Formen und Begriffe, also auch keine Gattungen kennt, sondern nur ein für uns unzugängliches und undefinierbares X. Denn auch unser Gegensatz von Individuum und Gattung ist anthropomorphisch und entstammt nicht dem Wesen der Dinge, wenn wir auch nicht zu sagen wagen, dass er ihm nicht entspricht: das wäre nämlich eine dogmatische Behauptung und als solche ebenso unerweislich wie ihr Gegenteil.

Was ist also Wahrheit? Ein bewegliches Heer von Metaphern, Metonymien, Anthropomorphismen kurz eine Summe von menschlichen Relationen, die, poetisch und rhetorisch gesteigert, übertragen, geschmückt wurden, und die nach langem Gebrauch einem Volke fest, kanonisch und verbindlich dünken: die Wahrheiten sind Illusionen, von denen man vergessen hat, dass sie welche sind, Metaphern, die abgenutzt und sinnlich kraftlos geworden sind, Münzen, die ihr Bild verloren haben und nun als Metall, nicht mehr als Münzen, in Betracht kommen.

Inwiefern auch wir noch fromm sind. – In der Wissenschaft haben die Überzeugungen kein Bürgerrecht, so sagt man mit gutem Grunde: erst wenn sie sich entschließen, zur Bescheidenheit einer Hypothese, eines vorläufigen Versuchs-Standpunktes, einer regulativen Fiktion herabzusteigen, darf ihnen der Zutritt und sogar ein gewisser Wert innerhalb des Reichs der Erkenntnis zugestanden werden, – immerhin mit der Beschränkung, unter polizeiliche Aufsicht gestellt zu bleiben, unter die Polizei des Misstrauens. – Heißt das aber nicht, genauer besehen: erst, wenn die Überzeugung aufhört, Überzeugung zu sein, darf sie Eintritt in die Wissenschaft erlangen? Finge nicht die Zucht des wissenschaftlichen Geistes damit an, sich keine Überzeugungen mehr zu gestatten? … So steht es wahrscheinlich: nur bleibt übrig zu fragen, ob nicht, damit diese Zucht anfangen könne, schon eine Überzeugung da sein müsse, und zwar eine so gebieterische und bedingungslose, dass sie alle andren Überzeugungen sich zum Opfer bringt. Man sieht, auch die Wissenschaft ruht auf einem Glauben, es gibt gar keine »voraussetzungslose« Wissenschaft. Die Frage, ob Wahrheit not tue, muss nicht nur schon vorher bejaht, sondern in dem Grade bejaht sein, dass der Satz, der Glaube, die Überzeugung darin zum Ausdruck kommt »es tut nichts mehr not als Wahrheit, und im Verhältniss zu ihr hat alles Übrige nur einen Wert zweiten Rangs«. – Dieser unbedingte Wille zur Wahrheit: was ist er? Ist es der Wille, sich nicht täuschen zu lassen? Ist es der Wille, nicht zu täuschen? Nämlich auch auf diese letzte Weise könnte der Wille zur Wahrheit interpretiert werden: vorausgesetzt, dass man unter der Verallgemeinerung »ich will nicht täuschen« auch den einzelnen Fall »ich will mich nicht täuschen« einbegreift. Aber warum nicht täuschen? Aber warum nicht sich täuschen lassen? – Man bemerke, dass die Gründe für das Erstere auf einem ganz andern Bereiche liegen als die für das Zweite: man will sich nicht täuschen lassen, unter der Annahme, dass es schädlich, gefährlich, verhängnisvoll ist, getäuscht zu werden, – in diesem Sinne wäre Wissenschaft eine lange Klugheit, eine Vorsicht, eine Nützlichkeit, gegen die man aber billigerweise einwenden dürfte: wie? ist wirklich das Sich-nicht-täuschen-lassen-Wollen weniger schädlich, weniger gefährlich, weniger verhängnisvoll: Was wisst ihr von vornherein vom Charakter des Daseins, um entscheiden zu können, ob der größere Vorteil auf Seiten des Unbedingt-Misstrauischen oder des Unbedingt-Zutraulichen ist? Falls aber Beides nötig sein sollte, viel Zutrauen u n d viel Misstrauen: woher dürfte dann die Wissenschaft ihren unbedingten Glauben, ihre Überzeugung nehmen, auf dem sie ruht, dass Wahrheit wichtiger sei als irgendein andres Ding, auch als jede andre Überzeugung? Eben diese Überzeugung könnte nicht entstanden sein, wenn Wahrheit u n d Unwahrheit sich beide fortwährend als nützlich bezeigten: wie es der Fall ist. Also – kann der Glaube an die Wissenschaft, der nun einmal unbestreitbar da ist, nicht aus einem solchen Nützlichkeits-Kalkül seinen Ursprung genommen haben, sondern vielmehr t r o t z d e m , dass ihm die Unnützlichkeit und Gefährlichkeit des »Willens zur Wahrheit«, der »Wahrheit um jeden Preis« fortwährend bewiesen wird. »Um jeden Preis«: oh wir verstehen das gut genug, wenn wir erst einen Glauben nach dem andern auf diesem Altare dargebracht und abgeschlachtet haben! – Folglich bedeutet »Wille zur Wahrheit« nicht »ich will mich nicht täuschen lassen«, sondern – es bleibt keine Wahl – »ich will nicht täuschen, auch mich selbst nicht«: – u n d h i e r m i t s i n d w i r a u f d e m B o d e n d e r M o r a l . Denn man frage sich nur gründlich: »warum willst du nicht täuschen?« namentlich wenn es den Anschein haben sollte, – und es hat den Anschein! – als wenn das

Leben auf Anschein, ich meine auf Irrtum, Betrug, Verstellung, Blendung, Selbstverblendung angelegt wäre, und wenn andrerseits tatsächlich die große Form des Lebens sich immer auf der Seite der unbedenklichsten πολύτροποι [polýtropoi] gezeigt hat. Es könnte ein solcher Vorsatz vielleicht, mild ausgelegt, eine Don-Quixoterie, ein kleiner schwärmerischer Aberwitz sein; er könnte aber auch noch etwas Schlimmeres sein, nämlich ein lebensfeindliches zerstörerisches Prinzip ... »Wille zur Wahrheit« – das könnte ein versteckter Wille zum Tode sein. – Dergestalt führt die Frage: warum Wissenschaft? zurück auf das moralische Problem: wozu überhaupt Moral, wenn Leben, Natur, Geschichte »unmoralisch« sind? Es ist kein Zweifel, der Wahrhaftige, in jenem verwegenen und letzten Sinne, wie ihn der Glaube an die Wissenschaft voraussetzt, bejaht damit eine andre Welt als die des Lebens, der Natur und der Geschichte; und insofern er diese »andre Welt« bejaht, wie? muss er nicht eben damit ihr Gegenstück, diese Welt, unsre Welt – verneinen? ... Doch man wird es begriffen haben, worauf ich hinaus will, nämlich dass es immer noch ein metaphysischer Glaube ist, auf dem unser Glaube an die Wissenschaft ruht, – dass auch wir Erkennenden von heute, wir Gottlosen und Antimetaphysiker, auch unser Feuer noch von dem Brande nehmen, den ein Jahrtausende alter Glaube entzündet hat, jener Christen-Glaube, der auch der Glaube Platos war, dass Gott die Wahrheit ist, dass die Wahrheit göttlich ist ... Aber wie, wenn dies gerade immer mehr unglaubwürdig wird, wenn nichts sich mehr als göttlich erweist, es sei denn der Irrtum, die Blindheit, die Lüge, – wenn Gott selbst sich als unsre längste Lüge erweist? –

Man lasse sich nicht irreführen: große Geister sind Skeptiker. [...] Menschen der Überzeugung kommen für alles Grundsätzliche von Wert und Unwert gar nicht in Betracht. Überzeugungen sind Gefängnisse. Das sieht nicht weit genug, das sieht nicht unter sich: aber um über Wert und Unwert mitreden zu dürfen, muss man fünfhundert Überzeugungen unter sich sehn, – hinter sich sehn ... Ein Geist der Großes will, der auch die Mittel dazu will, ist mit Notwendigkeit Skeptiker. Die Freiheit von jeder Art Überzeugungen gehört zur Stärke, das Frei-Blicken-Können ... Die große Leidenschaft, der Grund und die Macht seines Seins, noch aufgeklärter, noch despotischer, als er selbst es ist, nimmt seinen ganzen Intellekt in Dienst; sie macht unbedenklich; sie gibt ihm Mut sogar zu unheiligen Mitteln; sie gönnt ihm unter Umständen Überzeugungen. Die Überzeugung als Mittel: Vieles erreicht man nur mittelst einer Überzeugung. Die große Leidenschaft braucht, verbraucht Überzeugungen, sie unterwirft sich ihnen nicht, – sie weiß sich souverain. – Umgekehrt: das Bedürfnis nach Glauben, nach irgendetwas Unbedingtem von Ja und Nein, der Carlylismus, wenn man mir dies Wort nachsehn will, ist ein Bedürfnis der Schwäche. Der Mensch des Glaubens, der »Gläubige« jeder Art ist notwendig ein abhängiger Mensch, – ein solcher, der sich nicht als Zweck, der von sich aus überhaupt nicht Zwecke ansetzen kann. Der »Gläubige« gehört sich nicht, er kann nur Mittel sein, er muss verbraucht werden, er hat jemand nötig, der ihn verbraucht. Sein Instinkt gibt einer Moral der Entselbstung die höchste Ehre: zu ihr überredet ihn alles, seine Klugheit, seine Erfahrung, seine Eitelkeit. Jede Art Glaube ist selbst ein Ausdruck von Entselbstung, von Selbst-Entfremdung ... [...] Viele Dinge nicht sehn, in keinem Punkte unbefangen sein, Partei sein durch und durch, eine strenge und notwendige Optik in allen Werten haben – das allein bedingt es, dass eine solche Art Mensch überhaupt besteht. Aber damit ist sie der Gegensatz, der Antagonist des Wahrhaftigen, – der Wahrheit ... Dem Gläubigen steht es nicht frei, für die Frage »wahr« und »unwahr« überhaupt ein Gewissen zu haben: rechtschaffen sein an dieser Stelle wäre sofort sein Untergang. Die pathologische Bedingtheit seiner Optik macht aus dem Überzeugten den Fanatiker – Savonarola, Luther, Rousseau, Robespierre, Saint-Simon –, den Gegensatz-Typus des starken, des freigewordnen Geistes. [...]

[...] Es ist schon lange von mir zur Erwägung anheimgegeben worden, ob nicht die Überzeugungen gefährlichere Feinde der Wahrheit sind als die Lügen (*Menschliches, Allzumenschliches* [I, Aphorismus 483]). Dies Mal möchte ich die entscheidende Frage tun: besteht zwischen Lüge und Überzeugung überhaupt ein Gegensatz? – Alle Welt glaubt es; aber was glaubt nicht alle Welt! – Eine jede Überzeugung hat ihre Geschichte, ihre Versonnen, ihre Tentativen und Fehlgriffe: sie wird Überzeugung, nachdem sie es lange nicht ist, nachdem sie es noch länger kaum ist. Wie? könnte unter diesen Embryonal-Formen der Überzeugung nicht auch die Lüge sein? – Mitunter bedarf es bloß eines Personen-Wechsels: im Sohn wird Überzeugung, was im Vater noch Lüge war. – Ich nenne Lüge etwas nicht sehn wollen, das man sieht, etwas nicht so sehn wollen, wie man es sieht: ob die Lüge vor Zeugen oder ohne Zeugen statt hat, kommt nicht in Betracht. Die gewöhnlichste Lüge ist die, mit der man sich selbst belügt; das Belügen andrer ist relativ der Ausnahmefall. – Nun ist dies Nicht-sehn-wollen, was man sieht, dies Nicht-so-sehn-wollen, wie man es sieht, beinahe die erste Bedingung für alle, die Partei sind, in irgend welchem Sinne: der Parteimensch wird mit Notwendigkeit Lügner. Die deutsche Geschichtsschreibung zum Beispiel ist überzeugt, dass Rom der Despotismus war, dass die Germanen den Geist der Freiheit in die Welt gebracht haben: welcher Unterschied ist zwischen dieser Überzeugung und einer Lüge? Darf man sich noch darüber wundern, wenn, aus Instinkt, alle Parteien, auch die deutschen Historiker, die großen Worte der Moral im Munde haben, – dass die Moral beinahe dadurch fortbesteht, dass der Parteimensch jeder Art jeden Augenblick sie nötig hat? – »Dies ist unsre Überzeugung: wir bekennen sie vor aller Welt, wir leben und sterben für sie, – Respekt vor allem, was Überzeugungen hat!« – dergleichen habe ich sogar aus dem Mund von Antisemiten gehört. Im Gegenteil, meine Herrn! Ein Antisemit wird dadurch durchaus nicht anständiger, dass er aus Grundsatz lügt ... Die Priester, die in solchen Dingen feiner sind und den Einwand sehr gut verstehn, der im Begriff einer Überzeugung, das heißt einer grundsätzlichen, weil zweckdienlichen Verlogenheit liegt, haben von den Juden her die Klugheit überkommen, an dieser Stelle den Begriff »Gott«, »Wille Gottes«, »Offenbarung Gottes« einzuschieben. Auch Kant, mit seinem kategorischen Imperativ, war auf dem gleichen Wege: seine Vernunft wurde hierin praktisch. – Es gibt Fragen, wo über Wahrheit und Unwahrheit dem Menschen die Entscheidung nicht zusteht; alle obersten Fragen, alle obersten Wert-Probleme sind jenseits der menschlichen Vernunft ... Die Grenzen der Vernunft begreifen – das erst ist wahrhaft Philosophie ... Wozu gab Gott dem Menschen die Offenbarung? Würde Gott etwas Überflüssiges getan haben? Der Mensch kann von sich nicht selber wissen, was gut und böse ist, darum lehrte ihn Gott seinen Willen ... Moral: der Priester lügt nicht, – die Frage »wahr« oder »unwahr« giebt es nicht in solchen Dingen, von denen Priester reden; diese Dinge erlauben gar nicht zu lügen. Denn um zu lügen, müsste man entscheiden können, was hier wahr ist. Aber das kann eben der Mensch nicht; der Priester ist damit nur das

Mundstück Gottes. – Ein solcher Priester-Syllogismus ist durchaus nicht bloß jüdisch und christlich; das Recht zur Lüge und die Klugheit der »Offenbarung« gehört dem Typus Priester an, den décadence-Priestern so gut als den Heidentums-Priestern (– Heiden sind alle, die zum Leben Ja sagen, denen »Gott« das Wort für das große Ja zu allen Dingen ist). – Das »Gesetz«, der »Wille Gottes«, das »heilige Buch«, die »Inspiration« – alles nur Worte für die Bedingungen, unter denen der Priester zur Macht kommt, mit denen er seine Macht aufrecht erhält, – diese Begriffe finden sich auf dem Grunde aller Priester-Organisationen, aller priesterlichen oder philosophisch-priesterlichen Herrschaftsgebilde. Die »heilige Lüge« – dem Konfuzius, dem Gesetzbuch des Manu, dem Muhammed, der christlichen Kirche gemeinsam: sie fehlt nicht bei Plato, »Die Wahrheit ist da«: dies bedeutet, wo nur es laut wird, der Priester lügt...

Ein Psychologe nämlich hat heute darin, wenn irgend worin, seinen guten Geschmack (– andre mögen sagen: seine Rechtschaffenheit), dass er der schändlich vermoralisierten Sprechweise widerstrebt, mit der nachgerade alles moderne Urteilen über Mensch und Ding angeschleimt ist. Denn man täusche sich hierüber nicht: was das eigentlichste Merkmal moderner Seelen, moderner Bücher ausmacht, das ist nicht die Lüge, sondern die eingefleischte Unschuld in der moralistischen Verlogenheit. [...] Unsre Gebildeten von heute, unsre »Guten« lügen nicht – das ist wahr; aber es gereicht ihnen nicht zur Ehre! Die eigentliche Lüge, die echte resolute »ehrliche« Lüge (über deren Wert man Plato hören möge) wäre für sie etwas bei weitem zu Strenges, zu Starkes; es würde verlangen, was man von ihnen nicht verlangen darf, dass sie die Augen gegen sich selbst aufmachten, dass sie zwischen »wahr« und »falsch« bei sich selber zu unterscheiden wüssten. Ihnen geziemt allein die unehrliche Lüge; alles, was sich heute als »guter Mensch« fühlt, ist vollkommen unfähig, zu irgendeiner Sache anders zu stehn als unehrlich-verlogen, abgründlich-verlogen, aber unschuldig-verlogen, treuherzig-verlogen, blauäugig-verlogen, tugendhaft-verlogen. Diese »guten Menschen« – sie sind allesamt jetzt in Grund und Boden vermoralisiert und in Hinsicht auf Ehrlichkeit zu Schanden gemacht und verhunzt für alle Ewigkeit: wer von ihnen hielte noch eine Wahrheit »über den Menschen« aus! ... Oder, greiflicher gefragt: wer von ihnen ertrüge eine wahre Biographie! ... Ein paar Anzeichen: Lord Byron hat einiges Persönlichste über sich aufgezeichnet, aber Thomas Moore war »zu gut« dafür: er verbrannte die Papiere seines Freundes. Dasselbe soll Dr. Gwinner getan haben, der Testaments-Vollstrecker Schopenhauers: denn auch Schopenhauer hatte einiges über sich und vielleicht auch gegen sich (εἰς ἑαυτόν [*eis heautón*]) aufgezeichnet. Der tüchtige Amerikaner Thayer, der Biograph Beethovens, hat mit einem Male in seiner Arbeit Halt gemacht: an irgendeinem Punkte dieses ehrwürdigen und naiven Lebens angelangt, hielt er dasselbe nicht mehr aus ... Moral: welcher kluge Mann schriebe heute noch ein ehrliches Wort über sich? – er müsste denn schon zum Orden der heiligen Tollkühnheit gehören. Man verspricht uns eine Selbstbiographie Richard Wagners: wer zweifelt daran, daß es eine kluge Selbstbiographie sein wird? ... Gedenken wir noch des komischen Entsetzens, welches der katholische Priester Janssen mit seinem über alle Begriffe viereckig und harmlos geratenen Bilde der deutschen Reformations-Bewegung in Deutschland erregt hat; was würde man erst beginnen, wenn uns jemand diese Bewegung einmal anders erzählte, wenn uns einmal ein wirklicher Psycholog einen wirklichen Luther erzählte, nicht mehr mit der moralistischen Einfalt eines Landgeistlichen, nicht mehr mit der süßlichen und rücksichtsvollen Schamhaftigkeit protestantischer Historiker, sondern etwa mit einer Taine'schen Unerschrockenheit, aus einer Stärke der Seele heraus und nicht aus einer klugen Indulgenz gegen die Stärke? ... (Die Deutschen, anbei gesagt, haben den klassischen Typus der letzteren zuletzt noch schön genug herausgebracht, – sie dürfen ihn sich schon zurechnen, zu Gute rechnen: nämlich in ihrem Leopold Ranke, diesem gebornen klassischen advocatus jeder causa fortior, diesem klügsten aller klugen »Tatsächlichen«.)

DIETRICH BONHOEFFER

Fragment eines Aufsatzes: Was heißt die Wahrheit sagen?[1]

Von dem Zeitpunkte unseres Lebens an, in dem wir der Sprache mächtig werden, lehrt man uns, daß unsere Worte wahr sein müssen. Was heißt das? Was heißt »die Wahrheit sagen?«[2] Wer fordert es von uns?

---

1 NL A 72,8: hsl.; Abdruck: E¹ 283–290; E⁶ 385–394; dazu Notizzettel NL A 75,122 aus dem Gefängnis Tegel. – B berichtet in den Briefen aus dem Gefängnis Tegel (vgl. DBW 8) mehrmals über die Arbeit an diesem Aufsatz: a) am 18.11.1943: »Nebenbei schrieb ich einen Aufsatz über: ›Was heißt: die Wahrheit sagen?‹« (WEN 149); b) am 5.12.1943: »Übrigens: ›Die Wahrheit sagen‹ (worüber ich einen Aufsatz schrieb), heißt meines Erachtens: sagen, wie etwas in Wirklichkeit ist, d. h. Respektierung des Geheimnisses, des Vertrauens, der Verhüllung« (WEN 178); c) am 15. 12. 1943: »Ich schreibe wieder an dem Aufsatz über: Was heißt die Wahrheit sagen« (WEN 183). Vermutlich hat der Aufsatz zur Zeit der letzten Äußerung die Form erhalten, in der er als Ms vorliegt. Er ist zweifellos unter dem Eindruck der Verhöre und der damit gegebenen Nötigung, die Wahrheit zu verbergen (vgl. die Briefentwürfe an M. Roeder I/226 und I/228) begonnen worden. Der Doppelbogen NL A 75,122 (Zettelnotizen 143–146), der auf der ersten Seite die Überschrift »Das 8. Gebot« trägt, zeigt jedoch, daß B eine grundlegende ethische Besinnung auf die Problematik plante, die über diesen Anlaß weit hinausging. Die Themen, die B auf den vier Seiten des Doppelbogens notiert, hat, sind in dem Aufsatzfragment bei weitem nicht alle behandelt worden.

2 Auf dem Konzeptbogen des Morgengebetes für Mitgefangene im Tegeler Gefängnis für Weihnachten 1943 (s. DBW 8), Archivpaginierung Seite 2, steht gestr.: »I. [= B's Bogennumerierung] Von dem Zeitpunkte unseres Lebens an, in dem wir zusammenhängende Worte und Sätze zu bilden vermögen, wird uns gelehrt, daß unsere Worte wahr sein müssen. Es ist dies dieselbe Zeit, in der uns vom Knecht

Es ist klar, daß es zunächst die Eltern sind, die mit der Forderung der Wahrhaftigkeit[3] unser Verhältnis zu ihnen ordnen und dementsprechend ist diese Forderung auch zunächst und – in dem von den Eltern gemeinten Sinne – auf diesen engsten Kreis der Familie bezogen und beschränkt. Es ist weiter zu beachten, daß das Verhältnis, das in dieser Forderung ausgesprochen ist, nicht einfach umkehrbar ist. Die Wahrhaftigkeit des Kindes gegenüber den Eltern ist wesensgemäß eine andere als die der Eltern gegenüber dem Kinde. Während das Leben des kleinen Kindes vor den Eltern aufgedeckt daliegt und das Wort des Kindes alles Verborgene und Heimliche offenbaren soll, kann davon im umgekehrten Verhältnis nicht die Rede sein. Der Anspruch der Eltern an das Kind ist also in bezug auf die Wahrhaftigkeit ein anderer als der des Kindes an die Eltern.

Daraus geht bereits hervor, daß »die Wahrheit sagen« je nach dem Ort, an dem man sich befindet, etwas verschiedenes bedeutet. Es müssen die jeweiligen Verhältnisse bedacht werden. Es muß die Frage gestellt werden, ob und in welcher Weise ein Mensch berechtigt ist, vom anderen die wahrheitsgemäße Rede zu verlangen. Wie das Wort zwischen Eltern und Kindern deren Wesen gemäß ein anderes ist als das zwischen Mann und Frau, zwischen Freund und Freund, zwischen Lehrer und Schüler, zwischen Obrigkeit und Untertan, zwischen Feind und Feind, ebenso ist die in diesem Worte enthaltene Wahrheit eine verschiedene.

Der sich sofort stellende Einwand, man schulde die wahrheitsgemäße Rede doch nicht diesem oder jenem, sondern al-

Ruprecht und vom Osterhasen erzählt wird und in der die Grimmschen Märchen unsere Lebensluft sind. Was heißt es, daß unser Wort wahr sein müsse? Was heißt ›die Wahrheit sagen‹? Es heißt sagen, wie eine Sache in Wirklichkeit ist.«

3 Vgl. DBW 4 (N), 129–134 zu Mt 5,33–37 unter der Überschrift »*Die Wahrhaftigkeit*«.

lein Gott, ist richtig, sofern nur dabei nicht außer acht gelassen wird, daß eben Gott kein allgemeines Prinzip ist, sondern der Lebendige, der mich in ein lebendiges Leben gestellt hat und in ihm meinen Dienst fordert. Wer Gott sagt, darf die gegebene Welt, in der ich lebe, nicht einfach durchstreichen; er spräche sonst nicht von dem Gott, der in Jesus Christus in die Welt einging, sondern von irgendeinem metaphysischen Götzen. […] Darum geht es ja gerade, wie ich die wahrheitsgemäße Rede, die ich Gott schulde, in meinem konkreten Leben mit seinen mannigfaltigen Verhältnissen, zur Geltung bringe. Die Gott geschuldete Wahrheitsgemäßheit unserer Worte muß in der Welt konkrete Gestalt annehmen. Unser Wort soll nicht prinzipiell, sondern konkret wahrheitsgemäß sein. Eine nicht konkrete Wahrheitsgemäßheit ist vor Gott gar nicht wahrheitsgemäß.

»Die Wahrheit« sagen ist also nicht nur eine Sache der Gesinnung, sondern auch der richtigen Erkenntnis und des ernsthaften Bedenkens der wirklichen Verhältnisse. Je mannigfaltiger die Lebensverhältnisse eines Menschen sind, desto verantwortlicher und schwerer wird es für ihn, »die Wahrheit zu sagen«. Das Kind, das nur in einer einzigen Lebensbeziehung, nämlich der zu seinen Eltern steht, hat noch nichts zu bedenken und abzuwägen. Aber schon der nächste Lebenskreis, in den es gestellt wird, die Schule, bringt die ersten Schwierigkeiten. […]

Die Wahrheit zu sagen muß also gelernt werden. Das klingt für denjenigen greulich, der meint, allein die Gesinnung müsse es machen und wenn diese untadelig sei, sei alles andere ein Kinderspiel. Da es aber nun einmal so ist, daß das Ethische nicht von der Wirklichkeit gelöst werden kann, ist das immer bessere Erkennenlernen der Wirklichkeit ein notwendiger Bestandteil des ethischen Handelns. […] In der uns beschäftigenden Frage aber besteht das Handeln im Sprechen. *Das Wirkli-*

che soll in Worten ausgesprochen werden. Darin besteht die wahrheitsgemäße Rede. Damit ist aber unvermeidlich die Frage nach dem »Wie« der Worte gestellt. Es geht um das jeweils »rechte Wort«. Dieses zu finden ist eine Sache langer, ernster und immer fortschreitender Bemühung auf Grund von Erfahrung und Erkenntnis des Wirklichen. Um zu sagen, wie eine Sache wirklich ist, d. h. um wahrheitsgemäß zu sprechen, muß sich der Blick und das Denken darauf richten, wie das Wirkliche in Gott und durch Gott und zu Gott ist. [...]

Es ist oberflächlich, das Problem der wahrheitsgemäßen Rede auf einzelne Konfliktsfälle zu beschränken. Jedes Wort, das ich überhaupt rede, steht unter der Bestimmung, wahr zu sein; ganz abgesehen von der Wahrheitsgemäßheit seines Inhaltes, ist schon das in ihm ausgedrückte Verhältnis von mir zu einem anderen Menschen wahr oder unwahr. Ich kann schmeicheln, ich kann mich überheben, oder ich kann heucheln, ohne eine materielle Unwahrheit auszusprechen und mein Wort ist doch unwahr, weil ich die Wirklichkeit des Verhältnisses von Mann und Frau oder Vorgesetztem und Untergebenem etc. zerstöre und zersetze. Das einzelne Wort ist immer Teil eines Wirklichkeitsganzen, das im Wort zum Ausdruck kommen will. Je nachdem zu wem ich spreche, von wem ich gefragt bin, worüber ich spreche, muß mein Wort, wenn es wahrheitsgemäß sein will, ein verschiedenes sein. Das wahrheitsgemäße Wort ist nicht eine in sich konstante Größe, sondern ist so lebendig wie das Leben selbst. Wo es sich vom Leben und von der Beziehung zum konkreten anderen Menschen löst, [...] wo die »Wahrheit gesagt wird« ohne Beachtung dessen, zu dem ich sie sage, dort hat sie nur den Schein, aber nicht das Wesen der Wahrheit.[4]

---

4 B's Erwägungen berühren sich hier mit Heideggers Überlegungen zum Wesen der Wahrheit. Wahrheit ist ursprünglich nicht in Sätzen,

Es ist der Zyniker, der unter dem Anspruch überall und jederzeit und jedem Menschen in gleicher Weise »die Wahrheit zu sagen«, nur ein totes Götzenbild der Wahrheit zur Schau stellt. Indem er sich den Nimbus des Wahrheitsfanatikers [...] gibt, der auf menschliche Schwachheiten keine Rücksicht nehmen kann, zerstört er die lebendige Wahrheit zwischen den Menschen. Er verletzt die Scham, [...] entheiligt das Geheimnis, bricht das Vertrauen, [...] verrät die Gemeinschaft, in der er lebt, und lächelt hochmütig über das Trümmerfeld, das er angerichtet hat, über die menschliche Schwäche, die »die Wahrheit nicht ertragen kann«. Er sagt, die Wahrheit sei zerstörerisch und fordere ihre Opfer, und er fühlt sich wie ein Gott über den schwachen Kreaturen und weiß nicht, daß er dem Satan dient.

Es gibt eine Satanswahrheit [...]. Ihr Wesen ist, daß sie unter dem Schein der Wahrheit alles leugnet, was wirklich ist. Sie lebt von dem Haß gegen das Wirkliche, gegen die Welt, die von Gott geschaffen und geliebt ist. Sie gibt sich den Anschein, als vollzöge sie das Gericht Gottes über den Sündenfall des Wirklichen. Aber Gottes Wahrheit richtet das Geschaffene aus Liebe, die Satanswahrheit richtet es aus Neid und Haß. Gottes Wahrheit ist fleischgeworden in der Welt, ist lebendig im Wirklichen, die Satanswahrheit ist der Tod alles Wirklichen. [...]

Der Begriff der lebendigen Wahrheit ist gefährlich und erweckt den Verdacht, die Wahrheit könne und dürfe der jeweiligen Situation angepaßt werden, wobei sich dann der Begriff der Wahrheit gänzlich auflöst und Lüge und Wahrheit einan-

sondern im »In-der-Welt-Sein« begründet, an dessen »Erschlossenheit« die Worte teilnehmen (vgl. M. Heidegger, Sein und Zeit, 212–230). Aus einem Brief von Karl B. 11. 7. 1943 DBW 8 (WEN 92) geht hervor, daß B sich im Tegeler Gefängnis mit Heidegger beschäftigt hatte.

der ununterscheidbar naherücken. Auch könnte das, was über das notwendige Erkennen des Wirklichen gesagt wurde, dahin mißverstanden werden, als sei von einer berechnenden oder pädagogischen Einstellung gegenüber dem anderen Menschen das Maß der Wahrheit abhängig, das ich ihm zu sagen bereit bin. Es ist wichtig, diese Gefahr im Auge zu behalten. Die Möglichkeit, ihr zu begegnen, kann jedoch in nichts anderem bestehen als eben in der aufmerksamen Erkenntnis der jeweiligen Inhalte und Grenzen, die das Wirkliche selbst der Aussage vorschreibt, um sie zu einer wahrheitsgemäßen zu machen. Niemals aber darf man um der Gefahren willen, die in dem Begriff der lebendigen Wahrheit liegen, diesen zugunsten des formalen, zynischen Wahrheitsbegriffes aufgeben.

Wir müssen versuchen, uns das anschaulich zu machen. Jedes Wort lebt und ist beheimatet in einem bestimmten Umkreis. Das Wort in der Familie ist ein anderes als das Wort im Büro oder in der Öffentlichkeit. Das Wort, das in der Wärme persönlicher Beziehung geboren ist, erfriert in der kalten Luft der Öffentlichkeit. Das Wort des Befehls, das aus dem öffentlichen Dienst kommt, würde in der Familie die Bande des Vertrauens zerschneiden. Jedes Wort soll seinen Ort haben und behalten. Es ist eine Folge des Überhandnehmens des öffentlichen Wortes in Zeitung und Rundfunk, daß Wesen und Grenzen der verschiedenen Worte nicht mehr klar empfunden werden, ja daß z. B. die Eigenart des persönlichen Wortes fast vernichtet wird. An die Stelle der echten Worte tritt das Geschwätz. Die Worte haben kein Gewicht mehr. Es wird zuviel geredet. Wenn aber die Grenzen der verschiedenen Worte sich verwischen, wenn die Worte wurzellos, heimatlos werden, dann verliert das Wort an Wahrheit, ja dann entsteht fast zwangsläufig die Lüge. Wenn die verschiedenen Ordnungen des Lebens sich nicht mehr gegenseitig achten, dann werden die Worte unwahr. Ein Beispiel: ein Kind wird von seinem

Lehrer vor der Klasse gefragt, ob es wahr sei, daß sein Vater oft betrunken nach Hause komme? Es ist wahr, aber das Kind verneint es. Es ist durch die Frage des Lehrers in eine Situation gebracht, der es noch nicht gewachsen ist. Es empfindet zwar, daß hier ein unberechtigter Einbruch in die Ordnung der Familie erfolgt, den es abwehren muß. Was in der Familie vorgeht, gehört nicht vor die Ohren der Schulklasse. Die Familie hat ihr eigenes Geheimnis, [...] das sie zu wahren hat. Der Lehrer hat die Wirklichkeit dieser Ordnung mißachtet. Das Kind müßte nun in seiner Antwort einen Weg finden, auf dem die Ordnung der Familie und der Schule in gleicher Weise gewahrt blieben. Es kann das noch nicht; es fehlt ihm die Erfahrung, die Erkenntnis und die Fähigkeit des rechten Ausdrucks. Indem es die Frage des Lehrers einfach verneint, wird die Antwort zwar unwahr, aber sie gibt doch zugleich der Wahrheit Ausdruck, daß die Familie eine Ordnung sui generis ist, in die der Lehrer nicht berechtigt war, einzudringen. Man kann nun zwar die Antwort des Kindes eine Lüge nennen; trotzdem enthält diese Lüge mehr Wahrheit, d. h. sie ist der Wirklichkeit gemäßer als wenn das Kind die Schwäche seines Vaters vor der Schulklasse preisgegeben hätte. Dem Maße seiner Erkenntnis nach hat das Kind richtig gehandelt. Die Schuld der Lüge fällt allein auf den Lehrer zurück. Ein erfahrener Mensch an der Stelle des Kindes hätte unter Zurechtweisung des Fragenden auch die formale Wahrheitswidrigkeit der Antwort vermeiden können und damit das »rechte Wort« in der Situation gefunden. Lügen von Kindern und unerfahrenen Menschen überhaupt sind häufig darauf zurückzuführen, daß sie vor Situationen gestellt werden, die sie nicht zu übersehen vermögen. Es ist daher fraglich, ob es sinnvoll ist, den Begriff der Lüge, die als etwas schlechthin Verwerfliches verstanden wird und werden soll, so zu verallgemeinern und auszudehnen, daß er mit dem Begriff der formal wahrheitswidrigen Aussage zusammenfällt. Ja, es zeigt sich schon hier, wie schwierig es ist zu sagen, was Lüge eigentlich ist.

Die übliche Definition, dergemäß der bewußte Widerspruch zwischen Denken und Sagen Lüge sei, ist völlig unzulänglich. [...] Hierunter würde z. B. der harmloseste Aprilscherz fallen. Der in der katholischen Moraltheologie beheimatete Begriff der »Scherzlüge« nimmt der Lüge das entscheidende Merkmal des Ernstes und der Bosheit (wie er umgekehrt dem Scherz das entscheidende Merkmal des unschuldigen Spiels und der Freiheit nimmt) und ist darum denkbar unglücklich. Der Scherz hat mit der Lüge garnichts zu tun und darf nicht mit ihr auf einen Nenner gebracht werden. Sagt man nun, Lüge sei die bewußte Täuschung des anderen zu dessen Schaden, so würde hierunter z. B. auch die notwendige Täuschung des Gegners im Kriege oder in analogen Situationen fallen (Kant hat freilich erklärt, er sei zu stolz, um jemals eine Unwahrheit zu sagen und hat allerdings zugleich unfreiwillig diesen Satz ad absurdum geführt, indem er erklärte, er würde sich selbst einem Verbrecher gegenüber, der einen bei ihm sich verborgen haltenden Freund suche, zu wahrheitsgemäßer Auskunft verpflichtet fühlen). [...] Bezeichnet man ein derartiges Verhalten als Lüge, so empfängt die Lüge dadurch eine sittliche Weihe und Rechtfertigung, die ihrem Begriff in jeder Weise widerspricht. Daraus geht zunächst hervor, daß Lüge nicht formal durch den Widerspruch zwischen Denken und Sagen zu definieren ist. Dieser Widerspruch ist nicht einmal ein notwendiger Bestandteil der Lüge. Es gibt ein in dieser Hinsicht durchaus korrektes, unanfechtbares Reden, das doch Lüge ist; so etwa wenn ein notorischer Lügner zur Irreführung einmal »die Wahrheit« sagt,[5]

---

5 Vgl. DBW 6 (E), 62: »Schlimmer als die böse Tat ist das Böse-sein. Schlimmer ist es wenn ein Lügner die Wahrheit sagt als wenn ein Liebhaber der Wahrheit lügt«.

oder wenn unter dem Schein der Korrektheit die bewußte Zweideutigkeit schlummert oder die entscheidende Wahrheit bewußt verdeckt bleibt. Auch ein bewußtes Verschweigen kann Lüge sein, so wenig es andererseits Lüge sein muß.

Diese Überlegungen führen zu der Erkenntnis, daß das Wesen der Lüge viel tiefer steckt als in dem Widerspruch zwischen Denken und Sagen. Man könnte sagen, der Mensch, der hinter dem Wort steht, macht dieses zur Lüge oder zur Wahrheit. Aber auch dies genügt nicht; denn Lüge ist etwas Objektives und muß dementsprechend bestimmt werden. Jesus bezeichnet den Satan als den »Vater der Lüge«.[6] Lüge ist zuerst die Leugnung Gottes, wie er sich der Welt bezeugt hat. »Wer ist ein Lügner, wenn nicht der, der leugnet, daß Jesus der Christus ist?«[7] Lüge ist Widerspruch gegen das Wort Gottes, wie er es in Christus gesprochen hat, und in dem die Schöpfung beruht. Lüge ist demzufolge die Verneinung, Leugnung und wissentliche und willentliche Zerstörung der Wirklichkeit, wie sie von Gott geschaffen ist und in Gott besteht, und zwar soweit dies durch Worte und durch Schweigen geschieht. Unser Wort hat die Bestimmung, in der Einheit mit Gottes Wort das Wirkliche, wie es in Gott ist, auszusagen, und unser Schweigen soll das Zeichen sein für die Grenze, die dem Wort durch das Wirkliche, wie es in Gott ist, gezogen ist.

In dem Bemühen, das Wirkliche auszusagen, finden wir dieses nicht als ein einheitliches Ganzes, sondern in einem Zustand der Zerrissenheit und des Widerspruchs mit sich selbst vor, der der Versöhnung und Heilung bedarf. Wir finden uns in verschiedenen Ordnungen des Wirklichen zugleich eingebettet und unser Wort, das sich um Versöhnung und Heilung des Wirklichen bemüht, wird doch immer wieder in die bestehen-

6 Joh 8,44.
7 I Joh 2,22.

de Entzweiung und in den Widerspruch mit hineingerissen und es kann doch seine Bestimmung, das Wirkliche, wie es in Gott ist, auszusagen, nur erfüllen, indem es sowohl den bestehenden Widerspruch als auch den Zusammenhang des Wirklichen in sich aufnimmt. Das menschliche Wort, wenn es wahr sein soll, darf ebensowenig den Sündenfall verleugnen wie das schöpferische und versöhnende Wort Gottes, in dem alle Entzweiung überwunden ist.[8] Der Zyniker will sein Wort dadurch wahr machen, daß er jeweils das Einzelne, das er zu erkennen glaubt, unter Nichtbeachtung des Wirklichkeitsganzen ausspricht, und gerade dadurch zerstört er das Wirkliche völlig und sein Wort wird, auch wenn es den oberflächlichen Schein der Richtigkeit hat, unwahr. »Alles, was da ist, das ist ferne und ist sehr tief; wer will's finden?« (Pred. 7,24).

Wie wird mein Wort wahr? 1) Indem ich erkenne, wer mich zum Sprechen veranlaßt und was mich zum Sprechen berechtigt; 2) indem ich den Ort erkenne, an dem ich stehe; 3) indem ich den Gegenstand, über den ich etwas aussage, in diesen Zusammenhang stelle.

In diesen Bestimmungen ist zunächst stillschweigend vorausgesetzt, daß das Sprechen überhaupt unter bestimmten Bedingungen steht; es begleitet nicht in fortwährendem Fluß den natürlichen Lebenslauf, sondern es hat seinen Ort, seine Zeit, seinen Auftrag und damit seine Grenzen.

1. Wer oder was berechtigt mich oder veranlaßt mich zum Sprechen? Wer ohne Berechtigung und ohne Veranlassung spricht, ist ein Schwätzer. Weil es in jedem Wort immer um die doppelte Beziehung zum anderen Menschen und zu einer Sache geht, darum muß diese Beziehung in jedem Worte ersichtlich sein; ein beziehungsloses Wort ist hohl; es enthält keine Wahrheit. Hier liegt ein wesentlicher Unterschied zwi-

8 Vgl. »Die Liebe Gottes und der Zerfall der Welt«, DBW 6 (E), 311.

schen Denken und Sprechen. Das Denken hat an sich keine notwendige Beziehung auf den anderen Menschen, sondern nur auf eine Sache. Der Anspruch auch sagen zu dürfen, was man denkt, ist an sich durchaus nicht berechtigt. Zum Sprechen gehört die Berechtigung und Veranlassung durch den anderen Menschen. Beispiel: ich kann einen anderen in meinen Gedanken für dumm, für häßlich, für unfähig, für charakterlos, aber auch für klug oder charaktervoll halten, etwas ganz anderes aber ist es, ob ich berechtigt bin und wodurch ich veranlaßt bin, dies auszusprechen und wem gegenüber ich es ausspreche. Unzweifelhaft entsteht eine Berechtigung zum Sprechen aus einem Amt, das mir übertragen ist. Die Eltern können das Kind tadeln oder loben, hingegen ist das Kind den Eltern gegenüber zu keinem von beiden berechtigt. Ein ähnliches Verhältnis liegt zwischen Lehrer und Schüler vor, obwohl die Rechte des Lehrers dem Kinde gegenüber begrenzter sind als die des Vaters. So wird sich der Lehrer dem Schüler gegenüber in Kritik und Lob an bestimmte einzelne Verfehlungen und Leistungen halten müssen, während z. B. charakterliche Gesamturteile nicht dem Lehrer, sondern den Eltern zukommen. Die Berechtigung zum Sprechen liegt immer innerhalb der Grenzen des konkreten Amtes, das ich versehe. Werden diese Grenzen überschritten, so wird das Wort zudringlich, anmaßend und, ob tadelnd oder lobend, verletzend. Es gibt Menschen, die sich dazu berufen fühlen, jedem, der ihnen in den Weg kommt, »die Wahrheit zu sagen«, wie sie es ausdrücken.[9]

9 Das Ms bricht ab; die Punkte 2 und 3 sind nicht mehr ausgeführt.

HARALD WEINRICH

Linguistik der Lüge

Können Wörter lügen?

»Ihr Mann ist tot und läßt Sie grüßen.« Diese Botschaft Mephistos an Frau Marthe Schwerdtlein ist eine Lüge. Mephisto weiß nichts davon, ob Herr Schwerdtlein tot ist, und jedenfalls hat er keine Grüße von ihm auszurichten. Die meisten Lügen sind von dieser Art. Sie sind Sätze. Es besteht kein Zweifel, daß man mit Sätzen lügen kann.

Aber kann man auch mit Wörtern lügen? Ich meine jetzt natürlich nicht eine gedachte Situation, in der Mephisto beispielsweise auf eine Frage oder einen fragenden Blick der Frau Marthe nur sagte: »Tot.« In solcher Situation und determiniert durch den Kontext des Dialogs, ist die Bedeutung des Wortes »tot« mit aller Deutlichkeit eingeschränkt. Es kann gar kein Zweifel aufkommen, daß aus dem weiten Bedeutungsumkreis des Wortes »tot« hier nur die eine Meinung gültig sein soll, die sich auf das Hinscheiden des fernen Herrn Schwerdtlein bezieht. Die Bedeutung ist ebenso zur Meinung determiniert wie in dem Satz, den Goethe tatsächlich als Vers seines *Faust* niedergeschrieben hat.

Gemeint ist vielmehr die Frage, ob Wörter, rein für sich genommen, lügen können, ob eine Lüge der Wortbedeutung als solcher anhaften kann. Das nämlich wird oft behauptet. Ich führe drei Zeugnisse an. Unter den fünf Schwierigkeiten beim Schreiben der Wahrheit, die Bertolt Brecht 1934 »zur Verbreitung in Hitlerdeutschland« beschrieben hat, befindet sich auch die Schwierigkeit, die aus der »faulen Mystik« der Wörter erwächst. An dieser Stelle steht der unvergeßliche Satz: »Wer in unserer Zeit statt Volk Bevölkerung und statt Boden Landbesitz sagt, unterstützt schon viele Lügen nicht.« Die Beispiele sind natürlich auswechselbar, wenn unsere Zeit nicht mehr Brechts Zeit ist. In der an Brecht anknüpfenden Umfrage *Schwierigkeiten, heute die Wahrheit zu schreiben* (1964) führt Stefan Andres den Gedanken Brechts, allerdings verflachend, weiter fort und schreibt: »Übrigens: auch das Wort Wahrheit segelt heute genauso wie Freiheit, Gerechtigkeit, Toleranz, Treue, Ehre und viele andere unter der Quarantäneflagge, diese Begriffe sind samt und sonders verseucht – von Ideologie, Pragmatismus und Zwecklügen aller Art«. Reinhard Baumgart, der auf dieselbe Umfrage antwortet, hegt die gleichen Befürchtungen bei dem Wort »Wahrheit«. »Das Wort selbst, fürchte ich, steht schon schief, neigt sich zum Gegenteil dessen, was es bedeuten möchte: zur Lüge.« Bei Eugen Rosenstock-Huessy findet man dann das Stichwort, das in diesem Zusammenhang zu erwarten ist. Er klagt den Zeitgeist als den Vater der Lüge an, daß er uns mit seinen »verlogenen Schlagworten« knechtet. Nie haben Schlagworte hemmungsloser die Szene beherrscht als in der Hitlerzeit. Ist die deutsche Sprache dadurch eine Sprache der Lügen geworden? Sind ihre Wörter entmenschlicht? Oder sind sie nur mitgelaufen? Oder sind sie vielleicht überhaupt nicht betroffen?

Es besteht kein Zweifel, daß Wörter, mit denen viel gelogen worden ist, selber verlogen werden. Man versuche nur, solche Wörter wie »Weltanschauung«, »Lebensraum«, »Endlösung« in den Mund zu nehmen: die Zunge selber sträubt sich und spuckt sie aus. Wer sie dennoch gebraucht, ist ein Lügner oder Opfer einer Lüge. Lügen verderben mehr als den Stil, sie verderben die Sprache. Und es gibt keine Therapie für die verdorbenen Wörter; man muß sie aus der Sprache ausstoßen. Je schneller und vollständiger das geschieht, um so besser für unsere Sprache.

Aber wie ist es eigentlich möglich, daß Wörter lügen können. Lügen auch die Wörter »Tisch«, »Feuer« und »Stein«? Es ist doch gewiß, daß die Tyrannen, die uns Jahr um Jahr belogen haben, auch diese Wörter in den Mund genommen haben. Es geht auch wohl bei dieser Frage nicht ohne eine verläßliche Semantik. Nicht jedes Wort kann nämlich lügen. Und es ist auch nicht so, wie eine oberflächliche Betrachtung suggeriert, daß etwa die abstrakten Wörter lügen könnten, die konkreten nicht. Die semantische Grenze zwischen Wörtern, die lügen können, und solchen, die es nicht können, verläuft woanders.

Wir werfen einen Blick auf zwei Wörter der deutschen Sprache, mit denen viel gelogen worden ist. Ich meine das Wort »Blut« und das Wort »Boden«. Beide Wörter könne heute so unbekümmert gebraucht werden wie eh und je. Man lügt nicht mit ihnen und wird nicht mit ihnen belogen. Aber es ist keinem Deutschen mehr möglich, die beiden Wörter zu verbinden. Mit »Blut und Boden« kann man nur noch lügen, so wie man eh und je mit dieser Fügung gelogen hat. Liegt das vielleicht an dem Wörtchen »und«? Nein, dieses Wörtchen ist ganz unschuldig. Es liegt daran, daß die beiden Wörter »Blut« und »Boden«, wenn sie zusammengestellt werden, sich gegenseitig Kontext geben. Der Kontext »und Boden« determiniert die Bedeutung des Wortes »Blut« auf die nazistische Meinung hin, und ebenso wird die Bedeutung des Wortes »Boden« durch den Kontext »Blut und« im nazistischen Sinne determiniert. Der Sprecher befindet sich nicht mehr am Bedeutungspol, sondern hat durch den Kontext einen Wert auf der semantischen Skala gewählt, der zwischen dem Bedeutungspol und dem Meinungspol liegt. Etwa dort, wo auch der Wert der Begriffe liegt.

Dies nun gilt allgemein. Wörter, die man sich ohne jede Kontextdetermination denkt, können nicht lügen. Aber es genügt schon ein kleiner Kontext, eine »und«-Fügung etwa, daß die Wörter lügen können. Begriffe sind nun von der Art, daß sie überhaupt erst durch einen Kontext zustande kommen. Ohne Definition kein Begriff. Und sie bestehen nur, solange dieser Kontext, diese Definition gewußt wird. Es verschlägt nichts, wenn der Definitionskontext nicht jedesmal mitgenannt wird, sooft der Begriff lautbar wird. Das ist oft überflüssig, zumal wenn der Begriff im Rahmen anerkannter wissenschaftlicher Ausdrucksformen verwendet wird. [...]

Begriffe können folglich lügen, auch wenn sie für sich stehen. Sie stehen nämlich nur scheinbar allein. Unausgesprochen steht ein Kontext hinter ihnen: die Definition. Lügende Wörter sind fast ausnahmslos lügende Begriffe. Sie gehören zu einem Begriffsystem und haben einen Stellenwert in einer Ideologie. Sie nehmen Verlogenheit an, wenn die Ideologie und ihre Lehrsätze verlogen sind.

Manchmal kann man die Wörter der Lüge überführen. »Demokratie« ist ein Wort der deutschen Sprache, das Begriffsrang hat. Demokratie ist nämlich nach dem Sprachgebrauch definiert als eine Staatsform, in der die Staatsgewalt vom Volk ausgeht und nach bestimmten politischen Regeln an frei gewählte Repräsentanten delegiert wird. (Die bloße Etymologie des Wortes Demokratie ist nicht ausreichend.) Wer eine Staatsform will, in der die Gewalt nicht vom Volk ausgeht und nicht nach bestimmten politischen Regeln an frei gewählte Repräsentanten delegiert wird und wer dennoch das Wort »Demokratie« für diese Staatsform verwendet, der lügt. Wer zudem noch, um seine Glaubwürdigkeit zu erhöhen, »Volksdemokratie« sagt, lügt noch mehr. Aber er verrät sich auch noch mehr. Immer haben sich die Lügner durch Beteuerungen verraten.

Ironie

»Der Begriff der Ironie hält mit Sokrates seinen Einzug in die Welt.« So lautet eine der Thesen, die Kierkegaard in seiner Dissertation verteidigt. Sokrates, der Lehrer der Wahrheit:

sollte er uns lügen gelehrt haben? Denn bei Wolfgang Kayser kann man den Satz lesen: »Bei der Ironie ist das Gegenteil von dem gemeint, was mit den Worten gesagt wird.« Das deckt ziemlich genau die linguistische Definition der Lüge, wie wir sie oben entwickelt haben: Ein gesagter Satz verbirgt einen ungesagten Satz, der von diesem um das Assertionsmorphem abweicht. Man wundert sich also gar nicht, wenn François Paulhan in einem Buch über die Moral der Ironie seine Begriffsbestimmung so beginnt: »Die Ironie ist eine Form der Lüge.« Und dennoch hat Proudhon mehr recht, wenn er in einer hymnischen Invokation an die »Göttin« Ironie diese die *»maîtresse de vérité«* nennt. Wahrheit und Lüge bilden keinen Gegensatz in der Ironie.

Ironie (*eironeia*) war den Griechen schon vor Sokrates bekannt. Aber sie galt als eine mehr oder weniger schimpfliche Verstellung, und zwar Verstellung nach unten hin. »Kleintun«, so kann man mit einem Goetheschen Wort den griechischen Ironie-Begriff übersetzen. Auch wer vor der Steuer sein Eigentum niedriger als richtig angab, tat klein und galt als Ironiker. Das war im Grunde ebensosehr Lüge und Täuschung wie die entsprechende Verstellung noch oben hin, das Großtun. Aristoteles muß in seiner Ethik zugeben, daß Großtun und Kleintun eigentlich gleich weit von der goldenen Tugendmitte der Wahrhaftigkeit entfernt sind. Sie sind Laster. Aber dann setzt er, was mit der Strenge seines ethischen Systems im Grunde nicht zu vereinbaren ist, die Einschränkung hinzu: »Die Kleintuer machen aber einen etwas feineren Eindruck als die Großtuer.« Man erfährt sogleich, warum Aristoteles hier so sympathisch inkonsequent ist. Es fällt nämlich der Name Sokrates. Um des ironischen Philosophen willen, der nichts zu wissen vorgibt, wertet Aristoteles die Ironie auf.

[...] In allen ihren Formen aber unterscheidet sich die Ironie wesentlich von der griechischen Ironie vor Sokrates. Diese war

Kleintun, nichts weiter. Seit Sokrates und in unserer ganzen Literaturtradition ist Ironie mehr. Zur Ironie gehört das Ironiesignal; man tut klein, und man gibt gleichzeitig zu verstehen, daß man kleintut. Man verstellt sich, gewiß, aber man zeigt auch, daß man sich verstellt. Das Ironiesignal ist ebenso konstitutiv für die Ironie wie das Kleintun. Beide zusammen erst machen aus der *dissimulatio*, um mit Ciceros Worten zu sprechen, eine *dissimulatio urbana*, die frei von jedem moralischen Makel ist. Seitdem sich die Ironie von der *eironeia* abgelöst hat, gilt unserer Ethik bloßes Kleintun ohne Ironiesignal sogar für noch schimpflicher als zu griechischer Zeit, wo dem Kleintuer der griechische Respekt vor der List zugute kam. Ein moderner Kleintuer ist Tartuffe, und niemand respektiert mehr seine Arglist als List.

Wenn es der Linguistik gestattet ist, sich für die Lüge zu interessieren, dann muß es ihr erst recht gestattet sein, über die Ironie nachzudenken. Wenn nämlich der Ironie unbedingt ein Ironiesignal beigegeben werden muß, wofern sie überhaupt Ironie sein will, dann wird man sich bei dem Ausdruck Signal sogleich der Zeichenfunktion der Sprache erinnern. Nun gibt es Ironiesignale von vielerlei Art. Das mag ein Augenzwinkern sein, ein Räuspern, eine emphatische Stimme, eine besondere Intonation, eine Häufung bombastischer Ausdrücke, gewagte Metaphern, überlange Sätze, Wortwiederholungen oder – in gedruckten Texten – Kursivdruck und Anführungszeichen. [...]

Wir gehen für einen Moment auf das Kommunikationsmodell zurück. Sprache ist Kommunikation und Code zwischen einem Sprecher und einem Hörer. Und zwar ist die jeweilige Einzelsprache (die deutsche, französische, russische Sprache) der Code, der durch einzelne Sprechakte, d. h. gesprochene oder geschriebene Texte, aktualisiert wird. Auch ironische Rede ist ein solcher Sprechakt zwischen einem Sprecher und einem Hörer. Aber wenn der Sprecher der unwissende Sokrates ist und der Hörer der neunmalkluge Priester Euthyphron, wie in Platons bekanntem Dialog, dann besteht natürlich ein Ironiegefälle zwischen dem großtuenden Euthyphron und dem kleintuenden Sokrates, der zu jenem sagt: »So wird es demnach für mich, du bewundernswürdiger Euthyphron, wohl das beste sein, daß ich dein Schüler werde ... (Euth. 5 a).« [...] Es erweist sich, daß das Nichtwissen des Philosophen tatsächlich eine Verstellung war, ein Kleintun. [...]

Wenn mehr nicht zu sagen wäre, müßte hier jetzt das Fazit gezogen werden, und es würde lauten: Ja, die Ironie des Sokrates ist Lüge. [...]

Aber die linguistische Analyse der Ironie ist erst zur Hälfte durchgeführt. Das Ironiesignal ist noch nicht berücksichtigt, das ebenso zur Ironie gehört wie die Haltung des Kleintuns. Das Ironiesignal, wenn wir es uns einen Augenblick als eine emphatische Intonation vorstellen wollen, ist ein Sprachzeichen, das die gesprochene Rede begleitet. Es ist von solcher Art, daß es sowohl vernommen als auch überhört werden kann. Es gehört nämlich einem Code zu, der nicht mit dem allgemeinen Code der Grammatik identisch ist und an dem nur diejenigen Anteil haben, die Witz haben. Die Halbgebildeten und Süffisanten überhören es, und das Ironiesignal kommt nicht zum Ziel. Das ist aber nicht die Schuld des Sprechers, sondern die Schuld des Hörers.

Man erleichtert sich die linguistische Analyse der Ironie, wenn man sich das elementare Kommunikationsmodell, von dem diese Überlegungen ausgegangen sind, dadurch zu einem elementaren Ironiemodell erweitert denkt, daß neben dem Sprecher und dem Hörer noch eine dritte Person zugegen ist. Bei dem ironischen Dialog zwischen Sokrates und Euthyphron mag man sich Platon als Dritten denken. Wir sind sicher, daß Platon als Zeuge des Dialogs das Ironiesignal aufge-

nommen hat. Er hat ja als Autor der sokratischen Dialoge –
vielleicht sogar als Autor einer Sokrates nur zugeschriebenen
Ironie, das ist umstritten – Sorge dafür getragen, daß die Ironiesignale mitüberliefert sind. Das ist nicht ganz einfach; denn
aus unserer alltäglichen Erfahrung mit ironischer Rede wissen wir, wie viele Ironiesignale nur in Nuancen liegen und
der Notierung mit den Zeichen des Alphabets nicht zugänglich sind. Ironiesignale, die durch geschriebene und gedruckte
Texte wirken sollen, müssen vielfach aus der nuancenreichen
gesprochenen Sprache erst in ein anderes Ausdrucksmedium
übersetzt werden. Die Worte müssen so gewählt sein, daß
man gar nicht anders kann, als sie mit einem gewissen ironischen Tonfall zu lesen. Das ist eine Verschlüsselung und er-
neute Entschlüsselung des Ironiesignals. Als Beispiel diene ein
Satz aus dem Euthyphron. Der Sprecher ist Sokrates, der sich
soeben von Euthyphron hat loben lassen müssen, daß er ihm
so gut gefolgt sei. Nun Sokrates: »Ich trage eben große Lust,
mein Freund, nach deiner Weisheit und richte alle Gedanken
darauf, damit von dem, was du sagst, nur nichts zur Erde falle«
(Euth. 14 d). Man muß sich vorstellen, daß Sokrates diese Replik mit einer zum Salbungsvoll-Bedeutsamen hin verstellten
Stimme spricht. Dieser Tonfall ist, wenn der Dialogautor keine Regieanweisungen hinzusetzen will, durch Schriftzeichen
nicht wiederzugeben. Aber er ist im Arrangement des Textes
selber aufgehoben und übersetzt in Adjektive (»große Lust«,
»alle Gedanken«), in eine Metapher (»die Brosamen der Weisheit«) und in eine honigsüße Anrede (»mein Freund«). Das alles macht, daß der Leser gar nicht umhin kann, diese stilisti-
schen Ironiesignale wieder rückzuübersetzen in genau den
gleichen Tonfall, den das Ironiesignal bei Sokrates gehabt haben muß. [...]

Die beschriebene Situation mit Sprecher, Hörer und Drit-
tem ist ein Modell. Sie besagt nicht, daß Ironie nur möglich sei,

wo eine dritte Person leibhaftig anwesend ist. Es mag sein, daß kein Dritter da ist. Das schließt Ironie nicht aus, wo sie notwendig ist. Auf die Ironiesignale darf der Sprecher dennoch nicht verzichten, wenn er sich nicht zum Heuchler degradieren will. Schlimm, daß dann niemand die verlorenen Signale aufnimmt. Schlimm, aber nicht hoffnungslos. Man kann die Situation beispielsweise in der Erzählung wiederaufnehmen und nun in der Anwesenheit eines anderen Dritten die Ironiesignale verspätet zu einem Hörer gelangen lassen. Das ist im ganzen ziemlich unbefriedigend, weil mit der Ironie kein Risiko mehr verbunden ist, aber manchmal, wenn die Ohren gar zu taub sind, geht es nicht anders.

Schließlich ist nicht einmal der Hörer unerläßlich, damit sich das Ironiemodell realisiert. Es gibt ja die Selbstironie, bei der der Ironisierende (der Sprecher) zugleich der Ironisierte (der Hörer) ist. Die Selbstironie ist ein Grenzfall der Ironie, vielleicht auch zugleich die reinste Verwirklichung der Ironie:

»Viel lügen die Sänger«

Bei Homer ist die Lüge noch unproblematisch. Odysseus, der Listenreiche, wird von Göttern und Menschen gelobt, wenn ihm eine recht faustdicke Lüge gelungen ist. Es zeugt von Ingenium, die Kunst der Lüge zu beherrschen. Die Götter selber verschmähen Lug und Trug nicht und machen den Menschen diese Kunst vor. Homers Epen, die alle diese Lügen bewahren, sind eine Schule des Lügens.

Die Philosophen haben bald daran Anstoß genommen. Vorab Platon, der die Dichter der Lüge bezichtigt, wenn sie von den Göttern behaupten, sie lögen. Im idealen Staat ist für diese Lügen kein Platz, und es wird den Dichtern nicht gestattet werden, mit ihnen die Jugend zu verderben. Mit Platons Lügenaustreibung wird die Lüge zum literarischen Problem und nimmt eine Bedeutung an, die weit über die volkstümlichen Lügenmärchen hinausreicht. Man sieht es sogleich bei Lukian. In seinem Dialog *Der Lügenfreund* haben wir es mit einem Lügner und einem Skeptiker zu tun, und der Skeptiker weiß sich gewarnt durch die Lügen eines Herodot und Homer. Nun, die Dichter haben glücklicherweise das Lügen nicht gelassen, und unsere Staaten sind nicht so ideal, daß den Dichtern das Lügen verboten wäre. Die Dichter haben sogar die Lüge und den Lügner als literarisches Thema entdeckt und es zu einer eigenen, in sich sehr konsistenten literarischen Provinz ausgebildet. Es würde zu weit führen, wollten wir sie hier ganz ausmessen. Aber für eine Linguistik der Lüge ist es dennoch wesentlich, einige Grundstrukturen der europäischen Lügendichtung zu beschreiben. Es sind zugleich linguistische und literarische Strukturen.

Wir stellen uns vor, wir sähen auf der Bühne Goldonis Komödie *Der Lügner* (*Il Bugiardo*, 1750). Wir sind mit der durch den Titel geweckten Erwartung in das Theater gekommen, einem Lügner zu begegnen. [...] Die Technik der Komödie, das muß der Komödienautor beachten, verlangt sogar, daß der Zuschauer den Lügner möglichst früh als Lügner erkennt, lange bevor am Ende das ganze Lügengebäude zusammengebrochen ist. Denn sein Lachen hat ein gewisses Informationsgefälle zu seinen Gunsten als Voraussetzung. Wie erfährt er nun, daß Lelio der Lügner ist?

Er erfährt es gleich zu Beginn – Goldoni sorgt für sichere Effekte – aus dem Munde des Dieners Arlecchino, mit dem zusammen Lelio in der 2. Szene auf der Bühne erscheint. Arlecchino, a parte sprechend oder im Dialog mit seinem Herrn, macht dem Publikum klar, daß es dicke Lügen zu erwarten hat. Lelio schwächt nur ab: Nicht Lügen, sondern geistreiche Erfindungen (I,4)! Dieser verhältnismäßig grobe Effekt zieht sich durch das ganze Stück, und der Zuschauer erhält auf diese Weise ständig die deutlichsten *Lügensignale*.

Damit ist das Stichwort gefallen, das für die ganze Lügendichtung wesentlich ist. Die Lügendichtung, einschließlich der Dichtung über den Typ des Lügners, ist von einer Fülle von Lügensignalen durchsetzt, die sich übrigens mit großer Beständigkeit durch die Jahrhunderte vererben. Es sind formale und inhaltliche Topoi, die nicht einmal durch bewußtes Lernen weitergegeben zu werden brauchen, sondern die sich wie von selbst einstellen, wenn man eine Lügengeschichte zu schreiben versucht. Die Lügensignale gehören genauso notwendig zur literarischen Lüge wie die Ironiesignale zur Ironie. Sie sind Bestandteil der Information und kehren für jeden, der zu hören Ohren hat, die Information in ihr Gegenteil um. Die Lügenrede besagt zwar das Gegenteil der verheimlichten Gedanken, aber die volle Information, Lügenrede und Lügensignal, deckt sich mit den verheimlichten Gedanken. Lügenrede und Lügensignal heben einander auf. Eine literarische Lüge, die von einem Lügensignal begleitet ist, erfüllt daher nicht mehr den Tatbestand der Lüge im außerliterarischen Sinne.

[...] Man findet vor allem das Lügenspiel par excellence: die Wahrheitsbeteuerung. Lukian hatte eine Lügengeschichte bereits *Wahre Geschichten* genannt, und im unserem Jahrhundert läßt Cocteau seinen Lügner im Monolog *Le Menteur* noch beginnen: *Je voudrais dire la vérité. J'aime la vérité.* (Ich möchte die Wahrheit sagen. Ich liebe die Wahrheit.) So verstehen wir auch Lelio recht, wenn er beteuert: »Bewahre mich der Himmel, daß ich je eine Unwahrheit spräche; ich bin außerstande, auch nur im mindesten der Wahrheit Abbruch zu tun. Seit ich denken kann, gibt es keinen Menschen, der mir die geringste Lüge vorwerfen könnte. Fragt meinen Diener« (I,11). Hier sieht man zugleich ein ganzes Bündel Nebenmotive um die klassische Wahrheitsbeteuerung herum. Der Lügner schwört heilige

Eide und will zur Not auf der Stelle tot umfallen, wenn sein Wort nicht wahr ist. Die Wahrheitsbeteuerung ist nämlich zugleich Leugnung der Lüge, ja der Fähigkeit zu lügen. Zur Wahrheitsbeteuerung gehört ferner die Anrufung von Augen- und Ohrenzeugen oder aber, in Ermangelung falscher Zeugen, die Versicherung, daß man selber Augen- oder Ohrenzeuge einer Begebenheit gewesen ist. Wenn das alles nicht hilft, geht der Lügner aus der Verteidigung zum Angriff über und bezichtigt schnell andere der Lüge. [...]

Der »Meisterlügner« schiebt einen großen Lügenberg vor sich her, der immer mehr anwächst, je länger er am Werk ist und je öfter er auf einer Lüge ertappt wird. Das Teilgeständnis einer Lüge ist dabei nur Sprungbrett für neue Erfindungen und wird sogleich wieder als Wahrheitsbeteuerung in den Dienst einer neuen, größeren Lüge gestellt.

Das alles sind Lügensignale, und es bedarf nicht einmal literarischer Bildung, um sie als solche zu erkennen. Ein bißchen Menschenkenntnis tut es schon. Die Literatur baut auf der elementaren Psychologie der Menschenkenntnis auf und verstärkt ihre Elemente zu Motiven. Wer aber ganz ohne Menschenkenntnis ist, der wird sich auch in der Lügendichtung nicht zurechtfinden, weil er die Lügensignale nicht sieht. Es ergeht ihm dann so wie jenem modernen Lukian-Kommentator, der noch nach fast zweitausend Jahren einer Lüge des Lügenfreundes aufsitzt. Der Lügenfreund Eukrates hatte nämlich an einer Stelle seiner Lügengeschichten beteuert, hier wisse er nun auch nicht genau Bescheid. Der gelehrte Kommentator macht dazu eine Anmerkung als Fußnote und schreibt, das sei doch wieder ein Zug, der beweise, daß Lukian seinen Eukrates nach dem Leben schildert. Nein, lieber Kommentator, das beweist nur, daß sich Lukian auf die Kunst der Lügensignale verstand. Wer hundert Details gibt und dann beim hundertundersten sagt, hier sei er nun nicht mehr ganz sicher, der beglaubigt damit die hundert anderen erlogenen Details in einer Weise, die nicht mehr zu überbieten ist. Hier fängt das Raffinement der Lügensignale an.

Bei Lukian lernt man weitere Lügensignale kennen, die der Bühne nicht recht zugänglich sind. Im Dialog *Der Lügenfreund* gerät der Skeptiker nämlich in eine ganze Gesellschaft von lügenfertigen Gesellen. Sie erzählen sich gegenseitig Geschichten, die von Lügen strotzen. Die Freude am Lügen steht allen auf der Stirn geschrieben. Das ist eine Grundsituation der literarischen Lüge. Man erzählt sich die Lügengeschichten im Kreis. Es ist eine Erzählrunde wie bei Boccaccio, aber es geht um gröbere Effekte. Jeder kommt an die Reihe und hat zu versuchen, die Lügen der anderen zu überbieten und auszustechen. Die Erzählsituation ist die einer Wette. Man leitet seine eigene Geschichte ein, indem man die letztgehörte Geschichte abwertet: »Das ist noch gar nichts; hört nur erst meine Geschichte ...« Gewonnen hat, wer die dicksten Lügen erfindet. Er ist der Meisterlügner. Im Märchen findet man oft eine Variante dieser Erzählsituation, wenn der Lügenkönig demjenigen seine Tochter zur Frau verspricht, der am besten zu lügen versteht. So bilden sich Dynastien und regierende Häuser im Lügenreich. [...]

Es hat nun immer Stimmen gegeben, die der Dichtung insgesamt die Ernsthaftigkeit angetan haben, sie zum Lügenland zu erklären. Wir würden diese Stimmen gar nicht erwähnen, wäre nicht Platons Stimme unter ihnen. Es ist die Stimme eines Philosophen, und so bedeutet der Vorwurf der Lügenhaftigkeit gegenüber der Dichtung zugleich, daß die Sprache der Philosophie die der Eigentlichkeit, die Sprache der Dichtung aber die der Uneigentlichkeit sei. So wie in der Lüge der gesagte Satz einen gedachten Satz verdeckt, so verhüllen angeblich die Worte der Dichter die Gedanken der Philosophen. Gegenüber der Wahrheit der Philosophie ist die Dichtung Lüge oder doch wenigstens getrübte Wahrheit, und es bedarf jedenfalls einer philosophischen Exegese, um die Fiktion der Dichter mühsam mit der reinen Doktrin der Weisheitslehrer in Einklang zu bringen.

Wohl dem, der diesen Glauben hat! Ihm ist nicht zu helfen; die Musen haben ihm eine andere Einsicht versagt. Herder schreibt: »Nur ein Unverständiger war's, der Poesie und Lüge verwirrte.« Und Nietzsche notiert: »Kunst behandelt also den Schein als Schein, will also gerade nicht täuschen, ist wahr.« Wer das nicht glaubt, der ist auch durch eine Linguistik der Lüge nicht zu überzeugen. Sollte er aber die voraufgehenden Überlegungen angenommen haben, so kann eine Linguistik der Lüge ihm wenigstens einen Skrupel nehmen. Getäuscht wird durch die Dichtung niemand. Nicht, weil etwa keine Täuschungsabsicht da wäre: Die Dichter haben ja die Absicht zu dichten. Aber es sind, wenn Dichtung Lüge ist, immer auch die Lügensignale da. Dichtung gibt sich als Dichtung. Alle traditionellen Gattungsmerkmale sind zugleich Signale, daß dieser gesprochene oder gedruckte Text Dichtung ist, nicht Wahrheit. Und die Gattung, die am meisten in den Verdacht geraten muß, lügenhaft zu sein, das Märchen nämlich, hat auch die deutlichsten Gattungsmerkmale. Schon das Kind kann sie verstehen.

Aber eines muß man den Verächtern der Dichtung zugeben. Es kam in der Literaturgeschichte eine Zeit, da schien die Dichtung an sich selber irre zu werden. Die Dichtung beteuerte, sie wolle nun Wahrheit geben. Gut, das war nicht neu. Das Signal war bekannt, man kannte es aus der langen Tradition der Lügenliteratur. Man durfte es so deuten, daß sich die Dichtung nun wohl besonders große Lügen einfallen lassen würde. Aber siehe da, so war es nicht gemeint. Die Dichtung wollte gar nicht größere Lügen ersinnen, sondern tiefere Wahrheiten aussprechen. Sie wollte nun »realistisch« sein. Das war irritierend, die Signale stimmten auf einmal nicht mehr. Seitdem ist alles viel komplizierter geworden in der Literatur, und seitdem haben die Lügner, die wirklichen Lügner meine ich, auch erkannt, daß sie die Dichtung in den Dienst ihrer verlogenen Zwecke stellen können. Dichtung im Dienste der Lüge ist Lüge. Aber seitdem ist auch jede Dichtung, die sich dem Dienst der Lüge verweigert, Wahrheit und – mit Brechts Worten – »Wahrheit, die zu schreiben sich lohnt«.

BERNARD WILLIAMS

Wahrheit und Wahrhaftigkeit

1. Sprachliche Aspekte der Vertrauenswürdigkeit

[...] Wahrhaftigkeit ist eine Form von Vertrauenswürdigkeit, nämlich die Form, die sich insbesondere auf sprachliche Äußerungen bezieht. »Wahrhaftigkeit« kann sich (genauso wie das englische Wort »truthfulness«) sowohl auf die AUFRICHTIGKEIT als auch auf die GENAUIGKEIT beziehen, was ja auch ganz naheliegend ist. Damit wir uns auf die Äußerungen anderer verlassen können, sollten diese anderen nicht nur aufrichtig sein, sondern auch das Richtige sagen; und wir unsererseits müssen (um sozusagen die andere Richtung zu nennen) uns selbst gegenüber ehrlich sein, wenn wir uns bemühen, das Richtige zu sagen. [...]

Ebenso wie bei anderen Formen des Vertrauens können die Gründe dafür, daß man sich auf die Äußerungen einer anderen Person verläßt, mannigfaltiger Art sein. Ausschlaggebend ist, daß es bei vielen Gelegenheiten offensichtliche, auf Eigennutz oder Gruppeninteresse zurückgehende Gründe dafür gibt, daß die Sprecher sagen, was sie aus ihrer Sicht für die Wahrheit halten. Das kann in Situationen elementarer Offenheit zutreffen, aber daneben gibt es viele weitere Gelegenheiten, bei denen die Beteiligten die Sprache instrumentell und den eigenen – möglicherweise gemeinsamen – Interessen entsprechend benutzen, wenn es für alle Seiten auf der Hand liegt, daß es ihren Interessen dient, die Wahrheit zu sagen. Auf solche Weise tragen ständige Injektionen offensichtlich eigennütziger Handlungsgründe dazu bei, die Adern des normativen Kreislaufsystems zu wärmen. [...]

Wir brauchen einen Bereich zwischen den Fällen, in denen es gemeinsame Interessen gibt, und jenen anderen Fällen, in denen Abhängigkeit von anderen Personen erkennbar riskant ist. Wir müssen uns auf die Aufrichtigkeit von Behauptungen auch dort verlassen können, wo das nicht durch offensichtliche – sei es kurz- oder mittelfristige – eigennützige Interessen garantiert ist, sondern wo der Bereich der Interaktionen weiter ist als dort. Was wir brauchen, ist, daß die Menschen die Neigung zur AUFRICHTIGKEIT haben, und das impliziert, daß sie die AUFRICHTIGKEIT als etwas deuten, was intrinsischen Wert hat. [...] Dadurch werden, wie wir mit Bezug auf die Vertrauenswürdigkeit generell gesehen haben, zwei Fragen aufgeworfen: Was muß die AUFRICHTIGKEIT sein? Und: Was für eine Struktur sonstiger Tugenden und Werte wird sie in solcher Weise umgeben, daß der reflexive Akteur dazu imstande ist, sie als einen intrinsischen Wert zu begreifen? Wie wir ebenfalls schon erkannt haben, besteht zwischen diesen beiden Fragen ein Zusammenhang: Die Umgebung aus anderen Werten wirkt sich ihrerseits darauf aus, was die AUFRICHTIGKEIT sein muß.

Dabei werde ich von den allgemeinsten Anforderungen an die Struktur der AUFRICHTIGKEIT zu einigen uns besonders vertrauten Werten übergehen, in deren Licht *wir* die AUFRICHTIGKEIT als etwas sehen, was einen intrinsischen Wert hat, mithin etwas an und für sich Gutes ist. Gerade weil wir – d. h. ich selbst und vermutlich auch der Leser – dieses Verständnis von AUFRICHTIGKEIT haben, hat sie aus unserer Sicht einen Wert, der über alles hinausgeht, was ihr im Rahmen der Geschichte vom Naturzustand zugeschrieben wird, wo sie (grob gesprochen) zunächst als Lösung einer Koordinationsaufgabe in Erscheinung tritt. Zur gleichen Zeit erkennen wir, daß man sie in der Vergangenheit ganz anders interpretiert hat.

4. Neigungen zur Aufrichtigkeit

Was also muß die AUFRICHTIGKEIT sein? Und diese Frage bedeutet hier zunächst: Was muß die AUFRICHTIGKEIT aus *jedermanns* Sicht sein? Seit den frühesten Stadien der Geschichte vom Naturzustand ist unsere Vorstellung die: AUFRICHTIGKEIT ist eine Neigung, die dafür sorgt, daß die Behauptungen einer Person deren wirkliche Überzeugungen ausdrücken. [...]

Was der Hörer den Äußerungen des Sprechers vernünftigerweise entnehmen darf, kann zu Schlußfolgerungen aller möglichen Arten führen. Vielleicht will sich deine Gesprächspartnerin nützlich machen und sagt zu dir: »Irgendwer hat deine Post geöffnet«, und da du ihr vertraust, gehst du davon aus, daß es nicht die Sprecherin selbst war. Wenn du dann herausbekommst, daß es doch die Sprecherin selbst war, wirst du (wenn auch zähneknirschend) einräumen müssen, daß ihre Äußerung wahr war. Also mußt du auch zugeben, daß sie dir keine Lüge aufgetischt hat. Nach meinem Dafürhalten ist eine Lüge eine Behauptung, deren Inhalt vom Sprecher für falsch gehalten wird und die mit der Absicht aufgestellt wird, den Hörer im Hinblick auf diesen Inhalt zu täuschen. [...]

Was den Inhalt ihrer Behauptung betrifft, war diese einwandfrei, denn damit wurde eine wahre Überzeugung der Sprecherin ausgedrückt. Zugegeben – eine andere Überzeugung der Sprecherin (ja, eine Information aus ihrem Wissensbestand), die sehr eng mit ihrer Behauptung zusammenhing, wurde nicht zum Ausdruck gebracht. Das gilt zwar für jede Behauptung, doch in diesem Fall wurde der Umstand, daß sie so viel und nicht mehr sagte, von ihr ausgenutzt, um dich in die Irre zu führen. Wenn Aufrichtigkeit Vertrauenswürdigkeit im sprachlichen Bereich sein soll, muß sie also offenbar mehr sein, als wir zunächst angenommen haben, d. h. mehr als die Neigung sicherzustellen, daß jede aufgestellte Behauptung eine echte Überzeugung ausdrückt. Vertrauenswürdigkeit ist mehr als die Vermeidung des Lügens, und sofern wir wollen, daß Aufrichtigkeit die im sprachlichen Bereich ausgeübte Tugend der Vertrauenswürdigkeit ist, muß mehr darüber zu sagen sein. Wir müssen die Frage aufwerfen, von welchen Überzeugungen und einem wie großen Anteil der eigenen Überzeugungen erwartet werden darf, daß sie in einer bestimmten Situation artikuliert werden.

In derlei Zusammenhängen sieht es so aus, als passe die Unterscheidung zwischen Lügen und einigen anderen Formen irreführenden oder täuschenden Redens genau zu der sprachphilosophischen Unterscheidung zwischen dem Inhalt einer Behauptung und den von Paul Grice so bezeichneten »Gesprächsimplikaturen«,[1] also jenen Implikationen, die daraus resultieren, daß sich ein Sprecher entscheidet, einen Sprechakt mit diesem Inhalt und nicht mit jenem zu vollziehen. Implikaturen sind keine Implikationen im strengen Sinn. Wenn eine echte Implikation, die sich im Sinn der logischen Folgerung aus der Behauptung der Sprecherin ergibt, falsch ist, dann gilt das auch für das Behauptete selbst. Aber das ist, wie wir gesehen haben, nicht der Fall, wenn es sich um Dinge handelt wie die von der Sprecherin gemachte Andeutung, mit ihrem Gebrauch des Worts »irgendwer« sei nicht sie selbst gemeint – diese Andeutung ist ein Beispiel für eine Implikatur. Wir haben ein ziemlich ausgeprägtes Gefühl dafür, wovon man sagen darf, es sei wirklich behauptet worden, und dieses intuitive Gefühl beschränkt sich nicht auf den Terminus technicus »behaupten«

---

1 Siehe Grice (1989), Kapitel 1–7,15 und 17. Nach Grice sind Gesprächsimplikaturen eine Teilmenge der nichtkonventialen Implikaturen (S. 26), aber diese zusätzlichen Unterscheidungen sind in diesem Zusammenhang nicht relevant, daher werde ich hier meistens einfach von »Implikaturen« sprechen.

(denn als ein solcher Terminus wird das Wort hier weitgehend verwendet). Auf die Frage, ob die vermeintlich hilfreiche Person mit ihrer Äußerung über die Post »wirklich *gesagt* hat, daß sie selbst die Post nicht geöffnet hat«, müßte man mit nein antworten. Was sie (im Sinn von *sagen, daß* ...) gesagt bzw. was sie behauptend geäußert hat, wird unserem normalen Verständnis entsprechend mit den Wahrheitsbedingungen der Äußerung gleichgesetzt, während die Implikaturen einem Bereich außerhalb der Wahrheitsbedingungen angehören. [...]

Nicht alles, was man aus der Äußerung einer spezifischen Behauptung seitens eines Sprechers erschließen kann, ist eine Implikatur. So handelt es sich beispielsweise nicht um Implikaturen, wenn man aufgrund des Tonfalls eines Sprechers zu dem Schluß kommt, Deutsch sei nicht seine Muttersprache, oder wenn man dem Zeitpunkt seiner Unterbrechung entnimmt, daß er taktlos, beleidigend oder in Unkenntnis der Tatsache ist, daß er es mit der Witwe des Verstorbenen zu tun hat. Aus den Äußerungen der Menschen und der Art und Weise, in der sie sich äußern, kann man alle möglichen Schlüsse ziehen. Implikaturen gleichen eher Fällen, in denen es um Sprachregeln geht, und es ist ein frappierender Umstand, daß kompetente Sprecher im Regelfall eine Implikatur erkennen können, wenn ihnen ein Satz mit der Aufforderung vorgelegt wird, sie sollten sich vorstellen, er sei in einer normalen Situation geäußert worden (wobei es sich allerdings, wie wir sehen werden, um eine Voraussetzung handelt, die nicht so simpel ist, wie sie klingt). Um zwei Beispiele von Grice anzuführen: Wenn jemand sagt: »Gestern betrat ich ein Zimmer und sprach mit einer Frau ...«, wird man normalerweise annehmen, der Sprecher habe damit implizit gesagt, diese Frau sei nicht seine Gattin und das Zimmer gehöre nicht zu seiner eigenen Wohnung. Anderseits würde man, wenn jemand sagt: »Gestern habe ich einen Finger gebrochen«, davon ausgehen, daß es sein eigener

Finger war. (Der Satz klingt ganz ungewöhnlich, wenn man ihn als das Selbstlob eines Ringers hört.)

Diese Erwartungen erklärt Grice durch Bezugnahme auf Regeln, die nach dem Verständnis der Sprecher dem effizienten sprachlichen Austausch zugrunde liegen. Eine ungefähre Formulierung der allgemeinsten Regel lautet bei Grice: »Richte deinen Beitrag zum Gespräch so ein, wie es [...] von dem akzeptierten Zweck oder der anerkannten Richtung des sprachlichen Austauschs, auf den du dich eingelassen hast, verlangt wird.« Ein besonderer, wenn auch nicht der einzige Zweck besteht in der Gewährleistung »eines möglichst erfolgreichen Informationsaustauschs«. Die Grundregel könne man, wie Grice meint, das »Kooperationsprinzip« nennen.[2] Dabei leuchtet sofort ein, daß Implikaturen nicht bloß voraussetzen, daß es Sprache gibt im Sinne einer semantische und syntaktische Regeln beinhaltenden Praktik mit der zusätzlichen Norm, daß bestimmte Arten von Äußerungen für wahr erachtet werden, sondern Implikaturen sind auf den Gebrauch der Sprache unter günstigen sozialen Bedingungen angewiesen, die es ermöglichen, daß Kooperation tatsächlich stattfindet. Es sind eben *Gespräch*simplikaturen – aber nicht jeder, der mit einer anderen Person redet, ist im erforderlichen Sinne an einem Gespräch beteiligt. Damit das der Fall sein kann, muß ein bestimmtes, den Beteiligten bekanntes Vertrauensniveau gegeben sein.

Die Erörterung der Implikaturen trägt zur Verdeutlichung eines grundlegenden Sachverhalts bei, nämlich der Einsicht, daß die Hörer der spezifischen Behauptung eines Sprechers mehr entnehmen als den Inhalt dieser Behauptung. [...] Im allgemeinen gilt, daß man, wenn man sich auf das von einer Person Gesagte verläßt, unweigerlich auf mehr verläßt als das, was sie sagt.

2 Paul Grice, *Studies in the Way of Words*, Cambridge 1989, S. 26, 28.

5. Behauptungsfetischismus

Betrachten wir Fälle, in denen ein Sprecher die Absicht hat zu täuschen. Die vertraute Unterscheidung zwischen Lügen und anderen Formen irreführender Rede ist die Unterscheidung zwischen dem Fall, in dem der Sprecher eine Behauptung aufstellt, deren Inhalt von ihm selbst für falsch gehalten wird, und dem Fall, in dem er selbst das von ihm Behauptete für wahr hält, es jedoch – insbesondere die allseits bekannte Funktionsweise von Implikaturen ausnutzend – in solcher Weise behauptet, daß der Hörer dazu verleitet wird, etwas Falsches zu glauben. Diese Unterscheidung ist, wie nicht anders zu erwarten, nicht ganz eindeutig, aber die Unbestimmtheiten sind nicht das, was hier von Interesse ist. [...]

Überraschend viele und verschieden orientierte Moralphilosophen sind der Meinung, dieser Unterschied sei für die Moral der Wahrhaftigkeit ganz grundlegend. Insbesondere seien Lügen niemals wirklich zu rechtfertigen (wenn auch vielleicht verzeihlich), während bei anderen Formen täuschender Rede eine Rechtfertigung möglich sei. [...] Bei Thomas von Aquin heißt es:

> Alle Lügen sind per definitionem falsch: Handlungen, die mit der Sache nicht in Einklang stehen, denn Worte sollten definitionsgemäß das bezeichnen, was wir denken, und es ist verkehrt und falsch, wenn sie bezeichnen, was wir nicht im Sinn haben. Da Lügen als solche also nicht zu billigen sind, dürfen sie selbst bei größter Gefahr nicht benutzt werden, um andere zu retten, sondern dann muß die Wahrheit in irgendeiner Form schlau verhüllt werden. [...]

Kant vertritt in einem ganz anderen sozialen und religiösen Kontext und aus moralischen Gründen, die zumindest an der Oberfläche ebenfalls völlig andere sind, praktisch die gleiche

Anschauung und stellt die berühmte These auf: Wenn ein Mörder an die Tür käme, um einen unschuldigen, im Haus versteckten Flüchtling zu suchen, und sich nach dem Aufenthalt des flüchtigen erkundigte, würde man im Fall einer Lüge gegen das moralische Gesetz verstoßen.[3] (Das Beispiel selbst geht auf Augustinus zurück.) Manche Autoren, die in der katholischen Tradition stehen und diese Unterscheidung befürworten, haben eine Vorliebe für die folgende erbauliche Legende von St. Athanasius:

> Wenn wir in den Lebensgeschichten der Heiligen nachlesen, sehen wir, wie es ihnen gelang, in Krisensituationen Lügen zu vermeiden. So ruderte St. Athanasius auf einem Fluß, als seine Verfolger ihm aus der entgegengesetzten Richtung in ihrem Boot entgegenkamen. »Wo ist der Verräter Athanasius?« »Ganz in der Nähe«, erwiderte der Heilige in heiterem Ton und ruderte, ohne in Verdacht zu geraten, an ihnen vorüber.[4]

Alasdair MacIntyre sagt völlig zu Recht: Die Art, wie man auf diese Geschichte reagiert, gibt grundlegenden Aufschluß über die jeweilige Einstellung zum Lügen.

Diese Autoren sind keineswegs der Meinung, an anderen Formen der irreführenden oder hinterlistigen Rede sei nichts auszusetzen. Sie glauben nicht unbedingt, daß alle Lügen gleichermaßen von Übel sind, obschon zumindest Kant offenbar meint, im ausschlaggebenden Bereich der Pflicht seien sie alle gleich, nämlich die »größte Verletzung der Pflicht des Men-

3 »Über ein vermeintes Recht aus Menschenliebe zu lügen« (1797). Dieser Aufsatz wurde als Replik auf Benjamin Constant geschrieben.
4 P. T. Geach, *The Virtues. The Stanton Lectures 1973–74*, Cambridge 1977, S. 114; Alasdair MacIntyre, »Truthfulness, Lies and Moral Philosophers: What can we Learn from Mill and Kant?«, in: *Tanner Lectures on Human Values*, Vol. 16, Salt Lake City 1995, S. 336.

schen gegen sich selbst, bloß als moralisches Wesen betrachtet.«[5] Der springende Punkt ist, daß in dieser Tradition eine moralische Globalunterscheidung getroffen wird zwischen dem Lügen und anderen Formen der bewußt unredlichen Rede. Dieser Unterscheidung zufolge ist das Lügen uneingeschränkt falsch (selbst wenn wir aus menschlicher Schwäche und in der Gefahr mitunter dazu verleitet werden), während andere Formen der irreführenden Rede nicht uneingeschränkt falsch (wenn auch stets unliebsam und mitunter von Übel) sind. In dieser Tradition hat man mehrere verschiedene Formen der Lügenvermeidung auseinandergehalten. Neben den offenkundigen – harmlosen, aber nicht immer zu Gebote stehenden – Mitteln der Antwortverweigerung, des Themenwechsels, der Beantwortung einer Frage durch eine Gegenfrage usw. gibt es die Möglichkeit der »Äquivokation«, die im engsten Sinne des Wortes darin besteht, daß man einen mehrdeutigen Satz verwendet, der in einer seiner Bedeutungen eine wahre Proposition ausdrückt, indes der Sprecher hofft, der Hörer möge den Satz in einer anderen Bedeutung verstehen, in der das damit Gesagte falsch ist. Im Grunde ist es eine gute Frage, ob dieser ehrwürdige Ausweg den Sprecher wirklich davor bewahrt, eine Lüge zu äußern. Nehmen wir an, der vom Sprecher geäußerte Satz könne aufgrund einer Mehrdeutigkeit des Sinns oder des Bezugs etwas Wahres bedeuten, aber auch etwas anderes, und zwar etwas Falsches. Der Sprecher sagt etwa: »Der Mann, den ihr sucht, ist in diesem Jahr noch nicht hier gewesen.« Nach naheliegender Auffassung bedeutet »hier« soviel wie »in diesem Haus« (und in diesem Sinn wäre das Gesagte falsch), aber das Wort könnte auch genau die Stelle be-

5 Immanuel Kant, *Die Metaphysik der Sitten*, 1. Teil, 1. Buch, 2. Hauptstück, 1 § 9, in: I. K., *Gesammelte Schriften. Akademie-Ausgabe*, Berlin [u. a.] 2000, Bd. 6, S. 429.

deuten, an der der Sprecher gerade steht (und in diesem Sinn wäre das Gesagte wahr) [...]

Wenn man das Verhältnis zwischen Sprecher und Hörer betrachtet, spricht nicht sonderlich viel für diese Deutung, denn der Sprecher des äquivoken Satzes hat doch wirklich die Absicht, der Hörer möge den Satz in jenem Sinn verstehen, in dem das Gesagte falsch ist. Was könnte einen also zu der Feststellung veranlassen, *eigentlich* behaupte er die Wahrheit. [...]

. Der eigentliche Zweck dieser kasuistischen Manöver und, allgemeiner gesprochen, jener Lehre, die einen moralischen Unterschied machen wollte zwischen Lügen und sonstigen Formen täuschender Rede, ist hinreichend klar. Er bestand darin, daß das Lügen ohne jede Ausnahme verboten werden sollte. Wenn die Regel des Verbots der Lüge ausnahmslos gelten soll und die Welt um des höheren Guts willen dennoch manchmal verlangt, daß den Menschen falsche Überzeugungen vermittelt werden, dann muß dies mit anderen Mitteln als denen der Lüge erreicht werden. Aber warum sollte man überhaupt damit rechnen, daß die Regel ohne Ausnahme gilt? Viele andere Verbote, darunter manche von höchster Bedeutung, gelten gewiß nicht ohne Ausnahme. Auf jeden Fall erachtete die Tradition diesen Zweck – die ausnahmslose Geltung der Regel zu gewährleisten – nicht für durch sich selbst oder durch bloße Bezugnahme auf Konsequenzen gerechtfertigt. (Manchmal sagen die Leute: Wenn die Regel nicht ohne Ausnahme gilt, bilden die Ausnahmen einen glitschigen Abhang, auf dem man abrutscht, bis zum Schluß gar keine Regel mehr vorhanden ist.) Vielmehr meinte man, es gebe eine unabhängige Basis für die Unterscheidung zwischen Lügen und sonstigen Formen der Täuschung, aus der sich das nützliche Resultat ergeben werde, daß das Verbot der Lüge ohne Ausnahme gelten könne. Die Rechtfertigung lag in dem Gedanken, daß die Definition oder das Wesen der Behauptung Wahrhaftigkeit beinhalte: Eine Behauptung sei rein als solche »so gemeint, daß sie wahr sei«. Von diesem Kommunikationsmittel, das für die Beziehungen zwischen den Menschen als Vernunftwesen unerläßlich ist, nahm man an, es habe ein inneres Wesen, das von sich aus bestimme, wie es zu verwenden sei. Das entspricht dem in dem angeführten Thomaszitat ausgedrückten Gedanken, und die gleiche Vorstellung ist trotz aller Unterschiede zwischen diesen Autoren auch bei Kant am Werk. Kant hebt dabei auf die Beziehung des Sprechers zu sich selbst als einem vernunftbegabten Wesen ab (wobei man vielleicht den Eindruck erhält, daß er sich einer zunehmend hysterischen Ausdrucksweise bedient):

[...] aber die Mitteilung seiner Gedanken an jemanden durch Worte, die doch das Gegenteil von dem (absichtlich) enthalten, was der Sprechende dabei denkt, ist ein der natürlichen Zweckmäßigkeit seines Vermögens der Mitteilung seiner Gedanken gerade entgegengesetzter Zweck, mithin Verzichttuung auf seine Persönlichkeit und eine bloß täuschende Erscheinung vom Menschen, nicht der Mensch selbst.

Des weiteren heißt es:

Der Mensch als moralisches Wesen (homo noumenon) kann sich selbst als physisches Wesen (homo phaenomenon) nicht als bloßes Mittel (Sprachmaschine) brauchen, das an den inneren Zweck (der Gedankenmitteilung) nicht gebunden wäre [...].[6]

Die Erklärung des Behauptungsbegriffs, auf der diese Vorstellung beruht, akzeptiere ich; und ich habe auch schon eingeräumt, daß es einen Sinn gibt, in dem Behauptungen »als wah-

6 Ebd., S. 429 f. [...]

re gemeint sind«. Aber daraus ergeben sich keine Folgerungen hinsichtlich des Gebrauchs, den man zu Recht von Behauptungen machen darf. Das ist es, was ich meinte, als ich im 1. Abschnitt dieses Kapitels sagte, der »Wert der Wahrheit«, der sich der Erklärung von Behauptungen entnehmen lasse, bringe uns auf dem Weg zu den Werten der Wahrhaftigkeit *überhaupt kein Stückchen weiter*, sobald jene Fragen gestellt sind, die mit Hilfe des Begriffs der Wahrhaftigkeit beantwortet werden sollen. Sofern eine Verlockung besteht zu glauben, dadurch werde man doch ein Stück weiter gebracht, rührt sie wahrscheinlich von einem Überbleibsel einer teleologischen Annahme her, die so alt ist wie Platon oder noch älter und wonach gewisse Wesenheiten – beispielsweise die Natur der Behauptung als ein Etwas, das für unser Leben als vernunftbegabte Wesen unabdingbar ist – zeigen können, wie wir uns zu verhalten haben, wenn eine Entscheidung über das eigene Verhalten möglich ist. Diese Vorstellung ist allerdings tot (auch wenn die Nachricht von ihrem Tod noch nicht zu allen vorgedrungen ist), und ihr Tod sollte zu den Voraussetzungen jeder angemessen naturalistischen Darstellung gehören. Sofern man überhaupt sagen kann, Wesenheiten schlössen irgend etwas aus, kann ihnen diese Fähigkeit nur insofern unterstellt werden, als sie die betreffende Sache unmöglich machen; und wenn sie die Möglichkeit einer Handlungsweise vom Typ des Lügens zulassen, ist es zu spät, wenn man sie durch Signale, die auf dem Weg der Moral übermittelt werden, aufzuhalten versucht.

Es überrascht nicht, daß die teleologische Annahme im Denken eines Thomas von Aquin oder auch eines Kant am Werk ist, und es liegt nicht so sehr gerade *daran*, daß ihre Betonung dieser Lehre so unvernünftig erscheint, wie sie etwa Benjamin Constant vorgekommen ist. Seltsamer ist der Gedanke, daß die Teleologie der Behauptung gerade diese Konsequenz nach sich ziehen soll. Es mag zwar sein, daß die »Definition« der Behauptung wirklich bloß darauf Bezug nimmt, daß sie der Ausdruck einer Überzeugung ist, doch sobald man die Rolle von Behauptungen im Rahmen der informativen Kommunikation betrachtet – und das ist doch der Kontext, in dem diese Probleme entstehen, und vermutlich auch ein Kontext, in dem man ihre Aufgabe im Leben rationaler Lebewesen untersuchen sollte –, liegt es auf der Hand, daß die Funktionsweise einer Behauptung wesentlich davon abhängt, welche Behauptung der Sprecher zu äußern beschließt. Sofern das Lügen im Grunde ein Mißbrauch der Behauptung ist, dann gilt das auch für die bewußte Ausnutzung der vom Hörer zu erwartenden Deutung der vom Sprecher getroffenen Entscheidung für eine bestimmte Behauptung. Die genannte Lehre verwandelt die Behauptung in einen Fetisch, indem sie die Behauptung aus dem Kontext ihrer üblichen Funktionsweise herauslöst und die ganze Kraft der Forderung nach Wahrhaftigkeit auf die so isolierte Behauptung projiziert.

Kant selbst gibt eine informelle Erklärung des Begriffs der Lüge und zitiert dabei einen lateinischen Spruch, der soviel bedeutet wie »Das eine offen im Munde, das andere verschlossen im Herzen tragen«,[7] und das ist eine Formel, die, natürlich aufgefaßt, mehr abdeckt als bloß das Lügen. Außerdem trifft er die substantiellere Feststellung, das Lügen mache den Betreffenden in den Augen der anderen zu einem Gegenstand der Verachtung und – »was noch mehr ist« – in seinen eigenen Augen. Ferner sagt er, Liebedienerei sei eine weitere Neigung, die in ähnlicher Form die Pflicht gegen sich selbst verletze. Diese Vorstellungen von Ehre sind vortrefflich (und sogar noch großartiger, wenn sie nicht in der wenig hilfreichen Termino-

---

7 »Aliud lingua promptum, aliud pectore inclusum gerere« (Sallust, *De coniuratione Catilinae* 10,5). Kants Zitat dieses Spruchs findet sich an der in Anm. 29 genannten Stelle.

logie der Pflichten gegen sich selbst präsentiert werden). Auf diese Vorstellungen werden wir zurückkommen. Doch sofern Täuschung überhaupt einmal – wie im Fall der Verteidigung des unschuldigen Flüchtlings – gerechtfertigt ist, dann stimmt etwas nicht, wenn man glaubt, es sei ehrenhafter, sich auf Ausflüchte zu verlegen, als eine Lüge auszusprechen. [...]

Die Fälle, die wir hier betrachten, sind solche, in denen die zu täuschende Person ein Mörder, ein Verfolger oder sonst ein Missetäter ist, und da macht es, wie mir scheint, keinen Unterschied, ob die Täuschung die Form der Lüge oder eine andere Gestalt annimmt. Das bedeutet allerdings nicht, daß das Lügen in allen Hinsichten auf derselben Stufe steht wie sonstige Formen verbaler Täuschung. Viele Menschen haben übereinstimmend das Gefühl, daß der »direkten Lüge« unter bestimmten Umständen und im Kreis von Personen, die im allgemeinen Grund zu wechselseitigem Vertrauen haben, etwas besonders Abscheuliches oder Beleidigendes anhaftet – daß eine derartige Lüge eine spezielle Form der Kränkung ist. Im nächsten Abschnitt werde ich einen Ort für diesen Gedanken zu finden versuchen. Außerdem gibt es einige mit Institutionen verknüpfte Spezialumstände, unter denen die traditionelle Unterscheidung zwischen Lüge und Irreführung tatsächlich sinnvoll ist. Wenn wir uns anschauen, um welche Umstände es sich handelt, wirft das vielleicht ein gewisses Licht auf die ethische Geistesverfassung, aus der die traditionelle Lehre ebenso hervorgegangen ist wie der verfehlte Versuch dieser Konzeption; das Lügen überhaupt auszuscheiden.

Im britischen Parlament gilt eine Konvention, wonach Minister nicht lügen dürfen, wenn sie Fragen beantworten oder Erklärungen abgeben, aber zugleich ist es ihnen freilich gestattet, Dinge auszulassen oder auszuwählen, und sie dürfen Antworten geben, die weniger als die ganze relevante Wahrheit erkennen lassen und generell einen irreführenden Eindruck vermitteln. (Es gibt zwar einen Verstoß, der »Irreführung des Hohen Hauses« heißt und keine direkte Lüge beinhaltet, doch im großen und ganzen entspricht der Grundgedanke der traditionellen Unterscheidung.) Als im Jahre 1963 ein Minister dem Parlament eine Lüge über seine Affäre mit einer Frau namens Christine Keeler auftischte, zirkulierte der folgende Limerick:

> What on earth have you done, said Christine,
> You have wrecked the whole party machine;
> To lie in the nude,
> That is just rude,
> But to lie in the House is obscene.[8]

Worum es bei dieser Konvention geht, ist klar. Niemand kann damit rechnen, daß die Regierung über alles vollständig Auskunft gibt, und vielfach ist gar nicht ohne weiteres zu erkennen, was eine vollständige Auskunft wäre. Ebensowenig ist zu wünschen, daß sich die Regierung ungestraft alles beliebige herausnehmen kann, um die Öffentlichkeit zu täuschen. Die genannte Regel macht es schwieriger, mit einem Täuschungsmanöver durchzukommen, denn Antworten werden argwöhnisch beäugt und Nachfragen mit einem gewissen Druck gestellt, und Minister, die nicht lügen dürfen, können in eine Lage gedrängt werden, in der sie entweder die Wahrheit sagen (sofern sie ihnen bekannt ist) oder in ernsthafte Verlegenheit geraten und nicht mehr wissen, was sie sagen sollen.

Dies sind recht spezielle Umstände, denn die Situation ist antagonistisch und zugleich regelgeleitet. Die Regel funktioniert zumeist deshalb, weil sie einen Sinn hat und weil Verstö-

---

8 Verbesserte Fassung von T. R. Harrison nach einer verstümmelten Vorlage in: John A. Barnes, *A Pack of Lies. Towards a Sociology of Lying*, Cambridge 1994, S. 32.

ße streng geahndet werden. Es gibt auch noch andere Situationen mit ähnlicher Struktur, wie z. B. Gerichtshöfe und Bereiche kommerzieller Tätigkeit zwischen nobler Gesinnung einerseits und völliger Skrupellosigkeit andererseits. Doch wenn man von solchen Fällen absieht, gibt es nicht viele Lebensbereiche, die genau diese Struktur der Erwartungen aufweisen. In den meisten Bereichen ist man entweder besser oder schlechter daran. Besser stehen die Dinge, wenn man sich auf das, was die Menschen implizit sagen, mehr oder weniger genauso verlassen kann wie auf das, was sie behaupten; schlechter stehen sie, wenn man sich nicht einmal auf das verlassen kann, was die Leute behaupten. Vielleicht beruhte die Tradition auf einem Bild der Welt, demzufolge letzten Endes oder im Grenzfall alles antagonistisch, aber zugleich regelgeleitet ist. Diesem Bild zufolge ist ein großer Teil des Lebens antagonistisch und beinhaltet nur wenig Verläßliches; dennoch sei es zur Gänze von Regeln bestimmt. Ebenso wie die Minister, die auch unter Druck nicht lügen, zum Schluß mit weißer Weste dastehen, so seien auch wir, wenn wir uns an die Regel halten, dazu imstande, am Ende des ganzen Lebens eine passable Antwort zu geben. Dieses Bild impliziert eine Dimension jenseits dieses Lebens. So ähnlich, wie die Vorstellung von dem, was man »eigentlich behauptet«, einen Gott impliziert, der dabei zuhört, so impliziert dieses Bild der Dinge gewiß ein Jüngstes Gericht.

6. Wer die Wahrheit verdient

Die soeben betrachtete Tradition bietet eine Regel, die im Fall des Lügens ohne Ausnahme gelten soll, während hinsichtlich der Irreführung anderer Menschen dem eigenen Urteilsvermögen viel Spielraum gelassen wird. Sehen wir jedoch von den etwaigen Vorzügen dieser Regel ebenso ab wie von der Frage, ob überhaupt eine Regel ohne Ausnahme gelten kann, stellt sich hier ein tieferes Problem, nämlich die Frage, ob das, was wir brauchen, überhaupt eine *Regel* ist. Anfangs haben wir doch nach einer Neigung gesucht, die dazu geeignet ist, als Neigung zur AUFRICHTIGKEIT zu fungieren. Vielleicht geht es hier gar nicht darum, eine Regel zu befolgen, sondern darum, daß man eine bestimmte Menge von Werten hat, welche die Einstellung des Sprechers zu seinen möglichen Hörern prägt.

Bei der Erörterung des von Grice entwickelten Begriffs der Implikatur habe ich mich auf die Umstände des »normalen Vertrauens« bezogen. Das sind die Umstände, die ihm und anderen Theoretikern vorschweben, wenn von den Voraussetzungen der kooperativen Kommunikation die Rede ist. Aber was für Umstände sind das? Genauer gefragt: Aus welchem Bereich werden sie herausgegriffen? Haben wir hier eine Gesellschaftsform im Sinn – eine in diesen Hinsichten relativ gut funktionierende Gesellschaft im Gegensatz zu einer, die nahe daran ist, in Konflikt und Mißtrauen à la Hobbes zu versinken? Oder meinen wir bestimmte, innerhalb der uns vertrauten Gesellschaft herrschende Beziehungen, wie sie zwischen uns und einigen (den meisten?) Leuten im Gegensatz zu jenen etwa bestehen, denen wir aus besonderen Gründen mißtrauen? Sind womöglich bestimmte Situationen oder Bereiche gemeint, wie z.B. in dem häufig geäußerten Spruch, kein vernünftiger Mensch rechne damit, beim Gebrauchtwagenkauf vom Händler die Wahrheit zu erfahren? Oder hat man bestimmte Aspekte der eigenen Beziehung zu anderen Personen im Sinn, die beispielsweise von besonderen sozialen Rollen bestimmt werden? Dem entspräche etwa der Fall des mit einem Minister befreundeten Oppositionsabgeordneten, der zwar mit der Verschlossenheit seines Freundes rechnet, wenn es um die Beantwortung parlamentarischer Anfragen geht, und vielleicht auch dann, wenn man in der Privatunterhaltung auf Regierungsgeschäfte zu sprechen kommt, der dagegen bestürzt wäre, wenn sich der Freund im Gespräch über persönliche Angelegenheiten ausweichend verhielte. [...]

Jene speziellen Fälle, in denen die Beziehungen zwischen den Sprechern antagonistisch, aber regelgeleitet sind, habe ich bereits erwähnt und hinzugefügt, daß die meisten Beziehungen (unter dem Gesichtspunkt der Kommunikation) besser oder schlechter sind als diese speziellen Fälle. Hier können wir einige der besseren Fälle betrachten, und zwar zuerst diejenigen, die von einem gewissen Maß an Freundschaft und Bekanntschaft geprägt sind. Schon im vorigen Kapitel wurde gesagt, es sei verfehlt, Behauptungen als solche der Kategorie der Versprechen anzuähneln, doch es gibt einen für Versprechen und Absichten geltenden signifikanten Punkt, dem im Bereich des Sagens und der impliziten Mitteilung tatsächlich etwas entspricht. Von Philosophen und Moralisten ist der Unterschied zwischen Versprechen und bloßen Absichtsäußerungen übertrieben worden. In juristischen Zusammenhängen gilt eine wichtige Unterscheidung zwischen dem, was ich im Sinne der Vertragsbedingungen zugesagt habe, und dem, wozu ich mich nicht verpflichtet habe. Dabei herrscht die Vorstellung, daß derlei von vornherein so klar wie möglich festgelegt werden sollte. Doch wenn ich zu einem Freund, einem Kollegen oder einem wohlmeinenden Nachbarn sage, daß ich das und das tun werde, und weiß, daß sich der andere in wichtiger Hinsicht darauf verlassen wird, indes er weiß, daß ich es weiß, gibt es Spielraum für Vorwürfe und Rückzug aus dem vorher bestehenden Verhältnis, falls ich die Zusage nicht einhalte und überdies keinen Versuch mache, die Auswirkungen auf den anderen nach Möglichkeit zu verhüten. Darauf mag man erwidern, dies zeige, daß Versprechen auch ohne die Formalitäten des offiziellen Versprechens gegeben werden können. Doch dabei würde man den ausschlaggebenden Punkt übersehen, nämlich daß sich derartige Überlegungen vielleicht erst *nach* der fraglichen Äußerung einstellen: Man findet heraus, daß der andere auf eine (vernünftig gedeutete) implizite Konsequenz des Gesagten zählt, während man selbst das Gefühl hat, in dieser Sache etwas unternehmen zu müssen. Ebenso haben Versprechen in informellen Zusammenhängen einen geringeren Rang als Verträge, denn weder der Akteur noch der Empfänger des Versprechens müssen sich auf jedes einzelne Wort im Sinne der ursprünglichen Abmachung berufen. Flexible Reaktionen und Deutungen dieser Art können dazu beitragen, ein ganzes Gebiet der Freundschaft, der vertrauensvollen Bekanntschaft und vieler sonstiger Verhältnisse zu definieren. Die menschlichen Beziehungen wären extrem viel ärmer und kaum noch wiederzuerkennen, wenn in derartigen Situationen nur die folgenden beiden Maximen in Kraft wären: »Halte deine Versprechen« und »Caveat auditor«. [...]

In dieser Welt, könnte man vielleicht sagen, werde Täuschung nicht gebraucht, nicht erwartet oder sei ausgeschlossen – aber das wäre ein Fehler. Auch unter von Freundschaft und Vertrauen bestimmten Verhältnissen kommt es, wie uns von Psychologen und Romanciers in Erinnerung gerufen wird, häufig vor, daß die Leute einander belügen, irreführen oder falsche Eindrücke vermitteln, um die anderen nicht zu verletzen oder um sich selbst nicht bloßzustellen, d. h. um, allgemein gesprochen, Systeme wechselseitiger Wertschätzung aufrechtzuerhalten. Inwiefern sich derartige Mitteilungen von unrichtigen Angaben, Übertreibungen, vorgetäuschten Zustimmungen, konventionellen Falschaussagen usw. zu *Täuschungen* summieren – d. h. inwieweit überhaupt jemand glaubt, was gesagt wird, oder damit rechnet, daß Gesagtes geglaubt wird –, ist von Ort zu Ort verschieden, und in hohem und nützlichem Maße gibt es keine eindeutige Antwort auf diese Frage. In einigen besonders raffinierten Gesellschaften, wie z. B. in den von Rousseau verabscheuten Pariser Salons des achtzehnten Jahrhunderts, rechnet niemand damit, daß irgend etwas geglaubt wird, doch in solchen Fällen haben wir es nicht mehr mit Verhältnissen freundschaftlichen Vertrauens zu tun. Hier ist vertrauensvolles Verhalten, wie *Les liaisons dangereuses* in entmutigender Form vorführt, nichts weiter als eine verhängnisvolle Idiosynkrasie. [...]

Eine herkömmliche und wichtige Hinsicht, in der eine innere Struktur für den Wert der AUFRICHTIGKEIT seit langem kulturell verfügbar ist, führt über den Weg gewisser Vorstellungen von Ehre oder Edelmut. So glaubt der edle Jüngling Neoptolemos im *Philoktetes* von Sophokles, es sei eine Schande, durch einen schäbigen Trick zum Ziel zu gelangen, und das läßt er sich auch nur vorübergehend ausreden. Diese Motive stehen natürlich mit Furcht und Mut in Zusammenhang. Dabei ist eine solche Person dazu in der Lage, sich selbst zu verteidigen, und sie ist nicht so abhängig von anderen, daß sie verbergen muß, was sie ist und was sie erreichen will. Die Vorahnung von Scham spielt zwar eine Rolle, doch das ist gerade nicht jene Art von Scham, die sich in Befürchtungen vor dem äußert, was die Leute im allgemeinen denken werden. Vielmehr handelt es sich um Angst davor, in den eigenen Augen schimpflich dazustehen sowie in den Augen derjenigen, die wir selbst respektieren und von denen wir hoffen, daß sie uns ihrerseits achten. [...]

Für diejenigen, die das Aussprechen der Wahrheit und das Halten von Versprechen ethisch erklären und dabei auf den Mißbrauch des Vertrauens der Menschen abheben wollen, ist es immer schon ein Problem gewesen, daß eine Person, die als Lügner oder als Brecher von Versprechen bekannt ist, bei Zugrundelegung derartiger Erklärungen offenbar nicht zur Verantwortung gezogen wird. Da niemand einer solchen Person vertraut, wird auch niemand benachteiligt oder im Stich gelassen. Hier wird man einwenden, dieser Mensch habe doch sicher etwas Böses getan! Nun ja, er hat es freilich versucht, denn vermutlich wußte er nicht, daß der Hörer ihm kein einziges Wort abnahm. Aber das Wichtige an diesem Menschen ist doch, daß es sich hier um eine bestimmte Art von Person handelt. Was die Wahrhaftigkeit anlangt, ist er nicht so, wie wir es uns von einem Menschen wünschen. Tadel – die von dem Wort »falsch« getragene moralische Waffe – ist in einem Fall wie dem seinen längst obsolet. Es ist zu spät, um Zorn oder Enttäuschung zu zeigen. Nach Möglichkeit wird man diesen Menschen ignorieren; außerdem wird man unter anderem vielleicht Dritte vor ihm warnen und ihn generell mit weniger Respekt behandeln. Das ist eine Äußerung der Motive Ehre und Scham, denn man selbst würde nicht als eine solche Person gesehen werden wollen – als jemand, der sich nicht genügend um die Wirkung der eigenen Äußerungen auf die Vertrauenskomponente seiner Beziehungen zu anderen Personen kümmert und der nichts dagegen hat, diese anderen leichtfertig oder bewußt zu manipulieren.

Die AUFRICHTIGKEIT ist eine Neigung, und sie kann nicht einfach als Neigung, einer Regel zu folgen, begriffen werden. Natürlich muß es einige allgemeine Erwägungen geben, die von der AUFRICHTIGKEIT beachtet werden, denn sonst hätte die Neigung keinen Inhalt. Einige dieser Erwägungen haben wir soeben betrachtet. Aber sie summieren sich nicht zu einer Regel im traditionellen Sinn einer relativ unkomplizierten Forderung, die den größten Teil der Arbeit nicht dem Urteilsvermögen überläßt. Gäbe es eine Regel, wie würde sie lauten? Wäre es bloß eine Regel, die das Lügen oder das Täuschen im allgemeinen untersagt, würde es sich um eine Regel mit vielen und mannigfaltigen Ausnahmen handeln, denn es gibt alle möglichen Fälle, in denen es keine bessere Handlung gibt als das Täuschen, und in manchen dieser Fälle ist es nicht einmal angebracht, sich deshalb zu grämen. Wesentlich für diese Neigung ist es, ein gutes Gespür dafür zu haben, um welche Fälle es sich hierbei handeln mag – also welche Fälle als Ausnahmen von der Regel gelten würden –, und zu diesem Gespür gelangt man nicht durch bloße Neigung zum Befolgen der Regel. Außerdem könnte die Regel, wenn es sie denn gäbe, nicht bloß eine Vorschrift gegen das Belügen von Personen sein, die dem Sprecher vertrauen, denn das würde tatsächlich zu dem alten Problem führen, daß die Regel um so weniger Geltung hätte, je bekannter man für seine Verstöße gegen sie wäre. Doch daß man sich um das Vertrauen und den Mißbrauch des Vertrauens kümmert, muß offenkundig den Kern der Neigung ausmachen.

Wir haben den Wunsch, daß die Menschen eine Neigung zur AUFRICHTIGKEIT haben, bei der es vor allem um die Aufrechterhaltung und Entwicklung von Beziehungen zu anderen geht, die verschiedene Arten und Grade von Vertrauen mit sich bringen. Die Neigung selbst verleiht dem Akteur die Fähigkeit, klar und ohne Selbsttäuschung über die Anlässe nachzudenken, bei denen Täuschung erforderlich ist, und sich ein Gefühl für jene Untergruppe dieser Anlässe zu bewahren, bei der im Fall der Täuschung etwas verlorengeht. Ein großer Teil dieses Denkens richtet sich, wenn man ein solcher Akteur ist, nach außen, auf die anderen Beteiligten und deren Verhältnis zu einem selbst, aber zur gleichen Zeit und ohne Paradoxie beinhaltet es ein Gefühl für einen selbst und die Achtung, die einem auf seiten derjenigen, die man selbst respektieren kann, womöglich entgegengebracht oder entzogen wird.

Diese Struktur der wechselseitigen Achtung und der Fähigkeit, sich selbst und anderen gegenüber Scham zu empfinden, ist eine traditionelle, nachgerade archaische Hilfsquelle der Ethik, die aber auch heute noch ganz unerläßlich ist.

VI. Die Lüge im sozialen und politischen Kontext

Einleitung: Die Lüge in der Politik

Von Maria-Sibylla Lotter

Seit der Antike haben sich Philosophen und Philosophinnen mit der Frage befasst, welche Gefahren von der Lüge in der Politik ausgehen und wie sie institutionell und ethisch zu bewältigen sind. Die Diskussion orientiert sich einerseits an der normativen Leitfrage nach dem guten Leben in der Gemeinschaft, was Fragen der Gerechtigkeit, aber auch der relativen Gewichtung von Werten wie Gleichheit und Freiheit aufwirft. Platon und die in diesem Abschnitt in Ausschnitten repräsentierten Autoren gehen davon aus, dass die Politik mit Blick auf diese Ziele auf gewisse Wahrheitstugenden angewiesen ist, damit die anstehenden Probleme wahrgenommen, verstanden und angemessen angegangen werden können. Auf der anderen Seite vollzieht sich Politik als Machtkampf zwischen den einzelnen Bürgern, politischen Gruppierungen oder Interessenverbänden, die unterschiedliche Gestaltungskonzepte oder Interessen durchsetzen wollen. In dieser Gemengelage liegt es strukturell im Interesse der Politiker, Meinungen und Präferenzen zu ihren Gunsten zu verfälschen: Wer politisch mitspielen will, ist auf die Mitwirkung anderer angewiesen und muss Einfluss auf ihre Vorstellungen von der politischen Problemlage und ihren möglichen Lösungen nehmen (Claus Offe in »Die Ehrlichkeit politischer Kommunikationen«, in diesem Band S. 341–348).

Die Vertreterinnen und Vertreter der politischen Philosophie sind sich uneinig, ob man überhaupt von Politikern Ehrlichkeit im Sinne eines Verzichts auf vorsätzliche Falschreden

erwarten kann, und ob die verbreitete Kritik an der Verlogenheit des politischen Geschäfts nicht eine naive und fehlgeleitete Form des Moralisierens ist, die an den eigentlichen Problemen politischer Manipulation und Präferenzverfälschung
vorbeigeht. Hier haben sich verschiedene Denkrichtungen
herausgebildet. Eine antidemokratische Tradition von Platon
bis Leo Strauss (und, wie manche meinen, der Politik bis hin zu
George Bush[1]) sieht das Hauptproblem nicht in der vorsätzlichen Falschrede, sondern der Unfähigkeit der großen Menge
zu einer vernünftigen Meinungsbildung und ihrer Verführbarkeit durch Demagogen; sie präferiert eine Technokratie der
Sachverständigen, die gegenüber der Menge quasi die Rolle
von Ärzten gegenüber Patienten einnehmen und bei Bedarf
auch durchaus zu Platons »edlen und heilsamen Lügen« greifen
dürfen, um von der Bevölkerung, die ja ohnehin nicht wahrheitsfähig ist, Zustimmung zu ihren Maßnahmen zu erlangen.
Hingegen sieht eine Traditionslinie moderner Denker von Immanuel Kant bis Hannah Arendt, die auf der Mündigkeit der
Bürger bestehen, die Gefahr vor allem in der Verhinderung der
freien Meinungsbildung. Dazu gehört für Hannah Arendt
(*Wahrheit und Lüge in der Politik*) nicht nur die offene Zensur,
sondern vor allem die Manipulation der informativen Medien
und die Behandlung von Tatsachen, als wären es bloße Meinungen; hingegen nimmt sie ganz im Sinne Platons an, dass
die einzelne politische Falschrede als Mittel zweckmäßigen
politischen Handelns durchaus geeignet sein kann, die Bedingungen für die Suche nach Wahrheit zu etablieren oder zu
wahren. Auch wer in der Tradition der Ideologiekritik denkt
wie Adorno, hält die bewussten und gezielten Lügen in der Po

---

1 Hierzu als Literaturempfehlung: *Georg Martin, Recht auf Lüge, Lüge
als Pflicht. Zu Begriff, Ideengeschichte und Praxis der politischen »edlen« Lüge*, München 2009.

litik im Verhältnis zu der Manipulation und Präformation des Denkens durch die Kulturindustrie für die viel geringere Bedrohung unserer Fähigkeit zur mündigen Gestaltung des öffentlichen und privaten Lebens (vgl. in diesem Band die Auszüge aus *Minima Moralia*, S. 294–297).

Nicht alle Denkerinnen sind jedoch der Auffassung, dass die Frage der Ehrlichkeit in der Politik naiv und vergleichsweise zweitrangig ist. Während die »edle und heilsame« Lüge der Herrscher gegenüber den Beherrschten noch bei Grotius und anderen Denkern des 17. Jahrhunderts grundsätzlich legitim scheint und in großen Teilen der politischen Philosophie als geringeres Übel verbucht wird, haben sich die Gewichtungen der davon betroffenen Werte im öffentlichen Bewusstsein seit dem 18. Jahrhundert stark verschoben. Dass die Menschen dadurch, dass sie belogen werden, nicht selbst entscheiden könnten, was sie tun, erscheint aus der Perspektive der antidemokratischen Tradition als das geringere Übel, solange die Lüge dem Gemeinwohl und nicht partikularen Interessen dient. Dies gilt auch für den gesellschaftlichen Bereich der Medizin, in dem unbestritten ein Kompetenzgefälle zwischen Arzt und Patient besteht. Unter modernen Vorzeichen hingegen erscheint die Lüge auch dann als problematisch, wenn sie von der an Kompetenz überlegenen Ärztin (oder den Politikern) in dem Interesse getätigt wird, das Wohl des Patienten oder der Bürger zu fördern, weil sie die eigene Meinungsbildung verhindert und damit die Freiheit verletzt (vgl. in diesem Band Sissela Bok über »paternalistische Lügen«). Und in einer Demokratie kann sie nicht geduldet werden, weil sie die Grundlagen der Demokratie verletzt. Während eine Aristokratie auf der normativen Erwartung gründet, dass die Herrschenden besser einschätzen können, was für die Regierten gut ist, baut die Demokratie auf der Voraussetzung der epistemischen und moralischen Mündigkeit aller Bürger auf. »Edle und heilsame

Lügen« der Regierung haben daher, unabhängig von ihrer Zweckdienlichkeit, keine Legitimationsgrundlage. Simone Dietz (»Lügen in Privatleben, Politik und Massenmedien«, vgl. in diesem Band S. 349–402) zufolge können gleichwohl einige andere Typen von Lügen in der Politik gerechtfertigt sein. Wir müssen hier unterscheiden, ob es sich um Lügen handelt, die die normativen Erwartungen verletzen, die wir an die Politik richten müssen, damit eine Demokratie funktionieren kann, ob es um Lügen oder lügenähnliches Theater etwa in Wahlkämpfen geht, um den Schutz von Handlungsspielräumen bei Verhandlungen, die strukturell zur Politik gehören, oder um den Schutz des Privatlebens.

THEODOR W. ADORNO

Minima Moralia. Reflexionen aus dem beschädigten Leben

Kind mit dem Bade. – Unter den Motiven der Kulturkritik ist von Alters her zentral das der Lüge: daß Kultur eine menschenwürdige Gesellschaft vortäuscht, die nicht existiert; daß sie die materiellen Bedingungen verdeckt, auf denen alles Menschliche sich erhebt, und daß sie mit Trost und Beschwichtigung dazu dient, die schlechte ökonomische Bestimmtheit des Daseins am Leben zu erhalten. Es ist der Gedanke von der Kultur als Ideologie, wie ihn auf den ersten Blick die bürgerliche Gewaltlehre und ihr Widerpart, Nietzsche und Marx, miteinander gemeinsam haben. Aber gerade dieser Gedanke, gleich allem Wettern über die Lüge, hat eine verdächtige Neigung, selber zur Ideologie zu werden. Das erweist sich am Privaten. Zwangshaft reicht der Gedanke an Geld und aller Konflikt, den er mit sich führt, bis in die zartesten erotischen, die sublimsten geistigen Beziehungen hinein. Mit der Logik der Konsequenz und dem Pathos der Wahrheit könnte daher die Kulturkritik fordern, daß die Verhältnisse durchaus auf ihren materiellen Ursprung reduziert, rücksichtslos und unverhüllt nach der Interessenlage zwischen den Beteiligten gestaltet werden müßten. Ist doch der Sinn nicht unabhängig von der Genese, und leicht läßt an allem, was über das Materielle sich legt oder es vermittelt, die Spur von Unaufrichtigkeit, Sentimentalität, ja gerade das verkappte und doppelt giftige Interesse sich finden. Wollte man aber radikal danach handeln, so würde man mit dem Unwahren auch alles Wahre ausrotten, alles was wie immer ohnmächtig dem Umkreis der universellen Praxis sich zu entheben trachtet, alle schimärische Vorwegnahme des edleren Zustands, und würde unmittelbar zur Barbarei übergehen, die man als vermittelte der Kultur vorwirft. […] Kultur einzig mit Lüge zu identifizieren ist am verhängnisvollsten in dem Augenblick, da jene wirklich ganz in diese übergeht und solche Identifikation eifrig herausfordert, um jeden widerstehenden Gedanken zu kompromittieren. Nennt man die materielle Realität die Welt des Tauschwerts, Kultur aber, was immer dessen Herrschaft zu akzeptieren sich weigert, so ist solche Weigerung zwar scheinhaft, das Bestehende besteht. Da jedoch der freie Tausch selber die Lüge ist, so steht was ihn verleugnet, auch für die Wahrheit ein: der Lüge der Warenwelt gegenüber wird noch die Lüge zum Korrektiv, die jene denunziert. Daß die Kultur bis heute mißlang, ist keine Rechtfertigung dafür, ihr Mißlingen zu befördern, indem man wie Katherlieschen noch den Vorrat an schönem Weizenmehl über das ausgelaufene Bier streut. Menschen, die zusammengehören, sollten sich weder ihre materiellen Interessen verschweigen, noch auf sie nivellieren, sondern sie reflektiert in ihr Verhältnis aufnehmen und damit über sie hinausgehen.

Pseudomenos. – Die magnetische Gewalt, welche die Ideologien über die Menschen ausüben, während sie ihnen bereits ganz fadenscheinig geworden sind, erklärt sich jenseits der Psychologie aus dem objektiv bestimmten Verfall der logischen Evidenz als solcher. Es ist dahin gekommen, daß Lüge wie Wahrheit, klingt, Wahrheit wie Lüge. Jede Aussage, jede Nachricht, jeder Gedanke ist präformiert durch die Zentren der Kulturindustrie. Was nicht die vertraute Spur solcher Präformation trägt, ist vorweg unglaubwürdig, um so mehr, als die Institutionen der öffentlichen Meinung dem, was sie aus sich entlassen, tausend faktische Belege und alle Beweiskraft mitgeben, deren die totale Verfügung habhaft werden kann. Die Wahrheit, die dagegen anmöchte, trägt nicht bloß den Charakter des Unwahrscheinlichen, sondern ist überdies zu arm, um in Konkurrenz mit dem hochkonzentrierten Verbreitungsapparat durchzudringen. Über den gesamten Mechanismus belehrt das deutsche Extrem. Als die Nationalsozialisten zu foltern begannen, terrorisierten sie damit nicht nur die Völker drinnen und draußen, sondern waren zugleich vor der Enthüllung um so sicherer, je wilder das Grauen anstieg. Dessen Unglaubwürdigkeit machte es leicht, nicht zu glauben, was man um des lieben Friedens willen nicht glauben wollte, während man zugleich davor kapitulierte. Die Zitternden reden sich darauf hinaus, es werde doch viel übertrieben: bis in den Krieg hinein waren in der englischen Presse Einzelheiten über die Konzentrationslager unerwünscht. Jedes Greuel in der aufgeklärten Welt wird notwendig zum Greuelmärchen. Denn die Unwahrheit der Wahrheit hat einen Kern, auf den das Unbewußte begierig anspricht. Nicht nur wünscht es die Greuel herbei. Sondern der Faschismus ist in der Tat weniger »ideologisch«, insoweit er das Prinzip der Herrschaft unmittelbar proklamiert, das anderswo sich versteckt. Was immer die Demokratien an Humanem ihm entgegenzustellen haben, kann er spielend widerlegen mit dem Hinweis darauf, daß es ja doch nicht die ganze Humanität, sondern bloß ihr Trugbild sei, dessen er mannhaft sich entäußerte. So desperat aber sind die Menschen in der Kultur geworden, daß sie auf Abruf das hinfällige Bessere fortwerfen, wenn nur die Welt ihrer Bosheit den Gefallen tut zu bekennen, wie böse sie ist. Die politischen Gegenkräfte jedoch sind gezwungen, selbst immer wieder der Lüge sich zu bedienen, wenn nicht gerade sie als destruktiv völlig ausgelöscht werden wollen. Je tiefer ihre Differenz vom Bestehenden, das ihnen doch Zuflucht gewährt vor der ärgeren Zukunft, um so leichter fällt es den Faschisten, sie auf Unwahrheiten festzunageln. Nur die absolute Lüge hat noch die Freiheit, irgend die Wahrheit zu sagen. In der Vertauschung von Wahrheit und Lüge, die es fast ausschließt, die Differenz zu bewahren, und die das Festhalten der einfachsten Erkenntnis zur Sisyphusarbeit macht, kündet der Sieg des Prinzips in der logischen Organisation sich an, das militärisch am Boden liegt. Lügen haben lange Beine: sie sind der Zeit voraus. Die Umsetzung aller Fragen der Wahrheit in solche der Macht, der Wahrheit selber nicht sich entziehen kann, wenn sie nicht von der Macht vernichtet werden will, unterdrückt sie nicht bloß, wie in früheren Despotien, sondern hat bis ins Innerste die Disjunktion von Wahr und Falsch ergriffen, an deren Abschaffung die Söldlinge der Logik ohnehin emsig mitwirken. So überlebt Hitler, von dem keiner sagen kann, ob er starb oder entkam. [...]

Ein Deutscher ist ein Mensch, der keine Lüge aussprechen kann, ohne sie selbst zu glauben.

Lügen. Vom täglichen Zwang zur Unaufrichtigkeit

Täuschung als Therapie

Auf Verlangen seiner Versicherung läßt ein vierundsechzigjähriger Mann in einem Krankenhaus eine Routineuntersuchung vornehmen. Dabei stellen die Ärzte fest, daß er Krebs hat, der innerhalb der folgenden sechs Monate zum Tode führen wird. Eine Aussicht auf Heilung besteht nicht. Chemotherapie könnte sein Leben vielleicht um ein paar Monate verlängern, hätte jedoch Nebenwirkungen, die der Arzt in diesem Fall nicht in Kauf nehmen will. Zudem ist er der Ansicht, daß eine solche Therapie den Patienten vorbehalten bleiben sollte, bei denen Aussicht auf Besserung besteht. [...]

Der Arzt hat nun mehrere Möglichkeiten, mit der Wahrheit umzugehen. Sollte er dem Patienten mitteilen, was er weiß, oder sollte er es verschweigen? Sollte er die Wahrheit verleugnen, wenn er gefragt wird? Und wenn er sich entschließen sollte, die Diagnose offenzulegen, sollte er damit warten, bis der Patient aus dem Urlaub zurück ist? Doch auch wenn er dem Patienten die Wahrheit sagt, sollte er dann die Möglichkeit der Chemotherapie erwähnen und begründen, warum er in diesem Fall von ihr abrät? Oder sollte er jeden Versuch unterstützen, den Tod hinauszuschieben?

In diesem Fall entschied sich der Arzt, dem Patienten sofort reinen Wein einzuschenken. Die Möglichkeit der Chemotherapie erwähnte er allerdings nicht. Ein Medizinstudent, der bei dem Arzt arbeitete, war mit diesem Vorgehen nicht einverstanden; auch mehrere Schwestern waren der Ansicht, daß der Patient über diese Möglichkeit hätte informiert werden müssen. Vergeblich versuchten sie, den Arzt davon zu überzeugen, daß der Patient ein Recht darauf besitze. Als der Versuch, ihn zu überzeugen, nichts fruchtete, entschloß sich der Student, den Anweisungen des Arztes zuwider zu handeln und informierte den Patienten über die Möglichkeit der Chemotherapie. Nach einer Beratung mit seiner Familie suchte der Patient um diese Behandlung nach.

Ärzte stehen häufig vor solchen bedrängenden Entscheidungen. Was sie offen aussprechen, zurückhalten oder verdrehen, ist für ihre Patienten von größter Bedeutung. Mit entsprechender Vehemenz betonen die Ärzte deswegen auch, daß sie ihre Gründe für das Verzerren und Verheimlichen der Wahrheit haben: Sie wollen einen Kranken nicht unnötig in Unruhe versetzen oder ein überflüssiges Leiden oder Unbehagen erzeugen wie in dem Fall des Krebspatienten; sie wollen einem Patienten nicht die letzte Hoffnung nehmen und sagen daher den Sterbenden nicht die Wahrheit über ihren Zustand; oder sie wollen die Chancen einer Heilung verbessern, indem sie einen übertriebenen Optimismus in bezug auf eine bestimmte Therapie an den Tag legen. Ärzte benutzen Information als Teil ihres therapeutischen Vorgehens; sie wird in bestimmten Mengen, in bestimmten Mischungen und zu den Zeitpunkten ausgegeben, die man für den Patienten für am besten hält. Im Vergleich dazu kommt der akkuraten Tatsachentreue eine viel geringere Bedeutung zu.

So hat sich der Eindruck ergeben, daß das Belügen von Patienten in besonderer Weise entschuldbar sei. Einige würden die These vertreten, daß man Ärzten, und *nur* Ärzten, das Recht zugestehen sollte, die Wahrheit in einer Weise zu manipulieren, die bei Politikern, Anwälten und anderen so wenig wünschenswert ist. Ärzte sind dazu ausgebildet, ihren Patienten zu helfen. Ihr Verhältnis zu den Patienten beinhaltet besondere Verpflichtungen, und sie wissen viel besser als jeder Laie, was der Heilung und dem Überleben dienlich ist oder was sie behindert. [...]

Von unmittelbarer Relevanz für die medizinischen Praktiker sind die beiden fundamentalen Grundsätze, Gutes zu tun und keinen Schaden anzurichten. Sie werden am häufigsten betont. Das Leben und die Gesundheit zu erhalten. Krankheit, Schmerz und Tod abzuwehren – dies sind die ewigen Aufgaben der Medizin und Krankenpflege. In der gesamten Geschichte der Medizin sind diese Grundsätze nachhaltig vertreten worden. Im hippokratischen Eid versprechen die Ärzte:

> »Ärztliche Verordnungen werde ich treffen zum Nutzen der Kranken [...], hüten aber werde ich mich davor, sie zum Schaden und in unrechter Weise anzuwenden.«

Und in einem hinduistischen Initiationseid heißt es:

> »Tag und Nacht, so beschäftigt du auch sein mögest, sollst du mit Herz und Seele danach trachten, deinen Patienten Erleichterung zu bringen. Du darfst den Patienten weder im Stich lassen noch ihm schaden, selbst wenn es dich dein Leben kostet.«

Eine vergleichbare Betonung der Wahrhaftigkeit als ethischer Grundwert gibt es jedoch nicht. Sie fehlt in praktisch allen Eiden, Kodizes und Gebeten. Der hippokratische Eid erwähnt die Wahrhaftigkeit gegenüber Patienten in bezug auf ihren Zustand, ihre Aussichten und die Behandlung nicht. Auch andere frühe Kodizes und Gebete schweigen sich darüber aus. Sicher beziehen sie sich häufig auf die Vertraulichkeit, mit welcher die Ärzte das behandeln sollten, was ihnen mitgeteilt wird; aber einen entsprechenden Hinweis auf die Ehrlichkeit gegenüber dem Patienten gibt es nicht. [...]

Auch in späteren Kodizes bleibt dieses Thema ausgespart. Es kommt nicht einmal in der Erklärung von Genf vor, die 1948 von der World Medical Association angenommen wurde. Und die Grundsätze der medizinischen Ethik der American Medical Association überlassen die Entscheidung, den Patienten zu informieren oder nicht, immer noch dem Arzt selbst.

Ausgestattet mit einer solchen Freiheit, kann ein Arzt nun frei entscheiden, den Patienten so viel oder so wenig zu sagen, wie er für zweckmäßig hält, solange er dabei gegen keine Gesetze verstößt. Im Falle des Mannes, den wir am Anfang dieses Kapitels erwähnt hatten, könnten sich einige Ärzte im Recht fühlen, wenn sie zum Besten des Patienten lügen, andere wiederum würden die Wahrheit sagen. Einige könnten verschweigen, daß es zu der von ihnen empfohlenen Behandlung Alternativen gibt, andere würden es nicht tun. In jedem Falle könnten sie sich auf die ethischen Grundsätze der amerikanischen Medizinervereinigung berufen. [...]

Ärzte wissen nur zu gut, wie ungewiß eine Diagnose oder Prognose sein kann. Sie wissen, wie schwer es ist, korrekte und aussagekräftige Antworten auf Fragen nach Krankheit und Gesundheit zu gehen. Sie wissen auch, daß die Offenlegung ihrer eigenen Unsicherheit und Befürchtungen die Wirkung jener psychologischen Heilungsfakturen beeinträchtigen würde, die vom Glauben an die Wiedergesundung abhängen. Zudem fürchten sie, daß der Hinweis auf ernste Risiken, egal wie unwahrscheinlich ihr Eintreten auch ist, den Mechanismus der »sich selbst erfüllenden Voraussage« ablaufen lassen würde. Wie jeder andere auch wollen sie nicht gern Überbringer ungewisser oder schlechter Nachrichten sein. Und last, but not least würde es den Ärzten die dringend benötigte Zeit für andere Patienten wegnehmen, wenn sie sich hinsetzten und offen und ehrlich, ohne dabei auf Einfühlsamkeit zu verzichten, mit einem Patienten dessen Krankheit diskutierten.

Diese Gründe können erklären helfen, warum Schwestern, Ärzte und die Angehörigen von Kranken und Sterbenden sich lieber nicht durch irgendwelche Regeln binden lassen wollen, die sie darin einschränken würden, Informationen zu unterdrücken, aufzuschieben oder zu verzerren. Das heißt nicht, daß sie unbedingt immer vorhaben zu lügen. Sie wollen nur die Freiheit haben, es zu tun, wenn sie es für angebracht halten. Und das Widerstreben, dieser Freiheit durch ein Verbot des Lügens verlustig zu gehen, erklärt wiederum, warum sich die Kodizes und Eide mit den Problemen der Wahrhaftigkeit und des Lügens nicht auseinandersetzen. [...]

Verschärfend wirkt überdies, daß diese Probleme innerhalb der Medizin noch nie sorgfältig durchdacht worden sind und in der Ausbildung der Mediziner nicht ernsthaft behandelt werden. Patienten in genau der gleichen Lage werden daher von verschiedenen Ärzten auch sehr verschieden behandelt werden. Dazu kommt, daß die Angehörigen häufig mit dem Tun der Ärzte nicht einverstanden sind, selbst wenn die Ärzte und das pflegerische Personal hinsichtlich der Behandlung eines Patienten zu einer übereinstimmenden Meinung gelangt sind. Da die Ärzte die Frage, ob Angehörige das Recht haben, bestimmte Forderungen zu stellen, nicht allgemein zufriedenstellend beantwortet haben, werden die Probleme mehr oder minder nach dem Zufallsprinzip so gelöst, wie es der einzelne Arzt jeweils für richtig hält.

Täuschung als Freiheitsberaubung

Das Durcheinander, das in der Medizin in bezug auf das Problem der Wahrheit herrscht, wird sowohl durch die Patienten selbst als auch durch die Ergebnisse neuerer empirischer Untersuchungen noch vergrößert. Drei Hauptargumente zugunsten des Belügens von Patienten werden immer stärker in Frage gestellt: nämlich erstens, daß Wahrhaftigkeit unmöglich sei;

zweitens, daß die Patienten keine schlechten Nachrichten hören wollen, und drittens, daß ihnen die Wahrheit nur schade.

Das erste dieser Argumente bringt [...] »Wahrheit« und »Wahrhaftigkeit« durcheinander, um damit den Weg für ein gelegentliches Lügen frei zu machen, das sich auf das zweite und dritte Argument dann stützt. Wir können [...] erkennen, daß es sich hierbei nur um ein strategisches Manöver handelt, das der Frage der Wahrhaftigkeit überhaupt erst einmal den Wind aus den Segeln nehmen soll, um dann doch dem Arzt zu überlassen, was er sagt und wie er es sagt. Die Behauptung, »daß es keine scharfe Trennungslinie zwischen dem Wahren und dem Unwahren gibt, da es ohnehin unmöglich ist, die Wahrheit zu sagen«, stellt nichts als den Versuch dar, jeden Einwand gegen das Lügen abzuschmettern, bevor man sich überhaupt mit ihm auseinandergesetzt hat. Um zu erkennen, wie unhaltbar dieses Argument ist, braucht man sich nur einmal vorzustellen, wie man reagieren würde, wenn man so etwas aus dem Mund eines Autohändlers oder eines Hausmaklers hörte.

Auf die Medizin angewendet, findet dieses Argument allerdings eine zusätzliche Absicherung: Selbst wenn die Leute im Normalfall durchaus verstehen können, was man ihnen sagt, so sind Patienten dazu oft gerade nicht in der Lage. An dieser Stelle kommt der Paternalismus darin zum Zuge. Wenn wir uns Autos oder Häuser kaufen, so argumentiert der Paternalist, dann müssen wir geistig hellwach sein; wenn wir aber krank sind, sind wir dazu nicht immer imstande. Bei unseren Entscheidungen brauchen wir dann Hilfe, selbst wenn uns diese Hilfe nur dadurch gegeben werden kann, daß man uns unwissend hält. Und der Arzt sei dazu ausgebildet und bereit, eine solche Hilfe zu geben.

Es stimmt natürlich, daß einige Patienten, die durch Krankheit oder starke Medikamente geschwächt sind, nicht in der

Lage sind zu erkennen, was für sie selbst das beste ist. Doch die meisten können es noch. [...]

Das Argument, mit dem es abgelehnt wird, Patienten zu informieren, weil eine wirklich wahrhaftige Information schon an sich unmöglich sei oder weil den Patienten das Verständnis fehle, muß aus der Sicht der Patienten zurückgewiesen werden. Sie wissen, daß man sich die Freiheiten, die sie den gewissenhaftesten und altruistischsten Ärzten zugestehen, auch in den »Medicaid-Mühlen« herausnehmen wird und daß dann die Entscheidungen, von denen man die Patienten fernhält, nicht nur von kompetenten, sondern auch von inkompetenten Ärzten getroffen werden. Und schließlich sind sie sich der Tatsache bewußt, daß auch die besten Ärzte Entscheidungen treffen können, die sie selbst ganz anders getroffen hätten.

Das zweite Argument zur Unterstützung der Täuschung von Patienten bezieht sich insbesondere auf Nachrichten, die Schrecken oder Depression auslösen. Es geht davon aus, daß Patienten im allgemeinen solche Informationen nicht hören wollen und daß sie es vorziehen, einer ernsten Krankheit oder dem Tod nicht offen gegenüberzutreten. Eine Reihe von Umfragen ergab, daß die meisten Ärzte auf Grund einer solchen Überzeugung es sich zur Regel gemacht haben, Patienten nicht davon in Kenntnis zu setzen, daß sie eine Krankheit wie zum Beispiel Krebs haben.

Untersucht man allerdings auf der anderen Seite, was Patienten wissen wollen, dann antwortet die große Mehrheit, daß sie tatsächlich lieber über eine solche Diagnose informiert werden wollen. [...]

Ärzte, die an der Ansicht festhalten wollen, daß Patienten keine schlechten Nachrichten hören wollen, lassen diese Diskrepanz gelegentlich nicht gelten. Sie behaupten, daß die Tatsache, daß Patienten sagen, daß sie es wollen, im Ernstfall nicht zählt. [...]

Deshalb seien empirische Untersuchungen, die sich nur auf das beziehen, was die Patienten sagen, wertlos, da sie nicht tief genug in deren Bewußtsein eindringen, um den allgemein verbreiteten Widerstand aufzudecken, dem eigenen Tod ins Auge zu sehen.

Diese Ansicht stimmt nur zum Teil. Tatsächlich weiß man aus Erfahrung, daß einige Patienten ihren eigenen Zustand verdrängen. Man schätzt, daß es sich bei ungefähr 15 bis 25 Prozent der Patienten belegen läßt, daß sie verdrängen, was man ihnen über ihre Krankheit gesagt hat, auch wenn sie wiederholt fragen und wiederholt informiert werden. Und kommt der Tod näher, macht fast jeder eine Periode der Verdrängung durch. [...]

Doch wenn man behauptet, die Verdrängung sei allgemein verbreitet, dann schlägt das jeder Erfahrung ins Gesicht. [...] Die These von der universalen Verdrängung läßt sich weder beweisen noch widerlegen. Es handelt sich dabei um eine metaphysische Überzeugung über die conditio humana, nicht um eine Aussage darüber, was Patienten wollen und was sie nicht wollen. Es stimmt, daß wir die Möglichkeit unseres eigenen Todes nie völlig begreifen werden, genausowenig wie die Tatsache, daß wir überhaupt am Leben sind. Doch die Menschen unterscheiden sich gewiß darin, in welchem Grade sie sich diesem Wissen öffnen können, wie sie es bei ihren Plänen berücksichtigen und damit ihren Frieden machen können.

In den Lügen oder der Zurückhaltung von Tatsachen reflektiert sich eher die Furcht der Ärzte selbst (die, wie eine Untersuchung belegt, viel gröber ist als die von Nichtmedizinern), sich mit den Fragen über den Sinn des eigenen Lebens und die Unvermeidlichkeit des Todes auseinanderzusetzen.

Täuschung kann demnach eine existentielle Beraubung darstellen. Darüber hinaus werden wir uns allmählich immer stärker bewußt, was einem Patienten im Laufe seiner Krankheit alles widerfahren kann, wenn er gar nicht oder falsch informiert wird. Lügen bringen ihn in eine Position, wo er an den Entscheidungen über seine eigene Gesundheit nicht mehr teilhaben kann, einschließlich der Entscheidung, überhaupt noch ein »Patient« sein zu wollen. Ein tödlich erkrankter Patient, dem man nicht mitgeteilt hat, daß seine Krankheit unheilbar ist und daß er kurz vor dem Tode steht, kann über das Ende seines Lebens keine Entscheidungen mehr treffen: Ob er ins Krankenhaus geht oder nicht, ob er sich operieren läßt, wo und mit wem er seine letzten Tage verbringt, wie er seine Angelegenheiten regelt – all diese sehr persönlichen Entscheidungen werden ihm unmöglich gemacht, wenn man ihm die Wahrheit verschweigt oder ihm sogar etwas Unwahres sagt. [...]

Der Grund, warum selbst die Ärzte, die das Recht des Patienten auf Information anerkennen, diese ihnen vielleicht doch vorenthalten, führt uns zu dem dritten Argument, das sich dagegen richtet, allen Patienten die Wahrheit zu sagen. Es geht davon aus, daß die Information den Patienten verletzen könnte und daß das Eintreten für das Recht auf eine solche Information eine Bedrohung der angemessenen Betreuung des Kranken darstellt. Diese Ärzte vertreten die These, daß ein Patient, der eine entmutigende Nachricht empfangen hat, vielleicht Selbstmord begehen will, einen Herzschlag erleiden könnte oder einfach seinen Kampf aufgehen würde, wodurch ihm dann auch noch die verbleibende geringe Chance der Genesung entgehen würde. Und selbst wenn es für einen Patienten sehr gut aussieht, kann die Mitteilung, daß immer noch ein geringfügiges Risiko bestehe, einigen Patienten einen Schock versetzen oder sie veranlassen, einen notwendigen Schutz wie zum Beispiel eine Impfung oder Antibiotika zurückzuweisen.

Die empirische Grundlage dieses Arguments ist von zwei Seiten her in Frage gestellt worden. Die nachteiligen Wirkungen, die mit der Mitteilung trauriger Nachrichten und dem

Hinweis auf Risiken verbunden sind, treten seltener auf, als die Ärzte meinen. Die *Vorteile*, die daraus resultieren, daß der Patient informiert wird, sind viel beträchtlicher. Das läßt sich sogar messen. Informierte Patienten erdulden leichter Schmerz, erholen sich zügiger von einer Operation und gehen williger auf die therapeutischen Maßnahmen ein. Die Haltung »Was ich nicht weiß, macht mich nicht heiß« hat sich als unrealistisch erwiesen. Was die Patienten nicht wissen oder nur vage vermuten, das erzeugt eine zehrende Angst.

Die Frage, ob Informationen schädlich sind, kann nicht in gleicher Weise für alle Patienten beantwortet werden. Die Befürchtung einiger Ärzte, daß einige Patienten einen Schock bekommen würden, wenn man sie über sehr unwahrscheinliche Risiken informierte, die mit einem bestimmten Medikament oder einer Operation verbunden sind, oder daß andere dann sogar die Behandlung ablehnen, die am besten für sie gewesen wäre, scheint für die große Mehrheit der Patienten nicht zuzutreffen. Untersuchungen zeigen, daß nur sehr wenige Patienten dem Eingriff ihr Einverständnis verweigern, wenn man sie über die Risiken informiert hat; sie zeigen weiterhin, daß diejenigen, die tatsächlich ihr Einverständnis nicht geben, auch genau die sind, die – hätte man sie vorher nicht gefragt – aufgebracht genug wären, um dem Arzt einen Prozeß anzuhängen. In noch selteneren Fällen ist es auch durchaus möglich, daß sich bei besonders sensiblen Patienten der Gesundheitszustand als Folge eines Schocks tatsächlich verschlechtert. Einige Ärzte haben die Frage aufgeworfen, ob Patienten, die sterben, nachdem sie in eine Operation eingewilligt haben, über deren Risiken sie ausführlich vor der Operation informiert worden waren, nicht zuletzt auf Grund dieser Information sterben. Zwar sind diese Fragen im Einzelfall nicht zu beantworten, doch sie sprechen sicher für Vorsicht, für ein behutsames Eingehen auf die Personen, die man über die dro-

henden Risiken informiert, und ein feines Gespür für jede Art
von Notsignal. [...]

Die moderne Medizin mit ihren heroischen Anstrengungen, die Krankheit zu besiegen und das Leben zu retten, bringt
möglicherweise das Bewußtsein wie auch die rein organi-
schen Reaktionsweisen durcheinander, die das Eintreten des
Todes erlauben, wenn er unvermeidlich ist. Den Sterbenden
wird dadurch ein angemessener Umgang mit dem Tod – so
wie er in älteren Zeiten üblich war – verwehrt. Indem die Ärzte die Patienten belügen und auch dann nicht mit ihren Hei-
lungsanstrengungen nachlassen, wenn der Punkt einer möglichen Gesundung längst überschritten ist, berauben sie den
einzelnen einer Autonomie, die nur wenige aufzugeben bereit
wären.

Utopie Aufrichtigkeit

Nimmt man alles zusammen, dann stehen die drei Argumente, die das Belügen von Patienten verteidigen, auf einem viel
unsichereren Grund, als häufig angenommen wird. Die verbreitete Ansicht, daß viele Patienten gar nicht begreifen würden, was man ihnen über ihre Krankheit mitteilen würde, daß
sie dieses Wissen gar nicht wollen und dadurch vielleicht sogar
zu Schaden kommen könnten und daß Lügen gegenüber diesen Personen entweder moralisch neutral oder gar empfeh-
lenswert sind – all dies muß man sich aus dem Kopf schlagen.
Statt dessen müssen wir einen etwas komplizierteren Vergleich anstellen. Auf der einen Seite steht das Recht der Patienten, alles zu wissen, was sie selbst betrifft, stehen die medizinischen und psychologischen Vorteile, die sich aus diesem
Wissen für sie ergeben, die unnötige und gelegentlich auch
schädliche Behandlung, der sie unterworfen werden können,

wenn sie nicht eingeweiht werden, und schließlich die nachteiligen Wirkungen, die aus den Täuschungspraktiken für die Ärzte, ihren Berufsstand und die anderen Patienten entstehen. Dagegen müssen wir eine scharf eingegrenzte paternalistische Sichtweise setzen – nämlich daß *einige* Patienten die Informationen über ihren Zustand nicht verstehen können, daß *einige* diese Informationen nicht wollen und daß *einige* durch ein solches Wissen geschädigt werden könnten; sie sollten nicht wie jeder andere behandelt werden, wenn das ihrem Wohle nicht dienlich ist.

Dieser Ansatz ist überzeugend. Einige wenige Patienten bitten ganz offen, daß man ihnen schlechte Nachrichten nicht mitteilen möge. Andere signalisieren das auf andere Weise oder würden offensichtlich den Schock und das Leid, die eine solche Nachricht heraufbeschwören kann, nicht gut überstehen. Kann man in diesen Fällen nicht ein implizites Einverständnis, getäuscht zu werden, voraussetzen?

Ausflüchte oder die Verheimlichung von Informationen können gelegentlich notwendig sein. Doch wenn jemand beabsichtigt, einen Patienten zu belügen oder die Wahrheit zu verheimlichen, dann verschiebt sich die Beweislast. Wie bei jeder anderen Täuschung auch liegt sie auf jenen, die ein solches Verhalten befürworten. Sie müssen darlegen, warum sie befürchten, daß ein Patient Schaden davontragen könnte, und wie sie zu dem Wissen kommen, daß jemand anders mit der Wahrheit nicht fertig werden kann. Sich für Täuschung zu entscheiden muß als sehr ungewöhnlicher Schritt betrachtet werden, den man mit Kollegen und anderen Personen, die an der Betreuung des Patienten beteiligt sind, durchsprechen muß. Gründe müssen dargelegt und diskutiert, Alternativen sorgfältig erwogen werden. Wie die Entscheidung auch ausgeht, in jedem Falle muß irgend jemand, der dem Patienten nahesteht, korrekt informiert werden. [...]

Für die große Mehrzahl der Patienten muß allerdings im Gegenteil gelten, daß man die Tatsachen in einer Atmosphäre der Offenheit auf den Tisch legt. Doch wäre es ganz falsch, wollte man daraus ableiten, daß man nun jeden Patienten unvorbereitet mit einer ernsten Diagnose konfrontieren kann und daß eine solche Kommunikation – solange Offenheit gegeben ist – keine weiteren Ansprüche an die menschliche Anteilnahme stellt. Dr. Cicely Saunders, die das bekannte St. Christopher's Hospice in England leitet, beschreibt das Einfühlungsvermögen und das Verständnis, die hier am Platz sind.

»Jeder Patient braucht eine Erklärung seiner Krankheit, die er verstehen kann und die ihn überzeugt, wenn er die Behandlung unterstützen soll und man ihm seine Angst vor dem Ungewissen nehmen will. Dies trifft sowohl für eine günstige als auch für eine ungünstige Diagnose zu.

Die Tatsache, daß ein Patient nicht fragt, bedeutet nicht, daß er keine Fragen hat. Ein Besuch oder ein Gespräch findet selten genug statt. Um herauszubekommen, was wir sagen sollten, können wir nur abwarten und zuhören. Bei unserem Versuch zu erfahren, welchen Dingen sich ein Patient auf der beständig wechselhaften Reise seiner Krankheit und seiner Gedanken gegenübersieht, enthüllen Schweigen und abgebrochene Sätze oft mehr als Worte.

[...] Ein großer Teil der Kommunikation verläuft ohne Worte oder indirekt. Das trifft auf alle realen Begegnungen mit Personen zu, in besonderer Weise aber auf jene, die, wissentlich oder nicht, vor schwierigen oder bedrohlichen Situationen stehen. Insbesondere gilt das auch für die Schwerkranken.

Das Hauptargument gegen die bewußte systematische Unterdrückung von unangenehmen Tatsachen lautet, daß ein solches Vorgehen die Kommunikation zwischen Arzt und Patient außerordentlich schwierig gestalten, wenn nicht gar unmöglich machen würde. Kann man erst einmal von der Möglichkeit ausgehen, offen und ehrlich mit einem Patienten zu sprechen, dann heißt das nicht, daß dies auch immer stattfinden wird, sondern die ganze Atmosphäre hat sich dadurch verändert. Uns ist dann die Freiheit gegeben, ruhig auf ein Zeichen von jedem einzelnen Patienten zu warten. Wir behandeln sie dann als Individuen, von denen wir Intelligenz, Mut und persönliche Entscheidungen erwarten können. Sie werden sich sicher genug fühlen, um uns diese Zeichen zu gehen, wenn sie es wünschen.«

Wahrheit und Politik

I

Der Gegenstand dieser Überlegungen ist ein Gemeinplatz. Niemand hat je bezweifelt, daß es um die Wahrheit in der Politik schlecht bestellt ist, niemand hat je die Wahrhaftigkeit zu den politischen Tugenden gerechnet. Lügen scheint zum Handwerk nicht nur des Demagogen, sondern auch des Politikers und sogar des Staatsmannes zu gehören. Ein bemerkenswerter und beunruhigender Tatbestand. [...]

Bei näherem Zusehen jedoch zeigt sich erstaunlicherweise, daß man der Staatsräson jedes Prinzip und jede Tugend eher opfern kann als gerade Wahrheit und Wahrhaftigkeit. Wir können uns ohne weiteres eine Welt vorstellen, die weder Gerechtigkeit noch Freiheit kennt, und wir können uns natürlich weigern, uns auch nur zu fragen, ob ein Leben in solch einer Welt der Mühe wert sei. Mit der so viel unpolitischeren Idee der Wahrheit ist das merkwürdigerweise nicht möglich. Es geht ja um den Bestand der Welt, und keine von Menschen erstellte Welt, die dazu bestimmt ist, die kurze Lebensspanne der Sterblichen in ihr zu überdauern, wird diese Aufgabe je erfüllen können, wenn Menschen nicht gewillt sind, das zu tun, was Herodot als erster bewußt getan hat – nämlich *legein ta conta*, das zu sagen, was ist. Keine Dauer, wie immer man sie sich vorstellen mag, kann auch nur gedacht werden ohne Menschen, die Zeugnis ablegen für das, was ist und für sie in Erscheinung tritt, weil es ist. [...]

Seit Leibniz ordnen wir mathematische, wissenschaftliche und philosophische Wahrheiten der Vernunftwahrheit, im Unterschied zur Tatsachenwahrheit zu, und ich werde mich im Folgenden dieser Unterscheidung bedienen, ohne mich um ihre Legitimität weiter zu kümmern. Die Frage, was Wahrheit eigentlich sei und ob sie sich dem Menschen offenbart oder ob sie, wie die Neuzeit meint, vom menschlichen Geist produziert wird, können wir hier getrost beiseite lassen, da es sich uns ja nur darum handelt, ausfindig zu machen, welchen Gefahren jede Art von Wahrheit im politischen Bereich ausgesetzt ist. Und dies ist offenbar eher ein politisches als ein philosophisches Anliegen; politisch aber ist, wie wir sehen werden, die Scheidung der Tatsachenwahrheiten von der Vernunftwahrheit von großer Bedeutung. Wir brauchen nur an solch anspruchslose Richtigkeiten zu denken wie, daß ein Mann namens Trotzki in der Russischen Revolution eine gewisse Rolle gespielt hat, die in keinem sowjetrussischen Lehrbuch erwähnt wird, um gewahr zu werden, daß keine Vernunftwahrheit es mit der Tatsachenwahrheit an Gefährdung aufnehmen kann. Und da ja Tatsachen und Ereignisse, die unweigerlichen Ergebnisse menschlichen Zusammenlebens und -handelns, die eigentliche Beschaffenheit des Politischen ausmachen, müssen wir in diesem Zusammenhang an Tatsachenwahrheiten primär interessiert sein. Wenn politische Macht sich an Vernunftwahrheiten vergreift, so übertritt sie gleichsam das ihr zugehörige Gebiet, während jeder Angriff auf Tatsachenwahrheiten innerhalb des politischen Bereichs selbst stattfindet. Was Hobbes' Verbrennung mathematischer Lehrbücher schwerlich erreichen könnte, ist durch eine Verbrennung der Geschichtsbücher durchaus erreichbar; um die Chancen der Tatsachenwahrheit, dem Angriff politischer Macht zu widerstehen, ist es offenbar sehr schlecht bestellt. Tatsachen stehen immer in Gefahr, nicht nur auf Zeit, sondern möglicherweise für immer aus der Welt zu verschwinden. [...]

Wiewohl es im Politischen zumeist Tatsachenwahrheiten sind, die auf dem Spiel stehen, ist der Konflikt zwischen Wahrheit und Politik zuerst an der Vernunftwahrheit ausgebrochen und entdeckt worden. In den Wissenschaften ist das Gegenteil der Wahrheit der Irrtum oder die Unwissenheit, in der Philosophie die Illusion oder die bloße Meinung. Vorsätzliche Unwahrheit, die glatte Lüge, spielt nur im Bereich faktischer Feststellungen eine Rolle, und es ist eigentlich sehr merkwürdig, daß in den mannigfachen Diskussionen zu unserem Thema von Plato bis Hobbes das organisierte Lügen, wie wir es heute kennen, nirgends als eine wirksame Waffe gegen die Wahrheit auch nur erwähnt wird. [...] Platos Denken kreist um den Sophisten und den Ignoranten, nicht um den Lügner, und wenn er zwischen Irrtum und Lüge, zwischen »unfreiwilligem und freiwilligem *pseudos*«, unterscheidet, gilt sein Zorn charakteristischerweise weniger den absichtlichen Lügnern als denen, die »sich mit schweinischem Behagen im Schmutze der Unwissenheit herumwälzen«.[1] Liegt dies nur daran, daß organisiertes, öffentliches Lügen noch unbekannt war? Oder hängt es mit der auffallenden Tatsache zusammen, daß mit der Ausnahme des Zoroastrismus keine der Weltreligionen jemals die Lüge unter die Todsünden gerechnet und daß erst die Neuzeit (vermutlich unter dem Druck der modernen Wissenschaft) die Wahrhaftigkeit zu einer der Kardinaltugenden erhoben hat?

Diese Frage lassen wir hier auf sich beruhen und stellen lediglich fest, daß der Konflikt zwischen Wahrheit und Politik ursprünglich mit zwei einander entgegengesetzten Lebensweisen zusammenfiel, der Lebensweise des Philosophen, wie sie erst von Parmenides und dann von Plato beschrieben und

1 *Staat* 535.

verstanden wurde, und der Lebensweise des Staatsbürgers. Der Bereich menschlicher Angelegenheiten, in dem die Sterblichen sich gemeinhin aufhalten, ist dadurch gekennzeichnet, daß er sich in einem steten Fluß befindet, und diesem Zustand der Veränderung entsprechen die gängigen Meinungen der Menschen, die ebenfalls einem ständigen Wechsel unterworfen sind. Ihnen stellt der Philosoph die Wahrheit über göttliche Dinge entgegen, die ihrer Natur nach von immerwährender Dauer sind; diese Wahrheit ist, wenn sie der Sache angemessen ist, beständig und kann daher von Plato dafür benutzt werden, Prinzipien zur Stabilisierung auch der menschlichen Angelegenheiten abzuleiten. In diesem Zusammenhang wurde die Meinung als der eigentliche Gegensatz der Wahrheit etabliert und mit bloßer Illusion gleichgesetzt. Die eigentlich politische Schärfe des Konflikts liegt in dieser Entwertung der Meinung, insofern nicht Wahrheit, wohl aber Meinung zu den unerläßlichen Voraussetzungen aller politischen Macht gehört. »Jede Regierung«, sagt Madison, »beruht auf Meinung«, da ohne die Unterstützung Gleichgesinnter nicht einmal die Tyrannenherrschaft an die Macht kommen oder sich an ihr halten könnte. Das aber heißt, daß innerhalb des Bereichs menschlicher Angelegenheiten jeder Anspruch auf absolute Wahrheit, die von den Meinungen der Menschen unabhängig zu sein vorgibt, die Axt an die Wurzeln aller Politik und der Legitimität aller Staatsformen legt.

[...] Lessings großartiges Wort: »Jeder sage, was ihm Wahrheit dünkt, und die Wahrheit selbst sei Gott empfohlen«, das impliziert, daß wir allen Grund haben, Gott zu danken, daß wir *die* Wahrheit nicht kennen, ist im Sinne der vormodernen griechischen wie christlichen Tradition ganz unverständlich; auch die Kyniker und Skeptiker des Altertums haben des Menschen Unvermögen zur Wahrheitserkenntnis nicht gepriesen. Was für Lessing entscheidend war, nämlich die Einsicht, daß der unerschöpfliche Reichtum des menschlichen Gesprächs unweigerlich zum Stillstand kommen müßte, wenn es eine Wahrheit gäbe, die allen Streit ein für allemal schlichtet, taucht nirgends auch nur andeutungsweise am Horizont dieses Denkens auf. [...]

Erst Kant sagt, »daß diejenige äußere Gewalt, welche die Freiheit, seine Gedanken öffentlich *mitzuteilen*, den Menschen entreißt, ihnen auch die Freiheit zu *denken*« nimmt, weil nämlich die einzige Garantie für die »Richtigkeit« unseres Denkens darin liegt, daß wir »gleichsam in Gemeinschaft mit andern, denen wir unsere und die uns ihre Gedanken *mitteilen*«, denken.[2] Da die Vernunft nicht unfehlbar ist, kann sie nur funktionieren, wenn die Freiheit besteht, von ihr »in allen Stücken *öffentlichen Gebrauch* zu machen« und ihre Resultate »vor dem ganzen Publikum der *Leserwelt*« bekanntzugeben.[3]

In diesem Zusammenhang ist die von Madison erwähnte »Anzahl« derer, die einen Gedanken teilen oder sich von ihm überzeugen lassen, von besonderer Bedeutung. Die Transformierung der Vernunftwahrheit in eine Meinung hat zur Folge, daß wir es nicht mehr mit dem Menschen überhaupt zu tun haben, sondern mit *den* Menschen in ihrer unendlichen Pluralität, und damit wechseln wir laut Madison von einem Bereich, in dem »das solide Räsonnement« eines einzelnen Gültigkeit beansprucht, in einen ganz anders gearteten, in welchem die Überzeugungskraft durchaus »von der Zahl derer bestimmt ist, von denen man annimmt, daß sie die gleichen Meinungen hegen« wie man selbst, wobei die Anzahl keineswegs notwendigerweise auf die eigenen Zeitgenossen beschränkt ist. [...]

Erst in der heutigen Welt sind die letzten Spuren dieses uralten Gegensatzes von philosophischer Wahrheit und bloßer

2 »Was heißt sich im Denken orientieren?«
3 »Beantwortung der Frage: Was ist Aufklärung?«

Meinung verschwunden. Weder die Wahrheiten der Offenbarungsreligionen, die der gelehrten Polemik des siebzehnten und achtzehnten Jahrhunderts noch so viel zu schaffen machten, noch die Wahrheit der Philosophen, die den Menschen als einzelnen, außerhalb der Gemeinschaft mit seinesgleichen, anspricht, geraten mit dem politischen Bereich in ernsthafte Konflikte. Was die Religionswahrheiten angeht, so hat die Trennung von Kirche und Staat sie zur Privatangelegenheit gemacht, und was die philosophische Wahrheit anlangt, so hat sie seit langem aufgehört, ihre Absolutheitsansprüche im Politischen geltend zu machen – es sei denn, man nimmt die modernen Ideologien ernst und erklärt sie zu einem Religionsoder Philosophieersatz, was immerhin die Schwierigkeit hat, daß ihre Anhänger sie als rein politische Waffen verstehen und die Frage des Wahrheitsgehalts ausdrücklich für irrelevant erklären. Es sieht also fast so aus, als sei der alte Konflikt endgültig beigelegt, und als sei damit der Streit zwischen Wahrheit und Politik verschwunden.

Dies gerade aber ist merkwürdigerweise nicht der Fall. Der Streit zwischen Wahrheit und Politik besteht nach wie vor, nur ist an die Stelle der Vernunftwahrheit die Tatsachenwahrheit getreten. Zwar hat es vermutlich nie eine Zeit gegeben, die so tolerant war in allen religiösen und philosophischen Fragen, aber es hat vielleicht auch kaum je eine Zeit gegeben, die Tatsachenwahrheiten, welche den Vorteilen oder Ambitionen einer der unzähligen Interessengruppen entgegenstehen, mit solchem Eifer und so großer Wirksamkeit bekämpft hat. Die Tatsachen, an die ich denke, sind alle öffentlich bekannt und können dennoch von derselben informierten Öffentlichkeit mit bestem Erfolg und häufig sogar spontan zu Tabus erklärt, bzw. als das behandelt werden, was sie gerade nicht sind – nämlich als Geheimnisse. Daß deren Kundgebung sich dann als nicht minder gefährlich erweisen kann als etwa die Verkündigung gewisser Häresien in früheren Zeiten, mutet in der Tat seltsam an. Und dies merkwürdige Phänomen ist nicht, wie man eigentlich vermuten müßte, auf die sogenannte freie Welt beschränkt; es war bekanntlich in Hitler-Deutschland oder in Stalins Rußland erheblich gefährlicher, von Konzentrations- und Vernichtungslagern, deren Existenz kein Geheimnis war, zu reden, als »ketzerische« Ansichten über die jeweiligen Ideologien – Antisemitismus, Rassismus, Kommunismus – zu hegen und zu äußern. Wo immer andererseits in der freien Welt unliebsame Tatsachen diskutiert werden, kann man häufig beobachten, daß man ihre bloße Feststellung nur darum toleriert, weil dies von dem Recht zur freien Meinungsäußerung gefordert werde, daß also, halb bewußt und halb ohne dessen auch nur gewahr zu werden, eine Tatsachenwahrheit in eine Meinung verwandelt wird. Unbequeme geschichtliche Tatbestände, wie daß die Hitlerherrschaft von einer Mehrheit des deutschen Volkes unterstützt oder daß Frankreich im Jahre 1940 von Deutschland entscheidend besiegt wurde oder auch die profaschistische Politik des Vatikans im letzten Krieg, werden behandelt, als seien sie keine Tatsachen, sondern Dinge, über die man dieser oder jener Meinung sein könne. [...]

Aber gibt es denn überhaupt reine Tatsachen, die von Meinung und Interpretation unabhängig sind? Haben nicht Generationen von Historikern und Geschichtsphilosophien die Unmöglichkeit bewiesen, reine Fakten auch nur zu etablieren? Werden die historischen Tatbestände nicht aus einem Chaos schierer Geschehens herauspräpariert, nach bestimmten Gesichtspunkten ausgewählt, die selber sicher nicht als faktische Gegebenheiten angesprochen werden können? Und werden diese Tatbestände dann nicht wiederum als eine Geschichte in einer bestimmten Perspektive erzählt, die selbst sich keineswegs aus den erzählten Vorgängen unmittelbar ergibt? Diese ganze Problematik ist in der Tat von den Geschichtswissenschaften nicht zu trennen, aber sie beweist keineswegs, daß es Tatbestände überhaupt nicht gibt, und sie kann auch nicht dazu dienen, die Unterschiede zwischen Tatsachen, Meinungen und Interpretation einfach zu verwischen oder den Historiker zu ermächtigen, nach Belieben mit seinem Tatsachenmaterial zu verfahren. Selbst wenn man jeder Generation zugesteht, die Geschichte der Vergangenheit aus der ihr eigenen Perspektive neu zu schreiben, so hat man damit noch lange nicht das Recht zugestanden, das Tatsachenmaterial selbst anzutasten. Für das sehr viel unkompliziertere Phänomen, von dem hier die Rede ist, ist diese Problematik unerheblich, was sich vielleicht am besten und kürzesten an einer Anekdote illustrieren läßt. Am Ende der zwanziger Jahre, so wird berichtet, wurde Clemenceau von einem Vertreter der Weimarer Republik gefragt, was künftige Historiker wohl über die damals sehr aktuelle und strittige Kriegsschuldfrage denken werden. »Das weiß ich nicht«, soll Clemenceau geantwortet haben, »aber eine Sache ist sicher, sie werden nicht sagen: Belgien fiel in Deutschland ein.« Wir haben es hier mit elementaren Daten dieser Art zu tun, und ihre Unumstößlichkeit haben auch die extremsten und überzeugtesten Vertreter des Historismus immer als selbstverständlich vorausgesetzt.

Nun würde zwar zweifellos erheblich mehr als die Einfälle von Historikern vonnöten sein, um Tatsachen, wie daß deutsche Truppen in der Nacht des 4. August 1914 die belgische Grenze überschritten, zu vernichten; dazu bedürfte es eines Machtmonopols über die gesamte zivilisierte Welt. Aber unmöglich oder undenkbar ist ein solches Machtmonopol keineswegs, und es ist nicht schwer, sich das Schicksal von Tatsachenwahrheiten auszumalen, wenn Machtinteressen nationaler oder sozialer Art das letzte Wort über sie haben sollten. Damit sind wir wieder bei unserer anfänglichen Vermutung, daß es vielleicht in der Natur des Politischen liegt, auf Kriegsfuß mit

Wahrheit in allen ihren Formen zu stehen. Die Frage ist, warum unter gewissen und keineswegs seltenen Umständen das unbekümmerte Aussprechen von Faktizitäten bereits als eine antipolitische Haltung empfunden wird. [...]

Die Schwierigkeit liegt darin, daß Tatsachenwahrheit wie alle Wahrheit einen Gültigkeitsanspruch stellt, der jede Debatte ausschließt, und die Diskussion, der Austausch und Streit der Meinungen, macht das eigentliche Wesen allen politischen Lebens aus. Die Formen des Denkens und der Mitteilung, die der Wahrheit gelten, werden im politischen Raum notwendigerweise herrschsüchtig; sie ziehen anderer Leute Meinung nicht in Betracht, und in allen Überlegungen das, was andere denken und meinen, mit zu berücksichtigen, ist das Zeichen politischen Denkens.

Politisches Denken ist repräsentativ in dem Sinne, daß das Denken anderer immer mit präsent ist. Eine Meinung bilde ich mir, indem ich eine bestimmte Sache von verschiedenen Gesichtspunkten aus betrachte, indem ich mir die Standpunkte der Abwesenden vergegenwärtige und sie so mit repräsentiere. Dieser Vergegenwärtigungsprozeß akzeptiert nicht blind bestimmte, mir bekannte, von anderen vertretene Ansichten. Es handelt sich hier weder um Einfühlung noch darum, mit Hilfe der Vorstellungskraft irgendeine Majorität zu ermitteln und sich ihr dann anzuschließen. Vielmehr gilt es, mit Hilfe der Einbildungskraft, aber ohne die eigene Identität aufzugeben, einen Standort in der Welt einzunehmen, der nicht der meinige ist, und mir nun von diesem Standort aus eine eigene Meinung zu bilden. Je mehr solcher Standorte ich in meinen eigenen Überlegungen in Rechnung stellen kann, und je besser ich mir vorstellen kann, was ich denken und fühlen würde, wenn ich an der Stelle derer wäre, die dort stehen, desto besser ausgebildet ist dieses Vermögen der Einsicht – das die Griechen *phronesis*, die Lateiner *prudentia* und das Deutsche des

18. Jahrhunderts den Gemeinsinn nannten –, und desto qualifizierter wird schließlich das Ergebnis meiner Überlegungen, meine Meinung sein. [...] Während das philosophische Denken sich aus der Welt des Miteinander ausdrücklich lösen muß, um auch nur zu seinen Gegenständen vorzudringen, bleibt dies Denken der Welt und damit dem Gemeinsinn, der es ermöglicht, an der Stelle jedes anderen zu denken, verhaftet, und die einzige Bedingung für das Inkrafttreten dieses Gemeinsinns ist jenes Desinteressement, das wir aus Kants »uninteressiertem Wohlgefallen« kennen, d.h. die Befreiung aus der Verstrickung in Privat- und Gruppeninteressen. Natürlich kann man sich weigern, von diesem Vermögen Gebrauch zu machen und, im wahren Wortsinne, eigensinnig darauf bestehen, nichts und niemanden in Betracht zu ziehen als die eigenen Interessen oder die Interessen der Gruppe, zu der man gehört. Nichts ist in der Tat verbreiteter als Mangel an Einbildungs- und Urteilskraft, selbst bei hoch differenzierter Intelligenz. Das ändert aber nichts daran, daß die eigentliche Qualität einer Meinung wie auch eines Urteils durchaus von dem Grad der »erweiterten Denkungsart«, der Unabhängigkeit von Interessen, abhängt.

Meinungen eignet keine axiomatische Gewißheit. Sie sind nicht evident, sondern bedürfen der Begründung; sie drängen sich nicht auf, sondern sind das Resultat der Überlegung. Die Überlegung, die zur Meinungsbildung führt – im Unterschied zu dem Denken, das auf Wahrheit abzielt – ist wahrhaft diskursiv; sie durchläuft die Standorte, die in den mannigfaltigen Teilen der Welt gegeben sind, die Ansichten, die sich aus ihnen bieten und einander entgegengesetzt sind, bis sie schließlich aus einer Fülle von solchen parteigebundenen Teilansichten eine relativ unparteiische Gesamtansicht herausdestilliert hat. Vergleicht man diesen Prozeß der Meinungsbildung, der seinem jeweiligen Gegenstand gleichsam nachjagt und ihn ins

Freie zwingt, damit er sich von allen Seiten, in all seinen möglichen Aspekten zeige und so für das Verstehen transparent werde, mit einer Aussage, die Wahrheit beansprucht, so wirkt diese eigentümlich undurchsichtig. [...] Die Vernunftwahrheiten, die für den menschlichen Verstand zwingende Evidenz besitzen, erscheinen ihm als notwendig; was immer sie aussagen, kann gar nicht anders sein, als es ist. Dies aber gerade ist bei Tatsachenwahrheiten nicht der Fall; bei einem Tatbestand läßt sich niemals ein schlüssiger Grund angeben, warum er nun ist, wie er eben ist. Alles, was sich im Bereich menschlicher Angelegenheiten abspielt – jedes Ereignis, jedes Geschehnis, jedes Faktum – könnte auch anders sein, und dieser Kontingenz sind keine Grenzen gesetzt. [...]

Daraus folgt aber, daß Tatsachenwahrheiten genauso wenig evident sind wie Meinungen, und dies mag einer der Gründe sein, warum im Bereich der Meinungen es so leicht ist, Tatsachenwahrheiten dadurch zu diskreditieren, daß man behauptet, sie seien eben auch Ansichtssache. Hinzu kommt, daß die Etablierung von Tatbeständen so außerordentlich unsicher ist; man braucht Augenzeugen, die notorisch unzuverlässig sind, oder Dokumente, Aufzeichnungen, Denkmäler aller Art, die insgesamt eines gemeinsam haben, nämlich daß sie gefälscht werden können. Bleibt der Tatbestand strittig, so können zum Zwecke seiner Erhärtung nur weitere Zeugnisse der gleichen Art angeführt werden, aber keine diesen überlegene Instanz, so daß eine Einigung schließlich nur durch Mehrheitsbeschluß zustande kommen kann, genau wie bei Meinungsdifferenzen – ein in diesem Fall gänzlich unbefriedigendes Verfahren, da nichts eine Mehrheit von Zeugen daran hindert, einstimmig falsches Zeugnis abzulegen. Sobald also eine Tatsachenwahrheit den Meinungen und Interessen im politischen Bereich entgegensteht, ist sie mindestens so gefährdet wie irgendeine Vernunftwahrheit. [...]

Nun kann aber, gerade weil philosophische Wahrheit dies Element des Zwanges, der *zwingenden* Evidenz enthält, auch der Staatsmann unter gewissen Umständen in die Versuchung geraten, sich dieses Zwanges zu politischen Zwecken zu bedienen. Wie der Philosoph von der Macht der Meinung verführt wird, kann der Politiker von dem Zwang der Wahrheit verführt werden. In der amerikanischen Unabhängigkeits-Erklärung hat Jefferson bekanntlich gewisse »Wahrheiten für zwingend evident« (*self-evident*) erklärt, weil er verständlicherweise wünschte, dasjenige, worüber unter den Männern der Revolution grundsätzliche Einstimmigkeit herrschte, außerhalb aller Diskussion zu stellen; mathematischen Axiomen gleich sollten sie Überzeugungen ausdrücken, denen zuzustimmen nicht in das Belieben der Menschen gestellt ist, sondern die sich dem menschlichen Geist als evident darbieten.[4] Indem er jedoch erklärte: »*Wir halten* diese Wahrheiten für zwingend evident«, konzedierte er bereits, wenngleich ohne dessen gewahr zu werden, daß der Satz: »Alle Menschen sind gleich geschaffen« nicht zwingend evident, sondern das Resultat eines Übereinkommens ist – daß mithin die Gleichheit der Menschen, sofern sie politisch relevant sein soll, eine Angelegenheit der Meinung und nicht »die Wahrheit« ist. Dieser politischen Meinung entsprechen zwar philosophische und religiöse Aussagen, die Anspruch auf Wahrheit erheben – etwa die Gleichheit der Menschen vor Gott oder angesichts des Todes oder die Feststellung, daß alle Menschen zu der gleichen Gattung eines *animal rationale* gehören; aber keine dieser Aussagen hat jemals praktisch politische Konsequenzen gehabt, weil der ausgleichende Faktor – Gott, Tod oder die Natur der Gattung Mensch – die Sphäre transzendiert, in der das mensch-

4 Siehe Jeffersons »Draft Preamble to the Virginia Bill Establishing Religious Freedom«.

liche Leben sich abspielt. Solche Wahrheiten haben ihren Platz nicht in dem zwischen-, sondern einem übermenschlichen Bereich, und davon kann bei dem Begriff politischer Gleichheit weder im modernen noch im antiken Sinn die Rede sein. Daß alle Menschen als Gleiche geschaffen sind, ist weder zwingend evident noch kann es bewiesen werden. Wir sind dieser Ansicht, weil Freiheit nur unter Gleichen möglich ist, und weil wir meinen, daß die Freuden freien Zusammenlebens und Miteinanderredens dem zweifelhaften Vergnügen, über andere zu herrschen, vorzuziehen sind. Man könnte fast sagen, dies sei eine Sache des Geschmacks, und solche Geschmackssachen sind politisch von größter Wichtigkeit, weil es wenig Dinge gibt, durch die Menschen sich so grundlegend voneinander unterscheiden wie durch sie. Die Qualität eines Menschen, ob wir seinen Umgang suchen oder ihn meiden, hängt davon ab, wie er sich in solchen Fragen entscheidet. Das hindert aber nicht, daß sie Angelegenheiten der Meinung und nicht der Wahrheit sind – wie denn auch Jefferson wider Willen zugab. Ihre Geltung hängt an freien Übereinkommen, die ihrerseits durch diskursives und repräsentatives Denken zustande kommen, um dann mit den politisch üblichen Mitteln der freien Mitteilung und Diskussion verbreitet zu werden. [...]

IV

Im Unterschied zu Vernunftwahrheiten, deren Gegensätze Irrtum, Illusion oder bloße Meinung sind, die alle nichts mit der subjektiven Wahrhaftigkeit zu tun haben, ist der Gegensatz der Tatsachenwahrheit die bewußte Unwahrheit oder Lüge. Natürlich gibt es auch hier den Irrtum, aber er ist nicht spezifisch; entscheidend ist, daß in bezug auf Tatsachen wir noch auf einen anderen Feind der Wahrheit stoßen, und daß absichtliche Unwahrheiten einer prinzipiell anderen Gattung von Aussagen angehören als Feststellungen, richtige oder irrtümliche, die nichts anderes beabsichtigen, als zu sagen, was ist. Die Feststellung eines Tatbestandes – Deutschland fiel im August 1914 in Belgien ein – ist an sich nicht politisch und erhält politische Bedeutung erst, wenn man ihn in einen entsprechenden Zusammenhang stellt; aber die gegenteilige Aussage (Belgien fiel in Deutschland ein), die Clemenceau, der die Künste der Geschichtsfälschung im großen Maßstab noch nicht kannte, für absurd hielt, ist von vornherein politisch und kann anders gar nicht verstanden werden. Sie stellt den Versuch dar, die Vergangenheit zu ändern, und alle Aussagen, die auf Veränderung des Bestehenden abzielen, sind Formen des Handelns. Das gleiche gilt, wenn der Lügner nicht über die Macht verfügt, seine Fälschung öffentlich als Wahrheit zu etablieren, und daher erklärt, dies sei eben seine Ansicht von der Sache, für die er dann das Recht der Meinungsfreiheit in Anspruch nimmt. Subversive Gruppen haben sich dieses Mittels häufig bedient, und in einer politisch ungeschulten Öffentlichkeit kann die daraus entstehende Verwirrung beträchtlich sein. Die Trennungslinie zwischen Tatsachen und Meinungen zu verwischen, ist eine der Formen der Lüge, die wiederum insgesamt zu den Modi des Handelns gehören.

Während das Lügen immer primär ein Handeln ist, ist das Wahrheitsagen, gleich ob es sich um Tatsachen- oder Vernunftwahrheiten handelt, dies gerade nicht. Gewiß kann man versuchen, mit der Betonung bestimmter Tatsachen eine politische Rolle zu spielen und sich zu ihrer Verbreitung der politischen Künste des Überredens und Überzeugens zu bedienen, was zumeist auf nichts anderes hinausläuft als zu versuchen, bestimmte Tatsachen in den Dienst von Gruppeninteressen zu stellen. Aber so wie der Philosoph einen Pyrrhussieg gewinnt, wenn es ihm gelingt, seine Wahrheit als herrschende Meinung zu etablieren, bringt der Berichterstatter, sobald er seine Information in den Dienst von Gruppeninteressen und bestimmten Machtformationen stellt, sich um die einzige Chance, unliebsamen Tatsachen Gehör zu verschaffen, und das ist seine persönliche Glaubwürdigkeit. Wer im Namen von Interessen und Macht spricht, kann nicht mehr glaubwürdig sein; er kann als Person für das, was entweder unglaubwürdig klingt oder den Interessen von vielen zuwider ist, nicht mehr bürgen. Seine Glaubwürdigkeit gerade hängt an seiner Unabhängigkeit und Integrität. Es gibt im Politischen kaum einen Typus, der so berechtigten Zweifel an seiner Wahrhaftigkeit hervorruft als der berufsmäßige Wahrheitssager, der eine prästabilierte Harmonie zwischen Interessen und Wahrheit vorspiegelt. Der Lügner hingegen braucht sich solch zweifelhafter Mittel nicht zu bedienen, um sich politisch zur Geltung zu bringen; er hat den großen Vorteil, daß er immer schon mitten in der Politik ist. Was immer er sagt, ist nicht ein Sagen, sondern ein Handeln; denn er sagt, was nicht ist, weil er das, was ist, zu ändern wünscht. Er ist der große Nutznießer der unbezweifelbaren Verwandtschaft zwischen dem menschlichen Vermögen, Dinge zu ändern, und der rätselhaften Fähigkeit zu *sagen* »Die Sonne scheint«, während es draußen Bindfäden regnet. Wäre unser Verhalten wirklich so bedingt, wie manche Verhaltensforscher sich einreden, so würden wir wohl nie imstande sein, dies kleine Mirakel zu vollbringen. Das aber heißt, daß unsere Fähigkeit zu lügen – aber keineswegs unser Vermögen, die Wahrheit zu sagen – zu den wenigen Daten gehört, die uns nachweislich bestätigen, daß es so etwas wie Freiheit wirklich gibt. Die Verhältnisse, unter denen wir leben und die uns bedingen, können wir nur ändern, weil wir trotz aller Bedingtheit relativ frei von ihnen sind, und es ist diese Freiheit, die das Lügen ermöglicht und die gleichzeitig von ihm mißbraucht und pervertiert wird. [...]

Zwar dürfte das organisierte Lügen auch im Bereich des Handelns ein Randphänomen sein, aber entscheidend ist, daß das Gegenteil davon, das einfache Sagen dessen was ist, zu keinem wie immer gearteten Handeln von sich aus führt; unter normalen Umständen dürfte es eher Menschen veranlassen, sich damit abzufinden, daß die Dinge nun einmal so sind, wie sie sind. (Dies soll natürlich nicht heißen, daß die Veröffentlichung von Tatsachen nicht eine legitime Waffe im politischen Kampf ist oder daß Tatbestände aller Art häufig und legitimerweise die Forderungen von gesellschaftlichen oder ethnischen Gruppen fördern können.) Wahrhaftigkeit ist nie zu den politischen Tugenden gerechnet worden, weil sie in der Tat wenig zu dem eigentlich politischen Geschäft, der Veränderung der Welt und der Umstände, unter denen wir leben, beizutragen hat. Dies wird erst anders, wenn ein Gemeinwesen im Prinzip sich der Lüge als einer politischen Waffe bedient, wie es etwa im Falle der totalen Herrschaft der Fall ist; dann allerdings kann Wahrhaftigkeit als solche, auch wenn sie von keinerlei Gruppen- oder Machtinteressen unterstützt wird, zu einem politischen Faktor ersten Ranges werden. Wo prinzipiell und nicht nur gelegentlich gelogen wird, hat derjenige, der einfach sagt, was ist, bereits zu handeln angefangen, auch wenn er dies gar nicht beabsichtigte. In einer Welt, in der man mit Tatsachen nach Belieben umspringt, ist die einfachste Tatsachenfeststellung bereits eine Gefährdung der Machthaber.

Aber auch in dieser Situation wird das Sagen von Tatsachenwahrheiten dem Aussagen von Vernunftwahrheiten gegenüber im Nachteil sein. Ich erwähnte bereits die irritierende Kontingenz, die allen Tatsachen anhaftet; da es sich immer auch anders hatte verhalten können, besitzen Fakten keinerlei zwingende Evidenz für den menschlichen Verstand, sie sind zumeist noch nicht einmal einleuchtend. Da der Lügner »Tatsachen« frei erfinden oder umgestalten kann, hat er die Möglichkeit, sich nach dem zu richten, was seinem Publikum gerade gelegen kommt, oder auch einfach nach dem, was gerade zu erwarten steht. Auf jeden Fall wird das, was er vorzutragen hat, einleuchtender klingen, gleichsam logischer, da das Element des Unerwarteten – das eigentliche Merkmal aller Ereignisse – wegmanipuliert ist. Es ist nicht nur die Vernunftwahrheit, die in der Hegelschen Formulierung den gesunden Menschenverstand auf den Kopf stellt: auf die Wirklichkeit ist der gesunde Menschenverstand zumeist genausowenig vorbereitet, selbst wenn sie keine speziellen Interessen verletzt.

Das organisierte Manipulieren von Tatbeständen und Meinungen ist ein relativ neues Phänomen, mit dem wir im Osten durch das ständige Umschreiben der Geschichte, im Westen durch die Propagandakünste des »image-making« und durch das Verhalten der Staatsmänner nachgerade überall vertraut sind. Die traditionelle politische Lüge, wie wir sie aus der Geschichte der Diplomatie und der Staatskunst kennen, pflegte entweder wirkliche Geheimnisse zu betreffen – Fakten, die öffentlich unbekannt waren – oder Absichten, denen ohnehin nicht die gleiche Verläßlichkeit zukommt wie vollendeten Tatsachen. Was nur in uns selbst vorgeht, also Absichten, Motive und dergleichen, ist nicht Wirklichkeit, sondern Möglichkeit, und was als Lüge beabsichtigt war, kann immer noch Wahrheit werden. Von all dem kann bei dem organisierten politischen Lügen, mit dem wir heutzutage konfrontiert sind, nicht die Rede sein. Diese Lügen betreffen keine Geheimnisse, sondern Tatbestände, die allgemein bekannt sind. Die zeitgenössische Geschichtsschreibung in Sowjetrußland kann ungestraft und sehr wirksam Fakten verleugnen, an deren Realität sich noch jedermann erinnern kann; und das gleiche gilt für das im Westen so beliebte *image-making*, bei dem man ungestraft alles unter den Tisch fallen lassen kann, was das gerade erwünschte *image* eines Ereignisses, einer Nation oder einer Person zu stören geeignet ist. Denn dieses »Bild«, das die politische Propaganda verfertigt, soll nicht wie ein Porträt dem Original schmeicheln, sondern es ersetzen; und dieser Ersatz kann natürlich durch die Techniken der Massenmedien ungleich wirksamer in der Öffentlichkeit verbreitet werden, als es das Original je von sich aus vermag. Schließlich dürfen wir nicht vergessen, daß wir heute auch außerhalb dieser Propagandatechniken mit angesehenen Staatsmännern konfrontiert sind, die wie Adenauer oder de Gaulle jahrzehntelang offenbare Unwahrheiten zur Grundlage ihrer Politik haben machen können – wie daß Frankreich unter die Sieger des Zweiten Weltkriegs zu rechnen oder daß »die Barbarei des Nationalsozialismus nur von einem relativ kleinen Prozentsatz des deutschen Volkes« akzeptiert worden sei.[5] [...] Obwohl die ganze Welt wußte, daß die Studentenunruhen in Frankreich und der von ihnen ausgelöste Generalstreik von der Kommunistischen Partei und ihrer Gewerkschaft erbittert bekämpft wurden, konnte de Gaulle es sich leisten zu behaupten, die Kommunisten hätten in Frankreich die Macht ergreifen wollen, und dies in einem Augenblick, wo auf Grund des Streiks ihm die allgewaltigen Kommunikations- und Manipulationsmittel des Rundfunks und des Fernsehens nicht zur Verfügung standen. Die Lüge kam ihm gelegen, da er von der Armee offenbar gezwungen wurde, einen Rechtskurs zu steuern. Aber entscheidend ist, daß man sich allenthalben in den letzten Jahrzehnten an diese

5 Für Frankreich, siehe Herbert Lüthys ausgezeichneten Artikel »De Gaulle: Pose and Policy« in *Foreign Affairs*, Juli 1965. Für Adenauer zitiere ich die amerikanische Ausgabe des Ersten Bandes seiner Erinnerungen (Memoirs 1945–1953, 1966, S. 89), wo er sich allerdings auf die Besatzungsmächte zur Legitimierung dieser Äußerung beruft. Er hat sie dann ja aber vielfach in den Jahren seines Kanzleramts wiederholt.

Art Politik so gewöhnt hat, daß sich kaum jemand mehr daran stößt.

Alle diese Lügen, auch wenn ihre Urheber sich dessen nicht bewußt sind, sind potentiell gewaltsam; jedes organisierte Lügen tendiert dahin, das zu zerstören, was es zu negieren beschlossen hat, wiewohl nur die totalitären Gewalthaber das Lügen bewußt als den Beginn des Mordens zu handhaben wissen. Als Hitler in der berühmten Reichstagsrede vom 30. Januar 1939 erklärte, »das Judentum (zettele) einen internationalen Weltkrieg zur Ausrottung der arischen Völker Europas« an und diesmal würde das Judentum dabei untergehen[6], hatte er in der Sprache totalitärer Machthaber klar angekündigt: Ich bereite den Krieg vor und die Ausrottung des Judentums. Als Trotzki erfuhr, daß sein Name in der Geschichte der Russischen Revolution in Stalins Version nicht vorkam, mußte er wissen, Stalin beabsichtigte, ihn zu ermorden – schon weil es ja offenbar leichter ist, einen öffentlich bekannten Namen aus den Geschichtsbüchern zu entfernen, wenn man den Namensträger gleichzeitig aus der Welt entfernen kann. So läuft der Unterschied zwischen traditionellen und modernen politischen Lügen im Grunde auf den Unterschied zwischen Verbergen und Vernichten hinaus.

Es war ferner traditionellen Lügen eigen, daß die Unwahrheiten immer nur Einzelheiten betrafen und auch nicht dazu bestimmt waren, buchstäblich jedermann zu täuschen; sie dienten im Wesentlichen dazu, bestimmte Dinge vor einem Feind geheimzuhalten und nur ihn zu täuschen. Rückblickend gesehen war durch diese beiden Einschränkungen der Bereich der politischen Lüge so begrenzt, daß sie uns nahezu harmlos vorkommt. Schließlich stehen Tatsachen stets in einem be-

6 Die viel zitierte Stelle dieser Rede findet man in *Der Führer vor dem ersten Reichstag Großdeutschlands*, 1939.

stimmten Zusammenhang, in welchen die vereinzelte Lüge, die es nicht unternimmt, den gesamten Kontext mit zu verändern, gleichsam ein Loch reißt. Der Historiker weiß, wie man solche Lügen aufdecken kann, indem man nämlich Unvereinbarkeiten, Lücken oder offensichtlich zusammengeflickte Partien nachweist. Solange der Zusammenhang intakt bleibt, zeigt sich die Lüge gewissermaßen von selbst. Die zweite Einschränkung betrifft diejenigen, deren Handwerk das Lügen ist. Sie gehörten dem engen Kreis von Staatsmännern und Diplomaten an, die, solange sie unter sich waren, die Wahrheit nicht nur wußten, sondern auch aussprachen und so bewahren konnten. Sie mochten andere betrügen, sie waren nicht betrogene Betrüger, nicht das Opfer ihrer eigenen Lügen; den Selbstbetrug brauchten sie nicht zu fürchten. Und dies gerade trifft auf das organisierte, Massen erfassende Lügen der modernen Welt nicht mehr zu; die in der Sache selbst liegenden mildernden Umstände und Begrenzungen sind verschwunden.

Was bedeutet das für die Problematik des Lügens und warum können die modernen *image-makers* nicht lügen, ohne sich selbst zu belügen? Warum ferner ist die Selbsttäuschung die gefährlichste Form des Lügens, und zwar sowohl für die Welt als auch für den Lügner? [...]

Eine mittelalterliche Anekdote mag erläutern, daß es unter Umständen gar nicht so einfach ist, andere zu täuschen, ohne selbst getäuscht zu werden. Sie berichtet davon, wie eine Schildwache, die wie üblich auf dem Wachtturm der Stadt nach Feinden ausspäht, beschloß, der Stadt einen Streich zu spielen und im tiefsten Frieden das Anrücken der Feinde zu melden. Der Erfolg war überwältigend; nicht nur lief die ganze Stadt zu den Mauern, sondern als letzter lief die Schildwache. Der Spaß hat einen ernsten Untergrund; er zeigt an, wie sehr unser Realitätsbewußtsein davon bestimmt ist, daß wir die Welt mit anderen teilen, und welche Charakterstärke dazu gehört, an Wahrem oder Erlogenem festzuhalten, an das andere nicht glauben oder das ihnen unbekannt ist. Das besagt aber, daß der Lügner um so sicherer das Opfer seiner eigenen Lügen wird, je erfolgreicher er sie in der Welt hat verbreiten können. Hinzu kommt, daß der betrogene Betrüger natürlich, eben weil er an seine Lügen selbst glaubt, sehr viel glaubwürdiger erscheinen wird als derjenige, der bewußt und souverän die Unwahrheit sagt und nicht sich selbst in die Falle geht. Nur Selbsttäuschung vermag den Anschein der Wahrhaftigkeit zu erwecken, und in einem Streit über Fakten, in dem jeder den anderen des Lügens zeiht, ist sehr oft der Eindruck, den die Person macht, entscheidend.

In der Beurteilung des Unterschieds zwischen Lügen und Verlogenheit werden nur wenige zu Karl Jaspers' Einsicht kommen: »Recht lügen können nur die ganz Wahrhaftigen«.[7] Den vielfachen Künsten der Selbsttäuschung, von der Lebenslüge bis zur grundsätzlichen Verlogenheit, steht die öffentliche Meinung recht tolerant gegenüber, und diese Toleranz geht zumeist auf Kosten des souveränen, kaltblütigen Lügens. Immerhin gibt es ein paar Beispiele aus der Literatur, in denen sich eine andere Beurteilung dieser Dinge geltend macht. Da gibt es etwa die berühmte Klosterszene zu Beginn der »Brüder Karamasoff«, in der der Vater, ein eingefleischter Lügner, den Staretz fragt: »Was soll ich tun, um das ewige Leben zu erwerben?« Und der Staretz antwortet: »Die Hauptsache ist, belügen Sie sich nicht selbst. Wer sich selbst belügt und auf seine eigene Lüge hört, kommt schließlich dahin, daß er keine einzige Wahrheit weder in sich noch um sich unterscheidet.«[8] Und dies ist in der Tat das Entscheidende. Wollte man den Satz ›Es ist besser andere zu belügen als sich selbst‹, den ich für wahr

7 In *Von der Wahrheit*, 1947, S. 559.
8 Zitiert nach der Ausgabe des Piper Verlags, 1952, S. 71/72.

halte, durch Argumente zwar nicht beweisen aber stützen, so müßte man zu dem, was Dostojewski sagt, nämlich, daß nur der kaltblütige Lügner sich noch des Unterschieds zwischen Wahrheit und Unwahrheit bewußt ist, noch hinzufügen, daß der Wahrheit mit dem Lügner besser gedient ist als mit dem Verlogenen, der auf seine eigenen Lügen hereingefallen ist; sie ist doch nicht ganz und gar aus der Welt herausmanövriert, in dem Lügner selbst hat sie ihre letzte Zuflucht gefunden. Die Verletzung, die der Welt zugefügt ist, ist nicht endgültig, und ebenso ist die Verletzung, die der Lügende sich selbst zufügt, nicht endgültig: er hat gelogen, aber er *ist* nicht verlogen. Und die Verletzung der Welt ist nicht vollständig; denn jemand, der auf eigene Faust lügt, kann nicht mehr als partikularen Schaden anrichten.

Um diese mögliche Endgültigkeit und Vollständigkeit, die früheren Zeiten unbekannt war, handelt es sich aber bei der organisierten Manipulation von Tatbeständen, der wir heute überall begegnen. Auch in Ländern, in denen die Staatsmacht die Nachrichtenverbreitung noch nicht monopolisiert hat, und damit die Entscheidungsgewalt darüber, was offiziell als Tatsachen anerkannt wird, sorgen gigantische Interessenorganisationen dafür, daß sich eine Art von Staatsräson-Mentalität, die früher nur die Außenpolitik bestimmte und deren böseste Ausschreitungen in wirklichen Notfällen in Erscheinung traten, sich weiter Schichten der Völker bemächtigt. Hinzu kommt, daß die Techniken der Geschäftsreklame tief in die innenpolitischen Propagandamethoden der Staaten eingedrungen sind, wo man den Völkern Meinungen, Gesinnungen und bestimmte politische Praktiken nicht anders verkauft als Seifenpulver und Parfums. Im Unterschied zu Lügen der Außenpolitik, die sich immer an einen Feind von außen wenden und nicht unbedingt das innenpolitische Leben der Nation zu bestimmen brauchen, sind die auf den inneren Gebrauch zugeschnittenen *images* eine große Gefahr für die gesamte Erfahrungswirklichkeit des Volkes, und die ersten Opfer dieser modernen Art zu lügen sind natürlich die Hersteller dieser Fiktionen selbst. Die bloße Vorstellung von der ungeheuren Zahl derer, die morgen schon bereit sein werden, ihnen ihre Produkte abzunehmen, ist überwältigend. Wie kann etwas nicht stimmen, wovon so viele überzeugt sind? Und selbst wenn die eigentlichen und zumeist öffentlich nicht bekannten Urheber dieser Lügen noch wissen, welche bestimmten Zwecke sie zu erreichen gedachten, welche innenpolitischen oder außenpolitischen Gegner diffamiert werden sollten, einfach wegen der Massenhaftigkeit der Opfer ist das Resultat unweigerlich, daß ganze Völkergruppen oder Klassen oder Nationen sich an Lügen statt an Tatsachen orientieren.

Was dann folgt, geschieht schon fast automatisch. Die Täuscher wie die Getäuschten müssen, schon um ihr »Weltbild« intakt zu halten, sich vor allem darum kümmern, daß ihr Propaganda-*image* von keiner Realität gefährdet wird. So kommt es, daß diese Art Propaganda sich viel weniger durch den wirklichen Gegner und feindliche Interessen, deren Informationen ohnehin nicht akzeptiert werden, als durch Leute bedroht fühlt, die innerhalb der eigenen Gruppe darauf bestehen, von Tatbeständen und Geschehnissen zu sprechen, die dem *image* nicht entsprechen. Die moderne Geschichte ist voll von Beispielen, in denen die einfache Berichterstattung als gefährlicher und aggressiver empfunden wird als feindliche Propaganda. Mit anderen Worten, das in der Politik so wichtige Unterscheidungsvermögen zwischen Feind und Freund kann nicht mehr funktionieren. Dabei darf, was wir hier gegen Selbsttäuschung vorzubringen haben, nicht mit »idealistischen« Argumenten gegen das Lügen überhaupt und die uralten Künste, den Feind zu täuschen, verwechselt werden. Es handelt sich hier nicht, oder noch nicht, um moralische Fragen. Politisch

gesprochen geht es darum, daß die modernen Täuschungs-
künste dazu angetan sind, außenpolitische Konflikte in innenpolitische zu transformieren, also z. B. einen internationalen
Streit oder einen Kampf zwischen bestimmten gesellschaftlichen Gruppen zurückschlagen zu lassen auf das innenpolitische Leben der Nation oder die Verhältnisse innerhalb einer
Klasse. Wie diese Bumerang-Effekte sich in der Periode des
Kalten Krieges auswirkten, ist bekannt genug. Konservative
Kritiker der Massendemokratie haben häufig auf die Gefahren
dieser Staatsform für die Außenpolitik hingewiesen (ohne die
Monarchien und Oligarchien eigentümlichen Gefahren zu erwähnen); die Stärke ihrer Argumentation liegt in der unleug-
baren Tatsache, daß Täuschung ohne Selbsttäuschung in voll
entwickelten Demokratien nahezu unmöglich ist.

Unter den gegenwärtigen Verhältnissen globalen Verkehrs
und weltumspannender Kommunikation ist keine Macht auch
nur annähernd groß genug, um diese Propaganda-Fiktionen
hermetisch abzusichern. [...]

Sobald sich die politische Linie ändert, muß alles neu revi-
diert werden – müssen die Lehrbücher neu geschrieben, Seiten
aus den Lexika entfernt und durch neue ersetzt, Namen aus
den Enzyklopädien verschwinden und durch neue, oft gänzlich unbekannte ergänzt werden, und so fort. Und obwohl diese Revision in Permanenz keinerlei Anhaltspunkt dafür gibt,
wie es nun eigentlich wirklich gewesen ist, ist sie doch ein ein-
deutiges Zeichen dafür, daß alles gelogen ist, was den Stempel
der Öffentlichkeit trägt. Man hat oft bemerkt, daß das sicherste
Ergebnis der sog. Gehirnwäsche nicht eine veränderte Gesinnung, sondern jener Zynismus ist, der sich weigert, irgend etwas als wahr anzuerkennen. Wo Tatsachen konsequent durch
Lügen und Totalfiktionen ersetzt werden, stellt sich heraus,
daß es einen Ersatz für die Wahrheit nicht gibt. Denn das Resultat ist keineswegs, daß die Lüge nun als wahr akzeptiert und

die Wahrheit als Lüge diffamiert wird, sondern daß der menschliche Orientierungssinn im Bereich des Wirklichen, der ohne die Unterscheidung von Wahrheit und Unwahrheit nicht funktionieren kann, vernichtet wird.

[...] Die modernen Reklame- und Propagandatechniker, die damit beschäftigt sind, ihre Fiktionen und *images* den jeweils sich ändernden Umständen anzupassen, treiben direktionslos in einem Meer der Möglichkeiten, in dem sie nicht einmal der Glaube an die eigenen Machenschaften rettet. Statt einen halbwegs angemessenen Ersatz für Wirklichkeit und Tatsächlichkeit zu bieten, haben sie die Fakten und Geschehnisse, die sie aus dem Wege räumen wollten, wieder in diejenigen Möglichkeiten zurückverwandelt, aus denen sie sich ursprünglich eben als Wirklichkeit herauskristallisierten. Denn das klarste Zeichen der Faktizität eines Faktums ist eben dies hartnäckige Da, das letztlich unerklärbar und unabweisbar alle menschliche Wirklichkeit kennzeichnet. Die Propagandafiktionen zeichnen sich dagegen stets dadurch aus, daß in ihnen alle partikularen Daten einleuchtend geordnet sind, daß jedes Faktum voll erklärt ist, und dies gibt ihnen ihre zeitweise Überlegenheit; dafür fehlt ihnen die unabänderbare Stabilität alles dessen, was ist, weil es nun einmal so und nicht anders ist. [...]

So besteht zwar eine unleugbare Affinität zwischen Lügen und Handeln im weitesten Sinne, nämlich unserer Fähigkeit, die Welt zu ändern, und unserer Begabung für Politik überhaupt; aber dieser Affinität sind Grenzen gesetzt, und diese Grenzen sind letztlich die gleichen, welche das menschliche Vermögen zu handeln betreffen. Wer glaubt, durch Propagandafiktionen nur die Änderungen zu antizipieren, die ohnehin erwünscht scheinen, schreibt dem Lügen mehr Macht zu, als es wirklich besitzt. Das Errichten Potemkinscher Dörfer, das bei Politikern und Propagandisten der unterentwickelten Länder so beliebt ist, wird nie zu der Errichtung wirklicher Dörfer führen, wohl aber zu einer Verbreitung illusionären Wunschdenkens und einer Vervollkommnung in den mannigfachen Künsten zu lügen und zu betrügen. [...]

Politisches Denken und Urteilen bewegt sich zwischen der Gefahr, Tatsächliches für notwendig und daher für unabänderbar zu halten, und der anderen, es zu leugnen und zu versuchen, es aus der Welt zu lügen.

V

Wir kehren nun zum Schluß zu den Fragen zurück, die zu Beginn dieser Überlegungen aufgeworfen wurden. [...] Betrachtet man Politik aus der Perspektive der Wahrheit, wie ich es hier getan habe, so heißt das, daß man sich außerhalb des politischen Bereichs stellt. Wer nichts will als die Wahrheit sagen, steht außerhalb des politischen Kampfes, und er verwirkt diese Position und die eigene Glaubwürdigkeit, sobald er versucht, diesen Standpunkt zu benutzen, um in die Politik selbst einzugreifen. Die Frage ist lediglich, ob diesem Standpunkt selbst eine politische Bedeutung zukommt.

Offensichtlich ist die Position außerhalb des politischen Bereichs, und damit außerhalb der Gemeinschaft, zu der wir gehören, außerhalb auch der Gesellschaft, in der wir uns unter unseresgleichen bewegen, dadurch gekennzeichnet, daß sie eine der mannigfachen Weisen des Alleinseins darstellt. Unter den existentiellen Modi des Alleinseins sind hervorzuheben die Einsamkeit des Philosophen, die Isolierung des Wissenschaftlers und Künstlers, die Unparteilichkeit des Historikers und des Richters und die Unabhängigkeit dessen, der Fakten aufdeckt, also des Zeugen und des Berichterstatters. (Diese Unparteilichkeit muß von früher erwähnten, die der qualifizierten, repräsentativen Meinung zukommt, insofern unter-

Hannah Arendt 337

schieden werden, als sie nicht im Prozeß der Meinungsbildung innerhalb des politischen Raumes erworben wird, sondern der Position des Außenseiters von vornherein inhärent ist; die eben erwähnten Berufe können ohne sie schlechthin nicht ausgeübt werden.) Diese Weisen des Alleinseins sind in mancher Hinsicht zu unterscheiden, aber sie haben gemeinsam, daß sie alle das politische Engagement, das Eintreten für eine Sache ausschließen. [...]

Es liegt in der Natur der Sache, daß wir uns des nichtpolitischen und potentiell antipolitischen Charakters der Wahrheit – *Fiat veritas, et pereat mundus* – nur im Falle des Konflikts bewußt werden, und ich habe bisher nur diese Seite der Sache behandelt. Aber das kann ja unmöglich alles sein, was in diesem Zusammenhang vorzubringen ist. Es läßt bestimmte Institutionen außer acht, die im öffentlichen Bereich etabliert und von den herrschenden Mächten gestützt und unterhalten werden, obwohl seit eh und je Wahrheit und Wahrhaftigkeit die ausschlaggebenden Kriterien sind, nach denen sich alles, was in ihnen vorgeht, zu richten hat. Zu diesen Institutionen gehört die Rechtsprechung, die auf das sorgsamste gegen politische und gesellschaftliche Einflüsse abgedichtet ist, ferner die Erziehungs- und Bildungsanstalten, die Universitäten, Forschungsinstitute und Hochschulen, denen der Staat die Erziehung der künftigen Staatsbürger anvertraut. Sollte die Universität sich auf ihre ältesten Ursprünge besinnen, so dürfte sie wissen, daß sie ihre Existenz dem entschlossensten und einflußreichsten Gegner verdankt, den der politische Bereich je gehabt hat. Zwar hat sich Platos Traum, der Polis in der Akademie eine Gegen-Gesellschaft zu erziehen, die sie schließlich beherrschen sollte, nie erfüllt; weder im Altertum noch in den darauffolgenden Jahrhunderten hören wir von einem Versuch der Akademien oder Universitäten, die Macht zu ergreifen. Aber woran Plato nie auch nur im Traum gedacht hat, ist Wirklichkeit geworden:

Die Mächte innerhalb des politischen Raumes haben eingesehen, daß sie einer Stätte bedürfen, die außerhalb des eigenen Machtbereichs liegt. Denn ob nun die Hochschulen formal privat oder öffentlich sind, die Lehr- und Lernfreiheit muß genauso vom Staate anerkannt und geschützt werden wie eine unparteiische Rechtsprechung. Die Universitäten sind oft genug die Stätte politisch wie gesellschaftlich sehr unwillkommener Wahrheiten gewesen, und unabhängige Gerichte haben oft genug politisch oder sozial unliebsame Urteile gefällt; andererseits sind auch diese Institutionen nur allzu häufig unter den Druck der Macht geraten und haben ihre Integrität verloren. Dennoch ist es wohl zweifellos, daß ihre Existenz und die in den Universitäten versammelten Gelehrten und Wissenschaftler, die durch die Institution selbst zur Wahrhaftigkeit verpflichtet sind, die Chancen der Wahrheit, im Öffentlichen zu bestehen, erheblich steigern. Und man wird schwerlich leugnen können, daß zumindest in konstitutionell regierten Ländern die Herrschenden selbst im Konfliktfall einsehen, daß sie ein direktes Interesse an der Existenz von Menschen und Institutionen haben, über die sie keine Macht haben. [...]

Für die Geschichtsschreibung ist das rein Faktische das Rohmaterial, aus dessen Verwandlung die Geschichten der Geschichte erstehen; und diese Verwandlung ist der Transfiguration eng verwandt, welche die Dichtung an den Stimmungen und Bewegungen des Herzens leistet – die Verklärung des Leids in der Klage, des Jubels in der Lobpreisung. Man kann mit Aristoteles die politische Funktion des Dichters als *katharsis* verstehen, als die läuternde Säuberung von den Emotionen, Mitleid und Furcht, die das Handeln des Menschen lähmen. Die politische Funktion des Geschichtenerzählers, der Geschichtsschreiber wie der Romanschriftsteller, liegt darin, daß sie lehren, sich mit den Dingen, so wie sie nun einmal sind, abzufinden und sie zu akzeptieren. [...]

Hannah Arendt 339

Alle diese politisch bedeutsamen Funktionen spielen außerhalb des politischen Bereichs. Sie setzen Unabhängigkeit des Denkens und Urteilens voraus und sind unvereinbar mit parteipolitischen Bindungen und dem Verfolg bestimmter Gruppeninteressen. Die Geschichte dieser Haltung, der es nur um die Wahrheit zu tun ist, ist älter als alle unsere theoretischen und wissenschaftlichen Traditionen, älter auch als die Tradition philosophischen und politischen Denkens. Ich möchte meinen, daß ihr Ursprung mit der Entstehung der homerischen Epen zusammenfällt, in denen des Liedes Stimme den überwundenen Mann nicht verschweigt und nicht verunglimpft und die Taten der Trojaner nicht weniger gepriesen werden als die der Achäer, die für Hektor zeugen wie für Achill. Eine solche »Objektivität« wird man in den anderen Kulturen des Altertums vergeblich suchen; nirgendwo sonst ist man je imstande gewesen, wenigstens im Urteil dem Feind Gerechtigkeit widerfahren zu lassen, nirgendwo sonst zu indizieren, daß die Weltgeschichte *nicht* das Weltgericht ist, daß Sieg oder Niederlage für das Urteil nicht das letzte Wort behalten dürfen, wiewohl sie doch offenbar das letzte Wort sind für die Schicksale der Menschen. Diese homerische »Objektivität« zieht sich wie ein roter Faden durch die gesamte griechische Geschichte; sie inspirierte den »Vater der Geschichte«, den ersten großen Berichterstatter von dem, was ist: Herodot sagt uns im ersten Satz seiner Geschichten, daß es ihm darum geht zu verhindern, daß »die großen und wunderbaren Taten der Griechen *und* der Barbaren um den Ruhm gebracht werden, den sie verdienen«. Hier liegt die geschichtliche Wurzel der gesamten abendländischen »Objektivität«, dieser merkwürdigen Leidenschaft für intellektuelle Integrität um jeden Preis, die es nur im Abendland gegeben und die es zur Geburtsstätte der Wissenschaft gemacht hat.

CLAUS OFFE

Die Ehrlichkeit politischer Kommunikationen. Kognitive
Hygiene und strategischer Umgang mit der Wahrheit

Eine ebenso alte wie einfache Einsicht besagt, daß »Politik« das
Gegenteil von einer »Privatangelegenheit« ist. Politisches Handeln kann nicht von einzelnen Personen allein vollzogen werden, sondern ist immer auf die Mitwirkung anderer angewiesen. [...]

Wie kann man in liberalen Demokratien andere Akteure zur
Unterstützung eigener politischer Ziele veranlassen? Indem
man Einfluß entweder auf ihre Wünsche oder auf ihr Wissen
(*beliefs*) nimmt. Politische Präferenzen und die Wahrnehmun-
gen bzw. Wirklichkeitsdeutungen der Menschen sind die beiden Stellgrößen, aus denen ihr Handeln und ihre Unterstützungsbereitschaft resultieren. Dabei sind die Zielsetzungen
selbst noch davon abhängig, was sich aufgrund unseres Wissens über die Wirklichkeit als möglicherweise erreichbar darstellt und was umgekehrt als »unrealistische« Wunschvorstel-
lung aus dem Bereich vernünftiger Ziele ausscheidet. Aber
nicht nur unsere Wünsche können von unserer Kenntnis der
Wirklichkeit gesteuert sein, sondern umgekehrt, wie im Falle
des »Wunschdenkens«, auch unser Bild von der Wirklichkeit
durch unsere Präferenzen.

Die Wirklichkeit der Politik ist eine Politik
mit der »Wirklichkeit«

Mit gewissem Recht hat man unser Zeitalter als ein »nach-
ideologisches« bezeichnet. In unserem Zusammenhang bedeutet das, daß auf der Ebene der Wünsche, Präferenzen und

Wertvorstellungen keine scharfen Gegensätze zu erwarten sind. [...]

Wenn insofern, zugespitzt formuliert, alle sowieso dasselbe wollen, dann konzentriert sich die politische Auseinandersetzung auf die zweite unserer beiden Stellgrößen – auf das Wissen und die Wirklichkeitsdeutungen der Bürger. Je weniger »ideologisch« die Politik wird, desto mehr wird sie »kognitiv«. Jeder Funktionär einer politischen Partei weiß instinktiv, worauf es im politischen Geschäft ankommt: auf die Vermittlung von Bildern, Gewißheiten und sachlichen Entscheidungsprämissen, die, wenn sie einmal im Bewußtsein der Bürger verankert sind, deren Handeln und deren Unterstützungsbereitschaft wie von selbst in die erwünschte Richtung lenken. Wenn es der Bürger zum Beispiel für gewißlich erwiesen hält, daß eine Senkung der Unternehmenssteuer zur Schaffung neuer Arbeitsplätze führen wird, dann ergibt sich aus diesem »Wissen« – zusammen mit dem Allerweltsziel »Wachstum und Vollbeschäftigung« – seine rationale Unterstützung für eine Partei, die solche Steuersenkungen befürwortet.

[...] Die hohe Kunst der politischen Beleuchtungstechnik besteht – wie im Theater – darin, nicht nur Licht zu werfen, sondern auch Schatten und Dunkel. Beides, Wissen und Unwissen, Hervorhebung und Bagatellisierung dient dem dramaturgischen Zweck. Es sind keine vollständigen und voll ausgeleuchteten Bilder, welche die Politik vermittelt, sondern perspektivisch interessierte, die ebensoviel bereden, wie sie verschweigen.

Diese politische Produktion von Wirklichkeitsbildern ist immer interessiert, nicht authentisch und in einem gar nicht einmal besonders strengen Sinne »unehrlich«. Unehrlich handelt jemand, der in einer von mindestens drei möglichen Weisen gegen die Wahrheit verstößt: er sagt etwas, was nicht wahr ist; er verschweigt pflichtwidrig etwas, das wahr ist und dessen

Bekanntwerden den Erfolg seines Handelns beeinträchtigten würde; oder er verstößt in seinem Handeln gegen Normen, an die er gebunden ist oder zu denen er sich bekennt. Wenn wir die begrifflichen Meßinstrumente für politische Unehrlichkeit noch etwas feiner einstellen, dann kommt auch jene Lüge in den Blick, die darin besteht, daß ich mich zu dem Ziel A (zum Beispiel Steuersenkung) und zugleich zu dem Ziel B (zum Beispiel die Steigerung bestimmter Ausgabenpositionen) bekenne, obwohl ich weiß, daß beide sich gegenseitig ausschließen können. Noch ein Stück schwieriger wird die Diagnose von Lügen, wenn wir auch solche Fälle einrechnen wollen, in denen mir der Widerspruch zwischen A und B zwar nicht bewußt ist, ich mir die einschlägigen Informationen aber leicht beschaffen könnte. Dann besteht die Lüge also in der vorwerfbaren Verletzung der Pflicht des Bürgers oder Politikers, sich zureichend zu informieren. Sicher gibt es eine »Pflicht zu wissen«. Aber wer wollte eine solche Pflicht zur Norm erheben, und wer ihre Verletzung jeweils nachweisen? Je anspruchsvoller man das Kriterium der Wahrhaftigkeit im Kommunikationsverhalten von Politikern zuspitzt, desto schwerer wird man der Auffassung widersprechen können, daß manche Unwahrhaftigkeiten ein zumindest normaler, wenn nicht gar ein legitimer Bestandteil politischen Handelns sind.

Kein Kassenwart eines Vereins, kein Schatzmeister einer politischen Partei und kein Finanzminister wird unklug genug sein, eine günstige Entwicklung der Einnahmen an die große Glocke zu hängen. Denn er kann wissen, daß das nur Begehrlichkeiten wachriefe, unter deren Ansturm sich die günstige Lage alsbald in ihr Gegenteil verkehren würde. Hier haben wir es mit der mildesten Form von Unehrlichkeit, nämlich mit dem Verschweigen, dem Auslassen, dem Herunterspielen zu tun.

Viele Vereinbarungen, und keineswegs nur im Felde der internationalen Diplomatie, machen nur dann Sinn, wenn sich die Beteiligten darauf verlassen können, daß nicht nur ihr Inhalt, sondern sogar ihr Vorhandensein geheim bleibt. Hier kommt es also auf das Geheimhalten der Tatsache an, daß es überhaupt etwas geheimzuhalten gibt; denn wenn jeder wüßte, daß es ein geheimes Zusatzabkommen zu einem internationalen Vertrag gibt, dann hätte sich der Zweck dieses Vertrages schon erledigt.

Das Herunterspielen von Schwierigkeiten, absehbaren Engpässen, Konflikten und Haushaltsdefiziten kann sogar eine notwendige Voraussetzung für erfolgreiche politische Initiativen sein. Wenn alle Beteiligten tatsächlich immer alles wüßten, was sie wissen könnten, dann hätte diese komplette Kenntnis einen vielleicht so niederdrückenden Entmutigungseffekt, daß politisches Handeln vollends in Lethargie und Fatalismus unterginge. [...]

Die Leugnung des genuin strategischen und insofern »unehrlichen« Charakters politischen Handelns ist selbst unehrlich. Die größten Lügner sind die Saubermänner, die die Politik als das sprichwörtlich schmutzige Geschäft verleumden. Es ist ein untrügliches Kennzeichen populistischer Politiker, sich selbst als nicht-strategische Akteure darzustellen – d. h. so zu tun, als ob sie nichts als »das allgemeine Gute« im Auge hätten und unablässig darauf bedacht wären, dem Volk »reinen Wein einzuschenken«, gesinnungsethisch ihren innersten Überzeugungen folgten und diese stets mit Aufrichtigkeit verträten. Es gibt so etwas wie eine populistische Lüge der Authentizität. [...]

Die politische Lüge erzeugt heilsamen Argwohn

Die Tatsache, daß Politiker mit der Wahrheit strategisch umgehen müssen, ist nicht nur nicht zu leugnen; sie ist vielleicht nicht einmal ernstlich zu bedauern. Vielmehr wird die nüchterne Anerkennung der Tatsache, daß dies so ist, durch zwei ihrer eher tröstlichen Wirkungen erleichtert.

Erstens sind dem Verschweigen, der Lüge, der Täuschung und der Korruption der Politiker gewisse Grenzen gesetzt. Sie können die Realität nicht beliebig manipulieren – dagegen bestehen in einigermaßen funktionstüchtigen demokratischen Verfassungsstaaten Schranken in Gestalt parlamentarischer Untersuchungs- und Kontrollrechte, der Medien, der Parteienkonkurrenz, der Gerichte und letztlich des politischen Wissens und des guten Gedächtnisses der Bürger.

Zweitens aber dürfte die Anerkennung des innigen Zusammenhanges von Politik und Lüge bei den Bürgern einen ebenso realistischen wie heilsamen Argwohn kultivieren. Dieser Argwohn, der das Gegenteil von Zynismus und selbst ein produktives Element einer demokratischen politischen Kultur ist, veranlaßt die Bürger, ihren Vertrauensvorschuß für die Politik oder einzelne Politiker und deren Deutungsangebote knapp zu halten. Weit davon entfernt, dem populistischen Trugbild einer »ehrlichen« Politik nachzujagen und sich im Falle der Enttäuschung dieses Trugbildes moralisch indigniert vom schmutzigen Geschäft der Politik abzuwenden, wird der mit heilsamen Argwohn die Politik beobachtende Bürger gegen den Bann und die Verführung einer als durch und durch ehrlich, aufrichtig, authentisch oder gar wissenschaftlich abgesegnet daherkommenden Politik immun sein. So hat es mir immer als ein Vorzug der amerikanischen politischen Kultur eingeleuchtet, daß dort Politiker immer in erster Linie als Akteure gelten, die ihren eigenen Vorteil, ihre Machterhaltungs- und Bereicherungsinteressen im Auge haben – und denen man deshalb entsprechend gründlich auf die Finger schauen muß.

In Grenzen gehören also »falsche Aussagen«, d. h. Irreführungen, Vereinfachungen, Geheimhaltung, Beschönigung, Verschweigen und wahrheitswidrig polemische Unterstellung ganz unverzichtbar zum Handeln von Politikern. Ebenso gehört dazu die Sicherung von Vorteilen für Personen und für Organisationen, die, würden sie bekannt, auf öffentliche Mißbilligung stoßen müßten und deshalb am Bekanntwerden gehindert oder, falls dies nicht gelingt, nach Kräften dementiert werden.

Institutionen für die Wahrheit?

Aus diesen Überlegungen ließe sich lernen, daß politische Ehrlichkeit keine moralische Kategorie von Bürgern und Politikern ist, sondern eine Eigenschaft institutioneller Systeme. Die Politik ist nur so ehrlich wie die Institutionen wirksam sind, die Unehrlichkeit jenseits bestimmter Bagatellschwellen riskant machen und die Wahrscheinlichkeit steigern, daß die Urheber strategischer Täuschungen mit einem abschreckenden Maße von Wahrscheinlichkeit eine Enttäuschung erleben und ihre unehrlichen Wirklichkeitsinszenierungen korrigiert werden. Die Norm politischer Ehrlichkeit wird dann eingelöst, wenn im Rahmen hinreichend sensibler und fairer Institutionen falsche Aussagen schlechte Chancen haben. Falsche Aussagen kommen dann zwar unvermeidlich vor, aber institutionelle Mechanismen der Aufdeckung und Korrektur sorgen dafür, daß sie keinen gravierenden Schaden anrichten. [...]

Kognitive Hygiene für die Demokratie

So wird man sich auf die bestehenden Instanzen und Mechanismen weiter verlassen müssen, welche mit der Aufdeckung von Unehrlichkeiten beauftragt oder aus strategischen Kalkülen daran interessiert sind. Dazu gehören die Medien, Polizei und Gerichte, vor allem auch die konkurrierenden Parteien, die durch die Mittel der Untersuchungsausschüsse und im Rahmen der thematischen Gestaltung ihrer Wahlkämpfe sich wechselseitig unter kritische Aufsicht stellen. Diese Aufsicht wird allerdings dann versagen, wenn die aufzudeckenden Vorkommnisse und Praktiken nicht die Angelegenheit nur einer Partei sind, sondern Anlässe zu parteiübergreifenden Praktiken des sozusagen kartellierten Lügens und Verschweigens bestehen. Unterhalb der Ebene von manifesten Verletzungen strafrechtlicher Normen (»Untreue«) haben auch Polizei und Justiz keine nennenswerten Sanktionspotentiale zu ihrer Verfügung. Insofern könnte es sein, daß wir uns als Bürger täuschen – bzw. gleichsam einer Lüge zweiter Ordnung zum Opfer fallen –, wenn wir daran glauben, daß unser Institutionensystem hinreichend wirksame Abwehrmittel bereithält, um Unehrlichkeiten, Betrug und Lügen seitens der politischen Eliten aufzudecken, zu sanktionieren und für die Zukunft abzuschrecken. Können nicht auch Institutionen ihrerseits lügen, d. h. die Bürger in einer trügerischen Sicherheit hinichtlich ihrer Fähigkeit wiegen, Lügen aufzudecken? Wir hätten es dann sozusagen mit Lügen zweiter Ordnung zu tun – mit Täuschungen über die zuverlässige Aufdeckbarkeit von Täuschungen.

Das gilt selbst für die Medien, die in den aktuellen Fällen gravierender politischer Unehrlichkeiten bemerkenswerte Leistungen bei der Aufdeckung derselben zustandegebracht haben. Aber diese Leistungen hängen – in ihren Auswirkungen wie in ihrer Dauerhaftigkeit – letztlich von zwei nicht-institutionellen Voraussetzungen ab. Zum einen darf sich der Kampf der Medien gegen Korruption, Betrug und Lüge in der Politik nicht als ein Kampf gegen Windmühlenflügel darstellen: Die Politiker, deren norm- und pflichtwidrige Machenschaften aufgedeckt werden, müssen also als Ergebnis medialer Enthüllungen »Wirkung zeigen« wie ein angeschlagener Boxer. Wenn diese Politiker sich hingegen publikumswirksam auf die indignierte Pose dessen zurückziehen können, der sich über eine »Medien-Treibjagd« usw. beschwert, dann ist mit der wahrheitsgemäßen Unterrichtung der Öffentlichkeit wenig auszurichten. Es kommt also für die Funktionsfähigkeit der genannten Kontrollinstitutionen darauf an, daß die Angesprochenen für nicht-institutionelle Kategorien wie die der Reue, der Ehre, der Beschämung, der professionellen Selbstachtung usw. überhaupt ansprechbar sind. Sind sie es nicht, so kann auch die mediale Aufklärung wenig ausrichten; diese Erkenntnis wird die Medien entmutigen, ihr Wächteramt weiterhin energisch wahrzunehmen.

In letzter Instanz hängt es von den Bürgern selbst ab, daß die Institutionen funktionieren – sowohl die Institutionen des politischen Systems selbst wie die Kontroll- und Korrekturmechanismen, die in dasselbe eingebaut sind und hoffentlich nicht nur den fälschlichen Anschein erwecken, diese Funktion der »kognitiven Hygiene« für Politik und Gesellschaft zu erfüllen. Überspitzt könnte man daher sagen, daß jede Gesellschaft die politische Elite hat, die sie verdient. Denn zu jeder Lüge gehören zwei: einer, der lügt und einer, der sich entweder aus Naivität und Mangel an demokratischem Argwohn belügen läßt oder aus Zynismus und Indifferenz selbst erwiesene Lügen für Bagatellangelegenheiten hält.

SIMONE DIETZ

Lügen in Privatleben, Politik und Massenmedien

Das Private als Hort der Wahrhaftigkeit?

Die meisten Menschen wissen, dass man im Geschäftsleben mit Lug und Trug rechnen muss – nicht jedes Angebot ist vertrauenswürdig, und man ist gut beraten, die Bedingungen genau zu prüfen, bevor man sich auf einen Handel einlässt. Täuschungsmanöver in geschäftlichen Angelegenheiten, das berühmte Kleingedruckte, der Staubsaugervertreter an der Haustüre oder das intransparente Verkaufsportal im Internet sind sicher berüchtigt. Derjenige aber, der genug Realitätssinn hat, bleibt hier nicht bei moralischen Bewertungen stehen, sondern wägt nüchtern Betrugs- gegen Gewinnmöglichkeiten ab. Der ökonomische Bereich ist der Bereich der kalkulierten Interessen und des jeweiligen Vorteilsstrebens. Zwar gelten hier wie in anderen Gesellschaftsbereichen bestimmte Regeln, die von den Beteiligten einzuhalten sind – und dazu gehören durchaus moralische Regeln –, doch mit rückhaltloser Offenheit rechnen wir im Allgemeinen nicht.

Ganz andere Erwartungen verknüpfen sich dagegen mit der Privatsphäre: Sie gilt als Bereich der Freundschaft, der Liebe, der persönlichen Nähe, und dies erfordert in den Augen der meisten Menschen vor allem gegenseitige Offenheit und Wahrhaftigkeit. Vor unseren Freunden, unserer Familie, unserem Lebenspartner wollen wir uns nicht verstecken müssen, sondern »wir selbst« sein dürfen. Freiwilligkeit und Zuneigung machen Täuschungsmanöver überflüssig, sie vertragen sich nicht mit Lügen, könnte man meinen. Dass dennoch im Privatleben viel gelogen wird, kann demzufolge nur als bittere Erfahrung verbucht werden.

Wie wir gesehen haben, sind Lügen jedoch nicht grundsätzlich schlecht: Nicht alle Lügen sind Ausdruck von Missachtung und Egoismus. Anlass für Lügen aus Rücksicht und Wohlwollen kann es gerade im privaten Bereich geben, der von Zuneigung und Fürsorge geprägt ist. Fördert das Bild von der Privatsphäre als einer Sphäre der Wahrhaftigkeit also vor allem eine falsche Erwartung, die die Beteiligten daran hindert, hier ebenso wie in anderen Lebensbereichen mit Lügen zu rechnen und sie unter entsprechenden Umständen auch zu akzeptieren? Oder beschränken sich die Anlässe für gerechtfertigte Lügen im Privatleben letztlich nur auf einige wenige spektakuläre Fälle? Sollten nicht z. B. Lügen aus Notwehr in einem von Freiwilligkeit und Zuneigung geprägten Bereich verzichtbar sein? Und wie steht es mit den Lügen zum Schutz der Privatsphäre: Müsste dieses Motiv im Bereich der privaten Beziehungen nicht gänzlich überflüssig sein?

Insoweit wir davon ausgehen, dass Lügen zum Alltag gehören, wäre es naiv zu glauben, unser Privatleben ließe sich davon ausnehmen. Die Einsicht, dass auch im Privatleben viel gelogen wird, könnte aber nur eine bedauernde Feststellung über die generelle Unzuverlässigkeit anderer Menschen sein: Auch wenn Lügen im Privatleben selten gerechtfertigt sind, kommen sie leider trotzdem häufig vor. Die normative Voraussetzung dieser Aussage, Lügen seien im Privatleben selten gerechtfertigt, gilt es jedoch erst einmal zu überprüfen.

Viele der in den vorangegangenen Kapiteln angeführten Beispiele stammen aus der Privatsphäre oder lassen sich auf diese beziehen. Das Kompliment, das Ausdruck der Ermutigung und nicht der wahrhaftigen Bewunderung ist; die vorgeschobene Erkältung, mit der die Einladung der Freundin abgesagt wird, weil man sie nicht damit kränken möchte, dass man ihre anderen Gäste nicht mag; die barmherzige Beschwichtigung, mit der man der todkranken Mutter die Wahrheit über den Zustand ihrer geliebten Gartenpflanzen erspart; die rücksichtsvolle Lüge, die dem Examenskandidaten eine Schonzeit einräumt, in der er nichts von den Trennungsabsichten seiner Freundin erfährt: All dies sind Lügen gegenüber Freunden, Familienmitgliedern oder Lebenspartnern, die unter geeigneten Umständen als wohlwollende Lügen gerechtfertigt sind. Das Kind, das seinen Teddy verloren hat, wird mit einer Geschichte über die Abenteuer getröstet, die der Teddy jetzt angeblich erlebt. Dem alten Vater richtet der Sohn Grüße von den Enkeln aus, obwohl die ihm das gar nicht aufgetragen hatten. Sogar die Lüge zur Vertuschung eines Seitensprungs kann, wie wir gesehen haben, als wohlwollende kollaborative Lüge gerechtfertigt werden, wenn sie einem ausdrücklichen oder stillschweigenden Einverständnis der Partner entspricht und nicht nur der eigenen Freiheit, sondern dem Schutz der Partnerschaft dient. Anlass für wohlwollende Lügen im Privatleben gibt es nicht nur in wenigen außergewöhnlichen Situationen. Erfahren die Belogenen die Wahrheit, mag der Anlass für die Lüge in manchen Fällen kränkend oder schmerzhaft sein – genau deshalb war sie aus Sicht der Lügnerin ja erforderlich. Doch sofern an der wohlwollenden Einstellung der Lügnerin kein Zweifel besteht, muss die Lüge selbst nicht verletzend sein – wohlwollende Lügen sind immerhin Ausdruck der wahrhaftigen Zuneigung und Sorge, der Verantwortung für die Familie oder Freundschaft.

Für Lügen aus Notwehr bietet das Privatleben auf den ersten Blick wenig Anlass: Bedroht fühlen wir uns normalerweise nicht von unseren Freunden, sondern von unseren Feinden. Eine bedrohliche Situation unter Freunden, aus der man sich mit einer Lüge retten muss, führt vermutlich zu der Einsicht, dass man sich im anderen getäuscht hat, dass sich ein Feind unter falschen Vorzeichen ins Privatleben eingeschlichen hat. Im Verhältnis zwischen Familienmitgliedern, das im Unterschied zu Freundschaften weniger durch gegenseitige Freiwilligkeit und Gleichheit geprägt ist, können jedoch eher Situationen entstehen, in denen das Lügen der Abwendung eines Angriffs auf die Freiheit dient. Asymmetrische Machtverhältnisse und Ungerechtigkeit bilden den Kontext für Situationen der Notwehr: Für das Kind, das unverhältnismäßige Strafen seiner Eltern fürchten muss, und bei Eifersucht und Wut, die in einer Partnerschaft eine gefährliche Eskalation der Gewalt erzeugen können, dienen Lügen dem berechtigten Selbstschutz. Solche Lügen aus Notwehr mögen im Privatleben häufiger vorkommen, als wir vielleicht glauben, sie sind trotzdem keine Alltagserscheinung. Ihnen haftet immer das Außeralltägliche, Zugespitzte an, weil sie sich auf Situationen der Bedrohung beziehen, die nicht als Normalität zu akzeptieren sind.

So paradox es auch klingen mag: Die meisten gerechtfertigten Lügen im Privatleben dienen vermutlich dem Schutz der Privatsphäre. Wer von uns hat noch nie einem nahestehenden Menschen auf die Frage: »Woran denkst du?«, mit der Lüge: »An nichts Bestimmtes«, geantwortet, weil sie ihre Gedanken nicht preisgeben, aber auch nicht mit der Antwort »das sage ich dir nicht« Anlass zu Neugier oder Misstrauen geben wollte? Dass wir selbst im Privatleben noch unsere Privatsphäre schützen, wird verständlich, wenn wir berücksichtigen, dass das Private verschiedene Dimensionen aufweist: Das Private kann zum einen als ein sozialer Handlungsbereich aufgefasst werden, den wir von öffentlichen Handlungsbereichen abgrenzen. Als Privatleben, das wir mit unseren Freunden und unserer Familie teilen, unterscheidet sich dieser Bereich von den formellen Beziehungen des Berufslebens oder den anonymen Begegnungen unter Fremden als *soziale Privatheit*. Das Private kann aber zum anderen auch als jener Bereich definiert werden, über dessen Zugang ich ganz allein entscheiden kann und darf.[1]

1 Beate Rössler, *Der Wert des Privaten*, Frankfurt a. M. 2001.

Dieser Bereich, der im dritten Kapitel auch als »persönliche Intimsphäre« bezeichnet wurde, bezieht sich auf die *personale Privatheit*. Er ist weniger ein Bereich des Handelns als vielmehr des Wissens, der Gedanken, Einstellungen und Gefühle.

Auch im Bereich des sozialen Privatlebens kann es gute Gründe geben, seine personale Privatsphäre vor anderen zu schützen. Selbst zwischen nahestehenden Menschen, die sich vor allem durch gegenseitige Zuneigung verbunden sind, gibt es bestimmte Dinge, die man nicht preisgeben möchte und die den anderen auch nichts angehen. Vielleicht gibt es sogar gerade im Bereich des sozialen Privatlebens besonders viel Anlass für Lügen zum Schutz der personalen Privatsphäre, weil hier die Antwort: »Das geht dich nichts an!«, eher als kränkende Zurückweisung empfunden wird als in anderen Bereichen, weil sie da Neugier und Misstrauen hervorruft, wo man es am wenigsten erträgt. Im Unterschied zu anderen Handlungsbereichen, die deutlich vom Privaten überhaupt abgegrenzt sind, muss man unter Freunden oder in der Familie meist damit rechnen, dass der Hinweis, es handle sich um eine Privatsache, von den anderen nicht umstandslos akzeptiert wird. Die Abgrenzung zwischen der sozialen und der personalen Privatsphäre ist nicht scharf gezogen, sie bleibt Vereinbarungs- und Verhandlungssache, denn sie wird danach entschieden, was in einer Beziehung zum Bereich der gemeinsamen Angelegenheiten gehört und was nicht.

Der Grenzverlauf zwischen Nähe und Distanz wird in alltäglichen Gesprächssituationen immer wieder neu ausgelotet. Neben den indirekten Formen des Verschweigens, Ausweichens und Ablenkens gehört hier auch die Schutzlüge zum alltäglichen Repertoire. Der Philosoph Helmuth Plessner (1892–1985) spricht von einem »Recht auf Distanz«, das wir geltend machen müssen, weil und insofern wir Wesen sind, die das »Schicksal der Individualisierung« auf sich nehmen: »Auf die

Gnade völligen Einklangs der Wesen lässt sich Gemeinschaft nicht bauen.«[2]

Haben Freunde, Partner, Familienangehörige ein Recht darauf zu erfahren, warum jemand erst spät nach Hause kommt? Welche Kollegen oder Bekannte sie jeweils attraktiv finden? Haben sie ein Recht darauf zu wissen, was der andere geträumt hat? Was er oder sie meint, im bisherigen Leben versäumt zu haben? Über solche »Rechte« lässt sich nicht formell oder allgemeingültig entscheiden, und in den meisten Fällen auch nicht gut mit Argumenten streiten. Wie häufig Lügen zum Schutz der personalen Privatsphäre eingesetzt werden und in welchem Maß sie akzeptabel sind, hängt nicht zuletzt davon ab, welches »Recht auf Distanz« sich die Beteiligten gegenseitig einräumen.

Im Extremfall huldigt eine private Beziehung dem Ideal der Verschmelzung oder Symbiose, das überhaupt keine personale Privatsphäre mehr zulässt. Platons *Gastmahl* liefert dafür den passenden Mythos: Ursprünglich waren die Menschen kugelförmig, sie hatten vier Hände und vier Füße, zwei Gesichter und vier Ohren. Sie waren stark und verwegen, »sie wagten den Weg zum Himmel hinauf und wollten sich an den Göttern vergreifen«. Deshalb schnitt Zeus sie jeweils in zwei Hälften.

> »Nachdem nun ihre ursprüngliche Form auseinandergeschnitten war, sehnte sich eine jede Hälfte nach der ihr zugehörigen anderen und versuchte, mit ihr zusammenzukommen. [...] Seit so langer Zeit also ist das Liebesverlangen zueinander den Menschen eingepflanzt, führt die ursprüngliche Natur zusammen und versucht, eins aus zweien zu machen und die menschliche Natur zu heilen.«[3]

2 Helmuth Plessner, »Grenzen der Gemeinschaft. Eine Kritik des sozialen Radikalismus«, in: H. P., *Gesammelte Schriften*, Bd. V, Frankfurt a. M. 2003, S. 7–133, hier S. 28, 59 f.

3 Platon, *Das Gastmahl*, übers. und hrsg. von Thomas Paulsen, Nachw.

Wer dem Ideal der Verschmelzung folgt, kann keinen Vorbehalt und kein Geheimnis zwischen Liebenden akzeptieren – Verschmelzung erfordert absolute Wahrhaftigkeit. Wo nicht die Autonomie des Individuums, sondern das Ideal der Verschmelzung als höchster Wert gilt, kann es für die Liebenden auch keine Verantwortung als Belogene mehr geben. Liefert man sich rückhaltlos, ohne einen Rest von Skepsis und Misstrauen, seiner »anderen Hälfte« aus, ist sogar die erlittene »Täuschung schön, wenn einer sich jemandem in der Meinung, er sei gut, hingibt und selbst die Absicht hat, durch die Freundschaft mit dem Liebenden besser zu werden. [...], dass er nämlich der Tugend zuliebe und um besser zu werden, für einen jeden zu allem bereit wäre, das aber ist wiederum das Allerschönste.«[4] Doch dies ist weniger als ein schaler Trost für den Belogenen. Er bleibt das Opfer, das nicht verantwortlich ist für seinen Untergang.

In Uwe Johnsons (1934–1984) *Skizze eines Verunglückten* wird das Ideal der Verschmelzung von dem Schriftsteller Joe Hinterhand verkörpert, der seine Frau umbringt, als er entdeckt, dass sie ihn von Anfang an belogen und eine heimliche Beziehung zu einem anderen Mann geführt hat.

»Sie sei ihm verwandelt erschienen in ein Prinzip, eine Verkörperung aller Kräfte, die seinem Leben entgegen seien, als die Drohung, die Gültigkeit der Worte abzuschaffen. In diesem Augenblick habe er nur noch wünschen können, dies möge aus der Welt sein. Dies zu übersetzen in das juristische Verständnis einer Notwehr, es habe dem Verteidiger mit Notwendigkeit mißlingen müssen.«[5]

und Anm. von Thomas Paulsen und Rudolf Rehn, Stuttgart 2008 (Reclams Universal-Bibliothek Nr. 18527), S. 31 f.

4 Ebd., S. 22 f.

5 Uwe Johnson, *Skizze eines Verunglückten*, Frankfurt a. M. 1991, S. 56.

Ein Befreiungsschlag kann die Tötung seiner Frau für Hinterhand nicht sein, auch seine eigene Existenz ist vernichtet und bietet keinen Anhaltspunkt für Rettung mehr. Das für die Tätigkeit des Schriftstellers notwendige Material,

> »Erfahrungen aus den zwanzig Jahren zwischen 1926 und 1947, sei verdorben. Denn wer das Lebensgefühl eines werdenden Vaters erzählen wolle, der könne ausgehen nur von den eigenen Zuständen; die jedoch seien ihm verursacht worden durch Vortäuschung, und gehörten ausgestrichen. [...] Wie in die Fotografien, sei in die Vorräte der Erinnerung eine Sperre eingestanzt: Unwahr. Falsch. Vergiftet. Entwertet. Ungültig.«[6]

Johnsons Beispiel erklärt, warum uns Lügen aus Untreue im Privatleben besonders hart treffen können. Wer entdeckt, dass ein zentraler Bereich seines bisherigen Lebens, sein über Gemeinsamkeit definiertes Privatleben, unter falschen Vorzeichen stand, weil ein nahestehender Mensch ihn in einem wesentlichen Punkt belogen hat, der steht vor der ungeheuren Aufgabe, die gesamte Erinnerung an das mit Unwahrhaftigkeit und Verrat behaftete gemeinsame Leben rückwirkend umzuschreiben, um sie sich dann wieder neu aneignen zu können. Das betrifft nicht nur den Betrug zwischen Lebensgefährten. Auch das Kind, das plötzlich erfährt, dass seine Eltern nicht seine »wirklichen«, biologischen Eltern sind oder dass es in einem anderen wesentlichen Punkt über Jahre von seinen Eltern getäuscht wurde, muss seine gesamte Existenz plötzlich aus einer neuen Perspektive sehen. Die Entdeckung der persönlichen Autonomie im Sinne der Möglichkeit und Notwendigkeit unabhängiger Entscheidungen über das eigene Leben ist

6 Ebd., S. 67 f.

hier zugleich Schock und Chance. Wer aber in einer Liebesbeziehung zwischen gleichberechtigten Erwachsenen seine personale Privatsphäre, den Kern seiner individuellen Autonomie, aufgegeben hat zugunsten des Ideals der Verschmelzung, der hat den Bezugspunkt verloren, von dem aus die Anstrengung der Wiederaneignung des verratenen Lebens ihren Sinn beziehen könnte. Ingeborg Bachmann beschreibt in *Der Fall Franza* ähnlich wie Johnson die Vernichtung einer Existenz durch den Verrat des geliebten Menschen.[7] Doch anders als Joe Hinterhand wird Franza Jordan nicht als Opfer ihres hehren Ideals der Liebe, sondern als Opfer einer Männergesellschaft dargestellt, die Frauen mit dem falschen Ideal der Hingabe in die Falle lockt. Auch Franza hat den Schutz der personalen Privatsphäre aufgegeben, aber sie wertet dies am Ende als tödlichen Irrtum.

Eine Fortschreibung dieses Diskurses, der ein trügerisches kulturelles Ideal der romantischen Liebe und seine destruktiven Auswirkungen analysiert, liefert im 21. Jahrhundert die Soziologin Eva Illouz.[8] Nicht das einseitige Ideal der Hingabe, sondern das beiderseitige Ideal der Autonomie erweist sich nun als Falle, weil es in einen verhängnisvollen Widerstreit zum Bedürfnis nach Verbindlichkeit und Anerkennung gerät. Solange Frauen Anerkennung primär im privaten Bereich der Liebe suchen, die Männer dagegen im öffentlichen Leben des Berufs, geraten die Frauen durch das Ideal der Autonomie in die Defensive, eine Verbindlichkeit zu wünschen, die sie nicht einfordern können. Die kollaborativen Lügen von Frauen zum Schutz der Partnerschaft, so könnte man Illouz' Theorie hier anwenden, sind daher paradoxerweise oft vorgetäuschte Ver-

7 Ingeborg Bachmann, 1989.
8 Eva Illouz, *Warum Liebe weh tut. Eine soziologische Erklärung*, Berlin 2011.

haltensweisen des Desinteresses und der Unabhängigkeit, gewissermaßen eine fingierte personale Privatsphäre, die den Wunsch nach Verbindlichkeit und Anerkennung verbergen soll, um die »bindungsschwachen« Männer nicht zu verschrecken. Obwohl es sich dabei um ein kulturelles Beziehungsmuster handelt, wird es als individuelles Unvermögen erlebt und in der Ratgeberliteratur entsprechend pathologisiert.

Ein Pendant dieses Musters, das zur Wehrlosigkeit gegenüber eigennützigen Lügen des Partners führt, liegt im dogmatischen und überzogenen Respekt vor dessen Autonomie und Integrität. Wer die Achtung vor der Integrität des anderen derartig übertreibt, dass sie weder offenen Widerspruch noch innere Vorbehalte gegen dessen Selbstdarstellung zulässt, nimmt sich die Möglichkeit, mit Lügen zu rechnen, Lügen zu erkennen und den anderen mit diesem Verdacht zu konfrontieren. Nicht das Dogma der Verschmelzung, sondern das Dogma der Autonomie und der moralischen Autorität der ersten Person in der Frage, wer einer ist, verhindert in diesem Fall den Zweifel an der Wahrhaftigkeit des anderen. Schon der Verdacht eines verdeckten Handelns des Partners wird hier als Angriff auf dessen Integrität und als mangelnde moralische Achtung missverstanden und mit einem verhängnisvollen Bann belegt. So kann der vermeintlich Angegriffene auch eigennützige Lügen gegen Misstrauen immunisieren.

Ohne Vertrauen können Freundschaft und Liebe nicht entstehen und damit auch nicht ohne das Risiko, dass dieses Vertrauen missbraucht wird. Vertrauen und moralische Achtung sind jedoch nicht dasselbe. Achtung kann gefordert, Vertrauen muss erworben werden. Der Zweifel an der Zuneigung oder der Wahrhaftigkeit des anderen kann die Grundlage einer Freundschaft oder Partnerschaft in Frage stellen, er kann zur Forderung stärkerer Verbindlichkeit führen, er ist aber kein Ausdruck von Missachtung.

Ist also die Auffassung von der Privatsphäre als Hort der Wahrhaftigkeit ein falsches Ideal, das falsche Ansprüche an die Beteiligten stellt und die Belogenen wehrlos macht gegen die alltäglichen kleinen und die außeralltäglichen großen Lügen in ihrem Privatleben? Wenn mit »Hort der Wahrhaftigkeit« gemeint ist, dass Lügen hier grundsätzlich keine Berechtigung haben, dann ist dies allerdings ein falsches Ideal, denn alle Typen moralisch gerechtfertigter Lügen, also die wohlwollenden sozialen Lügen und die Lügen zum eigenen Schutz, haben ihren Platz auch in der Privatsphäre. Der letzte Bezugspunkt des Privaten ist nicht immer die private Beziehung, sondern auch die personale Privatsphäre. Dennoch hat die Rede von der Privatsphäre als Hort der Wahrhaftigkeit auch mit Blick auf das soziale Privatleben einen guten Sinn. Die gegenseitige Zuneigung in privaten Beziehungen und das Vertrauen in das generelle Wohlwollen der anderen Personen bilden einen geschützten Raum, der es uns in besonderer Weise ermöglicht, wahrhaftig zu sein, und zwar auch dann, wenn wir uns dadurch verletzbar machen. Über die Wahrhaftigkeitspflicht im Rahmen allgemeiner moralischer Regeln hinaus geht es hier um Wahrhaftigkeit im Sinn der freiwilligen Preisgabe geheimer Gedanken, Ängste oder Wünsche. Insofern ist die Privatsphäre also durchaus ein Hort der Wahrhaftigkeit.

Verlogenheit der Politik?
Vorbilder und Repräsentanten in der Demokratie

Wie das Privatleben mit dem positiven Vorurteil behaftet ist, hier komme es in besonderer Weise auf Wahrhaftigkeit an, und Freundschaft und Liebe würden ihren Namen nur dann verdienen, wenn es sich auch um wahrhaftige Beziehungen handelt, so ist der Bereich der Politik mit dem negativen Vorurteil der allgemeinen Verlogenheit verknüpft. Einer verbreiteten Meinung zufolge ist Politik ein schmutziges Geschäft, in dem hinter den Kulissen oft andere Wahrheiten gelten als auf der Bühne der Medien und gegenüber der politischen Öffentlichkeit. Anders als im ökonomischen Bereich wird die Wahrscheinlichkeit von Unwahrhaftigkeit hier aber nicht bloß nüchtern konstatiert und kalkuliert. Im Ressentiment gegenüber der Verlogenheit der Politik schwingt immer auch moralische Empörung oder zynische Resignation mit. Was hier zum Ausdruck kommt, ist die moralische Empörung und das Ohnmachtsgefühl derer, die meinen, schamlos hintergangen zu werden. Von Politikern und Politikerinnen wird also sehr wohl Wahrhaftigkeit gefordert, und die Bedeutung der Wahrhaftigkeit für den Bereich der Politik wird im Grunde hoch veranschlagt. Die verächtliche Einschätzung der Politik als verlogenes Schauspiel ist damit auch Ausdruck einer enttäuschten Erwartung. Für den Anspruch, gerade in der Politik müsse es eigentlich wahrhaftig zugehen, kann man drei Argumente anführen: das Vorbild-Argument, das Demokratie-Argument und das Diskurs-Argument.

Das erste Argument verweist auf die *Vorbildfunktion* der Politiker und kommt in zwei verschiedenen Varianten vor, nämlich als Tugendanspruch und als eher strategisch-rationale Überlegung. Die Tugendvariante verlangt für Politiker höhere moralische Maßstäbe als für andere Menschen, weil Amtsinhaber, die die Macht haben, für und über andere zu entscheiden, moralisch unanfechtbar sein müssen. Dieser Auffassung zufolge sind Politiker nicht nur Träger eines Amts, das mit bestimmten Entscheidungsbefugnissen verbunden ist, sondern moralisch-praktische Führer, an deren Verhalten sich die Menschen im Alltag orientieren sollen. Aus dieser Sicht ist es dann auch nur folgerichtig, wenn nicht nur die jeweilige Amtsführung von Politikern öffentlich beurteilt wird, sondern der

Mensch in seiner gesamten Lebensführung auf dem Prüfstand steht. Moralische Verfehlungen im Privatleben liefern nach diesem Verständnis ebenso dringliche Gründe für den Rücktritt eines Politikers wie eine schlechte Amtsführung oder der Missbrauch seiner Befugnisse aus persönlichen Interessen.

Diese Argumentation für die Wahrhaftigkeitspflicht von Politikern kann aber im Rahmen eines demokratischen Politikverständnisses nicht überzeugen, weil die unterstellte moralische Hierarchie zu Widersprüchen führt. Moralische Regeln gelten demnach nicht für alle Menschen gleichermaßen, sondern für einige in höherem Maß als für die anderen. Dadurch werden nicht nur diejenigen überfordert, die ein politisches Amt ausüben, sondern umgekehrt werden auch die »einfachen« Staatsbürger im Hinblick auf ihre Mündigkeit degradiert, denn sie bedürfen nach dieser Auffassung ja grundsätzlich der moralischen Orientierung durch ihre politischen Führer. Der generelle Einwand gegen Modelle geistiger Führerschaft im Rahmen einer demokratischen politischen Ordnung richtet sich auf die dabei entstehende Widersprüchlichkeit der Staatsbürgerrolle. Im Verständnis der demokratischen Ordnung ist das Volk der Souverän, von dem alle Herrschaft ausgeht. Das Volk wählt seine Repräsentanten und legitimiert durch diese Wahl die Macht der Politiker als eine Macht, die das Volk indirekt über sich selbst ausübt. Das Modell der demokratischen Ordnung setzt also voraus, dass Staatsbürger grundsätzlich über die notwendigen Fähigkeiten verfügen, um entscheiden zu können, wer eine geeignete Kandidatin für ein politisches Amt ist, und um kontrollieren zu können, ob dieses Amt in angemessener Weise ausgeübt wird. Das Modell der geistigen Führerschaft hingegen geht von einem Gefälle der geistig-moralischen Fähigkeiten aus, bei dem es einige wenige besonders Befähigte und viele weniger Befähigte gibt. Unklar bleibt dabei, wie die vielen weniger befähigten, orientierungsbedürftigen Staatsbürger in der Lage sein sollen, die moralisch besseren Führer zu erwählen und zu kontrollieren.

Die zweite Begründungsvariante für die Vorbildfunktion der Politik stützt sich auf das im zweiten Kapitel bereits erläuterte »Argument der schiefen Bahn«. In dieser Variante wird darauf verwiesen, dass Politiker aufgrund ihrer privilegierten öffentlichen Sichtbarkeit und ihrer normsetzenden Aufgabe als legislative Gewalt eine besondere Verantwortung für die allgemeine Akzeptanz und Befolgung moralischer Normen übernehmen. Sollten Politiker gegen anerkannte Normen wie das Wahrhaftigkeitsverbot verstoßen, trage dies erheblich zum Verfall der Normakzeptanz in der Bevölkerung bei. Öffentliche Empörung, Ächtung und Rücktrittsforderungen als Reaktion auf Lügen in der Politik sind nach dieser Logik notwendige gesellschaftliche Rituale der Normbekräftigung, die im Hinblick auf ihre Signalfunktion noch strengeren Regeln folgen müssen als juristische Verfahren.

Als im Jahr 2011 der Doktortitel des damaligen Verteidigungsministers Karl-Theodor zu Guttenberg wegen zahlreicher Plagiate aberkannt wurde, wies Bundeskanzlerin Merkel die gegen ihn gerichteten Rücktrittsforderungen mit der Erklärung zurück, sie habe zu Guttenberg als Verteidigungsminister ins Kabinett berufen und nicht als wissenschaftlichen Mitarbeiter. Nicht nur an Universitäten rief diese Erklärung Empörung und Widerspruch hervor. Die Opposition im Bundestag kritisierte, ein »Hochstapler und Lügner« dürfe nicht dem Kabinett angehören; der Verteidigungsminister, der auch für Bundeswehruniversitäten zuständig sei, könne »für deren Studierende kein Vorbild mehr« sein.[9] Nur wenige Tage spä-

9 Deutsche Bundestag, »Zu Guttenberg mit Rücktrittsforderungen konfrontiert«, www.bundestag.de/dokumente/textarchiv/2011/33532531_kw08_de_guttenberg/204718

ter legte zu Guttenberg sämtliche politischen Ämter und Mandate nieder.

Für den Bereich der Wissenschaft steht die besondere Relevanz von Wahrheit und Wahrhaftigkeit außer Frage. Deshalb konnte mit dem Rekurs auf die Regeln wissenschaftlichen Arbeitens das Vorbild-Argument im Fall zu Guttenbergs gegen einen Amtsträger geltend gemacht werden, der seine Wahrhaftigkeitspflicht verletzt hatte. Für sich genommen erklärt das Vorbild-Argument aber nicht, warum und in welcher Hinsicht Wahrhaftigkeit im politischen Bereich von Bedeutung ist. Es unterstellt allenfalls, dass Wahrhaftigkeit eine grundsätzliche moralische Pflicht sei. Hält man das Lügen aber in bestimmten Fällen für moralisch zulässig, enthält das Vorbild-Argument keine Begründung für die grundsätzliche Wahrhaftigkeitspflicht in der Politik, denn es kann nur auf die besondere Bedeutung der Normbefolgung bei Amts- und Mandatsträgern hinweisen. Das Vorbild-Argument ist dann durchaus vereinbar mit bestimmten Lügen, z. B. damit, dass Politikerinnen und Politiker ihre Privatsphäre vor der Öffentlichkeit schützen und aus diesem Grund bei zudringlichen Fragen auch lügen. Wer ein öffentliches Amt ausübt, muss es sich nicht gefallen lassen, dass jeder Winkel des Privatlebens ausgeleuchtet wird, solange keine öffentliche Relevanz zu erkennen ist. Die beiden andere Argumente, das Demokratie- und das Diskurs-Argument, stützen gezielter die besondere Bedeutung der Wahrhaftigkeit in der Politik und geben zudem Kriterien an, in welchen Grenzen sie gefordert werden kann.

Das *Demokratie-Argument* richtet sich wie das Vorbild-Argument auf die unterschiedlichen politischen Rollen von Wahlvolk und Amtsträgern, betont jedoch nicht die Führungsposition der Politiker, sondern die Treuepflichten, die mit der Beziehung zwischen Repräsentierten und Repräsentanten verbunden sind. Die Übertragung eines politischen

Mandats oder Amts durch Wahl bevollmächtigt Politikerinnen und Politiker zu Entscheidungen über die gemeinsamen Angelegenheiten aller Staatsbürger im Rahmen der Verfassung und der geltenden Gesetze. Dabei sind sie nur ihrem Gewissen und keinem bestimmten Wählerwillen, keiner Partei und keinem Interessenverband verpflichtet. So soll verhindert werden, dass Parlament und Regierung zum Spielfeld von Einzelinteressen jenseits des Gemeinwohls werden. Die Unabhängigkeit der einzelnen Repräsentanten soll die Orientierung am Gemeinwohl sichern. Worin dies im Einzelfall besteht, muss jeder nach seinem Wissen und Gewissen entscheiden. Doch das erfordert natürlich die Berücksichtigung der Ansprüche und Auffassungen derer, über die entschieden wird. Wer ein politisches Mandat oder Amt übernimmt, repräsentiert nicht allein in dem ideellen Sinn, dass er seiner *Vorstellung vom Gemeinwohl* folgt, sondern auch in einem ganz direkten, praktischen Sinn als *Vertreter der Staatsbürger*. Das Handeln im Namen anderer Personen verpflichtet nicht nur zur Wahrung ihrer Interessen, sondern auch dazu, ihnen umfassend und zutreffend über die treuhänderischen Handlungen Rechenschaft abzulegen.[10] Nur so haben die Staatsbürger die Möglichkeit, zu beurteilen, ob tatsächlich in ihrem Sinn gehandelt wird.

Das Demokratie-Argument begründet die Wahrhaftigkeitspflicht der Politiker gegenüber den Staatsbürgern mit der besonderen Verpflichtung, die zur Repräsentation anderer Personen gehört. Die grundlegende Verpflichtung in einer Repräsentationsbeziehung richtet sich darauf, Befugnisse nicht nur im Namen, sondern auch im Interesse der anderen auszuüben. Ob dieser Auftrag tatsächlich erfüllt wird, können die Betrof-

---

10 Bernard Williams, *Wahrheit und Wahrhaftigkeit*, Frankfurt a. M. 2003/2013, S. 313 f.

fenen nur dann beurteilen, wenn sie zutreffend informiert werden. Diese Wahrhaftigkeitspflicht der Politiker steht unter der Einschränkung der Wahrung des Gemeinwohls im konkreten Fall. Das Handeln im Interesse aller kann in der Politik im Notfall Lügen rechtfertigen – und zwar auch gegenüber denen, deren Interessen vertreten werden sollen. So dementierte der Vorsitzende der Eurogruppe Jean-Claude Juncker im Mai 2011 die zutreffende Meldung, ein Krisentreffen europäischer Finanzminister berate über den Austritt Griechenlands aus der Euro-Zone. Mit seiner Lüge wollte er Verwerfungen an den Finanzmärkten verhindern, die als Reaktion auf das Bekanntwerden derartiger Beratungen unmittelbar zu befürchten waren. Nachdem diese Situation überstanden war, versuchte Juncker nicht, seine Lüge zu vertuschen, sondern gab Journalisten offen Auskunft über seine Beweggründe.[11]

Die Grenze der Legitimität ist dann überschritten, wenn die Lügen im Interesse des Gemeinwohls keine befristeten Lügen zur Abwendung konkreter Gefahren für das Gemeinwesen sind, sondern langfristige Lügen, die vor allem dem Zweck dienen, die »Gefahr« einer unerwünschten Meinungsbildung und Entscheidung der Staatsbürger abzuwenden. So erwies sich die wiederholte Behauptung der Regierungen der USA und Großbritanniens, Saddam Hussein sei im Besitz gefährlicher Massenvernichtungswaffen, als Falschaussage zur Legitimation des Irak-Kriegs im Jahr 2003. Gelogen wurde hier nicht als Kriegslist zur Täuschung des Feindes, sondern zur Täuschung des eigenen Volkes, der Verbündeten und der Vereinten Nationen, um einen Krieg herbeizuführen und zu legitimieren, dessen tatsächliche Motive den treibenden Kräften nicht als geeignet erschienen, um die notwendige Unterstüt-

11 »Ich gebe Ihnen mein Ehrenwort – Lüge und Wahrheit in der Politik«, Dokumentarfilm von Stephan Lamby, 2013.

zung zu gewinnen.[12] Dass diese Lüge nachträglich aufgedeckt wurde, ist nicht dem politischen Verantwortungsbewusstsein ihrer Urheber zu verdanken, sondern den Politikerinnen und Politikern der Untersuchungsausschüsse des britischen Unterhauses und des amerikanischen Senats. Die Tatsache, dass es nicht nur externer Enthüllungen bedurfte, sondern die Institutionen des politischen Systems selbst zur Aufarbeitung des Falles in der Lage waren, kann durchaus als Beweis für das Funktionieren der Demokratie gewertet werden. Das Versagen, dass ein Krieg mit vorgeschobenen Begründungen geführt werden konnte und Fakten geschaffen hat, die auch durch nachträgliche Klarstellungen nicht mehr aus der Welt zu schaffen sind, wiegt in diesem Fall aber sicher schwerer.

Ein Grenzfall sind solche Lügen, die sich im Erfolgsfall selbst bewahrheiten. Als Kanzlerin Merkel und Finanzminister Steinbrück während der Finanzkrise im Oktober 2008 mit der Botschaft vor die Kameras traten: »Wir sagen den Sparerinnen und Sparern, dass ihre Einlagen sicher sind«, war diese Sicherheit nicht wirklich gegeben, auch wenn es ernsthafte Bemühungen in dieser Richtung gab. Bei einem massenhaften Abruf der Spareinlagen infolge der allgemeinen Unsicherheit wäre der befürchtete Zusammenbruch der Banken nicht vermeidbar gewesen. Um genau diese verhängnisvolle Dynamik abzuwenden, traten Merkel und Steinbrück vor die Kameras. Bei einer Anfrage im Bundestag antwortete Merkel später, ihre Versicherung sei eine »politische Aussage« und keine rechtliche Zusage gewesen.[13] Vor den Kameras hätte diese Klarstel-

---

12 Vgl. Thymian Bussemer, »Die verschwundenen Bomben des Saddam Hussein. Eine Analyse der anglo-amerikanischen Kriegsbegründungspropaganda«, in: *Vorgänge. Zeitschrift für Bürgerrechte und Gesellschaftspolitik* 43 (2004) H. 3, S. 65–77.

13 »Ich gebe Ihnen mein Ehrenwort – Lüge und Wahrheit in der Politik«, Dokumentarfilm von Stephan Lamby, 2013.

lung den Zweck der Wählerberuhigung aber sicher verfehlt. Die »politische Aussage« über die Sicherheit der Spareinlagen bediente sich der beabsichtigten Mehrdeutigkeit als Tatsachenbeschreibung und Absichtserklärung, um wirksam sein zu können.

Gilt die besondere Wahrhaftigkeitspflicht der Politiker gegenüber den Staatsbürgern in einer Demokratie nur für die Rechenschaft über bereits stattgefundene Handlungen? Oder erstreckt sie sich auch auf Absichtserklärungen und künftige Handlungen? Bei der Wahlentscheidung, welcher Kandidatin man seine Stimme geben möchte, geht es schließlich in erster Linie um deren Absichten und künftigen Vorhaben und nicht so sehr um eine Information über Vergangenes. Dennoch steht die Wahrhaftigkeitspflicht im Hinblick auf Künftiges unter größeren Einschränkungen als die Rechenschaftspflicht über bereits Stattgefundenes. Dies liegt vor allem daran, dass Absichtserklärungen generell unter dem Vorbehalt stehen, die künftigen Rahmenbedingungen einer Entscheidung nur abschätzen, nicht aber in allen Details kennen zu können.

Bei Absichtserklärungen scheint es vor allem um die spezielle Frage der Einhaltung von Versprechen bzw. um das Versprechen in betrügerischer Absicht zu gehen. Gerade gegenüber Absichtserklärungen von Politikern in Wahlkämpfen werden häufig Betrugsvorwürfe erhoben, bei denen man unterstellt, ein Kandidat und seine Partei hätten in Wirklichkeit nie die Absicht gehabt, ihre Versprechen einzuhalten, sondern sich auf diese Weise nur die Stimmen der Wähler erschleichen wollen. Ein beliebtes Thema sind Steuererhöhungen, die im Wahlkampf noch kategorisch ausgeschlossen, nach der Wahl dann aber unter mehr oder weniger fadenscheinigen Vorwänden durchgeführt werden. Ein anderer Fall sind Koalitionsaussagen: Der Ausschluss bestimmter Koalitionen wird im Wahlkampf häufig gesinnungsethisch begründet, um den Gegner möglichst weit ins moralische Abseits zu verweisen. Ergeben sich nach der Wahl aber andere Konstellationen als die erwünschten, wird die Karte der Verantwortungsethik gezogen, um zu begründen, warum man mit den Verfemten nun doch unmittelbar Gespräche aufnimmt. Wer die Öffentlichkeit tatsächlich in einer so durchschaubaren Weise belügt und ein Versprechen abgibt, das er schon kurz darauf ohne nachvollziehbare Begründung bricht, verspielt das in ihn gesetzte Vertrauen, das selbst dann beschädigt ist, wenn die abweichende Entscheidung sich im Sinne aller am Ende als die Bessere erweisen sollte.

In vielen Fällen ist es jedoch gar nicht eindeutig, ob überhaupt ein lügenhaftes Versprechen vorliegt. Nicht alle Absichtserklärungen eignen sich zum bindenden Versprechen. Je weniger konkret eine Absichtserklärung formuliert ist, umso größer bleibt der Vorbehalt, nur unter geeigneten Bedingungen umgesetzt werden zu können. Häufig werden von Politikern auch einfache Prognosen in die Form von Versprechen gekleidet, wobei die Einhaltung solcher Versprechen nur zu einem geringen Teil von ihrem Handeln abhängt. Dies ist dann eher eine Sache der Rhetorik als der Wahrhaftigkeit. Als Bundeskanzler Kohl 1990, in der Zeit der deutschen Vereinigung, seinen Wählern schon bald blühende Landschaften im Osten voraussagte, musste allen Beteiligten klar sein, dass dies keine gesicherte Prognose und erst recht kein verbindliches Versprechen sein konnte. Nachträgliche Vorwürfe, die Rede von den blühenden Landschaften sei eine Lüge und Täuschung der Wähler gewesen, überschätzen nicht nur die Macht des Bundeskanzlers, sondern unterschätzen auch die eigene Verantwortung. Auch Wähler tragen eine Verantwortung für ihre Entscheidung, ein Versprechen anzunehmen. Als Staatsbürger sind sie zudem mitverantwortlich für den Zustand des Gemeinwesens, der letztlich aus dem Zusammenwirken aller resultiert. Es ist durchaus möglich, dass Helmut Kohl selbst Zweifel an der Wahrscheinlichkeit seiner Voraussage hatte. Doch solange es nicht um die Feststellung bestimmter Sachverhalte, sondern um die Einschätzung künftiger Entwicklungen geht, ist die Strategie eines sich – hoffentlich – selbst erfüllenden Zweckoptimismus nicht unzulässig. Diejenigen, die diese Rhetorik für bare Münze genommen haben, müssen sich fragen lassen, ob ihr weit reichendes Vertrauen nicht eher durch Wunschdenken als durch eine begründete Einschätzung motiviert war und ob sie eine realistische Darstellung der schwierigen Lage in dieser Situation tatsächlich vorgezogen hätten.

Aus denselben Gründen muss der sogenannte Lügenausschuss, der nach der Bundestagswahl im Herbst 2002 zur Aufklärung von Wahlbetrug auf Betreiben der Opposition eingesetzt wurde, eher als strategische Fortsetzung des Wahlkampfs denn als Verteidigung grundlegender moralischer Regeln in der Politik gewertet werden. Der Vorwurf, die Regierung habe mit ihren Versprechungen die Wähler über die desolate wirtschaftliche Lage des Staates belogen, unterschlägt den Unterschied zwischen Fakten und Prognosen. Stimmungsrhetorik gehört in allen politischen Lagern zur Wahlkampfstrategie: Während die Regierung sich optimistisch gibt und den »Stolz auf unser Land« hervorhebt, malt die Opposition ein düsteres Bild der gegenwärtigen Lage, das nur durch einen Regierungswechsel wieder aufzuhellen sei. Diese Art des Wahlkampfverhaltens ist eine den Wählern bekannte Üblichkeit, die mit anderen Unwahrhaftigkeitsritualen wie Höflichkeitskonventionen oder kommerzieller Werbung vergleichbar ist. Die wenigsten Politiker wollen sich in diesem Ritual durch handfeste Lügen, also durch vorsätzlich falsche Behauptungen über empirisch feststellbare Daten angreifbar machen, deren Kenntnis man ihnen nachweisen kann. Aber auch kaum ein Regierungsvertreter will im Wahlkampf durch eine schonungslose Darlegung der Probleme Pessimismus verbreiten und damit die letzte Chance zur befreienden Aufbruchsstimmung verspielen, selbst dann nicht, wenn er es für unwahrscheinlich hält, dass eine wirtschaftliche Rezession noch abzuwenden sei. Die Gefahr, sich durch eine wahrhaftige, aber wenig attraktive Problemanalyse ins politische Aus zu manövrieren und weitere Gestaltungsmöglichkeiten damit aus der Hand zu geben, lässt es als ein Gebot politischer Klugheit erscheinen, nicht Wahrheiten sondern Stimmungen in den Mittelpunkt des Wahlkampfs zu stellen. Mit dieser Aussage soll die generelle Unzulässigkeit von Betrugslügen nicht relativiert werden. Es soll aber auch nicht die verlogene Opferhaltung von Wählern unterstützt werden, die statt an Wahrheiten an Stimmungen interessiert sind, sich am Ende aber betrogen fühlen, weil dann doch keine goldenen Äpfel am Baum wachsen.

Einen seltenen Moment der Wahrheit erlebte die ungarische Bevölkerung nach der Parlamentswahl im Jahr 2006, als eine heimlich mitgeschnittene Tonbandaufnahme von einer Rede des Ministerpräsidenten Gyurcsány im Rundfunk gesendet wurde, die dieser bei einer internen Zusammenkunft gehalten hatte: »Wir haben offenkundig die letzten eineinhalb, zwei Jahre durchgelogen. Es war ganz klar, dass nicht wahr ist, was wir sagen. Dass wir dermaßen jenseits der Möglichkeiten des Landes sind, wie wir es uns nie vorher [...] vorstellen konnten.« Trotz massiver Proteste und Rücktrittsforderungen blieb die Regierung im Amt. Erst vier Jahre später wurde sie bei der nächsten Parlamentswahl mit deutlicher Mehrheit abgewählt. Auch wenn es sich hier um einen besonders krassen Fall handelte, folgt Wählerbetrug in der Politik nicht selten dem Kalkül, dass eine Regierungsperiode lang genug ist, um Fakten zu schaffen und spätere Sanktionen durch die Wähler zu vermeiden. Damit solche Fälle durch Reaktionen der Resignation und des Rückzugs die Demokratie nicht nachhaltig beschädigen, wären über öffentlichen Protest und parlamentsinterne Untersuchungsausschüsse hinaus Regelungen gefordert, durch die Bürger unter sehr genau bestimmten Bedingungen Neuwahlen oder die Abwahl einzelner Mandatsträger erzwingen können. Im digitalen Raum entstehen in sozialen Netzwerken und auf eigenen Websites immer mehr kollaborative Initiativen, um Wahlkampf-Aussagen einem öffentlichen »Fakten-Check« zu unterziehen und die Einhaltung von Wahlversprechen langfristig zu überprüfen.[14]

Eine direkte Einschränkung der politischen Wahrhaftigkeitspflicht im Hinblick auf künftige Entscheidungen betrifft Verhandlungen mit Dritten. Wenn Politiker im Interesse des Gemeinwesens in Verhandlungen mit bestimmten Interessengruppen, anderen Parteien oder Staaten treten, brauchen sie einen strategischen Entscheidungsspielraum, dessen Grenzen dem Verhandlungspartner nicht von Anfang an bekannt sein darf. Das Informationsrecht der Öffentlichkeit ist in solchen Fällen mit politischer Handlungsfähigkeit unvereinbar. Der Innenminister, der mit den Gewerkschaften des öffentlichen Dienstes über Tarifanhebungen verhandelt, kann sich die Mühe der Verhandlung sparen, wenn schon vorher öffentlich feststeht, um wieviel Prozent er die Gehälter maximal erhöhen wird. Der Finanzminister, der vor den Verhandlungen mit den Vertretern der europäischen Union bereits öffentlich festgelegt hat, welchen Umfang die Zahlungen seines Landes haben werden, ist kein glaubwürdiger Verhandlungspartner mehr. Das Gleiche gilt für internationale Verhandlungen über verbindliche Grenzwerte im Klimaschutz oder gemeinsame Standards im Datenschutz. Auch Parteien, die sich schon vor den Koalitionsverhandlungen öffentlich auf detaillierte Positionen fest-

14 www.politifact.com; www.abgeordnetenwatch.de

gelegt haben, erkaufen ihre Wahrhaftigkeit durch Politikunfähigkeit. Der Hinweis darauf, hier seien nicht Lügen, sondern nur vornehmes Schweigen erforderlich, berücksichtigt nicht die Arbeitsweise der Medienvertreter, deren Fragetechnik ein Schweigen durchaus zur indirekten Antwort machen kann. Ein mögliches Hilfsmittel bei regelmäßig wiederkehrenden und damit erwartbaren Situationen wäre eine institutionell verankerte Informationssperre und Schweigepflicht, die bei Wirtschaftsunternehmen oder im Bereich der Justiz durchaus üblich sind. So könnten auch in der Politik die Verantwortlichen davor geschützt sein, zwischen dem Schaden des Gemeinwohls durch offene Auskunft oder durch Lüge abwägen oder ihr Schweigen im Einzelnen begründen zu müssen. Doch der Preis wäre eine generelle Einschränkung von Öffentlichkeit, die letztlich der größere Schaden für die Demokratie ist. Politische Fragen sind eben Fragen von öffentlichem Interesse, die eine Meinungsbildung und Kontrollmöglichkeiten derjenigen erfordern, in deren Namen verhandelt wird, und deren Lebensumstände durch das Verhandlungsergebnis geprägt sein werden.

Die strategische Lüge zur Wahrung eines Verhandlungsspielraums stellt normalerweise zwar nur eine befristete Lüge dar, dennoch bleibt hier immer eine grundsätzliche Abwägungsentscheidung zwischen Verhandlungsinteresse und Auskunftspflicht. In grundlegenden Fragen kann es durchaus wichtiger sein, einen klaren Standpunkt zu vertreten, als sich Verhandlungsspielräume offen zu halten. Als Bundeskanzler Schröder vor seiner Wiederwahl im Herbst 2002 öffentlich erklärte, dass er eine Kriegsbeteiligung Deutschlands gegen den Irak in jedem Fall ablehnen werde, wurde ihm von der Opposition einerseits vorgeworfen, er habe mit dieser Festlegung die Verhandlungsposition der Vereinten Nationen gegenüber dem Irak unnötig geschwächt. Andererseits wurde seiner Position aber auch mangelnde Eindeutigkeit unterstellt und kritisiert, dass er sich in dieser wichtigen Frage Hintertüren offenhalte, die ihm ermöglichten, von seiner Absichtserklärung einer Nichtbeteiligung schließlich doch abzuweichen.

Eine neue Eskalationsstufe politischer Lügen erzeugte Donald Trump im US-amerikanischen Präsidentschaftswahlkampf 2016: Ohne sich durch die zahlreichen journalistischen Nachfragen, Kritiken und Widerlegungen auch nur einen Moment lang verunsichert zu zeigen, gab er die Höhe der Arbeitslosigkeit in den USA mit einer Rate von 42 % (in Abweichung zu den offiziellen 5 %) an, brachte abenteuerliche Zahlen über das Verhältnis der Tötungsfälle zwischen Schwarzen, Weißen, Weißen und Schwarzen in die Debatte (die vor allem eine enorme Anzahl der durch Schwarze getöteten Weißen behauptete) und bezeichnete den damals amtierenden Präsidenten Barack Obama mehrfach ausdrücklich als »Gründer« der Terror-Organisation Islamischer Staat. Da Trump kritische Nachfragen vollkommen ignorierte, ging der Fernsehsender CNN dazu über, dessen Behauptungen vor laufender Kamera durch ein Schriftband zu ergänzen, auf dem widersprechende Aussagen zitiert wurden, die Trump zum selben Thema kurz zuvor abgegeben hatte. Die Website Politifact veranschlagte die Zahl der gelogenen Aussagen bei Trump mit 76 %, die seiner Konkurrentin Hilary Clinton mit 27 %.[15] Viele Beobachter äußerten sich fassungslos über die »Schamlosigkeit« der Lügen Trumps, doch das Besondere lag vor allem im Mangel an strategischer Ernsthaftigkeit bezüglich seiner einzelnen Lügen und im vollkommenen Desinteresse an Begründungen. Wurde er von Journalisten darauf angesprochen, dass die von ihm angeführten Zahlen durch keine seriöse Quelle gestützt seien,

---

15 www.politifact.com; www.sueddeutsche.de/politik/us-wahl-an-trumps-luegen-zerbrechen-die-usa-1.3035917

winkte er ab, als käme es ihm darauf auch gar nicht an und als folgten seine Behauptungen einer anderen Art der Wahrheit, die durch konkrete Tatsachen nicht zu erschüttern sei. An die Stelle einer argumentativen politischen Debatte über Einzelheiten kontroverser Situationsbeschreibungen und Problemlösungen setzte Trump nur eins: die Überheblichkeit des Unternehmers, der meint besser zu wissen, wie eine Firma gewinnbringend zu führen sei, und der deshalb auch meint, das bisherige politische Personal in der Führung der USA in den Schatten stellen zu können. Die Einhelligkeit der Kritik an seinen Behauptungen brachte ihm in den Massenmedien ein Höchstmaß an Aufmerksamkeit ein und festigte bei seinen Anhängern das Image des unabhängigen Rebellen, der allein in der Lage sei, der Korruption des etablierten Machtgefüges etwas entgegen zu setzen. Trumps Lügen folgten mit dem Gespür des Hochstaplers der Gestimmtheit und Empfänglichkeit seines Publikums. Solche *Beifallslügen* richten sich in erster Linie danach, was beim Publikum ankommt und Resonanz erzeugt, und ihre Gefährlichkeit besteht gerade darin, dass es sonst keine andere Ausrichtung gibt. Gegenüber einem so dramatischen Verlust an Ernsthaftigkeit in der politischen Debatte erscheinen alle sachlichen Widerlegungen hilflos. Dennoch sind sie das Einzige, was in einer Demokratie die politische Öffentlichkeit langfristig gegen den Verfall vernünftiger Argumente schützen kann.

Kriegslügen, nackte Lügen und die Entwertung der Wahrheit

Das Demokratie-Argument orientiert sich an der Beziehung zwischen Wählenden und Gewählten, es gilt für den innerstaatlichen Bereich, sofern ein Staat sich als Demokratie legitimiert. Wie steht es aber mit Lügen in internationalen Beziehungen, Lügen zwischen Staatsvertretern, die vor allem dem Wohl ihres jeweiligen Staates verpflichtet sind? Auf den ersten Blick scheinen Lügen hier eine legitime Strategie zu sein, und zwar nicht nur in Notsituationen, zur Abwehr feindlicher Angriffe, sondern auch als präventives Mittel gegen mögliche Angriffe, mehr noch: überall dort, wo dies Vorteile für das eigene Land im globalen Machtkampf verspricht. Man könnte es sogar als Auftrag einer jeden Regierung betrachten, den größten Schutz und die meisten Vorteile für das eigene Land durch geeignete Lügen im internationalen Rahmen zu sichern.

Allerdings übernehmen nach dieser Logik die Regierungen auch Verantwortung für die Tauglichkeit ihrer Strategie. Sie müssen also abwägen, welche Lügen aussichtsreich durchgehalten werden können, welche Vor- und Nachteile eine solche Strategie im konkreten Fall hat, und welche Risiken damit verbunden sind. Bei dieser Prüfung zeigt sich, dass nicht nur politische Nützlichkeitserwägungen sondern auch moralische Gründe gegen die meisten Lügen auf zwischenstaatlicher Ebene sprechen. Denn die eigene Bevölkerung muss ja ebenfalls belogen werden, und dies ist nur dann legitimierbar, wenn die Lüge als kurzfristiges Mittel zur Abwehr eines großen Schadens wie z. B. in einem militärischen Konflikt erforderlich ist.

Es zählt zu den politischen Gemeinplätzen, dass das erste Opfer des Krieges die Wahrheit ist. Doch was ist damit genau gemeint? Je verhärteter die Fronten, umso weniger kann erwartet werden, dass Kommunikation tatsächlich der Kooperation dienen soll. Gegenseitige Beschuldigungen, Diskreditierung des Gegners und Betonung der eigenen Unschuld sind in solchen Fällen üblich. Als im Juli 2014 ein malaysisches Passagierflugzeug über der Ostukraine abstürzte, in einem Gebiet bewaffneter Kämpfe zwischen ukrainischen Soldaten und prorussischen Separatisten, erstaunte es vermutlich niemanden, dass sich beide Seiten sogleich gegenseitig beschuldigten, für den Tod der 298 Passagiere verantwortlich zu sein. Viele abenteuerliche Versionen des Geschehens wurden in Umlauf gebracht, keine davon blieb unbestritten, wobei der Widerspruch des Gegners der anderen Seite sogleich als Beleg für dessen abgefeimte Strategie der Desinformation diente (inzwischen ist zweifelsfrei erwiesen, dass die russische Seite verantwortlich für den Abschuss ist; durch die Hinhaltetaktik wurden jedoch zwei Jahre Zeit gewonnen). Wer in einem solchen Fall als nicht unmittelbar Beteiligter den Vorgang beurteilen will, muss sich entscheiden, welcher der beiden Seiten eher zu glauben ist, oder sich damit abfinden, nicht wissen zu können, was geschah. In beiden Fällen hat das Lügen eine destruktive Wirkung entfaltet – das Urteilen über keineswegs nebensächliche Tatsachen wird zur Parteinahme, zu einer Meinung über die Glaubwürdigkeit der Beteiligten, die, so gut sie begründet sein mag, immer der Relativierung ausgesetzt bleibt, »nur die eine Seite« in einem Konflikt zu sein. Das destruktive Potential liegt nicht darin, dass verschiedene Auffassungen über einen Tathergang existieren. Es liegt darin, dass die kontroversen Deutungen hier nicht als Wahrheitsfragen, sondern als Parteinahme in einem Machtkampf verhandelt werden. Welche Aussagen über Tatsachen als wahr gelten können, scheint nicht mehr davon abzuhängen, wie plausibel die Gründe für etwas jeweils sind, sondern auf wessen Seite man steht. Und das bedeutet, dass Wahrheitsfragen zugunsten von Machtfragen aufgegeben werden.

Man könnte einwenden, der Zweck der Verdrehung und Relativierung von Tatsachenfragen werde immerhin nur dann erreicht, wenn die Lügen glaubwürdig sind. Doch selbst das ist nicht der Fall. Auch dafür liefert der Konflikt in der Ostukraine ein eindrückliches Beispiel. Berichte, denen zufolge neben pro-russischen Separatisten auch russische Soldaten gegen die Streitkräfte der Ukraine kämpften, wurden von der russischen

Regierung sogar dann noch dementiert, als russische Fall-schirmjäger in der Ukraine festgenommen worden waren: Es habe sich nur um einen versehentlichen Grenzübertritt einer Grenzpatrouille gehandelt, wurde erklärt. Außerdem gebe es russische Soldaten, die zur Unterstützung der Separatisten ihren Urlaub in der Ukraine verbringen, ohne einen Befehl zu diesem Einsatz erhalten zu haben. Es ist schwer vorstellbar, dass die russische Regierung erwartete, diese Erklärungen würden tatsächlich geglaubt. Hier handelt es sich vielmehr um eine besondere Art der Lüge, nämlich die sogenannte *nackte Lüge*, manchmal auch »offene Lüge« genannt. Sie ist dadurch gekennzeichnet, dass die Unwahrhaftigkeit der Behauptung für alle Beteiligten von Anfang an offenkundig ist. Wie im Märchen von »des Kaisers neuen Kleidern« verhindert die nackte Lüge nur, dass das für alle Offenkundige öffentlich ausgesprochen wird. Dafür kann es, je nach Kontext, verschiedene Gründe geben.

Kollaborative nackte Lügen können in Grenzsituationen als letzte verbale Fassade der Gesichtswahrung und Aufrecht-erhaltung von Tabus dienen. Sie täuschen zwar niemanden, verhindern aber, dass die Beteiligten sich öffentlich zu dem peinlichen Sachverhalt verhalten müssen. Diese Art der Tabui-sierung ist allerdings nur dann möglich, wenn sie im gemein-samen Interesse der Beteiligten liegt oder wenn zumindest alle Beteiligten das Spiel mitspielen.

In *Konfliktbeziehungen* werden nackte Lügen hingegen als *strategisches Mittel der Beweislastumkehr* eingesetzt. Das kann dazu dienen, Sanktionen zu vermeiden oder zu verzögern, es kann aber auch darum gehen, einen Kommunikationskontext für Fragen der Tatsachenfeststellung zu entwerten. In der aka-demischen Lügen-Diskussion wird das Beispiel nackter Lügen gern als Beleg dafür angeführt, dass die Täuschungsabsicht kein notwendiges Element des Lügens sei. Einer anderen Deutung zufolge handelt es sich gerade deshalb nicht um echte Lügen, sondern um Akte verbaler Aggression.[16]

Abgesehen von der Frage nach einer korrekten Definition, die eher von akademischem Interesse bleibt, ist in praktischer Hinsicht die Unterscheidung zwischen kollaborativen und egoistischen Motiven entscheidend. Die nackte Lüge der russischen Regierung dient keinem gemeinsamen Interesse aller Beteiligten, sondern dem strategischen Ziel der Beweislastumkehr, der aggressiven Machtdemonstration, der gezielten Entwertung der Kommunikation und des faktischen Zeitgewinns. Wer nackte Lügen auch in solchen Kontexten als Zeichen der Hilflosigkeit und Schwäche deutet, unterschätzt ihr Destruktionspotential.

»Unter den abgefeimten Praktikern von heute hat die Lüge längst ihre ehrliche Funktion verloren, über Reales zu täuschen. Keiner glaubt keinem, alle wissen Bescheid. [...] Die Lüge, einmal ein liberales Mittel der Kommunikation, ist heute zu einer der Techniken der Unverschämtheit geworden«, so Adorno mehr als ein halbes Jahrhundert zuvor.[17]

Die »realistische« Einschätzung, auf internationaler Ebene gehöre das Lügen schon deshalb zum Handwerk, weil hier alles, auch die Kommunikation, nur ein Mittel im Machtkampf sei, erklärt die zwischenstaatlichen Beziehungen nach dem Modell des Naturzustands. Dies ist jedoch der politischen Weltlage im 21. Jahrhundert nicht angemessen. Schon allein aus dem Grund, weil es Regierungen in der globalen Öffentlichkeit unmöglich ist, einen fremden Staat zu belügen, ohne gleichzeitig die eigene Bevölkerung zu belügen, ist das Demo-

---

16 Jörg Meibauer, »Bald-faced Lies as Acts of Verbal Aggression«, in: *Journal of Language Aggression and Conflict* 2 (2014) H. 1, S. 127–150.

17 Theodor W. Adorno, »Vor allem eins mein Kind«, in: Th. W. A., *Minima Moralia. Reflexionen aus dem beschädigten Leben*, Frankfurt a. M. 1951, S. 9.

kratie-Argument auch hier einschlägig. Hinzu kommen kooperative Verpflichtungen aus vielen internationalen Bündnissen und Konventionen, die nicht zuletzt aus den Erfahrungen der Schrecken des Krieges resultieren und ohne Bereitschaft zur Moralität nicht zu haben sind. Und schließlich hat sich in der Politik des 21. Jahrhunderts die Einsicht verbreitet, dass schwerwiegende globale Probleme wie Klimaveränderung, Umweltzerstörung und gefährliche Seuchen ohne globale Kooperation und ohne ein Mindestmaß an Verlässlichkeit und Hilfsbereitschaft im Umgang miteinander nicht bewältigt werden können. Der unbegrenzte Einsatz von Lügen und die Entwertung der Kommunikation für Sachfragen sind mit dieser Aufgabe unvereinbar.

Die Bemerkung Hannah Arendts (1906–1975), »dass Macht ihrem Wesen nach niemals imstande ist, einen Ersatz für die Sicherheit und Stabilität der tatsächlichen Wirklichkeit zu bieten«[18], ist dahingehend zu ergänzen, dass Macht sich auf die Sicherheit und Stabilität der tatsächlichen Wirklichkeit dauerhaft nur dann stützen kann, wenn sie bereit ist, die Eigenständigkeit von Wahrheitsdiskursen zu respektieren. Das bedeutet nicht, dass Wahrheitsfindung auf Meinungsstreit verzichten müsste, sondern dass Wahrheitsdiskurse einer anderen Logik folgen als Machtkämpfe.[19]

Damit sind wir beim dritten Argument für die Bedeutung der Wahrhaftigkeit in der politischen Kommunikation, dem *Diskurs-Argument*. Diesem Argument zufolge verbürgen die politische Öffentlichkeit und die öffentlichen Beratungen in Parlamenten und anderen Institutionen eine vernünftige und

18 Hanna Arendt, »Wahrheit und Politik«, in: H. A., *Wahrheit und Lüge in der Politik. Zwei Essays*, München [u. a.] 1987, S. 85.
19 Simone Dietz, »Die Lüge von der ›Auschwitzlüge‹ – Wie weit reicht das Recht auf freie Meinungsäußerung?«, in: *Kritische Justiz* 28 (1995) H. 2, S. 210–222.

sachorientierte Entscheidungsfindung im Sinne des Gemeinwohls. Nicht die höhere Einsicht politischer Führer oder das »Recht des Stärkeren« im Machtkampf verschiedener Interessengruppen, sondern allein das bessere Argument im Austausch über die Sache soll bei den Entscheidungen über die gemeinsamen Angelegenheiten den Ausschlag geben. Welches Argument als das bessere, welche Entscheidung als die richtige gilt, bestimmt nach dieser Auffassung nicht eine Elite politischer Machthaber, sondern der prinzipiell unbegrenzte Diskurs der politischen Öffentlichkeit. Lügen können zu einer solchen argument- und sachorientierten Meinungsbildung nichts beitragen: Sie dienen vielmehr einer verzerrten Entscheidung durch Ausblendung relevanter Informationen im Interesse Einzelner. Wo es um die unparteiische sachliche Entscheidungsfindung, um das Absehen von Einzelinteressen und inneren Vorbehalten geht, haben Lügen keine Legitimation.

Das Diskurs-Argument unterscheidet sich vom Demokratie-Argument zunächst darin, dass hier nicht auf eine besondere Verpflichtung in der Rollenverteilung zwischen Volk und Volksvertretern, sondern auf die für alle Beteiligten gleichermaßen geltende Bedingung einer wahrhaftigen und vorbehaltlosen Orientierung an der Sache verwiesen wird. Damit richtet es sich an alle Welt- und Staatsbürger und nicht allein an diejenigen, die ein politisches Amt ausüben. Wahrhaftigkeitspflicht setzt aber natürlich voraus, dass man überhaupt über relevante Informationen verfügt, über die man die anderen zielgerichtet täuschen könnte. Hier nun haben politische Amtsträger in der Regel einen Vorsprung vor einfachen Staatsbürgern. So gesehen stellt das Diskurs-Argument eine spezielle Variante des Demokratie-Arguments dar. Im Unterschied zum allgemeinen Demokratie-Argument fordert es aber nicht nur die Wahrhaftigkeit bei der Rechenschaft über bevollmächtigtes Handeln, sondern wesentlich mehr, nämlich eine unparteiische Haltung bei der gemeinsamen Suche nach Wahrheit und Richtigkeit.[20] Die Einschränkung, die für das Diskurs-Argument zu berücksichtigen ist, betrifft die Grenzen, in denen politische Meinungsbildung tatsächlich der skizzierten Idee des sachorientierten, vorbehaltlosen Diskurses verpflichtet ist.

Wer von einer parlamentarischen Debatte, einer politischen Talkshow mit Parteienvertretern im Fernsehen oder von Wahlkampfveranstaltungen einzelner Parteien einen unparteiischen vorbehaltlosen Diskurs der politischen Wahrheitsfindung erwartet, wird mit Sicherheit enttäuscht. Vor dem Hintergrund solcher Ansprüche muss Politik in der Tat als verlogenes Spektakel erscheinen. Dies liegt aber nicht am Fehlen guten Willens bei den beteiligten Politikern, sondern an der grundlegenden Struktur dieser Instanzen der politischen Öffentlichkeit, die nicht dem Ideal des gemeinsamen unparteiischen Diskurses entspricht, sondern einer öffentlichen Verhandlung von Gegenspielern. Die Rollenverteilung zwischen Regierung und Opposition, zwischen miteinander konkurrierenden Parteien und auch zwischen Vertretern verschiedener Zeitungen, Fernseh- oder Rundfunksendern befördert nicht den vorbehaltlosen Diskurs im Geist einer moralisch motivierten Gemeinwohlorientierung, sondern eine parteiische, interessengebundene Auseinandersetzung miteinander konkurrierender Lager. Das ist nicht etwa als bedauerliche Fehlentwicklung der politischen Kultur, sondern als ein ausgeklügeltes System gegenseitiger Kontrolle aufzufassen, das nicht allein auf die moralische Einstellung der Beteiligten, sondern ebenso auf politische Gewaltenteilung und die Balance verschiedener Interessen im pluralistischen Spiel mit verteilten Rollen setzt.

20 Jürgen Habermas, *Theorie des kommunikativen Handelns*, Bd. 1: *Erste Zwischenbetrachtung*, Frankfurt a. M. 1981.

Tatsächlich haben Argumentationen in der politischen Öffentlichkeit häufig eher die Form eines Schaukampfs als eines unparteiischen Diskurses. Das Publikum der Staatsbürger hat in dieser Diskussion dann nicht die Rolle eines gleichermaßen Beteiligten am Diskurs, sondern eines außenstehenden Schiedsrichters. Wer eine Auseinandersetzung zwischen Regierung und Opposition verfolgt, erwartet statt persönlicher Sachorientierung ein jeweils spezifisches Profil der Kontrahenten, das ihm durch die festgelegten Rollen von Kritik und Verteidigung in seiner Meinungsbildung Orientierung bietet. Das bedeutet nicht, dass Lügen im Sinne einer gezielten Desinformation zum politischen Geschäft gehört. Es bedeutet aber, dass die Beteiligten in solchen argumentativen Schaukämpfen nicht in erster Linie ihre persönlichen Gefühle und sachlichen Einschätzungen mit Wahrhaftigkeit zum Ausdruck bringen, sondern dass sie im Rahmen einer bestimmten Rolle agieren.

Als der saarländische Ministerpräsident Peter Müller 2002 wenige Tage nach einer Abstimmung über das Einwanderungsgesetz im Bundesrat in einem Gespräch zugab, die empörten Reaktionen der CDU-Regierungschefs über das Verfahren der Stimmzählung sei nicht spontan gewesen, da ihnen dies ebenso wie der Ausgang der Abstimmung schon am Abend zuvor bekannt war, wurde dies allgemein als Enthüllung eines illegitimen Polit-Theaters und als Gesichtsverlust der entlarvten Politiker beurteilt. Doch im Rahmen des Systems der politischen Rollenverteilung entsprach ihre Dramatisierung nur den Üblichkeiten: Die Opposition nutzte ihre Möglichkeit, um die öffentliche Aufmerksamkeit auf eine aus ihrer Sicht regelwidrige Entscheidung eines Vertreters der Regierungspartei zu lenken. Die sachliche Meinungsbildung des Publikums über die durchaus strittige Auslegung des Abstimmungsverfahrens wurde durch die gespielt-spontane Empörung also nicht beeinträchtigt. Der Fall zeigt auch, wie der Lügenvorwurf zu einer Entpolitisierung der öffentlichen Diskussion führen kann: Debattiert wurde nicht mehr über das Pro und Contra der Sachentscheidung oder des Verfahrens, sondern über die Glaubwürdigkeit einzelner Personen.

Die moralische Empörung über die Verlogenheit der Politiker ist in vielen Fällen eine wohlfeile Haltung derer, die es sich selbst in der Schiedsrichterposition im Fernsehsessel bequem gemacht haben und nun gleichermaßen spannende Auseinandersetzungen wie eine Überwindung des Show-Charakters in der Politik fordern. Eine neue Entfaltungsmöglichkeit hat diese Haltung der wohlfeilen Entrüstung aus der sicheren Nische der eigenen vier Wände in der Kommentarfunktion des Internets gefunden. Mit Häme und Hass wird hier im Konzert mit Gleichgesinnten auf der Klaviatur des Ressentiments gegen »die Politik« gespielt, ohne selbst Verantwortung übernehmen zu müssen. Wem das Selbstdarstellungstheater der Politiker zu weit geht, der sollte sich nicht auf moralische Empörung beschränken, sondern sich dafür einsetzen, dass sich die politische Beteiligung der Staatsbürger nicht nur auf Abstimmungen über Personen und Parteien beschränkt, sondern eine breitere Partizipation in Sachentscheidungen ermöglicht. Der Kampf um öffentliche Aufmerksamkeit, die rollengebundenen Einseitigkeiten in der politischen Debatte gehören zur Struktur der politischen Öffentlichkeit und sind nicht den einzelnen Politikern als moralische Verfehlung anzulasten. Auch diese konventionelle Form der Unwahrhaftigkeit wird aber durch Gesetze und Verordnungen begrenzt: Kein Politiker darf die Gesetze brechen oder einen Meineid schwören. Wie glaubwürdig die einzelnen politischen Repräsentanten für »die Sache« oder das Gemeinwohl eintreten, erweist sich letztlich nicht in ihren Absichtserklärungen und Selbstdarstellungen, sondern in ihren Entscheidungen und Maßnahmen, über deren Angemessenheit eine politische Öffentlichkeit entscheidet, die aus guten Gründen viele verschiedene, sich gegenseitig korrigierende und kontrollierende Informationsquellen umfasst.

Würden Politiker nicht über die Kunst des Lügens verfügen, wären Lügen nicht in bestimmten Situationen legitim, dann könnte die politische Handlungsfähigkeit eines Staates in manchen Fällen nur durch Einschränkungen der politischen Öffentlichkeit aufrechterhalten werden. Jede grundlegende Einschränkung der Öffentlichkeit beschränkt aber auch die Demokratie. Sofern durch befristete Lügen verhindert werden kann, dass die weitreichende Macht der politischen Öffentlichkeit dysfunktional wird, sind Lügen in der Politik sogar eine Grundbedingung für Demokratie.

Von den vier Typen legitimer Lügen sind für den Bereich der Politik im Grunde nur zwei relevant, nämlich die kollaborativen Lügen zur Abwehr destruktiver sozialer Dynamiken innerhalb des Staates oder zur Wahrung des Verhandlungsspielraums im Namen des Staates, und die Schutzlügen zur Abwehr einer äußeren Bedrohung des Staates. Für beide gilt zudem die Einschränkung, es müsse eine Befristung vorliegen, von der es, anders als im privaten Bereich, keine Ausnahme geben kann.

Fürsorgende Lügen aus Rücksicht auf besondere Bedürftigkeit und Schwäche sind *als politische Lügen* nicht angebracht, denn die Politik ist der Bereich des Allgemeinen, des Gemeinwohls, in dem auch das Recht des Individuums auf Schwäche als allgemeines Recht gilt. Eine wohlwollende Lüge, die einem Wohl dient, an dem der Lügner selbst nicht beteiligt ist, wäre keine politische Lüge: In einem demokratischen Gemeinwesen gibt es nur Beteiligte.

Nur eine Art der politischen Lüge hat auf den ersten Blick Ähnlichkeit mit der fürsorgenden Lüge, nämlich die *edle Lüge*, die im Konfliktfall das eigene Wohl dem der Gesellschaft unterordnet und die Bereitschaft des Lügners beweist, sich für das Gemeinwohl zu opfern. In Schillers Drama *Don Karlos, Infant von Spanien*[21] von 1787 lenkt der Marquis von Posa durch einen gefälschten Brief den Verdacht des Königs, der seinem Sohn Carlos misstraut, auf sich selbst. Mit diesem Täuschungsmanöver opfert Posa sich für den Prinzen, vor allem aber für die Revolution in Flandern.

Edle Lügen haben die Aura von Ritterlichkeit und Tugend. Ihre moralische Rechtfertigung hängt jedoch letztlich vom moralischen Wert dessen ab, was sie schützen wollen. Aus der Perspektive des Königs ist Posa ein Staatsfeind, der aus verbrecherischen Absichten lügt. Aus revolutionärer Sicht ist er ein Held, dessen Täuschung im Dienst der guten Sache steht. Auch wenn der Marquis bereit ist, für andere sein Leben zu opfern, ist seine Lüge aus politischer Perspektive keine selbstlose Handlung, sondern ein Akt der Notwehr zum Schutz der politischen Gemeinschaft. Als politische Schutzlüge gibt sie ein Beispiel für einen der beiden angeführten Standardfälle legitimer politischer Lügen.

Die Schutzlüge zur Verteidigung der Privatsphäre als vierter Lügen-Typ kommt schließlich im Bereich des Politischen zwar durchaus vor, ist aber ebenfalls keine politische Lüge, sondern markiert die Grenze, an der die politische Öffentlichkeit ein Recht auf Information nicht mehr geltend machen kann. Wo diese Grenze genau verläuft, hängt allerdings vom politischen und kulturellen Selbstverständnis der jeweiligen Gesellschaft und nicht allein von ihren Gesetzen ab. Eine Gesellschaft, in der beispielsweise das Prinzip der Trennung von Staat und Kirche und das Grundrecht der Religionsfreiheit gilt, müsste Fragen des religiösen Bekenntnisses als Privatsache einordnen. Ob jemand einer bestimmten Religion angehört, sich an die Re-

---

21 Friedrich Schiller, *Don Karlos, Infant von Spanien*, Stuttgart 2009 (Reclams Universal-Bibliothek Nr. 38).

geln seiner Religion gehalten hat, im Glauben fest verankert ist oder zweifelt, sollte als private Angelegenheit in der politische Debatte keine entscheidende Rolle spielen. Vorausgesetzt, dass Parteien und Kandidaten ihr politisches Profil durch das Bekenntnis zu einer bestimmten Religion gewinnen und dies damit selbst zum politischen Thema erheben, kann die Sache anders aussehen. Auch hier lautet die politische Frage jedoch zunächst nicht, ob die Behauptung einer Politikerin über den täglichen Kirchgang eine Lüge war, sondern vielmehr, ob das religiöse Bekenntnis tatsächlich als politischen Angelegenheit gilt und damit ein zentrales Prinzip der Gesellschaft in Frage stellt.

Enthüllungen über eheliche Untreue oder über Homosexualität als sogenannter »abweichender« sexueller Orientierung waren in Deutschland lange Zeit noch ein Grund zum Rücktritt von Ämtern und Positionen, auch wenn sie rechtlich seit 1969 nicht mehr als Gesetzesverstöße geahndet wurden. Mit der Hilfskonstruktion der »Erpressbarkeit« konnten die inkriminierten Personen zum untragbaren Sicherheitsrisiko für den Staat erklärt, und so von politischen Ämtern ausgeschlossen werden. Auch wenn die Lüge zum Schutz der Privatsphäre in einer solchen Situation üblich, verständlich und moralisch zulässig ist: Sie kann ebenso wenig wie das reuevolle Geständnis als politische Handlung gelten. In solchen Fällen liegt die politische Haltung vielmehr im unerschrockenen öffentlichen Bekenntnis, mit dem die Doppelmoral der Gesellschaft in Frage gestellt wird, und zwar auch dann, wenn daraus erhebliche Nachteile für die Betreffenden folgen können. Das setzt allerdings voraus, dass die betroffene Person tatsächlich etwas zu bekennen hat und nicht mit falschen Unterstellungen in die Defensive getrieben wird. Dann kann allenfalls der offensive Umgang mit den Unterstellungen ein gesellschaftliches Umdenken in der allgemeinen Bewertung solcher Vorwürfe bewirken. Gelingt dies aber nicht, machen die zu Unrecht Beschuldigten in der Regel die Erfahrung, dass auch von einer öffentlich zurückgewiesenen und entkräfteten Anschuldigung am Ende immer etwas hängen bleibt.

Die öffentliche Selbstbezichtigung vieler Frauen: »Wir haben abgetrieben« im Jahr 1971 geschah aus dem politischen Motiv heraus, die Strafbarkeit von Schwangerschaftsabbrüchen nach der damals geltenden Fassung von § 218 StGB politisch anzugreifen. Die Verlogenheit im Umgang mit einer gesellschaftlich tabuisierten und kriminalisierten, aber tatsächlich verbreiteten Praxis sollte durch das kollektive Schuldbekenntnis der Betroffenen aufgedeckt werden. Um dieses Ziel zu unterstützen, bezichtigten sich auch manche Frauen der Abtreibung, obwohl das in ihrem Fall nicht den Tatsachen entsprach, d.h. sie unterstützten eine Wahrhaftigkeitskampagne mit einer Lüge. Als Solidarisierungsbewegung, die sich massenhaft verbreiten und so die Strafverfolgung ad absurdum führen sollte, setzten die Frauen mit dieser »unwahrhaftigen Wahrhaftigkeit« das Instrument der nackten Lüge ein, hier allerdings nicht als Machtdemonstration, sondern als subversive Strategie mit deklariertem Ziel. Sie beabsichtigte keine Täuschung der Öffentlichkeit, sondern eine Veränderung der Beweislastverhältnisse und die Entwertung des Wahrheitsdiskurses über die faktische Durchführung strafbarer Abtreibungen im Einzelfall, zugunsten einer veränderten Bewertung und Entkriminalisierung der gesellschaftlichen Abtreibungspraxis.

Die 1998 weltweit verfolgte öffentliche Untersuchung in den USA über die sexuelle Beziehung des Präsidenten Bill Clinton zu einer Praktikantin wurde in der deutschen Öffentlichkeit nicht nur mit Sensationslust, sondern auch mit Befremden aufgenommen. Im Rahmen der mittlerweile etablierten Kultur im Umgang mit dem Privatleben von Politikern war es in Deutschland für viele kaum noch nachzuvollziehen, dass das Amt des Präsidenten der Vereinigten Staaten tatsächlich von der Frage abhängen sollte, ob er bezüglich einer außerehelichen Affäre gelogen hatte. Auch dann, wenn es deshalb in moralischer Hinsicht viel Verständnis für die Schutzlüge Clintons gab, wäre aus politischer Perspektive vielleicht eine Kampagne mit dem Bekenntnis »Wir hatten außereheliche sexuelle Beziehungen« hilfreicher gewesen, um die scheinheilige Inquisition bloßzustellen, die unter dem Banner der Wahrheit einen unpolitischen Massenvoyeurismus für ihre politischen Zwecke einspannte.

»Lügenpresse«?

Nicht nur in der Politik, sondern ganz allgemein in der öffentlichen Diskussion wird »Lüge« häufig als rhetorischer Kampfbegriff eingesetzt. Der Lügenvorwurf dient dabei gleichermaßen der Diskreditierung des Gegners wie der Selbststilisierung als Opfer, Aufklärer und Anwalt der Wahrheit. Die kontroverse Diskussion über Sachfragen, die Argumente für oder gegen bestimmte Positionen und vor allem das Ernstnehmen der Gegenseite rücken dabei in den Hintergrund. Öffentliche Lügen-Anklagen bilden in der sogenannten Sachliteratur inzwischen ein ebenso beliebtes wie offenbar erfolgreiches Genre: Von der ADHS-Lüge, Burnout-Lüge, Cholesterin-Lüge, Diät-Lüge und Evolutions-Lüge über die Öko-Lüge, Patchwork-Lüge, Riester-Lüge, Supermarkt-Lüge und Tetanus-Lüge bis zur Zucker-Lüge lässt sich mühelos das gesamte Alphabet mit aktuellen Lügen-Titeln abdecken.

Der Begriff der Lüge kann dabei fast immer durch den des Irrtums oder des Betrugs ersetzt werden, denn nichts anderes ist gemeint. Es geht in diesen Abhandlungen nämlich um die

Zurückweisung bestimmter Auffassungen als offensichtlich irrig, um die schädlichen Wirkungen der kritisierten Aussagen und häufig auch um die Frage, wem die offenkundig falschen Ansichten nützen. Dabei spielen ökonomische Interessen und Korruption natürlich die größte Rolle, manchmal gesteigert zur Verschwörungstheorie. In anderen Fällen ist eher der Selbstbetrug gemeint, von dem wir uns befreien müssten, die falschen Ansprüche, die wir hinter uns lassen sollten, um zu einer ausgeglichenen Lebensform zu finden. Oft handelt es sich um Ratgeber, die Enthüllungs-Gestus und Wahrheitspathos einsetzen, um ihren Ratschlägen den nötigen Nachdruck zu verleihen. Im besten Fall dient der Lügen-Begriff lediglich als Aufmerksamkeitsfänger für eine andere Sicht, sei es medizinischer, technischer, ökonomischer oder politischer Fragen, die dann ohne weiteren Bezug auf den marktschreierischen Buchtitel sachlich dargelegt und begründet wird. Das eigentliche Charakteristikum der Lüge als verdeckt unwahrhaftiger Behauptung zu bestimmten Zwecken spielt in dieser Literatur – wenn überhaupt – nur eine untergeordnete Rolle. Der Bezug auf Wahrhaftigkeit und subjektive Überzeugung, der für die Unterstellung einer Lüge zentral ist, erfordert immer einen direkten Bezug auf bestimmte Personen, die aber bei der Diskussion über den Sinn und Unsinn von medizinischen Diagnosen und Therapien, Finanztransaktionen, Festlegungen im Lebensmittelrecht oder gesellschaftlichen Lebensformen nicht im Mittelpunkt stehen und nur selten genauer benannt werden.

In Anbetracht der ohnehin inflationären Verwendung des Lügenvorwurfs könnte man eigentlich erstaunt darüber sein, dass der von rechtsnationalistischen Demonstranten verbreitete Kampfbegriff der »Lügenpresse« von der Öffentlichkeit überhaupt als bedrohliche Grenzüberschreitung und politisches Alarmsignal aufgenommen wurde. Nicht nur Journalisten und Politiker wiesen den Begriff empört zurück, eine Gruppe von Sprachwissenschaftlern erklärte ihn 2014 sogar zum »Unwort des Jahres«[22].

Wie unterscheidet sich dieser Protest gegen die Presse von den jahrelangen Anti-Springer-Kampagnen der Linken, die seit den 1970er Jahren mit der Parole »Bild lügt!« gegen das meist gelesene deutsche Presseorgan Stellung bezogen? Die Jury für das »Unwort des Jahres« 2014 erklärte zur Begründung ihrer Entscheidung: »Eine [...] pauschale Verurteilung verhindert fundierte Medienkritik und leistet somit einen Beitrag zur Gefährdung der für die Demokratie so wichtigen Pressefreiheit«.[23] Sie stellte damit die Pauschalisierung des Lügenvorwurfs gegen »die Presse« in den Mittelpunkt ihrer Kritik.

So weit sich der Lügenvorwurf an ein bestimmtes Presseorgan richtet, lässt sich darüber durchaus sinnvoll urteilen, auch wenn natürlich genauer belegt werden muss, wann und worüber gelogen wurde oder warum ein bloßer Irrtum unwahrscheinlich ist. Die von der Linken angegriffene »Bild« gehörte tatsächlich überdurchschnittlich häufig zu den Organen, die vom Deutschen Presserat wegen Verstößen gegen den Pressekodex gerügt wurden. Zwar geht es bei der überwiegenden Zahl der Rügen um Ziffer acht des Kodex, das Persönlichkeitsrecht, und nur selten um Ziffer eins, »die Achtung vor der Wahrheit, die Wahrung der Menschenwürde und die wahrhaftige Unterrichtung der Öffentlichkeit«[24], doch bei genauerer Prüfung zeigt sich, dass viele Beschwerden sich auf das Persönlichkeitsrecht beziehen, weil Personen sich durch bewusst falsche Behauptungen von »Bild« öffentlich diffamiert sehen. Der Lügenvorwurf gegen »Bild« wird also durch die vielen Be-

22 www.unwortdesjahres.net
23 www.unwortdesjahres.net/index.php?id=48
24 Vgl. www.presserat.de/pressekodex/pressekodex

schwerden gegen einzelne Artikel des Blattes durchaus konkretisiert.

Der Begriff »Lügenpresse« als pauschaler, unspezifizierter Vorwurf ist dagegen ungeeignet für ein systeminternes Verfahren der Medienkritik, das die Berufsethik der Presse gegen einzelne Abweichungen sichern soll. Er dient vielmehr dazu, im Mantel der Selbstverteidigung die Deutungsmacht über die gesellschaftliche Wirklichkeit und das eigene Handeln für sich allein zu reklamieren, und die eigene Sicht gegen Kritik von außen zu immunisieren. Diese Kampfansage gegen »die« Massenmedien wurde vor allem deshalb ernst genommen, weil sie trotz der empörten Zurückweisung wachsende Unterstützung erfuhr und in einigen Fällen auch mit gewalttätigen Angriffen verbunden war. Journalisten, die mit dem Selbstverständnis der »vierten Gewalt« im Staat die Rolle eines mächtigen Akteurs für sich in Anspruch nehmen, dessen politische Macht durch die Wächterfunktion für die Demokratie legitimiert wird, sahen sich in die Defensive gedrängt und genötigt, in eigener Sache Partei zu ergreifen.

Ein Lügenvorwurf, der nicht an bestimmte Personen, Institutionen oder Presseorgane adressiert wird, ist hohl und müsste als Lügenvorwurf eigentlich niemanden weiter beunruhigen. Man darf aber nicht übersehen, dass der Begriff der »Lügenpresse« trotz aller Pauschalität doch auch eine Adressierung beinhaltet, die sich durchaus gegen eine bestimmte Art von Medien richtet, nämlich die professionellen Massenmedien, zu denen neben der Presse natürlich auch der Rundfunk zu zählen ist. Die Nutzung allgemein zugänglicher sozialer Kommunikationsplattformen im digitalen Raum, in dem die strikte Trennung zwischen der Gruppe der Sender und der Empfänger aufgehoben ist, macht dabei den pauschalen Lügenvorwurf gegen professionelle Massenmedien erst möglich, ohne damit eine massenmediale Öffentlichkeit insgesamt preiszugeben. In dieser Hinsicht ist »Lügenpresse« als eine wenn auch pauschalisiert diffamierende Form der Medienkritik durchaus ernst zu nehmen.

Entsprechende Überlegungen mögen im Hintergrund gestanden haben, als der Westdeutsche Rundfunk im Oktober 2015 eine Untersuchung über die Glaubwürdigkeit der Medien in Auftrag gab:[25] Auf den ersten Blick wirken die Ergebnisse der Studie beruhigend: mit 61 und 48 Prozent Zustimmung stehen der öffentlich-rechtliche Rundfunk und die Tageszeitungen (hinter Polizei, Verbraucherzentrale, Bundesverfassungsgericht und Stiftung Warentest) auf Platz fünf und sechs im oberen Bereich der Skala des Institutionenvertrauens, während das Internet mit nur 20 Prozent Zustimmung den letzten Platz belegt. Auf den zweiten Blick aber gibt die Studie durchaus Anlass zur Besorgnis, nicht nur deshalb, weil bei der Frage nach der »Glaubwürdigkeit einzelner Medien« die Boulevardpresse auf dem letzten Platz landet, mit nur 7 Prozent Zustimmung noch hinter dem Internet, das immerhin 30 Prozent der Befragten für glaubwürdig halten.

Besorgniserregend ist vor allem die Formulierung der Fragestellung, die mit der Auflistung »des Internets« kein höheres Differenzierungsniveau beweist als der Begriff der »Lügenpresse«. Sie legt nahe, dass die Autoren der Studie und auch ihre Auftraggeber kaum verstanden haben, aus welcher Richtung Presse und Rundfunk herausgefordert sind; zumindest scheint es ihnen nicht wichtig zu sein, diese Herausforderung präzise zu benennen. Denn »das Internet« ist weder ein »einzelnes Medium« noch lässt es sich gegen den öffentlich-rechtlichen Rundfunk oder die Tageszeitungen ausspielen, die längst über eine fest etablierte Präsenz im digitalen Raum des Inter-

25 https://presse.wdr.de/plounge/radio/wdr5/2015/10/_pdf/studie-glaubwuerdigkeit-medien-wdr.pdf

nets verfügen. Die Frage nach der Glaubwürdigkeit des Internets schließt nämlich letztlich die dort zugänglichen Informationsseiten des öffentlichen Personennahverkehrs ebenso ein wie die allgemeinen Geschäftsbedingungen des Online-Handels oder Kartendienste zur Orientierung im öffentlichen Raum. Möglicherweise waren in der zitierten Studie internetspezifische Quellen wie Wikipedia oder Kommunikations-Plattformen wie Twitter oder Facebook gemeint. Um die Glaubwürdigkeit der einzelnen Medien in einer veränderten digitalen Infrastruktur der politischen Öffentlichkeit zu erfassen, müssen aber gerade die Unterschiede zwischen journalistischen und nicht-journalistischen, »sozialen« Massenmedien genauer beachtet werden.

Soziale Netzwerke und professionelle Gatekeeper als Instanzen der Wahrheitsfindung

Öffentliche Information, Meinungsbildung und Kritik machen gerade in der repräsentativen Demokratie eine zentrale Institution des gesamten politischen Systems aus. Politische Öffentlichkeit dient nicht nur als journalistischer Begleittext zum Wirken von Regierungen und Mandatsträgern, sondern sie ist der Raum, den Politik braucht, um überhaupt stattfinden zu können. Die Pluralität der Instanzen politischer Öffentlichkeit ist nicht zuletzt für die Zuverlässigkeit und Glaubwürdigkeit der verfügbaren Informationen eine entscheidende Bedingung: das pluralistische System von Kritik und Kontrolle soll die Gesellschaft auch unabhängig machen von der Wahrhaftigkeit einzelner Informanten. Statt auf Philosophenkönige zu vertrauen, deren überirdische Einsicht in ein objektiv Wahres und Gutes der Masse den Weg weisen soll, setzt die Demokratie gewissermaßen auf einen freien Markt der Informationen,

Meinungen und Argumente, in dem sich die am besten bestätigte Auffassung durchsetzen soll. Um ein Gleichgewicht der beteiligten Kräfte und Einflussmöglichkeiten zumindest annähernd zu gewährleisten, braucht der Markt der Informationen wie jeder andere Markt Regulierungen. Staatliche Zensur und staatlich verordnete Meinungen sind nur eine Variante der drohenden Verzerrungen. Auch gesellschaftliche Ausschlussmechanismen und nicht-staatliche Monopole gefährden die lebendige politische Öffentlichkeit.

Das politische System in Deutschland schützt den Pluralismus der politischen Öffentlichkeit durch ein differenziertes Regulierungsmodell: Ökonomische Marktmechanismen sollen die Vielfalt des Presseangebots und des privaten Rundfunks garantieren, Institutionen der Selbstkontrolle die Einhaltung grundlegender Normen und Qualitätsstandards sichern; den öffentlich-rechtlichen Rundfunk steuert ein gesetzlicher Auftrag zur Information und Meinungsvielfalt, der durch eigene Aufsichtsgremien kontrolliert wird.

Dieses Modell kann unter den veränderten Bedingungen des 21. Jahrhunderts seine Funktion jedoch nicht mehr ausreichend erfüllen, es berücksichtigt nicht die gewachsene Konkurrenz zwischen öffentlich-rechtlichem Rundfunk und privaten Anbietern, die große Zahl privater Rundfunksender, den Marktwert von Datensammlungen und -analysen, und die Macht globaler Kommunikationsunternehmen im Internet, die an Informationspflichten uninteressiert sind. Auch die Reputation der professionellen Journalisten wird nicht ein für allemal erworben. Sie muss sich unter anderem im Umgang mit unseriösen Praktiken im eigenen Lager, also durch ernsthafte und folgenreiche Verfahren medienethischer Selbstkontrolle beweisen. So lange die Profession als Sanktion für Verstöße gegen Wahrhaftigkeits- und Sorgfaltspflichten nicht mehr aufzubieten hat, als Rügen, die auf den Webseiten des Presserats veröffentlicht werden, oder Gegendarstellungen, deren Veröffentlichung in Kleinstdruck in den Hintergrund gedrängt wird, kann sie ihre Rolle als Wächter der Demokratie nicht glaubwürdig genug vertreten.[26]

In den 1970er und 1980er Jahren waren es linke Bewegungen, die das Versagen dieses Regulierungsmodells aufgrund der Lügen und des Schürens von Ressentiments durch »Bild«, aber auch wegen der Einseitigkeit der Themenauswahl und Berichterstattung in vielen anderen etablierten Massenmedien kritisierten und mit dem Modell einer »Gegenöffentlichkeit« korrigieren wollten. Diese »Gegenöffentlichkeit« verstand sich mehr als politisch engagierte Bewegung denn als Berufsstand. Sie setzte eher auf Solidarität als auf Marktmacht, und sie entwickelte vor allem Aktionsformen und nur wenige »alternative« Zeitungen und Verlage, die sich dauerhaft behaupten konnten.

Erst zu Beginn des 21. Jahrhunderts stand mit der Entwicklung des »Web 2.0« eine technische Basis für tatsächlich neue Formen der Massenkommunikation zur Verfügung, vor allem die sozialen Netzwerke bzw. Plattformen, die öffentlich zugängliche wechselseitige Kommunikation von Einzelpersonen ermöglichen. Für eine sehr kurze Zeitspanne schien es, als könnte Massenkommunikation damit von der Macht einzelner Organe und Unternehmen unabhängig werden, als stünde einer breiten aktiven Beteiligung an der politischen Öffentlichkeit allenfalls noch das Problem der Orientierung im unübersichtlichen Feld vieler einzelner sozialer Plattformen, Foren, Blogs und Wikis entgegen. Das Orientierungsproblem löste sich jedoch schon bald wie von selbst: Es zeigte sich nur allzu schnell, dass gerade die Technologie der interaktiven Kommu-

26 Weiterhin aktuell: Ingrid Stapf, *Medien-Selbstkontrolle. Ethik und Institutionalisierung*, Konstanz 2006.

nikation über das Verwertungsmodell gesammelter Nutzerdaten für Monopolisierungstendenzen weitaus anfälliger ist als es Presse oder Rundfunk je waren.

Die öffentlich zugängliche wechselseitige Kommunikation von Einzelpersonen, die anonym und weltweit miteinander in Kontakt treten, weitgehend unzensiert Inhalte verbreiten und sich kurzfristig koordinieren können, konzentriert sich inzwischen zum großen Teil auf wenige, von Privatunternehmen betriebene Plattformen, für deren globale marktbeherrschende Stellung es keinen Vergleich im Bereich der klassischen Massenmedien Presse und Rundfunk gibt.

Dass diese Plattformen scheinbar nur eine technische Infrastruktur für die Kommunikation ihrer Mitglieder zur Verfügung stellen, ohne direkt auf den Inhalt des Kommunizierten Einfluss zu nehmen, ist kein Grund zur Beruhigung. Zum einen bereiten sie damit natürlich auch betrügerischen und böswilligen Lügen, Beleidigungen und Hetze den Weg in die öffentliche Kommunikation, ohne über transparente Verfahren der Kontrolle zu verfügen, oder den Nutzern die Möglichkeit zu geben, solche Verfahren selbst zu entwickeln. Massenkommunikation wird auf diese Weise insbesondere anfällig für politische Desinformationsstrategien, die gezielt Lügen und Gerüchte, auch »Fake News« genannt, verbreiten. Zum anderen wird über die formale Gestaltung der Plattformen von den Unternehmen durchaus Einfluss auf die Kommunikation genommen, wenn auch nicht mit dem Ziel eines direkten Meinungsdiktats, so doch mit dem der Vermehrung verwertbarer Nutzerdaten. Wenn die Interessen und Vorlieben von Nutzern die automatisierte Auswahl weiterer Angebote steuern und die Nachrichtenauswahl sich daran orientiert, welches errechnete Nutzerprofil jeweils bedient wird, dann ist der Effekt mit Sicherheit nicht eine möglichst große Vielfalt verfügbarer Informationen. Eli Pariser spricht in diesem Zusammenhang vom personalisierten Informationsuniversum einer »Filter Bubble«, die Meinungen verstärkt, anstatt sie in Frage zu stellen.[27] Der Politologe Cass Sunstein warnt vor gesellschaftlicher Polarisierung als Effekt solcher Formen informationeller Abschottung.[28]

Trotz vieler bedenklicher Entwicklungen sind die digitalen Kommunikations-Plattformen längst ein wichtiger Teil der politischen Kommunikation geworden, denn sie können Informationen schnell, dezentral und anonym öffentlich verfügbar machen. Auf diese Weise können Manipulationen und Täuschungen aufgedeckt, illegale Praktiken enthüllt und andernfalls kaum beachtete Ereignisse und Notlagen bekannt gemacht werden, ohne dass die Inhalte zensiert oder die Informanten gefährdet werden. Diese Möglichkeiten erfordern aber wiederum, dass die anderen Nutzer die anonymen Informationen beurteilen, dass sie zwischen vertrauenswürdigen und dubiosen Quellen, wahren und falschen Behauptungen, echten und gefälschten Bildern unterscheiden können. Ohne weitere Hilfsmittel und spezielle Kenntnisse funktioniert diese Beurteilung oft nur nach dem Muster bestehender Vorurteile. Was ins Weltbild passt, wird geglaubt, was dagegen spricht, für Betrug gehalten.

Den professionellen Massenmedien der Presse und des Rundfunks kommt in diesem Prozess eine neue Rolle zu. Sie arbeiten nicht mehr allein als sogenannte Gatekeeper, die zwischen relevanten und nicht relevanten Informationen unterscheiden und dadurch bestimmen können, was überhaupt öffentlich thematisiert wird. In der veränderten Öffentlichkeit,

---

27 Eli Pariser, »Wie wir im Internet entmündigt werden«, in: *Wirklichkeit 2.0. Medienkultur im digitalen Zeitalter*, hrsg. von Peter Kemper [u. a.], Stuttgart 2012, S. 58–69.

28 Cass Sunstein, *Infotopia. Wie viele Köpfe Wissen produzieren*, Frankfurt a. M. 2009, hier S. 122.

in der Massenkommunikation nicht mehr auf professionelle Medien allein angewiesen ist, sind sie auch als Sachverständige gefordert, die bereits veröffentlichte Informationen einordnen und anonyme Quellen beurteilen können. Die sozialen Netzwerke hingegen, die als Medien der Massenkommunikation zunehmende Bedeutung für die politische Debatte gewinnen, müssen als Teil der demokratischen Öffentlichkeit gesehen und daran gemessen werden, wie weit sie die Anforderungen der Information, Transparenz und des Pluralismus erfüllen oder welche veränderten Rahmenbedingungen dafür erforderlich wären.

Je mehr Menschen ihre Informationen in erster Linie über soziale Netzwerke und andere Dienste des Internets beziehen, desto größer ist auch der Schaden, den bewusste Falschmeldungen anrichten können.

Diese Pseudo-Inhalte haben zwei Seiten, zum einen den Inhalt: »Fake-News« werden nicht nur aus politischen Motiven zur gezielten Destabilisierung des Gegners oder als destruktive Form des Humors verbreitet. Als werbeträchtiges Geschäftsmodell sind solche Nachrichten auf einen möglichst hohen Aufmerksamkeitswert ausgerichtet. Dieser Wert wird durch »Klicks« und »likes« gemessen, Inhalt und Wahrheitswert sind vollkommen irrelevant. Die Nachricht dient nur als Köder, der Raum für Werbung schafft. Die Intransparenz der Quellen, die sich als Nachrichtenredaktion oder Weblog, als Augenzeugen, Betroffene, Freunde von Freunden oder Experten tarnen können, und das Fehlen einer verantwortlichen Adresse, die für die Seriösität der veröffentlichten Inhalte bürgt, macht es Nutzern fast unmöglich, die Glaubwürdigkeit einzelner Aussagen einzuschätzen.

Und es es gibt noch eine zweite Seite: Inzwischen sind die Absender solcher fakes oft nicht einmal mehr Menschen, sondern sogenannte *social bots*, digitale Meinungsmaschinen, die

z. B. die Follower- und Fanzahlen politischer Accounts in die Höhe treiben oder anderweitig am Diskurs teilnehmen können.

Sowohl von den realen Inhalten als auch den real Beteiligten her gesehen wird dies ein immer schwerwiegenderes Problem: Wenn eine Gesellschaft zentrale Medien der Massenkommunikation allein privaten Firmen überlässt, die Nutzerdaten kommerziell verwerten, aber keine redaktionelle Verantwortung für die verbreiteten Inhalte übernehmen wollen, gibt sie einen für Wahrheits- und Gemeinwohlorientierung unverzichtbaren Bereich preis. Das Heilmittel für solche Fehlentwicklungen liegt weder in staatlichen Zensurmaßnahmen noch in der Abschaffung der sozialen Medien, sondern in der Einrichtung verantwortlicher Instanzen medialer Selbstkontrolle, die nach transparenten Verfahren die informationelle Grundversorgung und die Einhaltung von Grundregeln medialer Kommunikation sichern und in gravierenden Betrugsfällen die Einleitung staatlicher Strafverfahren ermöglichen.

Als »SPAM« und »Hoax« treiben gefälschte Botschaften ihr Unwesen auch in der interpersonalen digitalen Kommunikation der E-Mails und Kurznachrichten. Die unbekannte Fremde im weit entfernten Land, die vorgeblich nach einer sicheren Bankverbindung sucht, um ihr Vermögen zu transferieren und diesen Dienst natürlich reich belohnen will, die angebliche Mahnung für ausstehende Zahlungen im Dateianhang oder die täuschend echt wirkende Ankündigung einer Postsendung, deren Empfänger zur Aktivierung eines Links aufgefordert wird, sollen private Daten ausspähen, versteckte Programme installieren oder einfach nur Angst verbreiten. In den meisten Fällen lässt sich die Falschheit der Nachricht zwar schnell aufklären, doch die damit verbundene Verunsicherung und die Angst vor Schadsoftware kann bei den Betroffenen ähnlich traumatische Folgen haben wie ein Wohnungseinbruch.

Allerdings gibt es im Bereich der interpersonalen Kommunikation immerhin geeignete Vorsichtsmaßnahmen, mit denen man sich vor solchem Betrug weitgehend schützen kann, während im anonymen Kommunikationsraum der sozialen Netzwerke durch die Dominanz des Geschäfts mit den Nutzerdaten aufmerksamkeitsheischender Betrug sogar noch gefördert wird.

Es ist nicht ausgemacht, ob ein um sich greifendes Misstrauen gegenüber Tatsachenbehauptungen erst die Folge solcher Falschmeldungen ist, oder ob Misstrauen als Nährboden bereits die Verbreitung von Falschmeldungen ermöglicht oder zumindest begünstigt. Unter der Bezeichnung des »postfaktischen Zeitalters« (engl. »post-truth era«) wird die Diagnose des verbreiteten Misstrauens gegen etablierte Verfahren politischer Meinungsbildung begrifflich auf einen Nenner gebracht, der selbst wieder irreführend wirkt. Unter Berufung auf das EU-Referendum in Großbritannien und die Präsidentschaftswahlen in den USA wurde »post-truth« sowohl von Oxford Dictionaries als auch, in der deutschen Variante »postfaktisch«, von der Gesellschaft für deutsche Sprache zum Wort des Jahres 2016 gewählt.[29] Der Begriff zeige an,

> »dass es in politischen und gesellschaftlichen Diskussionen heute zunehmend um Emotionen anstelle von Fakten geht. Immer größere Bevölkerungsschichten sind in ihrem Widerwillen gegen ›die da oben‹ bereit, Tatsachen zu ignorieren und sogar offensichtliche Lügen bereitwillig zu akzeptieren. Nicht der Anspruch auf Wahrheit, sondern das Aussprechen der ›gefühlten Wahrheit‹ führt im ›postfaktischen Zeitalter‹ zum Erfolg«.[30]

29 https://en.oxforddictionaries.com/word-of-the-year/word-of-the-year-2016; http://gfd.de/wort-des-jahres-2016
30 Pressemitteilung der Gesellschaft für deutsche Sprache vom 9. 12. 2016, http://gfd.de/wort-des-jahres-2016

Die Begriffe »postfaktisch« oder »post-truth« wecken dabei den falschen Eindruck, als sei die gesellschaftliche oder politische Kommunikation auf einer Entwicklungsstufe angelangt, die auf die Feststellung von Tatsachen oder Wahrheit verzichten könnte. In der gegenwärtigen politischen Öffentlichkeit verzichtet jedoch keiner auf Wahrheitsansprüche oder Tatsachenfeststellungen, auch diejenigen nicht, die sich aus Misstrauen gegen die etablierten Institutionen der Wahrheitsfindung, sei es der Journalismus, die Justiz oder die akademischen Wissenschaften, auf ihr Gefühl berufen. Was dabei missachtet wird, ist nicht »die Wahrheit« oder »die Tatsachen«, sondern die rationalen Verfahren der Begründung von Geltungsansprüchen. Wer sich auf »gefühlte Wahrheit« beschränkt, verweigert eine für andere nachvollziehbare Begründung der eigenen Auffassung und damit auch deren Überprüfung und ggf. nötige Korrektur. Wie beim Vorgang der Selbsttäuschung bestimmt hier der Wille über das, was man als Tatsache erkennt, statt umgekehrt seinen Willen, seine Zustimmung oder Ablehnung durch Tatsachenfeststellungen zu korrigieren. In Abwandlung von Kants Beispiel des Liebhabers, der aufgrund seines Wunsches, nur gute Eigenschaften an seiner Geliebten zu finden, ihre augenscheinlichen Fehler übersieht,[31] könnte man hier von Wählern sprechen, die aufgrund ihres Wunsches, nur schlechte Eigenschaften an der EU oder der Konkurrentin zu finden, die klar belegte Falschheit vieler Aussagen des bevorzugten Kandidaten übergehen und sich zu diesem Zweck auf ihr Gefühl berufen. Anders als bei dem individualpsychologischen Vorgang der Selbsttäuschung aber ist die irrationale Verkehrung von Wollen und Erkennen im Bereich der politischen Öffentlichkeit ein kollektiver Vorgang, der in einer Konfliktsituation als bewusste Handlung und Kampfansage vollzogen wird.

---

31 Immanuel Kant, *Die Metaphysik der Sitten*, Stuttgart 1990, S. 314.

Der überzogene Machtanspruch selbsternannter Philosophenkönige und Ego-gesteuerter Führungspersönlichkeiten, die das Instrument der Lüge maßlos einsetzen, liegt nicht im Verzicht auf allgemeingültige Wahrheit, sondern im Verzicht auf Begründungen, die für Kritik zugänglich sind. Wo es eigentlich auf Wahrheit als gemeinsame Basis ankommt, können besonders die offenkundigen Lügen zerstörerisch wirken, indem sie die Kritiker entmutigen, ihre Kritik überhaupt noch zu äußern und ihren Anspruch auf Begründung geltend zu machen. Und das hat Folgen: Nur in persönlichen Kontexten kann der Abbruch des Gesprächs eine mögliche Lösung des Konflikts sein, weil nur hier ein dauerhafter Abbruch der Beziehung möglich ist. Die Gesellschaft als Ganze hat diese Ausstiegsmöglichkeit jedoch nicht. Im Feld des Politischen führt der dauerhafte Verzicht auf Verfahren der Kritik und Begründung zu einer Eskalation der Konflikte, an deren Ende auch das Lügen unmöglich geworden ist.

Eine moralische Ehrenrettung des Lügens ist angebracht, wenn in einer gegebenen Situation ein anderes Gut schwerer wiegt als die Wahrheit und nur auf Kosten der Wahrhaftigkeit zu haben ist: der Schutz vor unberechtigten Angriffen, der Schutz der Privatsphäre, die Rücksicht auf die Verletzbarkeit anderer, die Erfahrung emotionaler Zuwendung oder sozialer Harmonie, der soziale Friede. Solche Lügen können moralisch gerechtfertigt sein, weil sie Wahrheit und Vertrauen nicht grundsätzlich in Frage stellen. Sie bürden den Lügenden die Verantwortung dafür auf, Verlogenheit nicht mit Lüge und Egoismus nicht mit Rücksicht zu verwechseln. Dazu gehört auch die Bereitschaft, sich im Zweifelsfall der Kritik derjenigen auszusetzen, denen die Lüge zugemutet wurde, und sich nicht durch Gesprächsverweigerung aus der Verantwortung zu stehlen.

Textnachweise

I. Wahrhaftigkeit und Lügenkunst in der griechischen Antike

46 PLATON: Hippias II (Minor). In: P.: Werke in acht Bänden. Griech./ Dt. Hrsg. von Gunther Eigler. Bd. 1. Bearb. von Heinz Hofmann. Dt. Übers. von Friedrich Schleiermacher. Darmstadt: Wissenschaftliche Buchgesellschaft, 1977. S. 45–81 (364b,c,e.365.366.367a–d.369a, b, e.370.371e.376b, c. [Auszüge.] [Die Orthographie wurde behutsam modernisiert.]

58 PLATON: Der Staat (Politeia). Übers. und hrsg. von Karl Vretska. Bibliogr. erg. Ausg. Stuttgart: Reclam, 2000. (Reclams Universal-Bibliothek. 8205.) S. 150–160, 165–169, 201 f. (II,375e–383c; III,389b–391e, 414b–415d). [Auszüge.] [Die Orthographie wurde behutsam modernisiert.]

70 ARISTOTELES: Nikomachische Ethik. Hrsg. und übers. von Ursula Wolf. Reinbek b. Hamburg: Rowohlt Taschenbuch Verlag, 2006. S. 153–155 (IV,13). – Copyright © 2006 by Rowohlt Verlag GmbH, Reinbek bei Hamburg.

74 MICHEL FOUCAULT: Die Regierung des Selbst und der anderen II. Der Mut zur Wahrheit. Vorlesungen am Collège de France 1983/84. Aus dem Frz. von Jürgen Schröder. Berlin: Suhrkamp, 2010. Vorlesung 1. S. 14–22, 24–37. [Auszüge aus der 1. Sitzung vom 1. Februar 1984, erste Stunde.] – © der deutschen Ausgabe Suhrkamp Verlag Frankfurt am Main 2010.

II. Die Lüge (*mendacium*) als Verletzung des zwischenmenschlichen Vertrauens in der römischen Antike

97 MARCUS TULLIUS CICERO: De officiis / Vom pflichtgemäßen Handeln. Lat./Dt. Übers., komm. und hrsg. von Heinz Gunermann. Durchges. und bibliogr. erg. Ausg. Stuttgart: Reclam, 2007 [u. ö.]. (Reclams Universal-Bibliothek. 1889.) S. 265–273 (III,54–62). [Auszüge.]

III. Die Lüge im Lichte der Theologie

101 MARTIN RÖSEL: Was die Bibel »Lüge« nennt. – Originalbeitrag.

113 EBERHARD SCHOCKENHOFF: List und Lüge in der theologischen Tradition. Zuerst in: Margot Schmidt [u. a.] (Hrsg.): Von der Suche nach Gott. Helmut Riedlinger zum 75. Geburtstag. Stuttgart-Bad Cannstatt: Fromann-Holzboog, 1998. S. 489–507. [Auszüge aus S. 489–503.] – © Eberhard Schockenhoff, 1998.

131 AURELIUS AUGUSTINUS: De mendacio, Contra mendacium. Die Lügenschriften. In: A. A.: Die Lügenschriften. Eingel., übers. und komm. von Alfons Städele. [...] Paderborn [u. a.]: Schöningh, 2013. S. 62–75, 81–89 (I,1–VIII,11). [Auszüge.] – © 2013 Verlag Ferdinand Schöningh GmbH & Co. KG, Paderborn.

142 AURELIUS AUGUSTINUS: Enchiridion de fide spe et caritate / Handbüchlein über Glaube, Hoffnung, Liebe. Lat./Dt. Text und Übers. mit Einl. und Komm. hrsg. von Joseph Barbel. Darmstadt: Wissenschaftliche Buchgesellschaft, 1960. S. 47–51, 59. [Auszüge.] – © 1960 WBG, Darmstadt.

147 THOMAS VON AQUIN: Tugenden des Gemeinschaftslebens (Summa Theologica II–II,101–122). Lat./Dt. [Einl., Übers., Anm. und Komm. von Josef Endres.] München/Heidelberg: Kerle, 1943. (Die deutsche Thomas-Ausgabe. Hrsg. und übers. von Dominikanern und Benediktinern Deutschlands und Österreichs. Vollst., ungek. dt.-lat. Ausg. der Summa Theologica. Bd. 20.) S. 135–157 (Quaestio 110,1–4). [Auszüge.] – © 1943 Dominikanerprovinz Teutonia e. V., Köln.

IV. Die Lüge im Zeitalter der Aufklärung

167 FRANCIS BACON: Über Verstellung und Heuchelei. In: F. B.: Essays oder praktische und moralische Ratschläge. Übers. von Elisabeth Schücking. Hrsg. von Levin L. Schücking. Nachw. von Jürgen Klein. Stuttgart: Reclam, 2005. (Reclams Universal-Bibliothek. 8358.) S. 17–20 (Sechste Abhandlung). – © 1940, 1992 Dieterich'sche Verlagsbuchhandlung, Mainz.

171 HUGO GROTIUS: Des Hugo Grotius drei Bücher über das Recht des

Krieges und Friedens. Aus dem Lat. des Urtextes übers., mit erl. Anm. und einer Lebensbeschreibung des Verf. vers. von J. H. Kirchmann. 2 Bde. Leipzig: Meiner, [1869]. Bd. 2. S. 206–214 (III,1). [Auszüge.] [Die Orthographie wurde behutsam modernisiert.]

178 SAMUEL PUFENDORF: Einleitung Zur Sitten- und Stats-Lehre / Oder Kurtze Vorstellung der Schuldigen Gebühr aller Menschen / und insonderheit der Bürgerlichen Stats-Verwandten / nach Anleitung Derer Natürlichen Rechte. [Aus dem Lat. übers. von Immanuel Weber. [Leipzig:] Gleditsch, 1691. S. 250–261.

183 JEAN-JACQUES ROUSSEAU: Träumereien eines einsamen Spaziergängers. Übers. von Ulrich Bossier. Nachw. von Jürgen von Stackelberg. Stuttgart: Reclam, 2003. (Reclams Universal-Bibliothek. 18244.) S. 56–71, 80 f. (Vierter Spaziergang). [Auszüge.]

199 IMMANUEL KANT: Über ein vermeintes Recht, aus Menschenliebe zu lügen. In: I. K.: Schriften zur Ethik und Religionsphilosophie. Zweiter Teil. Darmstadt: Wissenschaftliche Buchgesellschaft, 1983. S. 637–643. [Die Orthographie wurde behutsam modernisiert.]

206 IMMANUEL KANT: Die Lüge. In: Die Metaphysik der Sitten. Mit einer Einl. hrsg. von Hans Ebeling. Stuttgart: Reclam, 1990 [u. ö.]. (Reclams Universal-Bibliothek. 4508.) S. 312–314 (1. Teil, 1. Buch, 2. Hauptstück, I., § 9). [Auszug.] [Die Orthographie wurde behutsam modernisiert.]

211 ARTHUR SCHOPENHAUER: Die Welt als Wille und Vorstellung. Gesamtausg. in 2 Bden. nach der Edition von Arthur Hübscher und mit einem Nachw. von Heinz Gerd Ingenkamp. Bd. 1. Stuttgart: Reclam, 1987 [u. ö.]. (Reclams Universal-Bibliothek. 2761.) S. 474–479 (Viertes Buch, § 62). [Auzüge.] [Die Orthographie wurde behutsam modernisiert.]

215 ARTHUR SCHOPENHAUER: Preisschrift über die Grundlage der Moral. Mit einer Einl., Bibliogr. und Registern hrsg. von Hans Ebeling. Hamburg: Meiner, 1979. (Philosophische Bibliothek. Bd. 306.) S. 119–123 (§ 17). [Auszüge.] [Die Orthographie wurde behutsam modernisiert.]

V. Lebensphilosophische und linguistische Perspektiven seit dem 19. Jahrhundert

228 FRIEDRICH NIETZSCHE: Über Wahrheit und Lüge im außermoralischen Sinne. In: F. N.: Sämtliche Werke. Kritische Studienausgabe. Hrsg. von Giorgio Colli und Mazzino Montinari. Bd. 1. München: Deutscher Taschenbuch Verlag; Berlin / New York: de Gruyter, 1980. S. 873–881. [Auszug. Die Orthographie wurde behutsam modernisiert.]

233 FRIEDRICH NIETZSCHE: Die fröhliche Wissenschaft. In: F. N.: Sämtliche Werke. Kritische Studienausgabe. Hrsg. von Giorgio Colli und Mazzino Montinari. Bd. 3. München: Deutscher Taschenbuch Verlag; Berlin / New York: de Gruyter, 1980. S. 574–577 (Fünftes Buch, Nr. 344). [Die Orthographie wurde behutsam modernisiert.]

236 FRIEDRICH NIETZSCHE: Der Antichrist. In: F. N.: Sämtliche Werke. Kritische Studienausgabe. Hrsg. von Giorgio Colli und Mazzino Montinari. Bd. 6. München: Deutscher Taschenbuch Verlag; Berlin / New York: de Gruyter, 1980. S. 236–239. (Nr. 54, 55). [Auszüge.] [Die Orthographie wurde behutsam modernisiert.]

240 FRIEDRICH NIETZSCHE: Zur Genealogie der Moral. Dritte Abhandlung. In: F. N.: Sämtliche Werke. Kritische Studienausgabe. Hrsg. von Giorgio Colli und Mazzino Montinari. Bd. 5. München: Deutscher Taschenbuch Verlag; Berlin / New York: de Gruyter, 1980. S. 385–387. (Nr. 19). [Auszüge.] [Die Orthographie wurde behutsam modernisiert.]

242 DIETRICH BONHOEFFER: Fragment eines Aufsatzes: Was heißt die Wahrheit sagen? In: D. B.: Werke. Bd. 16: Konspiration und Haft. 1940–1945. Hrsg. von Jørgen Glenthøj [u. a.]. Gütersloh: Gütersloher Verlagshaus, 2015. S. 619–629. [Auszug.]

253 HARALD WEINRICH: Linguistik der Lüge. 6., durch ein Nachw. erw. Aufl. München: C. H. Beck, 2000. S. 34–38, 62–69, 70–78. [Auszüge.] – © 2000 Verlag C. H. Beck oHG, München.

268 BERNARD WILLIAMS: Wahrheit und Wahrhaftigkeit. Übers. von Joachim Schulte. Frankfurt a. M.: Suhrkamp, 2003. S. 145–187. [Auszüge.] – © Princeton University Press. – Für die deutsche Übersetzung © Suhrkamp Verlag Frankfurt am Main 2003. Alle Rechte bei und vorbehalten durch Suhrkamp Verlag Berlin.

VI. Die Lüge im sozialen und politischen Kontext

294 THEODOR W. ADORNO: Minima Moralia. Reflexionen aus dem beschädigten Leben. In: Th. W. A.: Gesammelte Schriften. Bd. 4. [Hrsg. von Rolf Tiedemann.] Frankfurt a. M.: Suhrkamp, 1980. S. 48 f., 120–122 (§ 22, 71, 72). [Auszüge.] – © Suhrkamp Verlag Frankfurt am Main 1951. Alle Rechte bei und vorbehalten durch Suhrkamp Verlag Berlin.

298 SISSELA BOK: Lügen. Vom täglichen Zwang zur Unaufrichtigkeit. Dt. von Ullrich Schwarz. Reinbek b. Hamburg: Rowohlt, 1980. S. 264–275, 278–280, 283–286. [Auszüge.] – Excerpts from: *Lying. Moral Choice in Public and Private Life* by Sissela Bok, copyright © 1978 by Sissela Bok. Used by permission of Pantheon Books, an imprint of the Knopf Doubleday Publishing Group, a division of Penguin Random House LLC. All rights reserved.

312 HANNAH ARENDT: Wahrheit und Politik. In: Wahrheit und Lüge in der Politik. Zwei Essays. München: Piper, 1972. S. 44–92. [Auszüge.] – © 1972 Piper Verlag GmbH, München.

341 CLAUS OFFE: Die Ehrlichkeit politischer Kommunikationen. Kognitive Hygiene und strategischer Umgang mit der Wahrheit. In: Vorgänge 167,43 (2004) H. 3. S. 28–38. – Mit Genehmigung von Claus Offe, Berlin.

349 SIMONE DIETZ: Lügen in Privatleben, Politik und Massenmedien. In: S. D.: Die Kunst des Lügens. Stuttgart: Reclam, 2017. S. 144–184 (Kap. 4).